Kooperative Marktbearbeitung von Sparkassen
und öffentlichen Versicherern

Europäische Hochschulschriften
Publications Universitaires Européennes
European University Studies

Reihe V
Volks- und Betriebswirtschaft

Série V Series V
Sciences économiques, gestion d'entreprise
Economics and Management

Bd./Vol. 2660

PETER LANG
Frankfurt am Main · Berlin · Bern · Bruxelles · New York · Oxford · Wien

Alexandra Brockhoff

Kooperative Marktbearbeitung von Sparkassen und öffentlichen Versicherern

PETER LANG
Europäischer Verlag der Wissenschaften

Die Deutsche Bibliothek - CIP-Einheitsaufnahme

Brockhoff, Alexandra:

Kooperative Marktbearbeitung von Sparkassen und öffentlichen Versicherern / Alexandra Brockhoff. - Frankfurt am Main ; Berlin ; Bern ; Bruxelles ; New York ; Oxford ; Wien : Lang, 2000

(Europäische Hochschulschriften : Reihe 5, Volks- und Betriebswirtschaft ; Bd. 2660)
Zugl: Münster (Westfalen), Univ., Diss., 1999
ISBN 3-631-36823-2

D 6
ISSN 0531-7339
ISBN 3-631-36823-2

Vorwort

Obwohl der Begriff „Allfinanz“ schon seit Mitte der achtziger Jahre weithin Gebrauch fand, gab es Mitte der neunziger Jahre noch keine wissenschaftlich angeregten empirischen Studien zum Allfinanz-Angebot öffentlicher Finanzinstitute. Dieses Defizit bildete den Ausgangspunkt für die vorliegende Arbeit. Am Beispiel der Sparkassen und des öffentlichen Versicherers in Schleswig-Holstein wird die kooperativen Marktbearbeitung untersucht.

Bei der Fertigstellung der Arbeit haben mich eine Vielzahl von Personen und Institutionen unterstützt, denen ich hiermit danken möchte.

Herr Dr. J. Miethke gewährte als Präsident des Sparkassen- und Giroverbands für Schleswig-Holstein die Möglichkeit zur Durchführung der Untersuchungen, die von den Sparkassen in Schleswig-Holstein, ihren Vorständen, Mitarbeitern und Kunden durch vielfältige Auskünfte und die Beteiligung an einer breit angelegten Fragebogenerhebung unterstützt wurde. Darüber hinaus stellten die Provinzial Versicherungen in stets reibungsloser und unkomplizierter Zusammenarbeit Informationen bereit. Nur dieser gemeinsame Einsatz ermöglichte den hier gewählten, breiten und mehrstufigen Zugang zum empirischen Feld.

Für die wissenschaftliche Betreuung der Arbeit stellte sich dankenswerterweise Herr Professor Dr. Dr. h.c. mult. H. Meffert zur Verfügung, Herr Professor Dr. A. Pfingsten übernahm das Zweitgutachten.

Besonderer Dank gilt meinen Eltern, die mich in allen Phasen meiner Ausbildung gefördert und damit die Grundlage für die erfolgreiche Beendigung dieser Arbeit geschaffen haben. Meinem Mann Kai Kunze danke ich für zahllose wertvolle Hinweise und Diskussionen, die mich in den produktiven und unproduktiven Phasen meiner Arbeit begleiteten. Darüber hinaus gab mir sein liebevolles und hilfreich-motivierendes Verständnis insbesondere in der schwierigen Endphase den nötigen Rückhalt.

München, im Juni 2000 Alexandra Brockhoff

Inhaltsverzeichnis

Abbildungsverzeichnis

Tabellenverzeichnis

Abkürzungsverzeichnis

#	Anzahl
A.	Auflage
a.a.O.	am angegebenen Ort
AD	Außendienst
adj.	adjustiert
AG	Aktiengesellschaft
a.M.	am Main
Bd.	Band
BHW	Beamten-Heimstättenwerk
BK	Bezirkskommissar
BZ	Börsenzeitung
bzw.	beziehungsweise
DBS	Durchschnittsbilanzsumme
DBW	Die Betriebswirtschaft
Deka Bank	Deutsche Kapitalanlagebank
ders.	derselbe
DG Bank	Deutsche Genossenschaftsbank
DGZ	Deutsche Girozentrale
d.h.	das heißt
dies.	dieselbe
Diss.	Dissertation
DM	Deutsche Mark
DSGV	Deutscher Sparkassen- und Giroverband
ebda.	ebenda
EDV	Elektronische Datenverarbeitung
et al.	und andere
e.V.	eingetragener Verein
f.	und folgende Seite
FAZ	Frankfurter Allgemeine Zeitung
ff.	und folgende Seiten
GVOBl.	Gesetz- und Verordnungsblatt
HB	Handelsblatt
h.D.	höherer Dienst
HGB	Handelsgesetzbuch
Hrsg.	Herausgeber
HUK	Haftpflicht-/Unfall-/Kraftfahrzeugversicherungen
i.d.F.	in der Fassung
i.d.R.	in der Regel

KWG	Kreditwesengesetz
MDA	Multivariate Diskriminanzanalyse
Mio.	Millionen
Mrd.	Milliarden
NCSS	Number Cruncher Statistical System
Nr.	Nummer
n.s.	nicht signifikant
NZZ	Neue Zürcher Zeitung
o.g.	oben genannte(n)
o.J.	ohne Jahr
o.O.	ohne Ort
o.V.	ohne Verfasser
PCC	proportional chance criterion
R+V	Raiffeisen und Volksbanken
S.	Seite(n)
Schl.-H.	Schleswig-Holstein
SGV	Sparkassen- und Giroverband
SK	Sparkasse
SKMA	Sparkassenmitarbeiter
sog.	sogenannte
Sp.	Spalte
SPSS	Superior Performing Statistical Software
TDM	Tausend Deutsche Mark
Vgl.	Vergleiche
VR	Versicherer
VV	Versicherungsvertreter
WiSt	Wirtschaftswissenschaftliches Studium
WISU	Das Wirtschaftsstudium
z.B.	zum Beispiel
ZFP	Zeitschrift für Forschung und Praxis
z.T.	zum Teil

A. Allfinanz als Herausforderung im Privatkundengeschäft von Kreditinstituten

1. Allfinanz-Konzepte

1.1 Entwicklung und Bedeutung von Allfinanz-Konzepten im Privatkundengeschäft von Kreditinstituten

Das Finanzgewerbe befindet sich seit einiger Zeit in einem tiefgreifenden Strukturwandel, in dem sich das Profil der Banken und Versicherungen verändert und die Bedeutung nationaler Grenzen schwindet. Die Globalisierung der Märkte und ein immer schärferer Wettbewerb zwingen Unternehmen fast aller Branchen, sich auf ihre Kerngeschäftsfelder zu konzentrieren und gleichzeitig durch Fusionen oder Übernahmen entsprechende Größe zu erreichen, um günstige Kostenpositionen zu erlangen. Dabei folgt in der deutschen Banken- und Versicherungslandschaft „ein Paukenschlag dem nächsten."[1] Die Finanzierung der Übernahme der Hypo-Bank durch die Bayerische Vereinsbank im Wege eines Aktientauschs[2] eröffnet mit Blick auf die Überkreuzbeteiligung deutscher Banken und Versicherungen interessante Optionen für neue Allfinanzkonzerne.[3] Diese entstanden im Zuge der Wandlung vom Verkäufer- zum Käufermarkt[4] und damit von der Anbieter- zur Kundenorientierung.[5] Sie wurden gefördert durch die Entstehung einer Marketing-Philosophie, die auf die aktuellen Probleme, Wünsche und Bedürfnisse der Kunden gerichtet ist.[6]

Mit der Orientierung am Kunden rückte das Beziehungsmanagement,[7] vielfach in der Bezeichnung Relationship-Banking,[8] in den Mittelpunkt strategischer Überlegungen von Finanzdienstleistern.[9] Bei der Betrachtung des finanziellen Kundenbedarfs ent-

---

[1] Steltzner, H., Die deutsche Finanzgemeinde wird kräftig durcheinandergewirbelt, in: FAZ, 12.7.1997.

[2] Für sechs Hypo-Bank-Aktien erhielten die Aktionäre eine Allianz-Aktie.

[3] Dabei kann aufgrund der großen Bedeutung von Sparkassen und Genossenschaftsbanken selbst durch Mega-Fusionen kein marktbeherrschender Einfluß in Deutschland entstehen. Vgl. Steltzner, H., a.a.O..

[4] Vgl. Riehm, H.-J., Entwicklung und Zukunftsposition der Universalbanken in Deutschland, in: Geldprofi 3/91, S. 3-7, hier: S. 4.

[5] Vgl. Schwebler, R., Banken und Versicherungen: Im Zweifel für die Kooperation, in: Bank und Markt, 8/93, S. 5-9, hier: S. 5; Sieweck, J., Vertriebswege von Finanzdienstleistungen, in: Sparkasse 5/96, S. 229-232, hier: S. 229.

[6] Vgl. Meffert, H., Marketing. Grundlagen marktorientierter Unternehmensführung, Konzepte – Instrumente – Praxisbeispiele, 8. A., Wiesbaden 1998, S. 3.

[7] Beziehungsmanagement wird verstanden als die Gesamtheit der Grundsätze, Leitbilder und Einzelmaßnahmen zur langfristig zielgerichteten Anbahnung, Steuerung und Kontrolle von Geschäftsbeziehungen. Die Ausrichtung auf die Kundenwünsche wird im Rahmen des Beziehungsmanagement durch Kundenmarketing, das auf den Einsatz von Kundennähe erzeugenden Marketinginstrumenten setzt, erreicht. Vgl. Diller, H., Kusterer, M., Beziehungsmanagement, in: Marketing ZFP, 3/88, S. 211-220, hier: S. 212 f..

[8] Vgl. Süchting, J., Strategische Positionierung von privaten Banken: Relationship-Banking als Marketingansatz, in: Zeitschrift für das gesamte Kreditwesen, 6/96, S. 25-29.

[9] Vgl. allgemein Oevermann, D., Kundenbindungsmanagement von Kreditinstituten, München 1996

wickelte sich daraus eine ganzheitliche Sichtweise, die sich in einem Rückgang des Stellenwerts isolierter Produkte und in einem „Trend vom Einzelproduktverkauf hin zur „Bündelung“ von Produkten zu kompletten Problemlösungsalternativen“[10] äußerte. Dabei wurden Produkte unterschiedlicher Branchen zu einer integrierten Lösung im Rahmen einer umfassenden Finanzberatung zusammengefaßt.[11] Dieses erweiterte Leistungsprogramm im Sinne eines Allfinanzangebots[12] sollte als Instrument der Kundenbindung eine individuelle Beziehung zwischen dem Kunden und seinem Finanzberater erzeugen und eine Abschottung gegenüber Wettbewerbern erreichen.[13]

Die Bezeichnung Allfinanz steht seit Mitte der achtziger Jahre für das Angebot verschiedener Finanzdienstleistungen aus einer Hand.[14] Die Anbieter gehen davon aus, daß damit Kundenzufriedenheit, Kundenbindung und somit ein komparativer Wettbewerbsvorteil entsteht, der letztlich den langfristigen Unternehmenserfolg sichert. Die Bedeutung von Allfinanz besteht jedoch in erster Linie in der Realisierung von Ertragspotentialen. Sie ergeben sich aus Provisionen,[15] Synergieeffekten im Marketing,[16] der steigenden Auslastung der Vertriebssysteme,[17] der Gewinnung neuer Kun-

---

sowie für das Firmenkundengeschäft Oehler, A., Betreuung durch Relationship-Management, in: Die Bank, 3/95, S. 137-142.

[10] Hannemann, S., Vertrieb von Finanzdienstleistungen. Einsatz von Maklern, Handelsvertretern und Franchise-Systemen, Wiesbaden 1993, S. 55.

[11] Vgl. Hannemann, S., a.a.O., S. 55.

[12] Der Begriff Allfinanz suggeriert ein Komplettangebot an Finanzdienstleistungen, welches meist in der Praxis nicht existiert. Da die passende Bezeichnung "spartenübergreifendes Produktangebot" jedoch wenig griffig ist und sich Allfinanz im allgemeinen Sprachgebrauch in dem Wissen, daß die Bezeichnung nicht korrekt ist, eingebürgert hat, wird der Begriff auch im folgenden so weiter verwendet.

[13] Vgl. Meffert, H., Marketing. Grundlagen marktorientierter Unternehmensführung. Konzepte – Instrumente – Praxisbeispiele, 8. A., Wiesbaden 1998, S. 6.; Ermann, P., Kundenbetreuer: Fachberater oder nur Relationship-Manager?, in: Die Bank, 6/98, S. 31-32; Oehler, A., a.a.O.; Boening, D., Zukunftsfragen des Vertriebs von Finanzdienstleistungen, in: Boening, D., Hockmann, H.J. (Hrsg.) Bank- und Finanzmanagement. Marketing-Rechnungswesen-Finanzierung; Reflexionen aus der Praxis, Wiesbaden 1993, S. 157-174, hier: S. 164; Blümelhuber, C., Oevermann D., Betriebsformendynamik im Bankbereich, in: Meyer, A. et al. (Hrsg.), Grundsatzfragen und Herausforderungen des Dienstleistungs-Marketing, Wiesbaden 1996, S. 297ff.; Oevermann, D., a.a.O., S. 125.

[14] Vgl. Betsch, O., Allfinanz eine (un)mögliche Chance, in: Bank und Markt, 11/92, S. 15-21, hier: S. 16. Ansätze lassen sich jedoch bereits in der Antike finden. Vgl. Rudolph, B., Sollten Banken am Versicherungsmarkt tätig sein?, in: Die Bank, 12/87 S. 655-661, hier: S. 656.

[15] Vgl. Fuchs, H., Mit ausgefeilten Anreizsystemen soll das Verkaufsinteresse des Agenten geweckt werden, in: Allfinanz. Finanzdienstleistungen aus einer Hand, HB-Beilage vom 28.2.1989, S. B3; Schieren, W., Finanzdienstleistungen: Möglichkeiten und Grenzen, in: Versicherungswirtschaft, 1/91, S. 4-9, hier: S. 5.

[16] Vgl. Lütke-Bornefeld, P., Allfinanz-Strategien in Deutschland und der Vertrieb von Lebensversicherungen, in: Versicherungswirtschaft, 16/90, S. 970-975, hier: S. 971; Seuferle, W., Viele Bürger hegen eine große Vorliebe für die persönliche Beratung in den eigenen vier Wänden, in: Allfinanz. Finanzdienstleistungen aus einer Hand, HB-Beilage vom 28.2.1989, S. B 5; Terrahe, J., Marktstrukturen für das Angebot von Finanzdienstleistungen, in: Versicherungsbetriebe, 5/88, S. 328-338, hier: S. 337; Weiss, W., Financial Services – Sind Finanzdienstleistungen eine versicherungswirtschaftliche Perspektive?, in: Zeitschrift für Versicherungswesen, 9/89, S. 226-233, hier:

den,[18] der besseren Ausschöpfung bestehender Kundenpotentiale,[19] Einsparungen im Bereich der Verwaltungskosten[20] und der verbesserten Kundenbindung.[21]

Diese Argumentation zeigt bereits, daß Allfinanz überwiegend anbieterbezogen diskutiert wurde. Im Vordergrund stand dabei die Frage, in welcher Form das Allfinanzangebot organisatorisch zu realisieren ist. So wurden Vor- und Nachteile von strategischen Allianzen sowie verschiedene Abstufungen von Konzentrations- oder Kooperationsstrategien intensiv in der Literatur behandelt.[22] Dabei wurde der Weg von der anfänglichen Kooperation über die Mehrheitsübernahme bis zur vollständigen Übernahme als Phasenmodell beschrieben, in dessen Zuge nach einem integrierten Markt-

S. 230.

17 Vgl. Helten, E., Synergieeffekte durch Kooperation von Banken und Versicherungen?, in: Versicherungsbetriebe, 5/89, S. 2-16, hier: S. 12; Lütke-Bornefeld, P., a.a.O., S. 971; Weiss, W., a.a.O., S. 230.

18 Vgl. Klein, A.W., Entwicklung der Finanzdienstleistung im europäischen Markt, in: Versicherungswirtschaft, 1/91, S. 25-29, hier: S. 25; Schieren, W., Finanzdienstleistungen: Möglichkeiten und Grenzen, in: Versicherungswirtschaft, 1/91, S. 4-9, hier: S. 5; Weiss, W., a.a.O., S. 230.

19 Vgl. Schwebler, R., Kampf der Giganten oder neues Stadium in der Kooperation von Banken und Versicherungen?, in: Versicherungswirtschaft, 1/86, S. 6-11, hier: S. 10.

20 Vgl. Lütke-Bornefeld, P., a.a.O., S. 971.

21 Vgl. Höhmann, K., Venohr, B., Wouterse, A., Versicherungsverkauf durch Banken – ein pragmatischer Ansatz, in: Die Bank, 9/97, S. 516-521, hier: S. 516; Krupp, G., Allfinanzpolitik, in: Gerke, W., Steiner, M. (Hrsg.), Handwörterbuch des Bank- und Finanzwesens, 2. A., Stuttgart 1995, Sp. 55-67, hier: Sp. 59.

22 Vgl. zu strategischen Allianzen Backhaus, K., Piltz, K., Strategische Allianzen – eine neue Form kooperativen Wettbewerbs?, in: ZfbF- Sonderheft Nr. 27, 1989, S. 1-10; Süchting, J., Strategische Allianzen in der Kreditwirtschaft, in: ZfbF- Sonderheft Nr. 27, 1989, S. 85-90; Hinterhuber, H.H., Pechlaner, H.P., Strategische Allianzen im grenzüberschreitenden Bankensektor, in: Bank und Markt, 5/92, S. 22-26; Hinterhuber, H.H., Pechlaner, H.P., Strategische Allianzen im grenzüberschreitenden Bankensektor (Fortsetzung), in: Bank und Markt, 6/92, S. 17-20. Zur Gegenüberstellung von Kooperations- oder Konzernstrategien vgl. Sondhof, H.W., Finanzdienstleistungsmärkte im Wandel: eine industrieökonomische Branchenanalyse für strategische Zwecke, Frankfurt a.M., Bern, New York 1990, S. 272ff.; Steiner, J., Allfinanz-Konzepte von Banken, in: Brunner, W.L., Vollath, J. (Hrsg.), Handbuch Finanzdienstleistungen, Stuttgart 1993, S. 559-572, hier: S. 566f.; Büschgen, H.E., Finanz-Verbund und Finanz-Konzern in der Diskussion, in: Bank und Markt, 6/89, S. 5-16; Praxmarer, M.A., Allfinanzstrategien aus Sicht der Banken. Rahmenbedingungen und Gestaltungsansätze unter besonderer Berücksichtigung der Universalbanken in der Schweiz, Bern, Stuttgart, Wien 1993, S. 198-210; Kracht, A., Irrweg Allfinanz? – Zum Verhältnis von Banken und Versicherungen, in: Scholle, M. (Hrsg.), Den Wandel gestalten, Stuttgart 1995, S. 203-218, hier: S. 210ff.; Kruse, V., Allfinanzstrategien deutscher Großbanken im europäischen Binnenmarkt, Wiesbaden 1992; Wagner, P.J., Die Bildung von Allfinanzkonzernen. Grundlagen und Ansatzpunkte der Integration von Bank und Versicherung in einem Allfinanzkonzern, Bern et al. 1991, S. 86-90. Zur Vor- und Nachteilsabwägung der Kooperationsstrategie vgl. Büschgen, A., Allfinanz als Marktbearbeitungskonzept privater Geschäftsbanken, Wiesbaden 1992, S. 203-210; Korff, U., Dorner, M., Allfinanz durch Kooperation, in: Bank und Markt, 6/91, S. 16-20. Die allgemeinen Vor- und Nachteilserörterungen wurden dabei nur im Ausnahmefall bis zum Einsatz von Scoring-Modellen verdichtet. Vgl. Leeb, A., Kooperation und Verbundsysteme zwischen Banken und Versicherungen - Möglichkeiten der Institutionalisierung eines Absatzverbundes, Dissertation, Wien 1989. Zur Vor- und Nachteilsabwägung der Konzernstrategie vgl. Büschgen, A., a.a.O., S. 199-203.

verständnis ein integriertes Systemverständnis und schließlich ein integriertes Produktverständnis in der Bank entsteht.[23] Eine kritische Betrachtung der tatsächlichen Entwicklung zeigt jedoch, daß das Phasenmodell in der Realität keine ausgeprägte Entsprechung fand.

Das Allfinanz-Konzept wurde in den achtziger Jahren als Antwort auf alle Herausforderungen des Marktes gepriesen. Sehr schnell stellte sich jedoch heraus, daß die gewünschten Absatzvolumina nicht realisiert werden konnten. Die Annahme, daß allein die Bequemlichkeit des Verbundkaufs[24] im Sinne eines Nachfrageverbundes[25] zur Erhöhung der Kundenzufriedenheit und so zur Nachfragestimulierung ausreichen würde, erwies sich als nicht marktgerecht. Daher wurden die Erwartungen an das Allfinanz-Konzept zurückgenommen.[26]

Im nachhinein stellt sich die Frage, „ob das Bewußtsein der Nachfrager bezüglich finanzieller Bedarfsverbünde nicht von den Anbietern selbst durch Hinweise auf den Bedarfszusammenhang stark forciert worden ist.“[27] Daher muß es heute im Zuge der renditeorientierten Diskussion um Kundenbindung[28] verstärkt um die Identifizierung der tatsächlichen Kundenwünsche und die darauf zugeschnittene Reorganisation des Allfinanz-Konzepts gehen.

Vor diesem Hintergrund besteht die Zielsetzung der vorliegenden Arbeit darin, den Zielerfüllungsbeitrag von Allfinanz-Konzepten für Anbieter und Kunden am Beispiel der Sparkassenorganisation zu untersuchen. Dazu werden im folgenden zunächst der Begriff Allfinanz und die Ursachen für die Entwicklung von Allfinanz-Konzepten analysiert. In den folgenden Abschnitten werden Verbundkonzepte und die Abgrenzung des relevanten Marktes als weitere Grundlagen der Arbeit betrachtet.

Bis 1990 waren Allfinanz-Angebote in fast jedem Institut realisiert.[29] Die Frage, in welcher Form ein Allfinanz-Angebot zu realisieren ist, rückte demnach in den Hintergrund. Die Beurteilung und Anwendung von Allfinanz-Konzepten ist heute deutlich differenzierter als in den achtziger Jahren.[30] Die Differenzierung liegt insbesondere in

---

[23] Vgl. Warth, W.P., Bancassurance - Potentiale der Banken, in: Die Bank, 5/97, S. 280-286.

[24] Vgl. Dorner, M., Allfinanz: Chancen, Risiken und Defizite, in: Finanzierung, Leasing, Factoring, 1/90, S. 23-26, hier: S. 24.

[25] Eine detaillierte Betrachtung erfolgt in Kapitel A.1.2.

[26] Vgl. Cramer, J.E., Die Bank und ihr Markt, in: Bank und Markt, 2/93, S. 5-9, hier: S. 5.

[27] Hannemann, S., a.a.O., S. 54.

[28] Die renditeorientierte Diskussion von Kundenbindung wurde durch die Erkenntnis von Reichheld und Sasser ausgelöst, die den Zusammenhang zwischen Kundenbindung und den ökonomischen Erfolgsgrößen eines Unternehmens erstmals empirisch belegen konnten. Vgl. Reichheld, F.F., Sasser, W.E., Zero-Migration: Dienstleister im Sog der Qualitätsrevolution, in: Harvard Manager, 4/91, S. 108-116. Davor wurde die Kundenbindung ausschließlich als normatives Konzept in Weiterführung der Diskussion um Kundenzufriedenheit erörtert.

[29] Vgl. Goß, H., Maßzahlen zur Erfassung des Umfangs und der Struktur von Allfinanz, in: Die Bank, 4/90, S. 188-191.

[30] Vgl. Krupp, G., Allfinanzpolitik, in: Gerke, W., Steiner, M. (Hrsg.), a.a.O., Sp. 57, sowie Her-

zwei Punkten: Einer verstärkten Orientierung am Kundennutzen und an Effizienzkriterien.

- Die frühere Ausrichtung von Allfinanz-Konzepten zielte hauptsächlich auf die Vermittlung standardisierter Versicherungsprodukte am Bankschalter. Die tatsächliche Orientierung an den Bedürfnissen der Kunden durch Bildung von Bedarfssortimenten fehlte.[31] Vielmehr strebten Banken danach, mit den Provisionserträgen die schwindende Zinsspanne zu kompensieren. Mittlerweile hat sich die Erkenntnis durchgesetzt, daß Allfinanz-Konzepte nur dann erfolgreich sein können, wenn die Bedürfnisse der Kunden bei der Umsetzung im Mittelpunkt stehen.[32] Dazu ist eine Segmentierung der Kunden vorzunehmen.[33]

- Seit Mitte der 90er Jahre deutet eine steigende Anzahl von Veröffentlichungen zum Thema Allfinanz darauf hin, daß als Konsequenz aus einer verstärkten Ausrichtung an Effizienzkriterien und eines durch die Tätigkeit im Versicherungssektor erworbenen höheren Produktverständnisses die Optimierung des bestehenden Allfinanz-Konzepts in den Vordergrund rückt.[34] Es wird nach Möglichkeiten gesucht, die internen Abläufe zu verbessern und dadurch die Kosten zu senken sowie neue, integrierte Produkte zu entwickeln.[35] So erfolgt eine höhere Integration von Produktion[36] und Vertrieb, die zu besseren Ergebnissen beim Cross-Selling führt.

Der Eingriff der Banken in den Markt für Versicherungen ist so umfassend, daß teilweise "dramatische Verschiebungen auf den Vertriebswegen"[37] zu beobachten sind. Während der Anteil der von Einfirmenvertretern vermittelten Versicherungen zurückgeht, bauen Banken ihren Anteil stetig aus.[38] In anderen europäischen Ländern wurde beobachtet, daß die Versicherer, die ihren Vertrieb ausschließlich oder überwiegend

---

mann, C., Allfinanz ist meistens eine Einbahnstraße, in: BZ, 31.12.1996.

[31] Vgl. Händel, W., Patterson, A., Strukturwandel im Markt für Finanzdienstleistungen, in: Die Betriebswirtschaft, 2/90, S. 157-169, hier: S. 165.

[32] Vgl. Wiebe, F., Der neue Trend zu Allfinanz, in: HB, 10.2.1998.

[33] Vgl. Händel, W., Patterson, A., a.a.O., S. 166.

[34] Vgl. Lütke-Bornefeld, P., a.a.O., S. 970.

[35] Vgl. Steltzner, H., a.a.O..

[36] Aufgrund gesetzlicher Vorschriften liegt die Verantwortung für die Produktion für Bankprodukte bei der Bank, für Versicherungsprodukte bei der Versicherungsgesellschaft. Die Produktentwicklung wird in der Regel zur gemeinsamen Aufgabe der Allfinanzunternehmen, "wobei die Rollen entsprechend den jeweiligen Know-How-Schwerpunkten zu verteilen sind." Krupp, G., Allfinanzpolitik, in: Gerke, W., Steiner, M. (Hrsg.), a.a.O., Sp. 65.

[37] map-fax Nr. 13/97, o.V., Bankenkonkurrenz macht Versicherern zu schaffen, in: Die Welt, 4.4.1997.

[38] Die Frage, welche Form von Absatzmittlern für Finanzdienstleistungen am besten ist, wird von Hannemann mit Hilfe einer Nutzwertanalyse umfassend behandelt. Als Kriterien werden neben der Wirtschaftlichkeit Steuerungs-, Kontroll- und Informationsaspekte sowie Markt- Kunden- und absatzmittlerbezogene Aspekte herangezogen. Im Ergebnis zeigt sich, daß keine der untersuchten Formen von Absatzmittlern über alle Kriterien überzeugt. Vgl. Hannemann, S., a.a.O., S. 71-78.

über Banken abwickeln, erheblich stärker wachsen als andere Marktteilnehmer.[39] Im Gegenzug definieren Versicherer die Vermögensverwaltung als ihr Kerngeschäft und dringen damit in die Kernkompetenz der Banken ein.[40]

Es läßt sich festhalten, daß Allfinanz-Konzepte in sehr unterschiedlicher Form und von unterschiedlichen Trägern realisiert werden, die unterschiedlichen institutionellen Marktregelungen unterliegen. Es darf deshalb auch nicht verwundern, daß sich in der Literatur sowohl aus normativer als auch aus deskriptiver Sicht ein weites Spektrum an Definitionen des Begriffs Allfinanz finden läßt.[41]

In der überwiegenden Zahl der Beiträge wird Allfinanz unter Zuhilfenahme der mit dem Konzept verfolgten Ziele beschrieben. So wird Allfinanz z.B. als Konzept zur Festigung und Erweiterung der eigenen Marktposition gekennzeichnet.[42] Teilweise wird Allfinanz in einer eindimensionalen Sichtweise als Ausweitung des Sortiments, Angebot mehrerer Finanzdienstleistungsprodukte aus einer Hand bzw. unter einem Dach oder als Kooperation von Banken und Versicherungen dargestellt.[43] Dabei wird ein wichtiger Aspekt der unternehmensinternen Steuerung vergessen, ohne die ein Allfinanz-Konzept jedoch kaum Wirkung entfalten kann: Der Aspekt der Personalentwicklung, der durch die gestiegenen Anforderungen an die Qualifikation der Allfinanz-Berater wirksam wird. Insgesamt dokumentieren die Beschreibungen von Allfinanz deutlich die anbieterzentrierte Sicht dieses Begriffs.

Mit Allfinanz-Konzepten ist aber deutlich mehr verbunden. Wird der Blick nämlich vom Anbieter auf den Kunden gelenkt, wird deutlich, daß zum Beispiel eine eindeutige Zielgruppenselektion innerhalb der heterogenen Privatkundschaft, eine entsprechende Ausrichtung an den Kundenbedürfnissen sowie eine adäquate Ausgestaltung des Distributionssystems gefordert ist. Für jede Kundengruppe ist die Leistungserstellung vorzusehen, die ihren Anforderungen und Erwartungen gerecht wird.[44] Der Aspekt der Ausrichtung auf den Kunden verdeutlicht zugleich, daß es sich bei Allfinanz um ein Marketing-Konzept handelt.

---

[39] Vgl. Warth, W.P., Bancassurance - Potentiale der Banken, in: Die Bank, 5/97, S. 280-286, hier: S. 281.

[40] Vgl. o.V., Allianz mit Allfinanz, in: FAZ, 11.7.1997; o.V. Die zwei "Schwestern" Münchner Rück - Allianz, in: NZZ, 19./20. Juli 1997; o.V., Versicherungsspekulationen, in: BZ, 5.8.1997; o.V., Credit Suisse schmiedet großen Allfinanz-Konzern, in: FAZ, 12.8.1997.

[41] Vgl. Krupp, G., Allfinanzpolitik, in: Gerke, W., Steiner, M. (Hrsg.), a.a.O., Sp. 57.

[42] Vgl. Büschgen, H.E., Finanz-Verbund und Finanz-Konzern in der Diskussion, in: Bank und Markt, 6/89, S. 5-16, hier: S. 5.

[43] Vgl. Schwebler, R., a.a.O., S. 5; o.V., Vermögende Privatkunden, in: Bank und Markt, 4/94, S. 34; Süchting, J., Zur Organisation von Allfinanzangeboten, in: Krümmel, H.J., Rehm, H., Simmert, D.B. (Hrsg.), Allfinanz - Strukturwandel an den Märkten für Finanzdienstleistungen, Berlin 1991, S. 177-192, hier: S. 177; Heidenreich, K., Allfinanz in der Bewährungsprobe, in: Bank und Markt, 1/92, S. 16-18, hier: S. 16; Riehm, H.-J., a.a.O., S. 4.

[44] Gleichzeitig sind die wirtschaftlichen Interessen der Bank zu berücksichtigen. Vgl. Betsch, O., Allfinanz eine (un)mögliche Chance, in: Bank und Markt, 11/92, S. 15-21, hier: S. 17 sowie Krupp, G., Allfinanzpolitik, in: Gerke, W., Steiner, M. (Hrsg.), a.a.O., Sp. 66.

Mit der Ergänzung der eigenen Produktpalette um Produkte artverwandter Branchen geht automatisch das Eintreten der Bank in den Markt der Versicherung einher. Damit ist ein Image-Aspekt verbunden, da sich die Bank mit ihrem Versicherungsangebot außerhalb ihrer originären Kernkompetenz positioniert. Abbildung 1 gibt einen Überblick über die mit einem Allfinanz-Angebot verbundenen Aspekte.

Abbildung 1: Mit dem Allfinanz-Angebot verbundene Aspekte

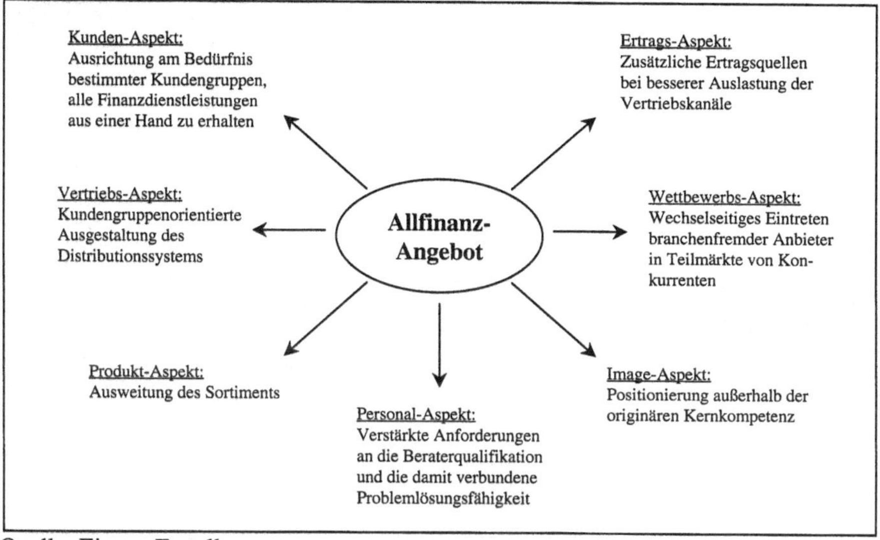

Quelle: Eigene Erstellung.

Die bisherigen Überlegungen haben die Komplexität der Allfinanz-Thematik bereits angedeutet und damit erkennen lassen, daß eine Eingrenzung des Untersuchungsgegenstandes sinnvoll ist. So findet der Aspekt der Personalentwicklung im Rahmen dieser Arbeit keine Berücksichtigung. Die anderen Aspekte wurden bei der Gestaltung der empirischen Erhebungen direkt oder indirekt berücksichtigt. Die zugrundegelegte Allfinanz-Definition lautet daher wie folgt:[45]

> Allfinanz ist eine Marketing-Philosophie zur Stärkung der Wettbewerbsposition eines Anbieters durch Schaffung von Image- und Ertragspotentialen, die gezielt auf die Bedürfnisse bestimmter Kundengruppen abstellt und die Kernprodukte der eigenen Branche um komplementäre Produkte artverwandter Branchen ergänzt.

Als "eigene Branche" gilt im Rahmen dieser Arbeit das Bankgeschäft, während als

[45] In Anlehnung an Steiner, J., Allfinanz-Konzepte von Banken, in: Brunner, W. L., Vollath, J., (Hrsg.), a.a.O., S. 562.

"artverwandte Branche" ausschließlich das Versicherungsgeschäft betrachtet wird. Das heißt, es wird aus Sicht der Sparkassen deren Ergänzung ihres Produktprogramms um Versicherungsprodukte betrachtet.

Entsprechend der üblicherweise im Bankgeschäft vorgenommenen Unterteilung in die Kundengruppen Privat- und Firmenkunden wird in dieser Arbeit nur das Privatkundengeschäft untersucht. Ein Allfinanzangebot, welches sich an Firmen oder Institutionen richtet, ergänzt die Produkte des Commercial Banking z.B. um Investmentbanking und Financial Engineering.[46] Das zusätzliche Angebot von Versicherungen zielt hingegen mehr auf die Privatkunden ab, weshalb die Eingrenzung auf diese Kundengruppe erfolgt.

Darüber hinaus wird in dieser Arbeit eine regionale und eine institutionelle Eingrenzung vorgenommen: Als spezifische institutionelle Ausprägung von Allfinanz wird der Verbund von Sparkassen und öffentlichen Versicherern am Beispiel des Landes Schleswig-Holstein analysiert.[47] Auf der Anbieterseite wird aus Sparkassensicht argumentiert. Vor diesem Hintergrund erfolgt neben einer Betrachtung der Ziele und organisatorischen Realisierung des Allfinanz-Konzepts eine Analyse der Erfolgsfaktoren. Die Wirkungen dieser Realisierung von Allfinanz werden dann für die Kundenseite untersucht, wobei auch eine Möglichkeit der Kundensegmentierung vorgestellt wird.

Zur Förderung eines grundsätzlichen Verständnisses werden im folgenden die Ursachen für das Entstehen von Allfinanz-Konzepten näher beleuchtet. Aus ihnen läßt sich die Bedeutung der Konzepte für die Anbieter ableiten.

---

[46] Vgl. Weiss, U., Allfinanz in Deutschland: mehr als „stocks and socks“, in: Bank und Markt, 1/97, S. 23-27, hier: S. 23.

[47] Eine wissenschaftliche Betrachtung von Teilbereichen des deutschen Bankenmarktes unter dem Allfinanz-Aspekt liegt bisher nur für den Genossenschaftssektor und Privatbanken vor. Vgl. Wiedemann, A., Verbundstrategie für Kreditgenossenschaften, Bern/Stuttgart 1992 sowie Büschgen, A., a.a.O.. Die Betrachtung des Sparkassensektors ist nur unter institutionellen Aspekten behandelt worden. Vgl. Wesseling, S., Öffentliche Unternehmen im Allfinanzverbund. Zur Kooperation von Sparkassen, Bausparkassen und Versicherungen, Baden-Baden 1997. In einer ganzheitlichen, jedoch überwiegend anbieterbezogenen Sichtweise nähern sich dem Thema Müller, F., Kooperationsbeziehungen zwischen Banken und Versicherungen: Determinanten, Management und Wirkungen, Stuttgart 1997; Bülow, S., Netzwerk-Organisation für Allfinanzanbieter. Ein organisationstheoretischer Vorschlag auf Grundlage der Neuen Institutionenökonomie, Wiesbaden 1995; Praxmarer, M.A., a.a.O.. Spezialaspekte von Allfinanz behandeln Amely, T., Allfinanz-Konzerne als Problem der Bank- und Versicherungsaufsicht. Vorschläge zu einer integrativen Behandlung der Erfolgsrisiken, Köln 1994; Will, A., Die Erstellung von Allfinanzprodukten. Produktgestaltung und verteiltes Problemlösen, Wiesbaden 1995. Darüber hinaus wurde das Thema Allfinanz aus volkswirtschaftlicher Sicht betrachtet. Vgl. Sondhof, H.W., a.a.O.; Scheele, M., Zusammenschluß von Banken und Versicherungen. Analyse des Privatkundengeschäfts anhand industrieökonomischer Modelle, Wiesbaden 1994. Das grundsätzliche Verständnis der betriebswirtschaftlichen Strukturen und Prozesse der Bank- und Versicherungsbetriebslehre fördert das umfassende Kompendium von Schierenbeck, H., Hölscher, R., BankAssurance. Institutionelle Grundlagen der Bank- und Versicherungsbetriebslehre, 4. A., Stuttgart 1998.

Als Ursachen für das Entstehen von Allfinanz-Konzepten werden in der Literatur vier Faktoren genannt. Neben der Intensivierung des Wettbewerbs (1) handelt es sich um die soziodemographische Entwicklung (2), den Wertewandel im Kundenverhalten (3) und die technologische Entwicklung (4).[48]

(1) Für den verstärkten Wettbewerb auf den Finanzdienstleistungsmärkten werden zwei Gründe diskutiert: Das Wachstum bzw. die veränderte Aufteilung des privaten Geldvermögens sowie das Eintreten von Non- und Near-Banks[49] und ausländischen Anbietern in den Markt:

- Das private Geldvermögen in der Bundesrepublik Deutschland ist in den letzten zwei Jahrzehnten außerordentlich schnell gewachsen. Allein von 1980-1990 war mehr als eine Verdoppelung auf rund 3 Mrd. Bruttogeldvermögen zu verzeichnen. 1997 betrug es bereits 5,34 Mrd. DM.[50] Für Banken stellen Spareinlagen günstige Refinanzierungsquellen dar, die für den Erfolg des Unternehmens wesentlich sind. Daher kommt es darauf an, daß ihnen ein möglichst großer Teil des privaten Geldvermögens als Spareinlage zufließt. Parallel zum Wachstum des privaten Geldvermögens hat sich jedoch auch dessen Verteilung geändert: Bei der jährlichen neuen Geldvermögensbildung sank der Bankenanteil zwischen 1970 und 1996 von 52% auf 39%, während die aus Steuergründen rentableren Anlagen bei Versicherungen im gleichen Zeitraum von 12% auf 28% stiegen.[51] Diese Verschiebungen bei der Kapitalansammlung werden als Initialzündung für die Änderungsbewegungen auf der Anbieterseite des Finanzdienstleistungsmarktes angesehen. Für Banken wird in Allfinanz die Möglichkeit gesehen, das Geschäft im eigenen Haus zu halten und den Kapitalabfluß zu stoppen.[52]

- Neben Versicherungen sind auch andere Non- und Near-Banks und im Zuge des europäischen Binnenmarktes ausländische Anbieter in den deutschen Bankenmarkt eingedrungen. So bieten Waren- und Versandhäuser sowie Automobilhersteller neben ihrem originären Geschäft zunehmend Finanzdienstleistungen in Form von Sofort- oder Schnellkaufkrediten als Marketinginstrument zur Förderung des Absatzes der eigenen Produkte an.[53] In jüngster Zeit werden die

---

48 Vgl. Steiner, J., Allfinanz-Konzepte von Banken, in: Brunner, W. L., Vollath, J., (Hrsg.), a.a.O., S. 565; Wagner, P.J., a.a.O., S. 19ff.; Krupp, G., Allfinanzpolitik, in: Gerke, W., Steiner, M. (Hrsg.), a.a.O., Sp. 57 f..

49 Zu Non-Banks zählen z. B. industrielle Anbieter von Waren oder Dienstleistungen, die zur Verkaufsförderung Konsumfinanzierungen anbieten. Near-Banks wie Kreditkartengesellschaften nutzen die Informationen über ihre Kunden aus ihrem finanznahen Kerngeschäft, um darüber hinaus Bankdienstleistungen anzubieten.

50 Vgl. Deutsche Bundesbank, Monatsbericht Mai 1998, S. 33.

51 Vgl. Krupp, G., Allfinanzpolitik, in: Gerke, W., Steiner, M. (Hrsg.), a.a.O., Sp. 58.

52 Vgl. Müller-Lutz, H.-L., Allfinanz - Pro und Kontra, in Frankfurter Vorträge zum Versicherungswesen, 24/92, S. 9f..

53 Vgl. Büschgen, A., a.a.O., S. 86 sowie o.V., Die Deutschen kaufen zwei von drei Autos auf Pump, in: Die Welt, 8.2.1999.

Bemühungen dahingehend erweitert, nicht nur das in Bezug zum Kauf stehende Kreditgeschäft zu erlangen, sondern auch im Einlagegeschäft tätig zu werden.[54]

(2) Die Prognose der soziodemographischen Entwicklung in Deutschland enthält ab 1998 eine kontinuierliche Abnahme der Gesamtbevölkerung.[55] Dabei wird sich die Altersstruktur von "Jung nach Alt" verschieben. Die Bedeutung von Produkten der Altersvorsorge und Vermögenssicherung sowie der Anlage von Geldern aus ausgezahlten Lebensversicherungen und Erbfällen wird daher zunehmen. Hier kann die Zusammenarbeit von Banken und Versicherungen durch das gemeinsame Angebot von Allfinanz-Produkten wirksam werden.[56]

(3) Der gesellschaftliche Wertewandel[57] zeigt sich neben anderen Faktoren in einer Zunahme von Wünschen nach Individualität und Selbstverwirklichung. Die Kunden verfügen über einen höheren ökonomischen Bildungsgrad mit stärkerer Renditeorientierung als früher und ein stärkeres Informationsbedürfnis. Sie sind selbstbewußter, kritischer, anspruchsvoller und zunehmend aufgeklärt.[58] Damit einher gehen veränderte Kundenbedürfnisse und veränderte Ansprüche an Finanzdienstleister. Zunehmend wird ein über den Grundnutzen hinausgehender Zusatznutzen gefordert,[59] dem durch die Erweiterung der Produktpalette im Sinne eines Allfinanz-Angebots entsprochen wird. Der Wandel im Kundenverhalten zeigt sich in abnehmender Bankloyalität, d.h. Kunden verfügen zunehmend über mehr als eine Bankverbindung, die auch häufiger als früher gewechselt wird.[60] Durch ein Allfinanzangebot können Banken auf die geänderten Bedürfnisse ihrer Kun-

---

54 Vgl. Wardenbach, H., Autobanken erweitern Angebot, in: Die Welt, 29.2.1996; Mattner, U., Attraktive Zinsen und schnelle Kreditzusage, in: Die Welt, 18.9.1996; Giertz J., Nicht kaufen, sondern leasen, in: Die Welt, 8.10.1996; o.V., Sparbuch vom Autohaus, in: Hamburger Abendblatt, 17.2.1997.

55 Vgl. Wagner, P.J., a.a.O., S. 61 sowie Informationsdienst der Deutschen Wirtschaft, 16/90 Nr. 41, S. 4f..

56 Als Beispiel für ein gemeinsames Produkt kann die Fondsgebundene Lebensversicherung angeführt werden. Die wird zwar bereits seit mehr als zweieinhalb Jahrzehnten angeboten, erfährt aber erst seit den verstärkten Diskussionen um die private Altersvorsorge ein wachsendes Marktpotential. Vgl. o.V., Fondsgebundene Lebensversicherung fristet noch ein Schattendasein, in: FAZ, 14.6.1997. Der Marktanteil am gesamten Neugeschäft der Lebensversicherung konnte von 3,8 % im Jahre 1996 in 1997 auf 5,7 % gesteigert werden. Seit 1994 existiert auch eine Fondsgebundene Rentenversicherung. Vgl. Zeyer, F., Die fondsgebundene Lebensversicherung rückt vor, in: FAZ, 27.7.1998.

57 Vgl. den ausführlichen Überblick bei Wienecke, H., Prätsch, J., Beckröge, L., Wertewandel und strukturelle Veränderungen im Privatkundengeschäft der Sparkassen, in: Sparkasse, 5/99, S. 217-225.

58 Vgl. Thies, S., Stracke, G., Finanzdienstleistungen im Zeichen gesellschaftlichen Wertewandels, in: Die Bank, 1/87, S. 19-24.

59 Vgl. Wienecke, H., Prätsch, J., Beckröge, L., Wertewandel und strukturelle Veränderungen im Privatkundengeschäft der Sparkassen, in: Sparkasse, 5/99, S. 217-225 hier: S. 221 sowie die Ausführungen zu Value-Added-Services in Kapitel A.2.2.3.

60 Vgl. Büschgen, A., a.a.O., S. 65; Becker, H.P., Herges, P., Steitz, M., Was erwarten Kunden von der Bank?, in: Bank und Markt, 2/91, S. 23-25, hier: S. 23.

den besser eingehen und die Gefahr des Abwanderns von Kunden bannen. Darüber hinaus wird versucht, den Koordinationsaufwand für den Erwerb der einzelnen Leistungen zu verringern, um somit dem gestiegenen convenience-Anspruch durch das Angebot verschiedener Finanzdienstleistungsprodukte aus einer Hand zu entsprechen.[61]

(4) Der Einfluß technologischer Entwicklungen auf das Allfinanz-Angebot ist differenziert zu betrachten. Durch einige Entwicklungen wird die Kundenbindung gefördert, durch andere wird eine Entfernung des Kunden von seinem Finanzdienstleister verursacht.

- Einerseits wird, z.B. durch die computergestützte Analyse, die Voraussetzung für ein Allfinanzangebot dadurch geschaffen, daß den Kunden eine größere Produktvielfalt angeboten werden kann. Für Kunden entfällt dadurch die transaktionskostenintensive Suche und es wird eine Bindung an den Anbieter erzeugt.[62] Darüber hinaus ermöglichen technologische Entwicklungen den fortschreitenden Einsatz von Selbstbedienungselementen,[63] wie z.B. Geldausgabe- und –einzahlungsautomaten, Kontoauszugsdruckern und Kreditkarten. Durch sie entsteht ein Rationalisierungseffekt, durch den Teile der im Backoffice-Bereich freiwerdenden Personalkapazitäten im Frontoffice-Bereich für Kundenbetreuung, -beratung und -service eingesetzt werden können.[64] Auch hierdurch wird verstärkt auf die Bindung des Kunden an seinen Allfinanz-Anbieter hingewirkt.

- Andererseits entstehen durch technologische Entwicklungen auch neue Vertriebswege. Durch Home-, Telefon- und Internet-Banking sinken in dem Maße der Nutzung des technischen Vertriebs die Kundenkontakte in der Filiale und damit die Möglichkeit für den Berater, Kunden im Sinne von Cross-Selling auf andere Produkte aufmerksam zu machen[65] oder im Rahmen eines Beratungsgesprächs zusätzliche Informationen über den Kunden zu gewinnen. Diese Effekte müssen erkannt und durch adäquate Maßnahmen kompensiert werden.

Einen zusammenfassenden Überblick über die Ursachen von Allfinanz-Konzepten gibt Abbildung 2.

---

[61] Vgl. Meffert, H., Bruhn, M., Dienstleistungsmarketing. Grundlagen, Konzepte, Methoden, 2. A., Wiesbaden 1997, S. 301.

[62] Vgl. Plinke, W., Söllner, A., Kundenbindung und Abhängigkeitsbeziehungen, in: Bruhn, M., Homburg, C. (Hrsg.), Handbuch Kundenbindungsmanagement, Wiesbaden 1998, S. 55-79.

[63] Vgl. Büschgen, A., a.a.O., S. 105.

[64] Vgl. Wiechers, R., Banken und Bausparkassen: Perspektiven aus Marketingsicht, in: Der langfristige Kredit, 19/95, S. 646-649, hier: S. 649.

[65] Vgl. Büschgen, H. E., Bankmarketing, in: Tietz, B. (Hrsg.), Handwörterbuch des Marketing, 2. A., Stuttgart 1995, Sp. 167-179, hier: Sp. 174.

Abbildung 2: Ursachen von Allfinanz-Konzepten

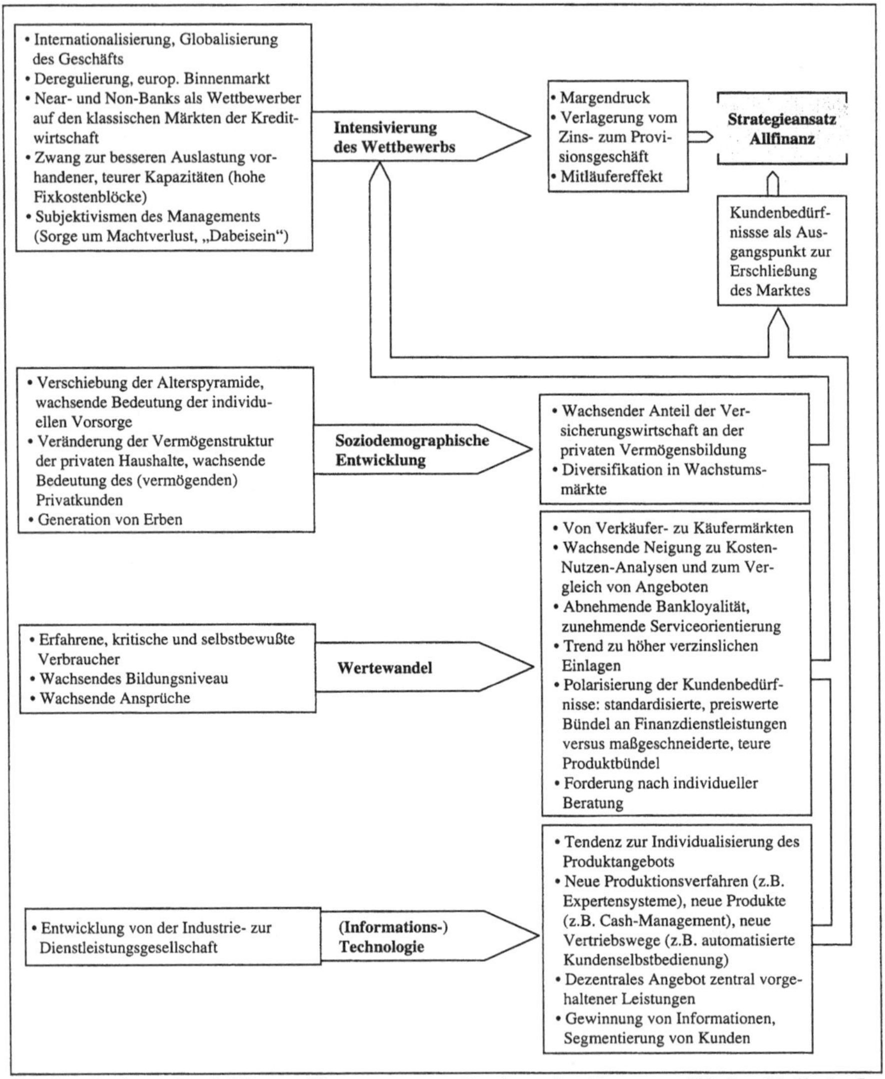

Quelle: Steiner, J., Allfinanz-Konzepte von Banken, in: Brunner, W. L., Vollath, J., (Hrsg.), a.a.O., S. 565.

Es läßt sich somit festhalten, daß sich die Wichtigkeit von Allfinanz-Angeboten sowohl aus Anbieter- als auch aus Kundensicht begründen läßt.

Folgende aus den Ursachen von Allfinanz ableitbaren Bedeutungskomponenten für das Privatkundengeschäft von Kreditinstituten lassen sich ableiten:

- Sicherung eines größeren Anteils am privaten Geldvermögen,
- Abblocken zunehmender Konkurrenz,
- Bessere Versorgung der Kunden,
- Kundenbindung.

1.2 Verbundkonzepte

Aus theoretischer Sicht entspricht ein Allfinanzangebot einem Sortimentsverbund. Darunter werden „... alle einseitigen und gegenseitigen Ausstrahlungseffekte zwischen einzelnen Sortimentsteilen ...“ verstanden, wobei „... die Interdependenzen bzw. Dependenzen sowohl durch Gegebenheiten der Nachfrage als auch des Angebots bedingt sein“[66] können. Der Sortimentsverbund bildet die gebündelte Herstellung oder den gebündelten Absatz der Bank- und Versicherungsprodukte im Hinblick auf ihre gemeinsame Beschaffung und Verwendung beim Kunden ab. Es lassen sich damit ein Nachfrageverbund und ein Angebotsverbund unterscheiden.[67]

Der Nachfrageverbund beschreibt die Nachfrage der Kunden nach gemeinsamen Bank- und Versicherungsprodukten. Er setzt sich zusammen aus dem Beschaffungsverbund und dem Verwendungsverbund. Der Beschaffungsverbund beschreibt den gebündelten Kaufakt eines integrierten Allfinanz-Produkts. Für eine bestimmte Zielerfüllung der Kunden werden Bank- und Versicherungsprodukte im Verwendungsverbund gemeinsam verwendet. Die Verbundbereiche können unabhängig voneinander realisiert werden, teilweise bedingen sie sich jedoch auch wechselseitig.

Der Angebotsverbund beschreibt den Herstellungs- und den Absatzverbund. Der Herstellungsverbund bezeichnet die gemeinsame Herstellung von Produkten durch Banken und Versicherer, der Absatzverbund den gemeinsamen Absatz. Einen systematischen Überblick über die Verbundbegriffe liefert Abbildung 3.

---

[66] Böcker, F., Die Bestimmung der Kaufverbundenheit von Produkten, in: Dichtl, E., Böcker, F. (Hrsg.), Schriften zum Marketing, Bd. 7, Berlin 1978, S. 19.

[67] Vgl. Farny, D., Allfinanz - Das betriebswirtschaftliche Konzept, in: Krümmel, H.-J., Rehm, H., Simmert, D.B. (Hrsg.), Allfinanz - Strukturwandel an den Märkten für Finanzdienstleistungen, Berlin 1991, S. 161-167, hier: S. 162 ff..

Abbildung 3: Verbundbegriffe

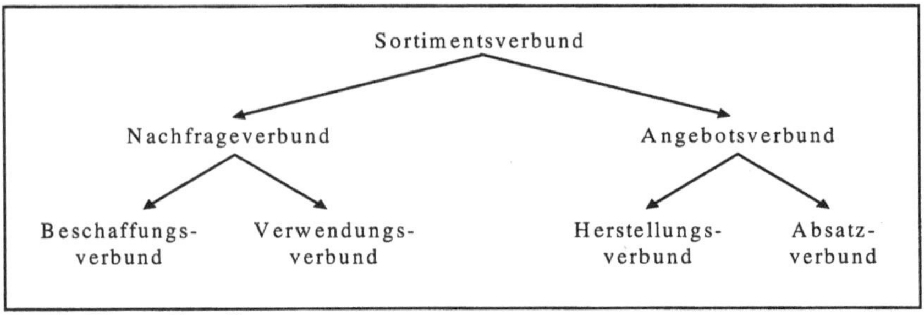

Quelle: Eigene Erstellung.

Die zugrundeliegende betriebswirtschaftliche Frage ist, ob durch Allfinanz-Konzepte bei mindestens einem der Marktteilnehmer - den Kunden oder den Anbietern - ein Beitrag zur Erfüllung seiner Ziele geleistet werden kann. Farny beschreibt in seinem Modell die in der Entstehungsphase von Allfinanz vorherrschende Angebotsorientierung: Ein von Bank und Versicherer gemeinsam erstelltes Angebot wird gebündelt abgesetzt. Dieses gebündelte Sortiment muß vom Kunden auch gebündelt beschafft und verwendet werden. Farny unternimmt keinen Versuch, die Kundenbedürfnisse zu identifizieren und daran orientiert Verbundprodukte herzustellen und zu vertreiben. Dies spiegelt die grundsätzliche Problematik angebotsorientierter Marketingpolitik wider. Teilweise haben unerwartete nachfragerseitige Marktwiderstände zum Scheitern von Allfinanz-Strategien beigetragen.[68] Dies zeigt, daß erfolgreiche Marketing-Philosophien am Kundennutzen auszurichten sind.[69] Der heutige Erfolg von bestehenden Allfinanz-Verbünden ist entscheidend davon abhängig, inwieweit es den Anbietern gelingt, die in den achtziger Jahren aus Wettbewerbsgründen etablierten Angebotsverbünde jetzt mit gezielten Marketingmaßnahmen in Nachfrageverbünde umzusetzen. Das Angebot ist so an den Bedürfnissen der Kunden auszurichten, daß diese Finanzdienstleistungen gebündelt nachfragen.

1.3 Abgrenzung des relevanten Marktes

Die durch Strukturwandel im Markt für Finanzdienstleistungen entstandenen Allfinanzunternehmen werfen die Frage auf, ob der Markt für Finanzdienstleistungen insgesamt ein relevanter Markt aus Kunden-, Nachfrager- und Produktsicht ist oder ob nach wie vor getrennte Märkte für Bank,- Versicherungs- und Bausparleistungen existieren. Allein aufgrund sich überlappender Marktsegmente von Banken, Versicherungen und sonstigen Anbietern kann kein relevanter Markt definiert werden.[70]

---

68 Vgl. o.V., Ins Blaue, in: Der Spiegel, 52/90, S. 89.

69 Vgl. Meffert, H., Marketing-Management. Analyse - Strategie - Implementierung, Wiesbaden 1994, S. 19.

70 Gegensätzlicher Meinung ist Büschgen, A., a.a.O., S. 29.

Zur Marktabgrenzung wird auf das Konzept des relevanten Marktes zurückgegriffen, nach dem Gruppen von Anbietern, Produkten oder Nachfragern sachlich, räumlich und zeitlich so voneinander abgegrenzt werden, daß der Einfluß von nicht in der Gruppe befindlichen Anbietern, Nachfragern und Produkten auf Entscheidungen in der Gruppe unbedeutend ist.[71] Da entsprechend dem Selbstverständnis des Marketing der Kunde im Mittelpunkt steht, muß die Marktabgrenzung aus Kundensicht vorgenommen werden.

Während die räumliche und die zeitliche Marktabgrenzung weitgehend unproblematisch erscheint,[72] wirft die sachliche Marktabgrenzung weitere Fragen auf. Das hierfür verwendete Kriterium der Kreuzpreiselastizität hat sich in vielerlei Hinsicht als unzureichend erwiesen.[73] Daher wird zur Marktabgrenzung aus Kundensicht vermehrt das Bedarfsmarktkonzept herangezogen.[74] Danach werden alle Dienstleistungen als marktgleichwertig eingestuft, die sich nach ihren Eigenschaften, ihrem wirtschaftlichen Verwendungszweck und ihrer Preislage so nahe stehen, daß der verständige Verbraucher sie als für die Deckung eines bestimmten Bedarfs geeignet ansieht.[75]

Da sich der Bedarf des Kunden aus seinen Bedürfnissen ableitet, muß die Definition der Marktgrenzen im Finanzdienstleistungsbereich entlang den Bedürfniskategorien der Nachfrager erfolgen.[76] Die finanzwirtschaftlichen Grundbedürfnisse sind die Abwicklung finanzieller Transaktionen, Bildung von Geld- und Sachvermögen, Finanzierung, Absicherung von Risiken und Vorsorge.[77] Es handelt sich um übergreifende Bedürfnisse, die sich nicht an den traditionellen Grenzen von Banken, Versicherungen,

---

71 Vgl. Bauer, H.-H., Marktabgrenzung, in: Dichtl, E., Issing, O. (Hrsg.), Vahlens Großes Wirtschaftslexikon, Bd. 3, 2. A., München 1994, S. 1395-1396, hier: S. 1395; Berg, H., Relevanter Markt, in: ebda., S. 1804.

72 Aus Sicht der Kunden ist der räumlich relevante Markt das Gebiet, in dem der Privatkunde Finanzdienstleistungen nachfragt. Für kontaktreiche Finanzdienstleistungen wie das Girokonto ist dies meist der lokale Markt im Wohnbereich des Kunden, während bei kontaktarmen Finanzdienstleistungen wie z.B. Lebensversicherungen auch Anbieter in Frage kommen, die nicht im Gebiet der Kunden ansässig sind. Durch Telefon- und Online-Banking wird die räumliche Marktabgrenzung jedoch zunehmend schwerer. Die zeitliche Marktabgrenzung ist durch den Zeitpunkt bestimmt, in dem der Kunde Finanzdienstleistungen nachfragt. Alle zu diesem Nachfragezeitpunkt am Markt befindlichen Produkte und Unternehmen, die sich eignen, die Bedürfnisse des Kunden zu erfüllen, bilden den relevanten Markt.

73 Vgl. Bauer, H.-H., Marktabgrenzung, in: Dichtl, E., Issing, O. (Hrsg.), Vahlens Großes Wirtschaftslexikon, Bd. 3, 2. A., München 1994, S. 1395-1396, hier: S. 1396.

74 Dabei wird ein Plausibilitätskriterium zugrunde gelegt, da der vom Kunden subjektiv wahrgenommene Grad der Austauschbarkeit der Produkte als Abgrenzungskriterium für den relevanten Markt verwandt wird. Vgl. Mayer, A., Mayer, R.U., Imagetransfer, Hamburg 1987, S. 43.

75 Vgl. Bauer, H.-H., a.a.O., S. 1396.

76 Vgl. Schlenzka, P.F., Marktentwicklung und Ertragspotentiale der Anbieter von Finanzdienstleistungen, in: Engels, W. (Hrsg.), Wettbewerb am Markt für Finanzdienstleistungen, Frankfurt 1987, S. 35-50.

77 Vgl. Sondhof, H.W., a.a.O., S. 62; Stracke, G., Geitner, D, Finanzdienstleistungen. Handbuch über den Markt und die Anbieter, Heidelberg 1992, S. 37; Büschgen, A., a.a.O., S. 151, Schlenzka, P.F., a.a.O., S. 35-50, hier: S. 36f..

Bausparkassen und Anlagegesellschaften orientieren. Die finanzielle Nachfrage richtet sich demnach nicht auf bestimmte Finanzdienstleistungsprodukte, sondern auf Konzepte zur Bedürfnisbefriedigung. Dies erfordert nach Büschgen geradezu ein Allfinanzangebot.[78] Die Bedürfnisse der Kunden sind jedoch selbst innerhalb des Segments der Privatkunden nicht gleichmäßig verteilt. Unterteilt man das Segment der Privatkunden, wie es häufig praktiziert wird, nach dem Einkommen bzw. Vermögen in drei Gruppen,[79] so sind in ihnen grundsätzlich die gleichen Bedürfnisse vorhanden. Je nach Zugehörigkeit der Gruppe verändert sich jedoch die Bedeutung der einzelnen Bedürfnisse. Stellenweise herrscht die Auffassung vor, die Bedürfnisse entwickelten sich in der genannten Reihenfolge nach einem Lebenszykluskonzept.[80] Hieraus wird der Anspruch an einen Allfinanzdienstleister abgeleitet, den Kunden "von der Wiege bis zur Bahre"[81] zu versorgen. Die Realisierung der Allfinanz-Konzepte muß jedoch auf jeden Fall auf die jeweilige Zielgruppe zugeschnitten sein.

Zusammenfassend läßt sich festhalten, daß der Markt für Finanzdienstleistungen aufgrund der Branchengrenzen überschreitenden finanzwirtschaftlichen Bedürfnisse der Kunden insgesamt als relevanter Markt für Allfinanz-Angebote bezeichnet werden kann. Für die nachfolgende Untersuchung bedeutet das, daß sich Sparkassen und öffentliche Versicherer grundsätzlich in einem gemeinsamen Markt befinden und somit gemeinsam die Bedürfnisse ihrer Kunden befriedigen können. Der gemeinsamen Marktbearbeitung liegen dabei verschiedene Ziele zugrunde, die im folgenden näher untersucht werden.

2. Strategische Ziele der Zusammenarbeit

2.1 Allgemeine Überlegungen

Ziele als auf die Zukunft gerichtete, normative Aussagen eines Entscheidungsträgers beschreiben einen von ihm selbst oder anderen anzustrebenden Zustand der Realität.[82] Sie lassen sich vollständig beschreiben durch Festlegung der Zielelemente Inhalt, angestrebtes Ausmaß, personeller, räumlicher und zeitlicher Bezug. Das Ausmaß der Zielerreichung wird durch einen ebenfalls festzulegenden Zielmaßstab gemessen. Allgemein läßt sich in der Praxis feststellen, daß meist keine vollständige Zieldefinition erfolgt. Die Zielelemente müssen jedoch operational und operabel formuliert sein, damit zielverwirklichendes Verhalten ermöglicht wird.[83] Einzelne Ziele sind im Rah-

---

[78] Vgl. Büschgen, A., a.a.O., S. 151.

[79] Vgl. Stracke, G., Geitner, D., a.a.O., S. 489.

[80] Vgl. Sondhof, H.W., a.a.O., S. 63.

[81] Wittenberg, J.H., Allfinanz - Gedanken aus Sicht der Kunden, in: Bank und Markt, 11/90, S. 26-28, hier: S. 28.

[82] Vgl. Hauschildt, J., Entscheidungsziele, Tübingen 1977, S. 9.

[83] Ein Ziel ist dann operational definiert, wenn es hinsichtlich Zielinhalt, Zielausmaß, Zielzeitbezug und Zielbereich hinreichend genau beschrieben ist und anhand eines festgelegten Zielmaßstabs gemessen werden kann. Ziele sind operabel, wenn sich aus ihnen eine klare Normsetzung für das Verhalten einzelner Personen ableiten läßt. Vgl. Büschgen, H.E., Bankbetriebslehre. Bankge-

men der Zielplanung eines Unternehmens in ein Zielsystem zu integrieren.

Ein Zielsystem entsteht durch hierarchische Ordnung der Unternehmensziele in Ober- und Subziele.[84] Die Erfüllung der Subziele trägt dabei konkretisierend und operationalisierend zur Erreichung des Oberziels bei.[85] Dies gilt für komplementäre Ziele, bei denen die Erfüllung eines Ziels auch die wachsende Zielerfüllung eines anderen Ziels beinhaltet.[86] Bei Zielkonkurrenz führt die fortschreitende Erfüllung eines Ziels zur Mindererfüllung eines anderen Ziels.[87] In diesem Fall ist eine hierarchische Ordnung der Ziele nicht adäquat, stattdessen findet das Nutzen- oder das Nebenbedingungskonzept Anwendung.[88]. In neueren Ansätzen werden beide Konzepte miteinander kombiniert.[89]

Das Zielsystem als wesentliche Voraussetzung zur systematischen Bewertung von Alternativen ist einem bloßen Vorteils-/Nachteils-Vergleich vorzuziehen.[90]

Ein generell gültiges Zielsystem für alle Finanzdienstleister existiert nicht.[91] Jedes Unternehmen muß unter Beachtung der individuellen Rahmenbedingungen ein eigenes Zielsystem aufstellen,[92] das stets an veränderte Bedingungen anzupassen ist.[93] Da-

---

schäfte und Bankmanagement, 5. A., Wiesbaden 1998, S. 506.

[84] Vgl. Hauschildt, J., Zielsysteme, in: Grochla, E. (Hrsg.), Handwörterbuch der Organisation, 2. A., Stuttgart 1980, Sp. 2419-2430. Basis für die Bestimmung eines konsistenten Zielsystems ist die Unternehmensphilosophie. Vgl. Meffert, H., Marketing-Management: Analyse - Strategie - Implementierung, Wiesbaden 1994, S. 79ff..

[85] Vgl. Eilenberger, G., Bankbetriebswirtschaftslehre: Grundlagen – Internationale Bankleistungen – Bank-Management, 6. A., München, Wien 1996, S. 549.

[86] Vgl. Büschgen, H.E., Bankbetriebslehre. Bankgeschäfte und Bankmanagement, 5. A., Wiesbaden 1998, S. 505.

[87] Neben der Zielkomplementarität und der Zielkonkurrenz ist Zielindifferenz dann gegeben, wenn die Zielerreichung eines Ziels völlig unabhängig von der Zielerreichung eines anderen Ziels ist. Vgl. Heinen, E., Das Zielsystem der Unternehmung, 3. A., Wiesbaden 1976, S. 94ff.. Zielantinomie liegt vor, wenn multivariable Ziele angestrebt werden, deren Komponenten sich gegenseitig ausschließen. Vgl. Heinen, E., Einführung in die Betriebswirtschaftslehre, 8. A., Wiesbaden 1982, S. 101ff.

[88] Vgl. Thiesing, E.-O., Strategische Marketingplanung in filialisierten Universalbanken: integrierte Filial- und Kundengruppenstrategien auf der Grundlage erfolgsbeeinflussender Schlüsselfaktoren, Frankfurt a. M., Bern, New York 1986, S. 70.

[89] Vgl. Büschgen, H.E., Bankbetriebslehre. Bankgeschäfte und Bankmanagement, 5. A., Wiesbaden 1998, S. 505.

[90] Vgl. Grochla, E., Grundlagen der organisatorischen Gestaltung, Stuttgart 1982, S. 95f..

[91] Während in einer normativen Sicht die gemeinsame Zielsetzug aller Eigentümer eines Unternehmens die Maximierung des Marktwertes des Eigenkapitals sein sollte, sind in der Praxis Abweichungen von dieser Zielsetzung zu beobachten. Diese sind z.B. auf Marktunvollkommenheiten wie Eigeninteressen der Manager oder auf rechtliche Rahmenbedingungen zurückzuführen. Vgl. Hartmann-Wendels, T., Pfingsten, A., Weber, M., Bankbetriebslehre, Berlin et al. 1998, S. 522f..

[92] Der Zielbildungsprozeß eines Unternehmens ist ein Verhandlungsprozeß, dessen Ergebnis wesentlich von der Handlungsintention und Verhandlungsmacht der beteiligten Interessengruppen abhängt. Vgl. zu dieser auf verhaltenswissenschaftlichen Ansätzen basierenden koalitionstheoretischen Betrachtungsweise March, J.G., Simon, H.A., Organizations, New York et al. 1958, Cyert, R.M., March, J.G., A behavioral theory of the firm, Englewood Cliffs 1963.

bei sind Zielkonflikte wie dargestellt zu vermeiden bzw. durch Setzen von Prioritäten oder Aufstellen einer Rangordnung zu lösen.[94] Die Ausgestaltung eines Zielsystems kann nicht autonom erfolgen, sondern ist z.B. von Marktbedingungen abhängig oder an die Präferenzen der Gruppen anzupassen, denen gegenüber das Management Rechenschaft ablegen muß.[95] Zudem sind gesetzliche Bestimmungen zu beachten. Im Sparkassensektor determinieren prinzipiell die Sparkassengesetze der Länder bestimmte Auftrags- und Sicherungsziele,[96] im Genossenschaftssektor gilt nach §1 Genossenschaftsgesetz die Förderung der Mitglieder als Oberziel unternehmerischen Handelns.[97] Es bedeutet jedoch „keine unzulässige Vereinfachung, davon auszugehen, daß alle drei Bankengruppen das Oberziel der Gewinnerzielung verfolgen."[98] Darüber hinaus ist davon auszugehen, daß das Oberziel der Gewinnerzielung auch für die Sparkasse als Allfinanz-Anbieter gilt. Auf welche Inhalte sich Ziele in Unternehmen richten und wie sich verschiedene Inhalte voneinander abgrenzen lassen, wird im folgenden betrachtet.

Grundsätzlich lassen sich Ziele von Unternehmen in Sachziele und Formalziele unterscheiden.[99] Sachziele richten sich auf den Gegenstand des Unternehmens, d.h. auf die zu erstellenden Güter oder Dienstleistungen. Das Sachziel der Bank konkretisiert sich damit in den Komponenten des Leistungsprogramms und knüpft an die Leistungserbringung an.[100] In einem marktwirtschaftlichen System werden die Komponenten des Leistungsprogramms grundsätzlich aufgrund bankautonomer Entscheidungen zusammengestellt. Zu beachten sind dabei lediglich die in §1 KWG aufgezählten Geschäftsarten. Eine noch engere Eingrenzung hinsichtlich der Leistungsarten nehmen die Satzungen der Sparkassen vor. Aus ihnen leitet sich das Enumerationsprinzip ab. Danach dürfen Sparkassen nur die Geschäfte tätigen, die ihnen in der Satzung ausdrücklich erlaubt sind.[101]

Formalziele richten sich auf die Maßstäbe, anhand derer sich der ökonomische Erfolg eines Unternehmens ausdrückt.[102] Sie geben Auskunft darüber, unter welchen überge-

---

[93] Vgl. Meffert, H., Marketing-Management: Analyse - Strategie - Implementierung, Wiesbaden 1994, S. 88.

[94] Vgl. Meffert, H., Marketing-Management: Analyse - Strategie - Implementierung, Wiesbaden 1994, S. 104 sowie Eilenberger, G., a.a.O., S. 549.

[95] Vgl. Süchting, J. Bankmanagement, 3. A., Stuttgart 1992, S. 313.

[96] Vgl. Kapitel B.1.2.

[97] Vgl. Eilenberger, G., a.a.O., S. 546; Ketzel, E., Kreditinstitutsgruppen und deren unterschiedliche Zielsetzungen im Vergleich, in: Geldprofi, 3/96, S. 17-22.

[98] Thiesing, E.-O., a.a.O., S. 73. Vgl. auch Hauschildt, J., Unterschiede in der Zielkonzeption privatwirtschaftlicher, genossenschaftlicher und öffentlicher Banken?, in: Zeitschrift für öffentliche und gemeinwirtschaftliche Unternehmen, 4/78, S. 26-44 sowie Süchting, J., Bank-Management, 3. A., Stuttgart 1992, S. 317.

[99] Vgl. Büschgen, H.E., Bank-Unternehmungsführung, Frankfurt a.M. 1981, S. 87ff..

[100] Vgl. Büschgen, H.E., Bankbetriebslehre. Bankgeschäfte und Bankmanagement, 5. A., Wiesbaden 1998, S. 507.

[101] Vgl. Güde, U., Geschäftspolitik der Sparkassen. Grundlagen und aktuelle Probleme, 6. A., Stuttgart 1995, S. 22 sowie S. 112.

[102] Vgl. Leupold, E.W., Die Planung der Formalzielkonzeption in Universalbanken, Köln o.J., S. 17ff.

ordneten Aspekten die Sachziele zu erfüllen sind.[103] So richten sich bankbetriebliche Formalziele üblicherweise auf die Rentabilität, den Gewinn, die Liquidität und die Sicherheit.[104] Generell können Zielinhalte bankbetrieblicher Unternehmen monetärer oder nichtmonetärer Art sein.[105] Monetäre Ziele sind einkommens-, rentabilitäts- vermögens-, liquiditäts-, oder cash-flow-orientiert und damit unmittelbar quantifizierbar.[106] Nichtmonetäre Ziele sind z.B. Image, Prestige, Unabhängigkeit, Soziale Verantwortung, Zufriedenheit und Motivation der Mitarbeiter.[107]

Von den Zielen zu unterscheiden sind Strategien. Sie entstehen aus langfristig wirksamen Entscheidungen, die zur Erreichung der vorgegebenen obersten Zielsetzungen getroffen werden.[108] Die Entscheidung zur Realisierung eines Allfinanz-Konzepts wurde bereits als Diversifikationsstrategie charakterisiert.[109] Nach Ansoff handelt es sich dabei um die Ausrichtung unternehmerischer Aktivitäten auf neue Produkte und neue Märkte.[110]

Die in der Literatur genannten Ziele, die mit einer Allfinanz-Strategie verfolgt werden, sind so vielschichtig wie auch die Definitionen für Allfinanz. Es sind Folgende:[111]

- Langfristige Sicherung der Wettbewerbsposition durch die Gewinnung von Kunden aus den beiderseitigen Kundenbeständen, d.h. Ausschöpfung gemeinsamer Kundenpotentiale,
- Kompensation der Margenrückgänge im klassischen Bankgeschäft,
- Verbesserte Auslastung der Kapazitäten im Filialnetz,
- Kundenbindung.

Die Kompensation der Margenrückgänge im klassischen Bankgeschäft richtet sich auf das monetäre Ziel Gewinnmaximierung bzw. auf den Ertrag. Der durch die sinkende Zinsspanne sich immer mehr verringernde Zinsertrag soll durch zusätzliche Provisionserträge aus dem Versicherungsgeschäft ausgeglichen werden. Die zusätzlichen Provisionserträge sollen in erster Linie dadurch entstehen, daß z.B. mit Sparkassenkunden Versicherungen abgeschlossen werden. Dies erfolgt mit dem in den Filialen

---

[103] Vgl. Leupold, E.W., Die Planung der Formalzielkonzeption in Universalbanken, Köln o.J., S. 25f..

[104] Der Zielcharakter von Liquidität und Sicherheit ist umstritten. In dieser Arbeit wird der Ansicht gefolgt, daß es sich weniger um Ziele als vielmehr um strenge Nebenbedingungen handelt, die zu jedem Zeitpunkt erfüllt sein müssen. Vgl. Büschgen, H.E., Bankbetriebslehre. Bankgeschäfte und Bankmanagement, 5. A., Wiesbaden 1998, S. 507ff..

[105] Vgl. Kolbeck, R., Bankbetriebliche Planung, Wiesbaden 1971, S. 67f..

[106] Vgl. Eilenberger, G., a.a.O., S. 547.

[107] Vgl. Büschgen, A., a.a.O., S. 56.

[108] Vgl. Eilenberger, G., a.a.O., S. 546.

[109] Vgl. Betsch, O., a.a.O., S. 16.

[110] Vgl. Ansoff, I.O., A model for diversification, in: Management Science, 1958, S. 392-414.

[111] Vgl. Klein, W., Konzentration oder Kooperation – was bringt das strategische Vertriebskonzept eines Allfinanzverbunds?, in: Versicherungswirtschaft, 12/88, S. 826-831, hier: S. 829f.; Höhmann, K., Venohr, B., Wouterse, A., a.a.O., S. 516; Schröder, G.A., Zukunftsfähigkeit des Verbundes sichern, in: Betriebswirtschaftliche Blätter, 1998, S. 509-514, hier: S. 509.

vorhandenen Personal, so daß es zu einer verbesserten Auslastung des Filialnetzes kommt. Gleichzeitig führt die umfassende Betreuung der Kunden zur Bindung an den Allfinanz-Anbieter Sparkasse.[112]

Hauptziel des Sparkassen-Finanzverbundes ist die langfristige Sicherung der Ertragskraft. Dieses Ziel wird im Rahmen einer Zielhierarchie durch Mittel- und Unterziele konkretisiert. Einen Überblick über das Zielsystem der Sparkassen-Finanzgruppe gibt Abbildung 4.

Ein weiterer Aspekt wird in der Literatur bei der Zieldiskussion von Allfinanz-Konzepten meist vernachlässigt. Er betrifft das nichtmonetäre Ziel Image, zu dem Allfinanz-Konzepte positiv beitragen können. Das Image eines Finanzdienstleisters kann sich einerseits dadurch verbessern, daß das positive Image des Allfinanz-Partners auf ihn übertragen wird. Andererseits kann sich das Image dadurch verbessern, daß sich die Sparkasse als kompetenter Ansprechpartner in allen finanziellen Angelegenheiten erweist. Im folgenden werden die mit Allfinanz-Konzepten verfolgten Ziele Ertrag, Image und Kundenbindung näher untersucht.

2.2 Allfinanz-Ziele

2.2.1 Ertragsziele

Wie bereits mehrfach bemerkt, richten sich Allfinanz-Konzepte von Banken darauf, durch den Absatz zusätzlicher Produkte neben ihren eigenen Bankprodukten zusätzliche Erträge zu erzielen. Durch den Absatz von Versicherungen am Bankschalter können so Provisionserträge erzielt werden. Insofern liegt eine direkte Ertragswirkung vor, deren genaue Bezifferung durch verschiedene Effekte erschwert werden könnte.[113]

- Der Absatz originärer Bankprodukte (z.B. Spareinlagen) geht durch den Verkauf von teilweise komplementären Versicherungsprodukten (z.B. Kapitalbildende Lebensversicherung) zurück. In welchem Maße diese Kannibalisierung[114] auftritt, läßt sich kaum beziffern.

---

[112] Gelegentlich wird diskutiert, daß Allfinanz-Angebote zur Erfüllung von Sicherheitszielen beitragen. Dieser Effekt resultiert aus der risikomindernden Portefeuille-Diversifikation, der Verringerung der Abhängigkeit von Einzelleistungen und der breiteren Streuung des Absatzrisikos. Vgl. Büschgen, A., a.a.O., S. 120-125. Dies wird hier jedoch nicht weiter betrachtet, da davon ausgegangen wird, daß Sicherheit kein Ziel an sich, sondern eine strenge Nebenbedingung im Zielsystem eines Finanzdienstleisters ist. Vgl. Büschgen, H.E., Bankbetriebslehre. Bankgeschäfte und Bankmanagement, 5. A., Wiesbaden 1998, S. 507ff..

[113] Vgl. Scheele, M., a.a.O., S. 20.

[114] Der Begriff der Kannibalisierung ist aus dem Bereich der Neuprodukteinführung entlehnt. Dort wird die Einführung eines neuen Produkts als kannibalisierend bezeichnet, wenn sie sinkende Erträge bei anderen Produkten des Anbieters hervorruft. Vgl. Kotler, P., Bliemel, F., Marketing-Management: Analyse, Planung, Umsetzung und Steuerung, 7. A., Stuttgart 1992, S. 516 sowie S. 638.

Abbildung 4: Zielsystem der Sparkassen-Finanzgruppe

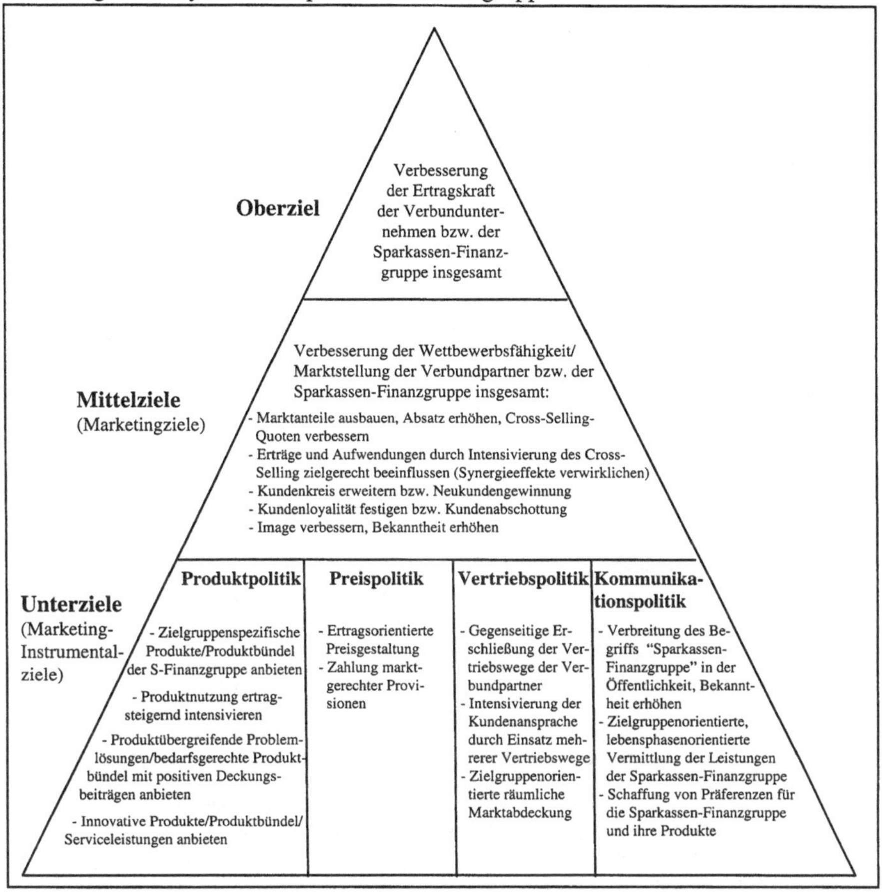

Quelle: Nach Geise, W., Sparkassen-Finanzgruppe und Allfinanz, in: Sparkasse, 2/93, S. 56-63, hier: S. 59.

- Bei der Bündelung von Produkten wird eventuell eine Kompensation der Preise vorgenommen, um Zusatzprodukte abzusetzen.
- Bei gebündelten Produkten lassen sich die Kosten kaum verursachergerecht zuordnen.

Eine indirekte Ertragswirkung ergibt sich aus der Realisierung von Synergien. Nach dem Grad der Synergienutzung als wesentlichem Ziel- und Entscheidungskriterium für die Wahl einer der Ansoff-Strategien enthält die Diversifikation das geringste Synergiepotential.[115] Es stellt sich daher die Frage, warum in der Literatur bei der Beurteilung der Vorteilhaftigkeit von Allfinanz-Konzepten immer wieder auf die positive Wirkung von Synergien verwiesen wird. Es steht zu vermuten, daß höhere Erträge erwirtschaftet worden wären, wenn die für Allfinanz eingesetzten Mittel zur Förderung des ursprünglichen Geschäfts, etwa im Rahmen einer Marktentwicklungsstrategie, eingesetzt worden wären.[116] Um dies zu prüfen, sind die Synergieeffekte näher zu betrachten.

Allgemein entstehen Synergieeffekte, wenn zwei oder mehr Einflußfaktoren beim Bündeln mehr bewirken als ihrer additiven Wirkung bei isoliertem Einsatz entspricht.[117] Angewandt auf die Zusammenarbeit von Sparkassen und öffentlichen Versicherern scheint jedoch eine Definition zweckmäßiger, die Synergien als zusätzliche Vorteile bestimmter Ausführungsfunktionen bei der Realisierung von Produkt/Markt-Strategien von zwei oder mehr Geschäftsfeldern kennzeichnet.[118] Zunehmende Bedeutung erfahren Synergien bei der Erringung strategischer Wettbewerbsvorteile. Hierin ist auch eine Ursache für die steigende Bereitschaft zu Kooperationen und strategischen Allianzen zu sehen.

Am Beispiel eines Zusammenschlusses von Banken und Versicherungen lassen sich anhand einer Wertkettenbetrachtung[119] die als Synergien bezeichneten kostenmäßigen Vorteile auf der Bankenseite zeigen.[120] Dabei ist davon auszugehen, daß die Synergien nicht erst durch einen Zusammenschluß entstehen, sondern sich bereits bei Kooperation von Finanzdienstleistern ergeben.

Die Primäraktivitäten der Banken-Wertkette liegen in den Funktionen Eingangslogi-

---

[115] Vgl. Meffert, H., Marketing-Management: Analyse - Strategie - Implementierung, Wiesbaden 1994, S. 111.

[116] Dies ist auch zur weit verbreiteten Management-Lehre von der Vorteilhaftigkeit der Konzentration auf Kernkompetenzen konsistent. Vgl. Prahalad, C.K., Hamel, G., The core competence of the corporation, in: Harvard business review, May-June 1990, S. 79-91; Hamel, G., The concept of core competence, in: Hamel, G., Heene, A. (Hrsg.), Competence-based competition, Chichester et al. 1994, S. 11-33. Kritisch dazu: Leonard-Barton, D., Core capabilities and core rigidities: A paradox in managing new product development, in: Strategic Management Journal, 13/92, S. 111-125.

[117] Vgl. o.V., Synergie, in: Diller, H. (Hrsg.), Vahlens Großes Marketing Lexikon, München 1994, S. 1125.

[118] Vgl. Gälweiler, A., Synergiepotentiale, in: Szyperski , N. (Hrsg.), Handwörterbuch der Planung, Stuttgart 1989, Sp. 1935-1943, hier: Sp. 1936.

[119] Das Modell der Wertkette wurde von Porter für strategische Analysen entwickelt. Danach läßt sich jedes Unternehmen als Ansammlung von Tätigkeiten darstellen, die sich als strategisch relevante Aktivitäten gliedern und in einer Wertkette darstellen lassen. Der Wert der Kette ergibt sich aus dem Betrag, den Abnehmer bereit sind, für das erstellte Produkt zu zahlen. In der Wertkette lassen sich primäre und unterstützende Wertaktivitäten unterscheiden. Während sich die primären Aktivitäten direkt mit der Herstellung und dem Verkauf von Produkten befassen, schaffen die unterstützenden Aktivitäten als sog. Querschnittsfunktionen die Voraussetzung für primäre Aktivitäten. Vgl. Porter, M.E., Wettbewerbsvorteile (Competitive Advantage, dt. Übersetzung von A. Jaeger), Frankfurt a.M. 1986, S. 63ff..

[120] Vgl. Scheele, M., a.a.O., S. 103.

stik, Operationen und Vertrieb. Die Eingangslogistik umfaßt die Anlage bzw. Refinanzierung, die Operationen die Bereiche Zahlungsverkehr, Verwaltung und Bonitätsanalyse. Die Aktivität Vertrieb bündelt Tätigkeiten der Akquisition, Beratung, Service und Werbung.

Als unterstützende Tätigkeiten in Banken lassen sich die Unternehmensinfrastruktur, Technologie und das Risikomanagement unterscheiden. Die Unternehmensinfrastruktur enthält die Stabsstellen Rechnungswesen, Planung, Recht, Personal, etc.. Die Technologie umfaßt die EDV-Unterstützung und Produktentwicklung. Das Risikomanagement in Banken befaßt sich mit den Bonitätsrisiken aus dem Kreditgeschäft.

Durch den Zusammenschluß einer Bank und einer Versicherung ergeben sich in der Wertkette der Bank kostenmäßige Vorteile,[121] die in Abbildung 5 zusammenfassend skizziert sind.

Das Ausmaß der Vorteile wird durch die Kategorien „groß“ (+++), „mittelgroß“ (++) und „klein“ (+) dargestellt, wobei die Bewertung nicht objektiv mit Zahlen hinterlegt ist, sondern auf subjektiven Schätzungen beruht, die durch beispielhafte Nennung von Kostenvorteilen untermauert werden.

Abbildung 5: Synergieeffekte in der Wertschöpfungskette einer Bank durch den Zusammenschluß mit einer Versicherung

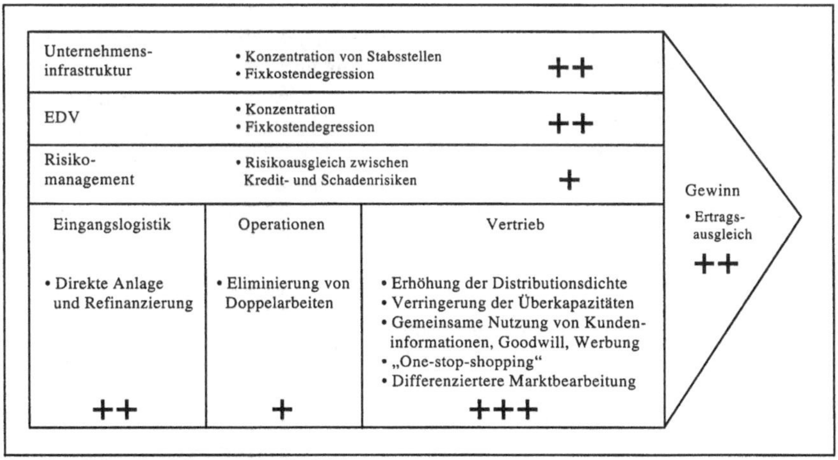

Quelle: Scheele, M., a.a.O., S. 103.

---

[121] Konsequent kann aus dem Zusammenschluß ein Kompetenz-Netzwerk entstehen, in dem die von Banken bzw. Versicherungen jeweils angebotenen Leistungen durch ihre Kernkompetenzen definiert werden. Vgl. Burchard, U., Kompetenz-Netzwerk versus Universalbank, in: Die Bank, 1/97, S. 4-7, hier: S. 4.

Danach sieht Scheele die größten kostenmäßigen Vorteile im gemeinsamen Vertrieb. Dies ist naheliegend, da der Vertrieb bei Finanzdienstleistungen den größten Kostenblock bildet und daher dort auch die größten Einsparpotentiale realisiert werden können. Die Einsparpotentiale entstehen durch eine erhöhte Distributionsdichte, Verringerung von Überkapazitäten, gemeinsame Ressourcennutzung, one-stop-shopping und die Möglichkeit einer differenzierteren Marktbearbeitung. Durch Konzentration und Fixkostendegression können in der Unternehmensinfrastruktur und der EDV kostenmäßige Vorteile durch einen Zusammenschluß realisiert werden, die nicht ganz so hoch sind wie im Vertrieb und daher mit ++ bezeichnet werden. Ein ähnlich hohes Kosteneinsparungspotential besteht durch direkte Anlage und Refinanzierung in der Eingangslogistik und durch einen Ertragsausgleich zwischen den Unternehmensbereichen beim Gewinn. Die geringsten Kostenvorteile (+) beim Zusammenschluß von Banken und Versicherungen sieht Scheele beim Risikomanagement durch den Risikoausgleich zwischen Kredit- und Schadenrisiken sowie durch Eliminierung von Doppelarbeiten im Bereich der Operationen.

Die Definition von Synergien als zusätzliche Vorteile bestimmter Ausführungsfunktionen bei der Realisierung von Produkt/Markt-Strategien von zwei oder mehr Geschäftsfeldern ist deshalb zweckmäßig, weil sie die Gegebenheiten der Zusammenarbeit von Banken und Versicherungen berücksichtigt: Allfinanz-Strategien wurden bereits als Diversifikationsstrategie gekennzeichnet. Die Geschäftsfelder, auf die die Definition anzuwenden ist, sind allgemein das Kredit- und das Versicherungswesen.

Höhere Erfolgspotentiale durch Synergien entstehen jedoch erst, wenn die zusätzlichen Vorteile durch das Zusammenfassen der Ausführungsfunktionen auch genutzt werden. Eine generelle Vorteilhaftigkeit von Allfinanz-Strategien seitens der Anbieter besteht also nicht. Es müssen vielmehr spezifische Voraussetzungen geschaffen werden, um innerhalb bestimmter Kundensegmente Erfolge durch Allfinanz zu realisieren. Als eine Voraussetzung wird die Umstrukturierung der arbeitsteiligen Organisation angesehen.[122] Dies erfolgte in der Zusammenarbeit von Sparkassen und öffentlichen Versicherern bereits früh durch die Schaffung unterschiedlicher Vertriebsmodelle.[123]

Gälweiler weist auf drei Problembereiche hin, die bei der Nutzung von Synergiepotentialen zu beachten sind. Aus ihnen lassen sich Anforderungen oder Voraussetzungen ableiten, die zu schaffen sind, damit die Synergien ausgeschöpft werden können.

(1) Nicht aus jeder Zusammenfassung gleicher oder gleichartiger Ausführungsfunktionen resultiert zwangsläufig eine positive Verbundwirkung. Sie kann sogar negativ sein, wenn die geschäftsspezifischen Erfordernisse der zusammengefaßten Ausführungsfunktionen sehr unterschiedlich sind. In diesem Fall entstehen durch steigende Komplexität des Geschäfts und die dadurch erforderlichen Abstimmungspro-

---

[122] Gälweiler, A., a.a.O., Sp. 1942f..

[123] Vgl. Kapitel B.1.4.

zesse zwischen verschiedenen Bereichen Kosten.[124] Hieraus ergibt sich die Anforderung, daß die geschäftsspezifischen Erfordernisse der zusammengefaßten Ausführungsfunktionen nicht zu unterschiedlich sein dürfen. Im Falle der Zusammenarbeit von Banken und Versicherungen kann davon ausgegangen werden, daß relativ ähnliche Geschäftsfelder vorliegen, deren Ausführungsfunktionen sich gut kombinieren lassen. Insbesondere in der Geschäftsstelle einer Bank, die von den Kunden relativ häufig aufgesucht wird, liegen gute Bedingungen für den aktiven Vertrieb von Versicherungen vor, da sich z.B. auch aus der Abwicklung des Zahlungsverkehrs zahlreiche Anknüpfungspunkte für den Vertrieb von Versicherungen ergeben. Bei Sparkassen und öffentlichen Versicherern sind jedoch umfangreiche Transaktionskosten aufgrund der durch die dezentrale Organisation bedingten ausgeprägten Abstimmungserfordernisse zu vermuten.

(2) Selbst wenn die Zusammenfassung der Ausführungsfunktionen in einem Bereich zu positiven Effekten führt, können in anderen Funktionsbereichen negative Rückwirkungen auftreten. Damit der Gesamteffekt nicht negativ ist, dürfen die positiven Effekte nicht durch negative Rückwirkungen in anderen Bereichen überkompensiert werden. Bei der Betrachtung des "totalen Wirkungsintegrals"[125] muß also per Saldo ein signifikanter Vorteil übrigbleiben, damit die Vorteilhaftigkeit der Synergien zum tragen kommt.

(3) Das Feststellen eines signifikanten Vorteils setzt voraus, daß die Synergien meßbar sind. Die Bewertung insbesondere gegenläufiger Effekte ist jedoch meist nur näherungsweise möglich.

Voraussetzung für die Bewertung der Synergiepotentiale ist somit die Entwicklung oder das Vorhandensein eines Konzepts, das eine Messung der tatsächlichen Effekte erlaubt. Im Fall der Zusammenarbeit von Sparkassen und öffentlichen Versicherern in Schleswig-Holstein liegt eine detaillierte Aufwands-/Ertragsrechnung bisher nicht vor. Es werden lediglich die Erträge aus dem Verkauf von Versicherungen in der Sparkasse positiv verbucht.

Bei der Realisierung von Allfinanz-Konzepten stehen drei Synergiepotentiale im Vordergrund:

- Finanzielle Synergien zielen auf eine Herabsetzung des einzelwirtschaftlichen Risikos durch Bildung eines Portfolios von Geschäftsfeldern.[126] Teilweise wird eine unmittelbare Verbesserung der Liquidität erwartet.[127]

---

[124] Vgl. Wagner, P.J., a.a.O., S. 95ff.

[125] Gälweiler, A., a.a.O., Sp. 1937.

[126] Vgl. Wagner, P.J., a.a.O., S. 95ff. sowie Büschgen, A., a.a.O., S. 120-125.

[127] Vgl. Rumpold, K., Haiss, P., Schicklgruber, W., Allfinanz versus Universalbank, in: Die Versicherungsrundschau, 3/92, S. 67f.

- Funktionale Synergien[128] lassen sich bei Akquisition und Neugründung nutzen.[129] Sie entstehen durch materielle oder immaterielle Verflechtungen zwischen Unternehmen.[130] Materielle Verflechtungen kommen durch die gemeinsame Durchführung von Aktivitäten mit verwandten Unternehmenseinheiten, hier Bank und Versicherung, zustande. Ansatzpunkte bilden insbesondere gemeinsame Durchführung von Wertschöpfungs- und Betriebsfunktionen, z.B. Vertrieb, Finanzen und die Konzentration administrativer Abteilungen wie Rechnungswesen, Recht oder EDV. Die Kosten sinken durch Größenvorteile, höhere Kapazitätsauslastung und Erfahrungskurveneffekte. Immaterielle Verflechtungen beinhalten die Übertragung von spezifischem Know-How, so daß die Kosten bestimmter Wertschöpfungsaktivitäten sinken.[131] Die Durchschnittskosten sinken durch die Umsatzsteigerung mit neuen Produkten. Dadurch entsteht ein Wettbewerbsvorteil.[132]

- Marktpolitische Synergien entstehen durch gemeinsame Nutzung immaterieller Aktiva, wie Markennamen.[133] Unter einem bewährten Markennamen werden zusätzliche Dienstleistungen in der Hoffnung angeboten, daß die Nachfrager Markentreue beweisen. Der Absatz eines Produkts fördert den eines anderen. Daher findet sich in der Literatur auch die Bezeichnung absatzwirtschaftlicher Synergien.[134] In diesem Bereich besteht ein erhebliches Potential, da Finanzdienstleistungen sich als intangible Güter durch Präferenzbildung gut differenzieren lassen.[135] Als Voraussetzung für marktpolitische Synergien muß ein Markenname bereits vorhanden sein. Außerdem müssen die Produkte/Unternehmen für Imagetransfer[136] geeignet sein, denn grundsätzlich besteht auch die Gefahr negativen Imagetransfers. Danach kann der gute Name Schaden nehmen, wenn in einem neuem Marktsegment ungeschickt agiert wird. Der Komplex der marktpolitischen Synergien wird im folgenden Abschnitt konkreter behandelt.

Insgesamt liegen zum komplexen Sachverhalt vermuteter Synergieeffekte bisher widersprüchliche Untersuchungen vor.[137] Süchting sieht die Realisierung von Synergien bei Allfinanz-Konzepten durch die Zusammenführung unterschiedlicher, als komplementär angesehener Vertriebsformen als schwierig an.[138]

---

[128] Teilweise werden funktionale Synergien auch als produktionswirtschaftliche Synergien bezeichnet, vgl. Rumpold, K., Haiss, P., Schicklgruber, W., a.a.O., S. 67f.

[129] Vgl. Wagner, P.J., a.a.O., S. 95ff.

[130] Vgl. Porter, M.E., Wettbewerbsvorteile: Spitzenleistungen erreichen und behaupten, 3. A., Frankfurt, New York 1992, S. 413ff..

[131] Vgl. Wagner, P.J., a.a.O., S. 95ff.

[132] Vgl. Sondhof, H.W., a.a.O., S. 274.

[133] Vgl. Wagner, P.J., a.a.O., S. 100f..

[134] Vgl. Rumpold, K., Haiss, P., Schicklgruber, W., a.a.O., S. 67f.

[135] Vgl. Sondhof, H.W., a.a.O., S. 274.

[136] Vgl. Schweiger, G., Image und Imagetransfer, in: Tietz, B. (Hrsg.), Handwörterbuch des Marketing, 2. A., Stuttgart 1995, Sp. 915-928, hier: Sp. 924ff., Meffert, H., Heinemann, G., Operationalisierung des Imagetransfers, in: Marketing ZFP, 1/90, S. 5-10.

[137] Vgl. Wagner, P.J., a.a.O., S. 93.

[138] Vgl. Süchting, J., Die Allfinanz ist kein Allheilmittel, in: FAZ, 9.5.89.

2.2.2 Imageziele

Imageziele lassen sich aus den marktpolitischen Synergien ableiten. „Image" wird dabei im folgenden verstanden als ein „aggregiertes „System von Eindruckswerten", d.h. subjektiv bewertete, empfundene Ausprägungen von denotativen und konnotativen Produkt- bzw. Markeneigenschaften."[139] Wie bereits dargelegt, kann sich das Image eines Finanzdienstleisters durch Profilierung als kompetenter Ansprechpartner in allen finanziellen Angelegenheiten oder durch die Übertragung des positiven Images des gewählten Allfinanz-Partners verbessern. Der letzte Fall wird im folgenden näher untersucht.

Unter Imagetransfer wird die wechselseitige Übertragung und Verstärkung von Assoziationen zwischen Produkten unterschiedlicher Kategorien verstanden.[140] Angewandt auf die Allfinanz-Problematik handelt es sich um die Übertragung von Assoziationen zwischen Banken und Versicherungen. Die Assoziationen können denotativer oder konnotativer Natur sein, d.h. sie betreffen entweder die objektiv nachvollziehbaren Eigenschaften der Produkte oder das emotionale Erlebnisumfeld. Die Unterstützung des emotionalen Assoziationsgehalts kann durch Markennamen erfolgen.[141] Für Finanzdienstleister bietet sich der gezielte Einsatz einer Markenpolitik und –strategie[142]

---

[139] Meffert, H., Heinemann, G., a.a.O., S. 5.

[140] Vgl. Mayer, A., Mayer, R.U., Imagetransfer, Hamburg 1987, S. 26.

[141] Dabei sind folgende Merkmale einer Marke zu berücksichtigen: Vertrauen (Beständigkeit bzw. Zuverlässigkeit), Differenzierungskraft (Unverwechselbarkeit) und Individualität (Relevanz für den einzelnen Kunden). Vgl. Betsch, O., Irrtümer und Wahrheiten zum Retailbanking, in: Bank und Markt, 4/99, S. 18-24, hier: S. 20.

[142] Durch die Wahl einer geeigneten Markenstrategie wird die Profilierung und Differenzierung von Marken im Wettbewerb unterstützt. Dabei ist zwischen Markenstrategien im horizontalen, vertikalen und internationalen Wettbewerb zu unterscheiden. Im horizontalen Wettberwerb sind Einzelmarken-, Mehrmarken-, Markenfamilien-, Dachmarken- und Markentransferstrategien zu nennen. Bei der Einzelmarkenstrategie wird jedes Produkt eines Unternehmens unter einer eigenen Marke angeboten, während bei der Mehrmarkenstrategie mindestens zwei Marken in demselben Produktbereich parallel geführt werden. Im Rahmen einer Markenfamilienstrategie weden mehrere verwandte Produkte unter einem Markennamen geführt, wobei auf den Unternehmensnamen kein direkter Bezug genommen wird. Im Gegensatz dazu faßt die Dachmarkenstrategie sämtliche Produkte eines Unternehmens unter einer Marke zusammen. Beim Markentransfer werden positive Imagekomponenten einer Hauptmarke auf ein Transferprodukt einer neuen Warengruppe übertragen. Im vertikalen Wettbewerb lassen sich Hersteller- und Handelsmarken unterscheiden. Während bei Herstellermarken der Markenname durch den Hersteller bestimmt ist, sind Handelsmarken Waren- oder Firmenkennzeichen, durch die ein Handelsbetrieb oder eine Handelsorganisation Waren markiert. Hierbei läßt sich eine weitere Unterscheidung in Gattungs-, Eigen- und Premiummarken vornehmen. Im internationalen Wettbewerb werden multinationale, globale und gemischte Markenstrategien unterschieden. Während bei der multinationalen Markenstrategie die Unternehmen in den einzelnen Auslandsmärkten jeweils mit individuellen Markenkonzepten vertreten sind, wird im Rahmen einer globalen Markenstrategie ein einheitliches Markenkonzept ohne Rücksicht auf nationale Unterschiede durchgesetzt. Bei der gemischten Markenstrategie wird unter weitgehender Beibehaltung eines einheitlichen Markenprofils versucht, Kosten- und Nutzenvorteile durch Anpassung eines Markenkonzepts an individuelle Ländergegebenheiten auszuschöpfen. Vgl. zur weiteren Erklärung, insbesondere zu Vor- und Nachteilen der Strategien Meffert, H., Marketing.

zur Kundenbindung und zur Differenzierung gegenüber brancheninternen und –externen Wettbewerbern an.[143] Die Aussage, es sei im Finanzdienstleistungsbereich bisher nur wenigen Anbietern gelungen, Marken zu schaffen,[144] kann lediglich für Einzelmarken Gültigkeit haben. Da die grundsätzliche Entscheidung der Markenpolitik, die Produkte, das Unternehmen oder beides zu markieren,[145] bei Finanzdienstleistungen fast immer zugunsten der Firmenmarke gefallen ist,[146] existieren hier hauptsächlich Dachmarken von Deutscher Bank, Genossenschaftsbanken oder Sparkassen.[147] Dabei scheint jedoch auch der Aufbau einzelner, auf Kundensegmente fokussierter Marken, vorteilhaft.[148]

Von den vier theoretischen Möglichkeiten des Transfers von Firmen- und Markenimages Identität, Integration, Desintegration und Isolation[149] scheinen die ersten beiden besonders geeignet für Allfinanz-Strategien. Von Identität wird gesprochen, wenn das Markenimage einen wesentlichen Bestandteil des Firmenimage bildet. Integration liegt vor, wenn das Firmenimage als Dach mehrere Produktmarken unter sich vereint, die eine psychologisch wirksame Verbindung zum Firmenimage aufbauen können. Bei der Desintegration wird für die Firma und das Produkt je ein eigenständiges Image aufgebaut. Einziger Berührungspunkt zwischen beiden ist die gesetzliche Kennzeichnungspflicht des Herstellers. Zur Vermeidung derselben wird im Rahmen einer Isolationsstrategie für eine neu einzuführende Marke eine neue Firma gegründet und das Markenimage wird getrennt vom Firmenimage aufgebaut.

Zwei Unternehmen, die im Zuge einer Allfinanz-Strategie kooperieren, verfügen über jeweils eigene Firmenimages, die gegen die Images der zu schaffenden Allfinanz-Produkte abzugrenzen sind. Die kooperative Marktbearbeitung von Sparkassen und öffentlichen Versicherern zeichnet sich dadurch aus, daß bei der Markierung der Produkte darauf verzichtet wurde, eine gemeinsame Marke einzuführen, da sowohl die Öffentlichen Versicherer als auch die Sparkassen als Ergebnis einer prägnanten Markierungspolitik über eine äußerst hohe Bekanntheit im Markt verfügen,[150] die nicht

---

Grundlagen marktorientierter Unternehmensführung. Konzepte – Instrumente – Praxisbeispiele, 8. A., Wiesbaden 1998, S. 792-811.

143 Vgl. Maier, M., Finanzdienstleistungen im Privatkundengeschäft: Dynamik im Markt und Marketing, in: Meyer, A. (Hrsg.), Handbuch Dienstleistungs-Marketing, Bd. 2, Stuttgart 1998, S. 1667-1685, hier: S. 1682ff..

144 Vgl. Betsch, O., Irrtümer und Wahrheiten zum Retailbanking, in: Bank und Markt, 4/99, S. 18-24, hier: S. 19.

145 Zu den Problemen der Markierungspolitik bei Dienstleistungen vgl. Meffert, H., Bruhn, M., a.a.O., S. 321-325.

146 Für die Abgrenzung der Marke vom Firmenimage gilt, daß bekannte Marken Grundlage eines Firmenimages sein können. Vgl. Meffert, H., Markenstrategien als Waffe im Wettbewerb, in: Henzler, H.A. (Hrsg.), Handbuch Strategische Führung, Wiesbaden 1988, S. 581-610, hier: S. 585.

147 Vgl. Judt, E., Markenpolitik für Finanzdienstleistungen?, in: Betsch, O., Wiechers, R. (Hrsg.), Handbuch Finanzvertrieb. Vertriebsstrategien – Vertriebswege – Vertriebsmanagement, Frankfurt a.M. 1995, S. 86-96, hier: S. 91; Meffert, H., Bruhn, M., a.a.O., S. 327.

148 Vgl. Maier, M., a.a.O., S. 1684.

149 Vgl. Mayer, A./Mayer, R.U., Imagetransfer, Hamburg 1987, S. 37-42.

150 Vgl. Heitmüller, H.-M., Sparkassenwerbung: Das Gemeinschafts-„S" gibt den Ton an, in: Bank

gefährdet werden soll. Die Produkte werden als Provinzial- oder Sparkassen-Produkte gekennzeichnet.

Die Markierung des Versicherers als „Unternehmen der Sparkassen-Finanzgruppe" läßt jedoch deutlich einen Imagetransfer erkennen. Die Marke „Provinzial" wird durch die Kennzeichnung zu einem Bestandteil des Firmenimages der Sparkassen-Finanzgruppe. Mit dieser Co-Branding-Strategie[151] wird in erster Linie das Ziel verfolgt, eine Grundlage zur gegenseitigen systematischen Erschließung der Kundenstämme von Sparkassen und Versicherer zu schaffen, d.h. die bisherigen gemeinsamen Kundenpotentiale auszuschöpfen.

Die Risiken des Imagetransfers liegen in denotativer oder konnotativer Unverträglichkeit der Partnerprodukte, Produktkannibalismus oder der Überforderung der Tragfähigkeit des Markenimage.[152] Denotative Unverträglichkeiten sind im Finanzdienstleistungsbereich nicht zu erwarten. Konnotativen Unverträglichkeiten soll durch die kommunikationspolitische Einbindung des Versicherers in die Sparkassen-Finanzgruppe entgegengewirkt werden. Produktkannibalismus könnte bei komplementären Produkten entstehen, etwa wenn ein Sparplan und eine kapitalbildende Lebensversicherung als Anlageprodukte betrachtet werden. Dieses Problem kann jedoch durch Maßnahmen der Vertriebssteuerung geregelt werden.

Die Überforderung der Tragfähigkeit des Markenimages kann entstehen, wenn die Zielgruppen der den Imagetransfer durchführenden Unternehmen zu unterschiedlich sind. Im Bereich der Sparkassen-Finanzgruppe werden die Gemeinsamkeiten von Sparkassen und öffentlichen Versicherern betont. Beide verfügen über einen öffentlichen Auftrag, haben ein regional begrenztes Geschäftsgebiet in dem sie in ihrem Bereich jeweils Marktführer sind und ähnliche Kundenstrukturen. Daher gelten sie als "geborene" Partner.

2.2.3 Kundenbindungsziele

Durch Allfinanz-Angebote soll die Bindung des Kunden an die Sparkasse erreicht werden. Nach der nachfragerorientierten Interpretation des Begriffs Kundenbindung[153]

---

und Markt, 9/97, S. 19-22, hier: S. 21.

[151] Vgl. Ohlwein, M, Schiele, T.P., Co-Branding, in: WiSt, 11/94, S. 577-578; Meffert, H., Burmann, C., Value-Added-Services im Bankbereich, in: Bank und Markt, 4/96, S. 26-29, hier: S. 29.

[152] Vgl. Mayer, A./Mayer, R.U., Imagetransfer, Hamburg 1987, S. 58, 75-79.

[153] Neben nachfrageorientierten Interpretationen werden in der Literatur herstellerorientierte und ergebnisorientierte Definitionen diskutiert. Die ergebnisorientierte Interpretation stellt allein auf das objektiv meßbare Ergebnis der Kundenbindung, d.h. Wiederkäufe, Cross-Buying, etc., ab. Die herstellerorientierte Beschreibung von Kundenbindung wird häufig anhand ähnlicher Begriffe vorgenommen, die jedoch im folgenden nicht weiter vertieft werden. Es handelt sich um folgende verwandte Begriffe:
Kundenorientierung. Kundenorientierung kann als Kerngedanke und Handlungsmaxime jeder

wird darunter die Einstellung des Kunden zur Geschäftsbeziehung verstanden, die sich in der Bereitschaft zu Folgetransaktionen niederschlägt.[154] Durch die Einstellung des Kunden entsteht somit ein loyales Verhalten,[155] welches sich konkret durch Wiederkauf, Weiterempfehlungsabsicht oder Cross-Buying auszeichnet.[156] Diese Verhaltensweisen wirken unmittelbar auf eine Umsatzsteigerung. Gebundene Kunden zeichnen sich darüber hinaus durch geringere Preissensitivität aus, sie zeigen eine höhere Toleranz gegenüber kurzzeitiger Unzufriedenheit und sind resistenter gegenüber Abwerbungsversuchen der Konkurrenz. Durch positive Mundpropaganda tragen sie zu einem guten Erscheinungsbild des Anbieters bei.[157]

Auch auf der Kostenseite zeigt Kundenbindung günstige Auswirkungen. Durch loyale Kunden sinken sowohl die Akquisitionskosten, als auch die Kommunikationskosten und die Verwaltungs- und Vertriebskosten.[158]

Aus Sicht der Anbieter umfaßt Kundenbindung sämtliche Maßnahmen, die darauf abzielen, sowohl die bisherigen Verhaltensweisen als auch die künftigen Verhaltens-

---

Marke-tingorientierung betrachtet werden. „Praktizierte Kundenorientierung ist die Hohe Schule des Marketing." Plinke, W., Fallgruben der Kundenorientierung überspringen, in: Absatzwirtschaft, 3/92, S. 97-101, hier S. 97. Kritisch zu diesem generellen Verständnis des Begriffs Kundenorientierung äußert sich Kühn, R., Methodische Überlegungen zum Umgang mit Kundenorientierung im Marketing-Management, in: Marketing ZFP, 2/91, S. 97-107, hier S. 99.

Kundennähe. Kundennähe wird in der Literatur üblicherweise verstanden als die innere Bereitschaft der Mitarbeiter, auf den Kunden einzugehen und ihm zu dienen, umfaßt aber gleichzeitig auch interne Beziehungen, was z.B. den Aspekt der Lieferantennähe beinhaltet. Vgl. Simon, H., Kundennähe als Wettbewerbsstrategie und Führungsherausforderung, in: Kistner, K.-P., Schmidt, R. (Hrsg.), Unternehmensdynamik, Wiesbaden 1991, S. 253-273, hier S. 255 und Albers, S., Eggert, K., Kundennähe – Strategie oder Schlagwort, in: Marketing ZFP, 1/88, S. 5-16.

Nachkaufmarketing. Nachkaufmarketing bezeichnet zusammenfassend alle Aktivitäten, deren Wirkung sowie deren Instrumente erst nach dem Kauf einsetzen. Operationalisiert werden diese Instrumente durch ein sog. Nachkaufmarketing-Mix, das aus den vier Elementen Nachkaufservice, Beschwerdemanagement, Nachkaufkommunikation und Redistribution besteht. Vgl. Hansen, U., Jeschke, K., Nachkaufmarketing. Ein neuer Trend im Konsumgütermarketing?, in: Marketing, 2/92, S. 88-97, hier: S. 89ff.; Jeschke, K., Nachkaufmarketing: Kundenzufriedenheit und Kundenbindung auf Konsumgütermärkten, Frankfurt a.M. 1995, S. 66ff..

[154] Vgl. Diller, H., Kundenbindung als Marketingziel, in: Marketing ZFP, 2/96, S. 81-94, hier: S. 82.

[155] Vgl. Jacoby, J., Chestnut, R., Brand loyalty, Measurement and Management, New York 1978, S. 8.

[156] Vgl. Meyer, A., Dornach, F., Das Deutsche Kundenbarometer 1997 – Qualität und Zufriedenheit – Jahrbuch der Kundenzufriedenheit in Deutschland 1997, München 1997, S. 24f.. Hier liegt eine ergebnisorientierte Interpretation der Kundenbindung vor.

[157] Vgl. Diller, H., a.a.O., S. 81-94, hier: S. 81; Müller, W., Riesenbeck, H.J., Wie aus zufriedenen auch abhängige Kunden werden, in: Harvard Manager, 3/91, S. 67-79, hier: S. 69; Herrmann, A., Produktqualität, Kundenzufriedenheit und Unternehmensrentabilität, in: Bauer, H.-H., Diller, H. (Hrsg.), Wege des Marketing, Berlin 1995, S. 237-247, hier: S. 241; Kotler, P., Bliemel, F., Marketing-Management. Analyse, Planung, Umsetzung und Steuerung, 7. A., Stuttgart 1992, S. 27; Dick, A., Basu, K., Customer Loyalty: Toward an integrated conceptual framework, in: Journal of the Academy of Marketing Science, 2/94, S. 99-113, hier: S. 100; Grönross, C., The marketing strategy continuum: Towards a marketing concept for the 1990s, in: Management Decision, 1/91, S. 7-13, hier: S. 10.

[158] Vgl. Kapitel C.1.3.2.3.

absichten eines Kunden gegenüber einem Anbieter oder dessen Leistungen positiv zu gestalten, um die Beziehung zu diesem Kunden für die Zukunft zu stabilisieren bzw. auszuweiten.[159] Dies können Anbieter durch den gezielten Einsatz von Kundenbindungsinstrumenten erreichen.

Eine Systematisierung von Kundenbindungsinstrumenten kann nach den absatzpolitischen Instrumenten Preis, Produkt, Kommunikation und Distribution erfolgen.[160] Bei Allfinanz-Angeboten wird Kundenbindung hauptsächlich durch Preis- und Produktpolitik realisiert, daher werden im folgenden nur diese beiden Instrumente betrachtet.

Im Sinne der Preispolitik erfolgt durch Allfinanz-Angebote Kundenbindung durch die Bildung von Bündelpreisen. Als Beispiel läßt sich die Kontenunfallversicherung anführen, bei der in der Gebühr für die Kontoführung die Prämie für eine Unfallversicherung enthalten ist.

Ein wichtiger Faktor für Kundenbindung ist die Gestaltung des Leistungsprogramms. Eine „produktorientierte Differenzierung“[161] wird als entscheidende Möglichkeit angesehen, sich von der Konkurrenz abzuheben. Das Angebot ist an den Bedürfnissen der Kunden auszurichten,[162] da sonst deren Abwanderung wahrscheinlich ist.[163] Durch Allfinanz wird dem vermuteten Bedürfnis der Kunden entsprochen, gewisse Kernleistungen[164] der Bank durch die Möglichkeit zur gleichzeitigen Inanspruchnahme von Produkten artverwandter Branchen zu ergänzen. Für Universalbanken wird aus Anbietersicht das Girokonto als Kernleistung definiert.[165] Durch das Angebot weiterer Produkte, z.B. aus dem Versicherungsbereich, wird die Bindung des Kunden erreicht. Ein Allfinanzangebot entspricht somit der breitest möglichen Sortimentsgestaltung. Durch das Angebot vieler unterschiedlicher Finanzdienstleistungen unter einem Dach soll sichergestellt werden, daß ein Kunde "nicht "fremdgehen" muß, um seinen Bedarf an

---

[159] Vgl. Homburg, C., Bruhn, M., Kundenbindungsmanagement – eine Einführung, in: Bruhn, M., Homburg, C. (Hrsg.), Handbuch Kundenbindungsmanagement, Wiesbaden 1998, S. 3-35, hier: S. 8.

[160] Vgl. Homburg, C., Faßnacht, M., Kundennähe, Kundenzufriedenheit und Kundenbindung bei Dienstleistungsunternehmen, in: Bruhn, M., Meffert, H., Dienstleistungsmanagement. Grundlagen Konzepte Erfahrungen, Wiesbaden 1998, S. 405-428, hier: S. 421.

[161] Krönung, M.D., Auf der Suche nach der wettbewerbsfähigen Bankorganisation, in: Süchting, J., Heitmüller, H.-M. (Hrsg.), Handbuch der Bankorganisation, 3. A., Wiesbaden 1998, S. 53-68, hier: S. 55.

[162] Vgl. Maier, M., a.a.O., S. 1675 sowie Betsch, O., Irrtümer und Wahrheiten zum Retailbanking, in: Bank und Markt, 4/99, S. 18-24, hier: S. 19.

[163] Weiterer wichtiger Einflußfaktor auf die Kundenbindung ist für filialisierte Universalbanken die Qualität der Beratung. Vgl. Oevermann, D., Kundenbindungsmanagement von Kreditinstituten, München 1996, S. 125f..

[164] Vgl. Berry, L.L., Thompson, T.W., Relationship Banking: The Art of turning Customers into Clients, in: Journal of Retailing, 6/82, S. 64-73, hier: S. 68. Die Autoren sprechen von „core service“.

[165] Vgl. Köllhofer, D., Preispolitik im Zahlungsverkehr, in: Süchting, J., van Hooven, E. (Hrsg.), Handbuch des Bankmarketing, 2. A., Wiesbaden 1991, S. 169-188, hier: S. 186.

Finanzdienstleistungen zu decken"[166].

Das Angebot von Versicherungen in Banken ist somit eine Sekundärleistung, die über die Primärleistung der Bank hinausgeht und läßt sich daher als Value-added-Services kennzeichnen.[167] Da diese Leistung mittlerweile von fast allen Banken angeboten wird, hat sich beim Kunden eine Erwartungshaltung eingestellt, wodurch das Allfinanz-Angebot als Muß-Leistung anzusehen ist.[168] Darüber hinaus besteht eine mittlere Affinität zwischen den originären Bankdienstleistungen und den Versicherungen als Value-added-Services.[169] Diese Tatsachen führen dazu, daß aus dem Allfinanz-Angebot allein noch keine Profilierungs- und somit keine Kundenbindungswirkung zu erwarten ist. Vielmehr sind dazu eine wettbewerbsüberlegene Erstellung der Serviceleistung und die tatsächliche Inanspruchnahme durch den Kunden notwendig.[170] Daraus wird statt der produktorientierten Differenzierung die Notwendigkeit einer serviceorientierten Differenzierung abgeleitet.[171]

3. Zielsetzung und Gang der Untersuchung

Aufbauend auf die einführenden Überlegungen besteht die generelle Zielsetzung der vorliegenden Arbeit darin, den Zielerfüllungsbeitrag von Allfinanz-Konzepten für Anbieter und Kunden zu untersuchen. Im Mittelpunkt der Untersuchung steht die Frage, welche Determinanten den Erfolg von Allfinanz-Konzepten beeinflussen. Als zentraler Untersuchungsfall dient dabei der öffentlich-rechtliche Sektor des deutschen Kreditwesens, in dem das Allfinanz-Konzept durch Verbundlösungen realisiert ist. Aufgrund der volumenmäßigen Bedeutung des Versicherungsgeschäfts wird aus-

---

166 Schröder, G.A., Zukunftsfähigkeit des Verbundes sichern, in: Betriebswirtschaftliche Blätter, 1998, S. 509-514, hier: S. 509.

167 Value-Added-Services wurden umfangreich von Laakmann untersucht. Vgl. Laakmann, K., Value Added Services als Profilierungsinstrument im Wettbewerb: Analyse Generierung und Bewertung, Frankfurt a.M. et al. 1995. Darauf aufbauend folgten Studien über Value-Added-Services in verschiedenen Anwendungen. Vgl. Meffert, H., Burmann, C., Value-Added-Services im Bankbereich, in: Bank und Markt, 4/96, S. 26-29, hier: S. 26; Meffert, H., Burmann, C., Value-Added-Services im Privatkundengeschäft der Banken, in: Betsch, O., van Hooven, E., Krupp, G., Handbuch Privatkundengeschäft, Frankfurt a.M. 1998, S. 387-396, hier: S. 388; Bauer, H.H., Huber, F., Schaul, T., Value-Added-Services im Bankbereich: Erfolgsgrößen zur nutzenmaximalen Gestaltung einer Kreditkarte, Arbeitspapier Nr. 124 der Universität Mannheim, Lehrstuhl für Allgemeine Betriebswirtschaftslehre und Marketing II, Mannheim 1998.

168 Vgl. zu Muß-, Soll- und Kann-Leistungen Meffert, H., Kundendienstpolitik. Eine Bestandsaufnahme zu einem komplexen Wettbewerbsinstrument, in: Marketing ZFP, 2/87, S. 93-102.

169 Vgl. Meffert, H., Burmann, C., Value-Added-Services im Bankbereich, in: Bank und Markt, 4/96, S. 26-29, hier: S. 27; Meffert, H., Burmann, C., Value-Added-Services im Privatkundengeschäft der Banken, in: Betsch, O., van Hooven, E., Krupp, G., a.a.O., S. 391.

170 Vgl. Meffert, H., Burmann, C., Value-Added-Services im Bankbereich, in: Bank und Markt, 4/96, S. 26-29, hier: S. 28; Meffert, H., Burmann, C., Value-Added-Services im Privatkundengeschäft der Banken, in: Betsch, O., van Hooven, E., Krupp, G., a.a.O., S. 392.

171 Vgl. Bühler, W., Qualitätsdifferenzierung durch Value-added-Services, in: Die Bank, 1/99, S. 25-31, hier: S. 31.

schließlich der Verbund von Sparkassen und öffentlichen Versicherern betrachtet. Als empirische Basis dient das Land Schleswig-Holstein. Die Auswahl relevanter Determinanten zur Erfolgsbeeinflussung von Allfinanz-Konzepten basiert auf den Erkenntnissen verhaltenswissenschaftlicher Ansätze, den Aussagen der Literatur und Expertengesprächen. Die Arbeit ist methodisch als konzeptionell-literaturgestützt sowie empirisch einzuordnen. Die konzeptionellen Überlegungen werden mit Ergebnissen aus zwei empirischen Untersuchungen unterlegt.

Auf der Anbieterseite werden zentrale Bestimmungsfaktoren für den Erfolg des Verbundes aus Sicht der Sparkassen analysiert, wobei der öffentliche Auftrag als Rahmenbedingung Berücksichtigung findet. Die potentiellen Erfolgsfaktoren werden anhand von Überlegungen, die aus der Kooperationsforschung übernommen werden, generiert. Bei der Analyse der Kundenseite erfolgt eine Eingrenzung auf die Privatkunden. Für diese wird untersucht, welche Faktoren die Inanspruchnahme von Allfinanz- Dienstleistungen fördern. Diese potentiellen Bestimmungsfaktoren werden anhand von Erkenntnissen des Käuferverhaltens, die hauptsächlich für Konsumgüter getroffen wurden und auf die hier vorliegende Problemstellung angewandt werden, generiert. Daneben wird eine nutzenorientierte Marktsegmentierung durchgeführt, um homogene Kundensegmente zu ermitteln, die eine zielgerichtete Allfinanz-Ansprache seitens der Sparkassen ermöglichen. Auf der Grundlage der empirischen Ergebnisse werden Empfehlungen für das Marketing von Allfinanz-Dienstleistern formuliert, die nicht nur für Sparkassen gelten, sondern auf andere Kreditinstitute übertragen werden können, wenn deren Kooperation mit einem Versicherer durch eine vergleichbare Bedingungskonstellation gekennzeichnet ist. Aus der oben beschriebenen generellen Zielsetzung der Arbeit leiten sich folgende Forschungsschwerpunkte ab:

- Systematisierung und Operationalisierung relevanter Bestimmungsfaktoren für den Erfolg von Allfinanz-Konzepten aus Anbietersicht.
- Systematisierung und Operationalisierung relevanter Bestimmungsfaktoren für den Abschluß von Versicherungen in der Sparkasse aus Kundensicht.
- Empirische Analyse des Einflusses der Bestimmungsfaktoren der Anbieter- und Kundenseite auf der Grundlage von hypothesengestützten Bezugsrahmen.
- Ausarbeitung eines Vorschlags zur Kundensegmentierung nach versicherungsbezogenen Bedürfniskriterien.
- Ableitung von Implikationen für das Allfinanz-Marketing von regionalen Kreditinstituten und die Forschung im Finanzdienstleistungsbereich.

Mit der Zielsetzung ist der Gang der Untersuchung bereits vorgegeben. In Teil B erfolgt die Darstellung der gemeinsamen Marktbearbeitung von Sparkassen und öffentlicher Versicherung in Schleswig-Holstein. Die normativen und theoretischen Überlegungen zu den strategischen Zielen und der organisatorischen Realisierung der Verbundkooperation werden einer empirischen Überprüfung unterzogen, um einen Einblick in die marktliche Realisierung des Allfinanz-Konzepts der schleswigholsteinischen Sparkassen zu erhalten. Dabei werden Einflußfaktoren auf den Erfolg von Allfinanz-Konzepten unter den gegebenen Rahmenbedingungen identifiziert.

Darauf aufbauend werden in Teil C die Wirkungen untersucht, die sich auf der Kundenseite aus dieser kooperativen Marktbearbeitung ergeben. Dazu wurde eine weitere empirische Analyse durchgeführt, deren Untersuchungsdesign und Stichprobenstruktur zunächst beschrieben werden. Der erste Teil der empirischen Untersuchung vermittelt durch die Analyse zentraler Bestimmungsfaktoren von Sparkassenkunden beim Abschluß von Versicherungen einen Einblick in die individuelle Wahrnehmung von Allfinanz-Konzepten durch Kunden regionaler Kreditinstitute. Dazu wird ein Bezugsrahmen entwickelt, dessen Wirkungsbeziehungen durch Hypothesen spezifiziert und im Rahmen einer empirischen Analyse überprüft werden. Neben soziodemographischen Einflußfaktoren kommen darin einstellungs- zufriedenheits- und nutzenorientierte Komponenten zum Tragen. Der Kundennutzen aus dem gemeinsamen Angebot trägt zum Erfolg des Allfinanz-Konzepts bei, wenn aus ihm der Abschluß einer Versicherung in der Sparkasse resultiert. Um dies zu begünstigen, ist seitens der Anbieter innerhalb des Allfinanz-Konzepts eine Ausrichtung auf die Bedürfnisse der Kunden vorzunehmen. Daher werden im zweiten Teil der empirischen Analyse anhand von versicherungsspezifischen Leistungsmerkmalen bedürfnisbezogene Kundensegmente gebildet, die anhand von soziodemographischen Faktoren und dem Abschlußverhalten beschrieben werden.

Daran anschließend werden in Teil D Implikationen für das Marketing von Sparkassen formuliert, wobei das Allfinanz-Marketing als Optimierungsproblem angesehen wird. Diese Vorstellung erscheint deshalb realistisch, weil bereits bei oberflächlicher Betrachtung eine Vielzahl von Einflüssen auf die Marketing-Mix-Instrumente identifiziert werden können, die entsprechende Wahlentscheidungen erfordern. So bestehen beispielsweise bei der Produktpolitik unterschiedliche Alternativen der Markenbildung oder in der Preispolitik die Möglichkeit zur Bündelung. Die Distributionspolitik von Allfinanz-Anbietern ist gekennzeichnet durch verschiedene Möglichkeiten der Vertriebssteuerung mit unterschiedlichen Entlohnungformen von Innen- und Außendienstmitarbeitern. In der Kommunikationspolitik ist die Frage der werblichen Darstellung der Zusammenarbeit in der Öffentlichkeit zu beantworten. Hier bestehen aufgrund der Dezentralität des öffentlichen Finanzdienstleistungssektors besondere Herausforderungen. Schließlich lassen sich in der Marktforschung Synergieeffekte vermuten. Die Arbeit schließt mit einer Betrachtung offener Forschungsfelder.

B. Allfinanz aus Anbietersicht

1. Das Privatkundengeschäft der Sparkassen als Gegenstand der Untersuchung

Entsprechend der Eingrenzung des Untersuchungsgegenstandes gibt das folgende Kapitel einen Überblick über das Privatkundengeschäft und das Verbundgeschäft der Sparkassen. Das Verbundgeschäft stellt dabei einen Teilbereich des Privatkundengeschäfts dar.

1.1 Bedeutung des Privatkundengeschäfts für Kreditinstitute

Das Privatkundengeschäft resultiert aus der Produktinanspruchnahme durch die Privatkunden. Ein Privatkunde ist eine natürliche Person, die eine Kontoverbindung zu einem Kreditinstitut unterhält, ohne daß diese ausschließlich erwerbsmäßigen Zwekken dient.[172] Insofern steht das Privatkundengeschäft in Abgrenzung zum Firmenkunden- oder Kommunalgeschäft.

Das Privatkundengeschäft moderner Prägung nahm in den fünfziger Jahren seinen Anfang. Erhebliche Einkommensteigerungen der privaten Haushalte führten zu einem steigenden Bedarf an Bankdienstleistungen und versprachen auch für die Zukunft überdurchschnittliche Wachstumsraten.[173] Nach dem Wegfall der staatlichen Bedürfnisprüfung für die Errichtung von Zweigstellen erfolgt eine starke Zweigstellenexpansion.[174] Diese sowie die Einführung der bargeldlosen Lohn- und Gehaltszahlung begünstigten das starke Wachstum des Privatkundengeschäfts und machten das Girokonto zum Dreh- und Angelpunkt der Verbindung zu den Privatkunden.[175] Der durch die Zweigstellenexpansion stark erhöhte Fixkostenblock führte in den siebziger Jahren zu einer verstärkt ertragsorientierten Ausrichtung der Kreditinstitute, in deren Rahmen auch die einzelnen Kundenverbindungen verstärkt unter Rentabilitätsgesichtspunkten behandelt wurden und für neue Zweigstellen detaillierte Standort- und Marktuntersuchungen durchgeführt wurden.[176] In den achtziger Jahren
schließlich entstand durch die Ausweitung des Produktangebotes einzelner Finanzdienstleister über ihre klassischen Spartengrenzen hinaus, aber auch durch andere Ursachen, eine veränderte Wettbewerbssituation auf dem deutschen Privatkundenmarkt.

Das Privatkundengeschäft ist eine tragende Säule bankbetrieblicher Aktivitäten.[177]

---

[172] Vgl. Rottenbacher, A., Strategische Neuausrichtung des Privatkundengeschäfts in den neunziger Jahren, Stuttgart 1994, S. 14f..

[173] Vgl. Monatsberichte der Deutschen Bundesbank, September 1960, S. 5.

[174] Vgl. Mura, J., Entwicklungslinien der deutschen Sparkassengeschichte, 2. A., Stuttgart 1994, S. 35.

[175] Vgl. Rottenbacher, A., a.a.O., S. 15.

[176] Vgl. van Hooven, E., Standortbestimmung und künftige Entwicklungslinien im Bankmarketing, in: Süchting, J., van Hooven, E. (Hrsg.), Handbuch des Bankmarketing, 2. A., Wiesbaden 1991, S. 497-515, hier: S. 510.

[177] Vgl. Lafferty, M., Die weltweit zunehmende Bedeutung des Privatkundengeschäfts der Banken, in:

97% aller Deutschen über 14 Jahre verfügten 1989 über Verbindungen zu Kreditinstituten.[178] Bei Marktausschöpfungsquoten von über 90% bei Girokonten[179] und an die 90% beim Sparbuch[180] kann von einer fast vollständigen Marktabdeckung mit Standardprodukten gesprochen werden. Der Anteil am Einlagen- und Kreditgeschäft sowie am Betriebsergebnis, der mit Privatkunden erwirtschaftet wird, liegt nach Schätzungen bei über 50%.[181] Bei Sparkassen, die das Privatkundengeschäft wesentlich intensiver betreiben als die Großbanken, wird davon gesprochen, daß der Ertragsüberschuß "ganz überwiegend" aus dem Privatkundengeschäft resultiert.[182] Vor dem Hintergrund des zunehmenden Trends einiger Firmenkunden, die benötigten Leistungen selbst zu erstellen bzw. direkt am Kapitalmarkt zu agieren (Securitization), ist eine weitere Verschiebung des Gesamtergebnisses zugunsten des Privatkundengeschäfts zu erwarten.[183] Damit wird die Bedeutung des Privatkundengeschäfts weiter zunehmen. Das Geschäftsvolumen pro Kunde ist zwar im Firmenkundengeschäft größer, im Privatkundengeschäft können jedoch höhere Margen erreicht werden.[184] Darüber hinaus gilt besonders für Sparkassen, daß die Anzahl der Privatkunden deutlich größer ist als die der Firmenkunden.

Allerdings sind im Privatkundengeschäft strukturelle Veränderungen zu beobachten, die die Preis-, Produkt-, Distributions- und Kommunikationspolitik betreffen:[185]

- Die Preisbildung im Privatkundengeschäft wird zunehmend von neuen Wettbewerbern (z.B. Kreditkartengesellschaften) bestimmt, die ihre Marktziele über Kostendegression und die damit verbundenen preispolitischen Vorteile definieren. Dies führt bei traditionellen Anbietern im Zins- und Provisionsbereich zu einem Druck auf die Ertragssituation. Darüber hinaus werden von Direktbanken Produktions- und Vertriebssysteme aufgebaut, die bei Verzicht auf kostenintensive Beratung die Verarbeitung großer Mengen und damit niedriger Preise ermöglicht.[186]

Betriebswirtschaftliche Blätter, 1984, S. 137-140 sowie Betsch, O., Allfinanz eine (un)mögliche Chance, in: Bank und Markt, 11/92, S. 15-21.

[178] Vgl. Weiss, U., Betrachtung des "Privatkunden" in der Zeit nach 1959, in: Bankhistorisches Archiv, Beiheft 16, Frankfurt 1990, S. 22-31, hier: S. 23. Im Jahre 1989 waren es bereits 99%. Vgl. Spiegel Verlag (Hrsg.), Soll und Haben 4, Hamburg 1996, S. 34.

[179] Vgl. Schröder, G.A., Zukunftsperspektiven des Privatkundengeschäftes, in: Güde, U., Priewasser, E. (Hrsg.), Banken, Sparkassen und Genossenschaften 2000, Frankfurt 1988, S. 54-66, hier: S. 55.

[180] Vgl. Spiegel-Verlag (Hrsg.), Soll und Haben 3, Hamburg 1989, S. 19.

[181] Vgl. Schlenzka, P.F., a.a.O., S. 38; Krupp, G., Anmerkungen zur Zukunft des Privatkundengeschäfts, in: Bank und Markt, 12/92, S. 7-14, hier: S. 7; Betsch, O., Allfinanz eine (un)mögliche Chance, in: Bank und Markt, 11/92, S. 15-21, hier: S. 15.

[182] Vgl. Heitmüller, H.-M., Strategien der 90iger Jahre, in: Betriebswirtschaftliche Blätter, 1990, S. 480-486, hier: S. 483.

[183] Vgl. Rottenbacher, A., a.a.O., S. 18.

[184] Vgl. Rottenbacher, A., a.a.O., S. 18.

[185] Vgl. Rolfes, B., Die Ertragszukunft im Privatkundengeschäft, in: Rolfes, B., Schierenbeck, H., Schüller, S. (Hrsg.), Das Privatkundengeschäft – Die Achillesferse deutscher Kreditinstitute. Beiträge zum Münsteraner Top-Management-Seminar, Frankfurt a.M. 1997, S. 1-14, hier: S. 2.

[186] Zu den Auswirkungen des Direct Banking auf Filialbanken vgl. Dorner, M., Direct Banking – Konsequenzen für das lokale Bankgeschäft, in: Rolfes, B., Schierenbeck, H., Schüller, S. (Hrsg.),

- Die Produktpolitik von Banken sieht sich zunehmend neuen Anforderungen gegenüber, die eine grundlegende Veränderung der klassischen Bankprodukte nach sich ziehen. Gefordert werden Produkte, die sowohl eine geld- und kapitalnahe Verzinsung, als auch ein geringes Risiko erfordern. Diesem Bedürfnis wird z.B. durch Geldmarktfonds oder Anleihen mit an Marktindizes gekoppelter Verzinsung entsprochen.

- Die technologische Entwicklung nimmt Einfluß auf die Distributionspolitik der Banken, da sie neue Vertriebsformen wie das Direct Banking ermöglicht und zu einer effizienteren Distribution von Finanzdienstleistungen führt. Daraus ergeben sich Auswirkungen auf die bestehende Filialorganisation.

- Der Wertewandel im Kundenverhalten erfordert eine veränderte Kommunikationspolitik, die weniger auf Produkte, dafür mehr auf Problemlösungen abstellt.

Vom Strukturwandel im Privatkundengeschäft sind die Filialbanken besonders betroffen. Sie sind einerseits gezwungen, zur Bereitstellung kreditwirtschaftlicher Leistungen hohe Aufwendungen zu leisten, können diese jedoch andererseits nicht an die Kunden überwälzen, da Konkurrenten die Leistungen aufgrund ihrer Spezialisierungsvorteile zu günstigeren Konditionen anbieten. Darüber hinaus stellt die in der Praxis weit verbreitete Ansicht, das komplette Beratungsangebot sei in jeder Filiale vorzuhalten, spezifische logistische Anforderungen.[187] Die Aufnahme beratungsintensiver Produkte sorgt zwar für eine verbesserte Auslastung des Filialnetzes und somit für eine verbesserte Kostenstruktur und mehr Erträge, sollte jedoch zur langfristigen existenziellen Sicherung dieses Vertriebskanals durch straffende und Standardisierung fördernde Maßnahmen ergänzt werden.[188] Darüber hinaus können veränderte Marketingkonzepte dazu beitragen, den Herausforderungen im Privatkundengeschäft insbesondere bei filialorientierten Banken und Sparkassen zu begegnen.

Zusammenfassend läßt sich das Privatkundengeschäft nach wie vor als grundlegend für die Ertragsentwicklung filialorientierter Banken bezeichnen. Sparkassen sind in besonderem Maße von Strukturveränderungen im Privatkundengeschäft betroffen, da sie durch einen spezifischen öffentlichen Auftrag zu besonderer Filialnetzdichte verpflichtet sind. Dieser öffentliche Auftrag und die daraus ableitbaren Funktionen von Sparkassen werden im folgenden näher betrachtet.

Das Privatkundengeschäft – Die Achillesferse deutscher Kreditinstitute. Beiträge zum Münsteraner Top-Management-Seminar, Frankfurt a.M. 1997, S. 43-58.

[187] Vgl. Rolfes, B., Die Ertragszukunft im Privatkundengeschäft, in: Rolfes, B., Schierenbeck, H., Schüller, S. (Hrsg.), Das Privatkundengeschäft – Die Achillesferse deutscher Kreditinstitute. Beiträge zum Münsteraner Top-Management-Seminar, Frankfurt a.M. 1997, S. 1-14, hier: S. 3.

[188] Vgl. Schüller, S., Beratungsintensive Produkte – Rettungsanker für das Filialsystem?, in: Rolfes, B., Schierenbeck, H., Schüller, S. (Hrsg.), Das Privatkundengeschäft – Die Achillesferse deutscher Kreditinstitute. Beiträge zum Münsteraner Top-Management-Seminar, Frankfurt a.M. 1997, S. 59-71, hier: S. 71.

1.2 Auftrag und Funktion von Sparkassen

Die deutschen Sparkassen verfolgen bereits seit ihren Anfängen im 18. Jahrhundert das Privatkundengeschäft als Hauptgeschäftsfeld. Die zumeist von privaten Vereinigungen aus philanthropischen und erzieherischen Motiven (Abhilfe der Armut unterer Bevölkerungsschichten und deren eigenverantwortliche Lebensvorsorge) gegründeten Kassen zielten hauptsächlich auf das Einlagegeschäft. So enthält die Anordnung der ersten deutschen Sparkasse, der 1778 als "Ersparungsclasse" von der Hamburger Patriotischen Gesellschaft zur Beförderung der Künste und des Unterrichts in Hamburg gegründeten Einrichtung,[189] folgenden Zweck: "Die Ersparungsclasse .. ist zum Nutzen geringer fleißiger Personen beiderlei Geschlechts, als Dienstboten, Tagelöhner, Handarbeiter, Seeleute errichtet, um ihnen Gelegenheit zu geben, auch bei Kleinigkeiten etwas zurückzulegen und ihren sauer erworbenen Not- oder Brautpfennig sicher zu einigen Zinsen belegen zu können, wobei man hoffet, daß sie diese Ihnen verschaffene Bequemlichkeit sich zur Aufmunterung gereichen lassen mögen, um durch Fleiß und Sparsamkeit dem Staate nützlich und wichtig zu werden."[190]

Die ursprüngliche Aufgabenstellung ist in veränderter Form bis heute erhalten geblieben und in Sparkassengesetzen und Satzungen der Sparkassen niedergelegt.[191] §2 des Sparkassengesetzes für das Land Schleswig-Holstein[192] bestimmt die Aufgaben wie folgt: "Die Sparkassen dienen der sicheren Geldanlage und der kreditwirtschaftlichen Versorgung der Bevölkerung, insbesondere des Geschäftsgebietes und ihres Gewährträgers; ihre Gewinne haben den Geschäftsbetrieb zu sichern. Zu ihren Aufgaben gehört es vor allem, den Sparsinn und die Vermögensbildung zu fördern. Die Kreditversorgung dient vornehmlich der Kreditausstattung des Mittelstandes sowie der wirtschaftlich schwächeren Bevölkerungskreise." Ähnliche Passagen befinden sich auch in den Sparkassengesetzen anderer Bundesländer. Die so beschriebenen Aufgaben der Sparkassen werden seit Mitte der sechziger Jahre mit dem Begriff "Öffentlicher Auftrag" bezeichnet.[193]

Die meisten der 598 deutschen Sparkassen haben eine kommunale Körperschaft als Gewährträger und werden deshalb als öffentlich-rechtliche Sparkassen bezeichnet. Als Anstalten des öffentlichen Rechts sind sie selbständige juristische Personen.[194] Aus der öffentlichen Rechtsform und den sparkassenrechtlichen Regelungen lassen sich einige

---

[189] Die Ersparungsclasse wurde als eine von zehn Abteilungen ("Classen") der Versorgungsanstalt gegründet. Vgl. Mählmann, P., Freie Sparkassen, in: Deutscher Sparkassenverlag (Hrsg.), Handwörterbuch der Sparkassen, Bd. 2, Stuttgart 1982, S. 141-144, hier: S. 141.

[190] Zitiert nach Mura, J., a.a.O., S. 26.

[191] Vgl. Hartmann-Wendels, T., Pfingsten, A., Weber, M., Bankbetriebslehre, Berlin et al. 1998, S. 34.

[192] Vgl. Sparkassengesetz für das Land Schleswig-Holstein i.d.F. vom 3. Mai 1994, GVOBl. Schl.-H. 1994 S. 231, geändert: 1988, S. 210.

[193] Vgl. Hoffmann, J., Die jüngste Etappe der deutschen Sparkassenentwicklung, in: Ders., Der Weg der Sparkassenpolitik, Stuttgart 1966, S. 111-124, hier: S. 117.

[194] Vgl. Fischer, R., Rechtsnatur öffentlicher Sparkassen, in: Deutscher Sparkassenverlag (Hrsg.), Handwörterbuch der Sparkassen, Bd. 3, Stuttgart 1982, S. 416-428, hier: S. 416.

Wesensmerkmale der Sparkassen ableiten, die sie von anderen Gruppen des Kreditgewerbes unterscheiden: Neben dem öffentlichen Auftrag, aus dem die Gemeinnützigkeit und das Regionalprinzip hervorgehen, handelt es sich um die Anstaltslast und die Gewährträgerhaftung.[195] Sie sind Ausdruck der kommunalen Bindung der öffentlich-rechtlichen Sparkassen.[196]

Nur sieben deutsche Sparkassen sind nicht kommunal gebundene, d.h. sog. Freie Sparkassen.[197] Sie sind als wirtschaftlicher Verein, Stiftung des privaten Rechts oder in einem Fall als Aktiengesellschaft errichtet. Die Freien Sparkassen verfolgen jedoch die gleichen gemeinnützigen Ziele und sind wie die kommunalen Sparkassen öffentliche, d.h. der Öffentlichkeit dienende mündelsichere Sparkassen. Die rechtlichen Unterschiede treten damit in der Geschäftspraxis zurück.[198] Daher werden die Sparkassen im folgenden unabhängig von ihrer Rechtsform behandelt.

Der öffentliche Auftrag bestimmt die Identität der Sparkassen und durch ihn unterscheiden sich die Sparkassen und Landesbanken von anderen Universalkreditinstituten.[199] Der öffentliche Auftrag beschreibt die im allgemeinen wirtschaftlichen Interesse liegenden Aufgaben, die den Sparkassen vom Gesetzgeber oder ihren Gewährträgern übertragen werden.[200] Aus dem öffentlichen Auftrag lassen sich folgende Funktionen der Sparkassen ableiten:[201]

- Gewährleistungsfunktion
- Struktursicherungsfunktion
- Wettbewerbskorrekturfunktion
- Förderfunktion
- Hausbankfunktion
- Gemeinnützigkeit

Die Gewährleistungsfunktion beschreibt die Verpflichtung, ein ausreichendes Angebot an kreditwirtschaftlichen Leistungen flächendeckend, also auch in strukturschwachen Gebieten, bereitzustellen. Die geschäftliche Tätigkeit ist dabei auf das Gebiet des

---

195 Zur Erklärung der Begriffe vgl. ebda., S. 421ff..

196 Vgl. Rühl, B., Kommunale Bindung, in: Deutscher Sparkassenverlag (Hrsg.), Handwörterbuch der Sparkassen, Bd. 2, Stuttgart 1982, S. 469–476, hier: S. 470.

197 Vgl. Verband der Deutschen Freien Öffentlichen Sparkassen e.V., Jahresbericht 1997, S. 12.

198 Vgl. Mählmann, P., a.a.O., S. 144.

199 Vgl. Bacher, M., Wichmann, R., Sparkassen und ihre Identität, 2. A., Stuttgart 1997 sowie Finzel, F., Thuy, P., Privatisierung der Sparkassen – Tagespolitische Modeerscheinung oder ordnungspolitische Notwendigkeit?, in: Lenel, H.O. et al. (Hrsg.), Ordo. Jahrbuch für die Ordnung von Wirtschaft und Gesellschaft, Bd. 47, Stuttgart 1996, S. 241-261, hier: S. 251f..

200 Der öffentliche Auftrag rechtfertigt den öffentlich-rechtlichen Status von Sparkassen und Landesbanken, der allerdings vielfach mit der Forderung nach Privatisierung in Frage gestellt wird. Vgl. die Auseinandersetzung mit dem Thema in: Steiner, J., Bankenmarkt und Wirtschaftsordnung. Sparkassen und Landesbanken in der Privatisierungsdiskussion, Frankfurt 1994.

201 Vgl. Dehe, H.G., Öffentlicher Auftrag, in: Deutscher Sparkassenverlag (Hrsg.), Handwörterbuch der Sparkassen, Bd. 3, Stuttgart 1982, S. 210-218, hier: S. 210.

jeweiligen Gewährträgers beschränkt (Regionalprinzip). Dadurch sichern die Sparkassen eine räumlich ausgeglichene Wirtschaftsstruktur (Struktursicherungsfunktion).[202] Die Wettbewerbskorrekturfunktion beschreibt die Ansicht, daß der kreditwirtschaftliche Wettbewerb ohne Sparkassen und Landesbanken ein schlechteres Marktergebnis liefern würde.[203] Die Förderfunktion entspricht der originären Zielsetzung der Sparkassen. Hiermit wird die Förderung des Sparsinns und der Vermögensbildung der Bevölkerung bezeichnet.[204] Die Hausbankfunktion unterstreicht die enge Bindung der öffentlich-rechtlichen Sparkassen an ihre kommunalen Gewährträger. Das seit Gründung der Sparkassen intensiv betriebene Kommunalkreditgeschäft wurde ihnen später von örtlichen Aufsichtsgremien und den übergeordneten staatlichen Aufsichtsbehörden zugewiesen. So wurden die Sparkassen zur Hausbank der Kommunen.[205] Die Funktion der Gemeinnützigkeit ist in den Satzungen der Sparkassen verankert: "Die ... Sparkasse ... ist eine mündelsichere, dem gemeinen Nutzen dienende rechtsfähige Anstalt des öffentlichen Rechts."[206] Hieraus und aus den Aufgaben läßt sich ableiten, daß die Erzielung von Gewinnen für Sparkassen nicht Hauptziel ihrer Geschäftstätigkeit ist.[207] Im Vordergrund steht vielmehr die Gemeinnützigkeit bzw. die Erfüllung des öffentlichen Auftrags.[208] Da die Sparkassen jedoch im Wettbewerb stehende Kreditinstitute sind und nach kaufmännischen Grundsätzen geführt werden, erwirtschaften sie auch Gewinne. Diese werden zur Bildung von Eigenkapital verwendet oder an den Gewährträger ausgeschüttet, der diese Mittel wiederum nur gemeinnützigen Zwecken zukommen lassen darf.[209] Die Gewinnerzielung ist somit Grundlage der Geschäftstä-

---

202 Zur Bedeutung regionaler Kreditinstitute für die regionale Wirtschaftspolitik vgl. Schrumpf, H., Müller, B., Regionale Kreditinstitute und Wirtschaftsentwicklung, Stuttgart 1998.

203 Vgl. Schmidhuber, H., Der öffentliche Auftrag der Sparkassen würde mit einer Privatisierung aufgegeben, in: Sparkasse, 12/93, S. 348-349. Die bankbetriebliche Versorgung der Bevölkerung über das private Angebot hinaus wird gelegentlich als Ergänzungsfunktion bezeichnet. Vgl. Finzel, F., Thuy, P., a.a.O., S. 252.

204 Vgl. Finzel, F., Thuy, P., a.a.O., S. 252.

205 Vgl. May, K., Kommunalkredite, in: Deutscher Sparkassenverlag (Hrsg.), Handwörterbuch der Sparkassen, Bd. 2, Stuttgart 1982, S. 477-490, hier: S. 485.

206 Mustersatzung für öffentlich-rechtliche Sparkassen, in: Amtsblatt Schleswig-Holstein 1996, S. 834, geändert: 1998, S. 353.

207 Vgl. Güde, U., a.a.O., S. 18.

208 Vgl. Ketzel, E., a.a.O., S. 17-22.

209 Vgl. Dehe, H.G., a.a.O., S. 212. Aufgrund der kommunalen Finanznot wird in den letzten Jahren immer wieder die Privatisierung von Sparkassen diskutiert. Kommunale Gewährträger versprechen sich erhöhte Ausschüttungen, wenn die Sparkassen in eine private Rechtsform überführt werden. Seitens der Sparkassen wird gegen eine Privatisierung vorgebracht, die mit dem öffentlichen Auftrag verbundenen positiven Wirkungen für die regionale Wirtschaftsentwicklung ließen sich von privatisierten Instituten nicht mehr realisieren, da diese dann Gewinnerzielung zum Hauptzweck ihrer Geschäftstätigkeit erklären und entsprechend handeln müßten. Vgl. zur Diskussion um die Privatisierung von Sparkassen Gröschel, U., Wettbewerbspolitische Aspekte einer Privatisierung von Sparkassen, in: Sparkasse, 11/92, S. 519-526; Brandt, H.-D., Wem gehören die Sparkassen?, in: Sparkasse, 2/93, S. 54f.; Möschel, W., Privatisierung der Sparkassen – zu den jüngsten Vorschlägen der Monopolkommission, in: Wertpapier Mitteilungen. Zeitschrift für Wirtschafts- und Bankrecht, 3/93, S. 93-98; Rehm, H., Öffentlich-rechtliche Sparkassen: Privatisierung, weil erfolgreich im Wettbewerb?, in: Wertpapier Mitteilungen. Zeitschrift für Wirtschafts- und Bankrecht, 4/93, S. 133-139; Ders., Diskussion über Sparkassenprivatisierung – eine Herausforderung, in:

tigkeit der Sparkassen, da ihnen durch die öffentlich-rechtliche Organisationsform die Eigenkapitalbeschaffung am Kapitalmarkt oder durch Aufnahme neuer Gesellschafter kaum möglich ist.[210]

1.3 Das Privatkundengeschäft der Sparkassen

In der im Sparkassengesetz beschriebenen Aufgabenstellung sind die drei Kundenbereiche der Sparkassen genannt: Das Kommunalgeschäft ist auf die Gewährträger der öffentlich-rechtlichen Sparkassen ausgerichtet, das Firmenkundengeschäft ist hauptsächlich von mittelständischen Unternehmen bestimmt. Mit der Bevölkerung des Geschäftsgebietes wird das Privatkundengeschäft betrieben.

Die Sparkassen nehmen mit einem Geschäftsvolumen von knapp 1,7 Billionen DM eine bedeutende Stellung im deutschen Kreditgewerbe ein. Ihr Anteil am gesamten Geschäftsvolumen der Banken beträgt damit fast 20%.[211] Im Privatkundengeschäft sind die Sparkassen mit einem Marktanteil von 55% Marktführer.[212] Im internationalen Vergleich unterhält die deutsche Sparkassenorganisation mit 24.000 Geschäftsstellen[213] das dichteste Filialnetz. Diese flächendeckende Präsenz der Sparkassen und deren Identifikation mit ihrer Region soll für eine starke Vertrauensstellung bei den Kunden sorgen und Wettbewerbsvorteile sichern.[214]

Tabelle 1 liefert einen zahlenmäßigen Überblick über die deutschen und die schleswig-holsteinischen Sparkassen anhand von strukturkennzeichnenden Merkmalen. Aus Tabelle 1 geht hervor, daß die schleswig-holsteinischen Sparkassen im Vergleich zum Bundesdurchschnitt kleiner sind, d.h. sie verfügen über ein ca. 25% geringeres Geschäftsvolumen und 28% weniger Mitarbeiter als der Bundesdurchschnitt. Die Sparkassen in Schleswig-Holstein betreuen pro Geschäftsstelle 12% mehr Einwohner und haben mit 0,34 Privatgirokonten pro Einwohner eine geringfügig schlechtere Marktstellung als die Sparkassen bundesweit.

Sparkasse, 4/93, S. 173-178; Schmidhuber, H., Der öffentliche Auftrag der Sparkassen würde mit einer Privatisierung aufgegeben, in: Sparkasse, 8/93, S. 348f.; Von der Ropp, N., Sparkassen im Fadenkreuz von Brüssel und Stuttgart, in: HB, 7.4.1995; Finzel, F., Thuy, P., a.a.O.; Von der Ropp, N., Sparkassen und Landesbanken müssen nicht öffentlich-rechtlich sein, in: HB, 29.4.1998; Schmidhuber, H., Die bewährte Sparkassenstruktur erhalten, in: BZ, 6.6.1998.

210 Vgl. Finzel, F., Thuy, P., a.a.O., S. 247.

211 Vgl. DSGV-Jahresbericht 1997, S. 19.

212 Vgl. Heitmüller, H.-M., Marktstrategie und Kundenbindung im Zeitalter der Globalisierung, in: Sparkasse, 10/97, S. 457-464, hier: S. 462 sowie ders., Verbundgeschäfte – Reiz oder Reizthema?, in: Sparkasse, 2/98, S. 82-85, hier: S. 82.

213 Vgl. Miethke, J., Der Verbund nutzt der gesamten Sparkassenorganisation, in: HB, 10.5.1995.

214 Vgl. Mauerer, A., Die Partnerschaft zwischen Sparkassen und Kunden, in: Sparkasse, 6/96, S. 275-278, hier: S. 276 sowie Heitmüller, H.-M., Privatkundengeschäft: Mehr als Steckdosen-Banking, in: Bank und Markt, 4/97, S. 18-22, hier: S. 20.

Tabelle 1: Kennzahlen der Sparkassen im Vergleich: Deutschland und Schleswig-Holstein

	Deutschland	**Schleswig-Holstein**	%
Anzahl Institute	598	29	4,9
Geschäftsstellen	18.916	565	3,0
Einwohner pro Geschäftsstelle	4.338	4.853	-
Geschäftsvolumen	1.692 Mrd. DM	61 Mrd. DM	3,6
Geschäftsvolumen pro Sparkasse	2,8 Mrd. DM	2,1 Mrd. DM	-
Mitarbeiter	288.404	10.079	3,5
Mitarbeiter pro Sparkasse	482	347	-
Privatgirokonten	32,236 Mio.	926.285	2,9
Privatgirokonten pro Einwohner	0,39	0,34	-

Quelle: Eigene Berechnungen, basierend auf Jahresberichten des Deutschen Sparkassen- und Giroverbandes sowie des Sparkassen- und Giroverbandes für Schleswig-Holstein 1997.

1.4 Das Verbundgeschäft der Sparkassen

Die starke Marktstellung der Sparkassen resultiert im wesentlichen aus der Leistungsfähigkeit, die der Verbund bietet.[215] Der Begriff Verbund bezeichnet die planmäßige geschäftliche Zusammenarbeit der einzelnen rechtlich und wirtschaftlich selbständigen Verbundpartner.[216] Die Zusammenarbeit ist langfristig angelegt und exklusiv; es gilt das Subsidiaritätsprinzip.[217] Jeder Verbundpartner konzentriert sich nach wie vor auf sein originäres Geschäft, in der Produktpolitik findet jedoch eine Abstimmung statt.[218] Dabei wird die Produktpalette der Sparkassen mit den Produkten der Verbundpartner so ergänzt, daß die Kunden die Produktbündel als Problemlösung begreifen können.[219] Als Stärke des Verbundes wird seine dezentrale Entscheidungsstruktur hervorgehoben.[220]

---

215 In Deutschland gibt es neben dem Sparkassenverbund noch den genossenschaftlichen Finanz-Verbund. Dazu gehören 2504 Volks- und Raiffeisenbanken, drei regionale Zentralbanken sowie die DG Bank als Spitzeninstitut. Neben der Deutschen Verkehrsbank AG sind 13 weitere Verbundunternehmen, darunter R+V Versicherung und die Bausparkasse Schwäbisch Hall für den Bedarf an speziellen Finanzdienstleistungen zuständig. Vgl. o.V., Bei Spargeldern über 30% Marktanteil, in: HB, 17.7.1997; Wiedemann, A., a.a.O., S. 15-20; Kleiner, H., Verbundmodelle im Vertrieb, in: Betsch, O., Wiechers, R. (Hrsg.), Handbuch Finanzvertrieb. Vertriebsstrategien – Vertriebswege – Vertriebsmanagement, Frankfurt a.M. 1995, S. 364-375, hier: S. 371ff..

216 Vgl. Schröder, G.A., Der Sparkassenverbund im Wettbewerb, in: Sparkasse, 12/97, S. 572-577, hier: S. 573.

217 Vgl. Güde, U., a.a.O., S. 51.

218 Vgl. Storck, L., Das BHW als Finanzdienstleister: Wieviel aus einer Hand?, in: Bank und Markt, 7/89, S. 13-21, hier: S. 19.

219 Vgl. Ellgering, I., Produkte des Allfinanzangebotes der S-Finanzgruppe und ihr Vertrieb, in: Sparkasse, 10/90, S. 442-445, hier: S. 445.

220 Vgl. Keßler, H., Verbünde – ihr Erfordernis, ihre Chancen, in: Bank und Markt, 5/89, S. 14-19, hier: S. 14. Für die Kunden ist es von Vorteil, wenn die Dezentralität in Geschwindigkeit, z.B. bei

Die in der Sparkasse vertriebenen Produkte der Verbundpartner werden als Verbundprodukte bezeichnet. Der "Liquiditätsverbund", der neben der Sicherung der Liquidität der Sparkassen und dem regionalen und überregionalen Liquiditätsausgleich über die Landesbanken/Girozentralen auch der Refinanzierung der Landesbanken diente, stand dabei am Anfang.[221] Mittlerweile zählen auch Versicherungen, Bausparverträge, Investmentfonds und Leasing zu den Verbundprodukten.

Die Zusammenarbeit zwischen der Provinzial und den Sparkassen konkretisiert sich vor Ort durch den Kontakt der Sparkassenmitarbeiter mit den Bezirkskommissaren der Provinzial.[222] Sie sind als selbständige Unternehmer Ansprechpartner in allen Geschäftsfeldern der Versicherung und somit vor Ort Repräsentanten der Provinzial.[223]

Die Sparkassen und ihre Verbundpartner firmieren seit 1990 unter dem Begriff Sparkassen-Finanzgruppe (Abbildung 6). Die Einführung dieses Begriffs schuf eine strategisch wichtige kommunikative Grundlage für einen einheitlichen Marktauftritt der Verbundpartner.[224] Die Kennzeichnung der Verbundunternehmen als "Unternehmen der S-Finanzgruppe" soll eine Gruppenidentität für Allfinanz-Kompetenz begründen.[225] Wie aus Abbildung 6 hervorgeht, besteht die Sparkassen-Finanzgruppe im wesentlichen aus 598 Sparkassen, 13 Landesbanken/Girozentralen, 13 Landesbausparkassen, 40 Öffentlichen Versicherern sowie der Deka-Gruppe.[226]

Gesellschaftsrechtlich bilden die Sparkassen und ihre Verbundpartner einen Konzernverbund.[227] So sind die Sparkassen über ihre Verbände an den Landesbanken beteiligt.

---

der Entscheidung über Kreditanträge, umgesetzt werden kann. Die Dezentralität ist jedoch kritisch zu sehen, wenn zur gleichen Zeit an mehreren Stellen an denselben Problemlösungen gearbeitet wird. Hier wird eine Bündelung der Kräfte gefordert. Vgl. Hoppenstedt, D.H., Aktuelle Fragen und Ziele der Sparkassenorganisation, in: Sparkasse, 1/99, S. 16-20, hier: S. 19.

221 Vgl. Geise, W., Sparkassen-Finanzgruppe und Allfinanz, in: Sparkasse, 2/93, S. 56-63, hier: S. 57.

222 Die Bezirkskommissare bilden den Hauptvertriebsweg der öffentlichen Versicherer. Sie sind Ausschließlichkeitsvertreter nach §§84 (1) bzw. 92 HGB. In Schleswig-Holstein sind 196 dieser Bezirkskommissare tätig. Daneben arbeiten öffentliche Versicherer mit Maklern und Mehrfachagenten zusammen. Der Begriff des Maklers ist in § 93 (1) HGB definiert, für Mehrfachagenten gelten die Vorschriften der §§ 84 ff. in Verbindung mit § 92 HGB. In Schleswig-Holstein vermitteln 180 Makler Versicherungen der Provinzial. Der dritte Vertriebsweg der öffentlichen Versicherer ist der Vertrieb über Sparkassen. Weitere Vermittler werden aufgrund des geringen vermittelten Volumens hier nicht aufgeführt.

223 Vgl. Reime, R., Provisionen auf neuen Wegen, in: Zeitschrift für Versicherungswesen, 15-16/96, S. 414-417, hier: S. 415.

224 Vgl. Geise, W., Sparkassen-Finanzgruppe und Allfinanz, in: Sparkasse, 2/93, S. 56-63, hier: S. 58.

225 Vgl. Hey, H., S-Finanzgruppe – ein Weg ohne Alternative, in: Sparkasse, 1/91, S. 8-12, hier: S. 9.

226 Stand: 31.12.1997. Vgl. DSGV-Jahresbericht 1997. Weiter gehören zur Sparkassen-Finanzgruppe 12 Leasinggesellschaften, 12 LBS-Immobiliengesellschaften, 2 Factoring-Gesellschaften, 70 Kapitalbeteiligungsgesellschaften und 4 Kapitalanlagegesellschaften. Diese Institute werden im folgenden nicht weiter betrachtet. Zur Unterstützung der Arbeit der Sparkassen gehören zur Sparkassen-Finanzgruppe weiter 13 regionale Sparkassen- und Giroverbände, der Deutsche Sparkassen- und Giroverband, 10 Verbandsrechenzentren, das Sparkassen-Informatikzentrum und die Unternehmensgruppe Deutscher Sparkassenverlag.

227 Vgl. Schröder, G.A., Der Sparkassenverbund im Wettbewerb, in: Sparkasse, 12/97, S. 572-577,

An dem neuen Institut DGZ-Deka Bank[228] sind Landesbanken und Regionalverbände paritätisch beteiligt. Die Landesbausparkassen sind Einrichtungen der Landesbanken oder befinden sich zumindest teilweise im Eigentum der Sparkassen. Weiter haben die Sparkassen bzw. ihre Verbände bei fast allen öffentlichen Versicherern die Trägerschaft übernommen.

Abbildung 6: Die Sparkassen-Finanzgruppe

Sparkassen-Finanzgruppe				
598 Sparkassen	13 Landesbanken	13 Landes-bausparkassen	40 Öffentliche Versicherer	DekaBank-Investmentgruppe
Geschäftsvolumen 1.692 Mrd. DM	Geschäftsvolumen 1.667 Mrd. DM	Geschäftsvolumen 77 Mrd. DM	Brutto-Beitrags-einnahmen 24,7 Mrd. DM	Fondsvermögen 135 Mrd. DM
Geschäftsstellen 18.916	Geschäftsstellen 436	Beratungsstellen 950	Geschäftsstellen 3.500	Geschäftsstellen* 7
Mitarbeiter 288.400	Mitarbeiter 32.680	Mitarbeiter 10.284	Mitarbeiter 31.700	Mitarbeiter 790

* Der Vertrieb erfolgt ausschließlich über die Sparkassen.

Quelle: Deutscher Sparkassen- und Giroverband (Hrsg.), Jahresbericht 1997.

Die Übernahme der Eigentümerfunktion bei den Verbundunternehmen dient der Ausrichtung der Unternehmen auf die Belange der Sparkassen durch deren Beteiligung an der unternehmerischen Führung. Der unmittelbare Vorteil besteht in der verbesserten Ausschöpfung des gemeinsamen Kundenpotentials. Dabei ist zu beachten, daß der Einsatz der Außendienstmitarbeiter der Versicherung oder Bausparkasse beim Vertrieb von Sparkassenprodukten aus Wirtschaftlichkeitsgründen äußerst begrenzt ist: Da der Vertriebsweg "Außendienst" wesentlich höhere Kosten verursacht als der Bank-Filialvertrieb, kommen für den Vertrieb von Sparkassenprodukten durch den Außendienst der Verbundpartner grundsätzlich nur Produkte mit hohen Deckungsbeiträgen in Betracht, also z.B. keine Girokonten.[229]

Die Intensität der Zusammenarbeit zwischen den Sparkassen und ihren Verbundpartnern ist regional und in den einzelnen Geschäftssparten sehr unterschiedlich. Grundlagen der Kooperation sind jedoch stets die Ordnungsprinzipien der Sparkassenorganisation.[230] Die Verbundstrategie der öffentlichen Sparkassen, ein Allfinanzangebot

hier: S. 577.

228 Das Institut entstand zum 1.1.1999 aus der Fusion der Deutschen Girozentrale (DGZ) mit der Deka Bank, vgl. o.V., DGZ-DekaBank – "Fusion der besonderen Art", in: BZ, 12.12.1998 sowie o.V., Votum für ein starkes Institut, in: BZ, 14.12.1998.

229 Vgl. Boening, D., a.a.O., S. 169.

230 Vgl. Schröder, G.A., Zukunftsfähigkeit des Verbundes sichern, in: Betriebswirtschaftliche Blätter, 1998, S. 509-514, hier: S. 509.

durch Kooperation mit öffentlichen Versicherern zu erreichen, läßt sich auf ähnliche Grundprinzipien[231] zurückführen. Regionalität, Gemeinnützigkeit und der öffentliche Auftrag gelten ebenfalls für die Versicherer.[232] Darüber hinaus sind sowohl die Sparkassen als auch die öffentlichen Versicherer meist Marktführer in ihrem regional beschränkten Geschäftsgebiet. Aus diesen Gemeinsamkeiten wird eine sog. "geborene" Partnerschaft abgeleitet, deren Solidaritäts- und Imagekomponente besonders zum Erfolg des Verbundes beiträgt.[233] So wurde 1993 festgestellt, daß die Absatzerfolge beim Vertrieb von Lebensversicherungen in Banken in Deutschland hauptsächlich aus den beiden großen deutschen Finanzverbünden der Sparkassen und der Volks- und Raiffeisenbanken stammen.[234]

Verbundpartner der schleswig-holsteinischen Sparkassen im Versicherungsgeschäft sind die öffentlichen Provinzial Versicherungen. Ihre Strukturdaten werden denen aller deutschen öffentlichen Versicherer gegenübergestellt (Tabelle 2).

Tabelle 2: Kennzahlen der Öffentlichen Versicherer im Vergleich: Deutschland und Schleswig-Holstein

		Deutschland	Schleswig-Holstein	%
Geschäftsstellen		4.000	277	6,9
Einwohner pro Geschäftsstelle		20.514	9.898	-
Mitarbeiter	Innendienst	22.000	1.300	5,9
	Außendienst	9.100	1.300	14,3
AD-Mitarbeiter pro Geschäftsstelle		2	4	-
Brutto-Beitrags-einnahme	Leben	10,0 Mrd. DM	830,8 Mio. DM	8,3
	Sach	6,6 Mrd. DM	433,0 Mio. DM	6,6
	HUK	5,8 Mrd. DM	458,3 Mio. DM	7,9
Brutto-Beitrags-einnahme pro Geschäftsstelle	Leben	2,50 Mio. DM	2,99 Mio. DM	-
	Sach	1,65 Mio. DM	1,56 Mio. DM	-
	HUK	1,45 Mio. DM	1,65 Mio. DM	-

Quellen: Verband Öffentlicher Versicherer (Hrsg.), Die öffentlichen Versicherer. Jahrbuch 1998 sowie Geschäftsberichte 1997 der Provinzial Brandkasse und Provinzial Leben Versicherungsanstalten.

Dabei zeigt sich, daß die Struktur der öffentlichen Versicherer sich in Schleswig-Holstein im Vergleich zum Bundesgebiet unterscheidet. So werden mit doppelt so vielen Außendienst-Mitarbeitern pro Geschäftsstelle nur ca. halb so viele Einwohner

231 Sie werden von Müller mit dem Begriff „Verbundideologien“ bezeichnet. Vgl. Müller, F., Kooperationsbeziehungen zwischen Banken und Versicherungen. Determinanten, Management und Wirkungen, Stuttgart 1997, S. 17.

232 Vgl. Eichhorn, P., Zur Zukunft der öffentlichen Versicherer, in: Versicherungswirtschaft, 21/88, S. 1410-1415, hier: S. 1410.

233 Vgl. Süchting, J., Überlegungen zur Attraktivität eines Allfinanzangebotes, in: Bank und Markt, 12/87, S. 7-13, hier: S. 9.

234 Vgl. Schulz, H., Vertrieb von Lebensversicherungen über die Banken, in: Die Bank, 11/93, S. 630-633, hier: S. 630.

betreut (48%). Dies wird auf die dünnere Besiedelung im Flächenland Schleswig-Holstein zurückgeführt. Die durchschnittliche Brutto-Beitragseinnahme pro Geschäftsstelle ist in den Sparten Leben und HUK mit 19,6% und 13,8% deutlich höher als im Bundesdurchschnitt. Die Marktanteile der Gruppe der Öffentlichen Versicherer lagen im Sachversicherungsgeschäft 1997 bei 26%, in den Sparten Leben und HUK bei 10,3% bzw. 9,4%.[235]

Zur Beurteilung des Allfinanz-Erfolgs im Rahmen des Verbundgeschäfts können verschiedene Maße Anwendung finden. So kann der Erfolg absolut durch den versicherten Bestand anhand der Versicherungssumme oder der Stückzahl der vermittelten Verträge gemessen werden. Darüber hinaus bieten sich die Prämieneinnahmen als Erfolgsmaß an. Da die kooperative Marktbearbeitung von Sparkassen und öffentlichem Versicherer in Schleswig-Holstein zum Zeitpunkt der Untersuchung beteiligungsmäßig noch nicht voll unterlegt war, existierte auch noch kein sparkassenspezifisches Controlling. Das heißt, die von Sparkassen vermittelten Verträge gingen in den Bestand des Versicherers ein, der die Provision dafür ausschüttete. In der EDV des Versicherers gab es keine Kennzeichnung von Sparkassenverträgen. So könnte lediglich anhand von Daten aus der Buchhaltung ermittelt werden, wieviel Provisionen die Sparkassen erhielten und anhand dieser Zahl eine ungefähre Rückrechnung auf vermutliche Volumina oder Stückzahl von Verträgen vorgenommen werden. Eine direkte Übersicht für jede Sparkasse existierte jedoch nicht. Da zu erwarten ist, daß eine Rückrechnung mit erheblichen Fehlern behaftet wäre, und die Sparkassen über keine Aufstellung der von ihnen vermittelten Verträge verfügen, wird der Allfinanz-Erfolg in der empirischen Untersuchung durch die von der Provinzial an die Sparkassen[236] gezahlten Provisionen operationalisiert.[237] Abbildung 7 enthält die Verteilung der Provisionseinnahmen der Sparkassen im Jahr 1996.

Die Provisionen umfassen Abschluß- und laufende Provisionen, Prämien und Bonifikationen. Alle Zahlungen sind leistungsabhängig, allerdings können die gesamten Einnahmen nicht in jedem Fall voll den Leistungen desselben Jahres zugerechnet werden, für das sie gezahlt werden. Aus Abbildung 7 wird deutlich, daß der überwiegende Teil der Sparkassen aus der Vermittlung von Versicherungen nur sehr geringe Provisionseinnahmen erzielt.

---

[235] Vgl. Verband Öffentlicher Versicherer (Hrsg.), Die öffentlichen Versicherer. Jahrbuch 1998, S. 26.

[236] Die Provision für das Sparkassengeschäft fließt direkt an die Sparkasse. Inwieweit diese eine Weiterleitung an die Mitarbeiter, die das Geschäft vermittelt haben, vornimmt, wird nicht betrachtet.

[237] Die Provision ist das Entgelt für die Vermittlung und/oder den Abschluß von Versicherungen, das Inkasso der Prämien und die Bestandspflege. Vgl. Schmidt, R., Provision, in: Ders., Versicherungsalphabet, 8. A., Karlsruhe 1991, S. 262. Hier wird die Abschlußprovision für die Vermittlung oder den Abschluß von Versicherungen von der Verwaltungsprovision unterschieden, die für die Bestandspflege gezahlt wird.

Abbildung 7: Provisionseinnahmen der schleswig-holsteinischen Sparkassen[238] 1996

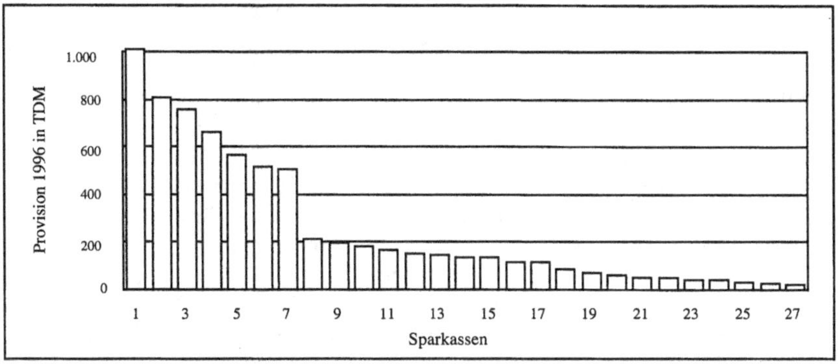

Quelle: Eigene Erstellung.

Die relative Bedeutung des Versicherungsgeschäfts für die Sparkassen läßt sich durch den Anteil der Provisionseinnahmen an der Durchschnittsbilanzsumme darstellen.[239] Dieser Wert liegt im Jahre 1996 bei den schleswig-holsteinischen Sparkassen nur zwischen 0,2% und 0,4%. Das als Ausschöpfungsquote definierte summenmäßige Versicherungsvolumen pro Privatgirokonto beträgt bei den Sparkassen im Bundesdurchschnitt rund 327 DM, in Schleswig-Holstein ca. 241 DM.[240] Bisher haben erst knapp 5% aller Sparkassenkunden zugleich eine Lebensversicherung bei einem öffentlichen Versicherer abgeschlossen. Dies zeigt deutlich, daß die Sparkassen ihr Kundenpotential im Versicherungsgeschäft bei weitem noch nicht ausgeschöpft haben.[241]

Aus Sicht der Versicherung wird der Erfolg der Sparkassen im Versicherungsgeschäft durch den Anteil der von Sparkassen vermittelten Versicherungen am Gesamtgeschäft des Versicherers beschrieben.[242] Im Bundesdurchschnitt liegt dieser Wert 1997 für

---

[238] Zwei der 29 schleswig-holsteinischen Sparkassen wickeln ihr Versicherungsgeschäft nicht mit den öffentlichen Provinzial Versicherungen ab. Für sie können daher keine Werte ermittelt werden.

[239] Ursprünglich wurde versucht, die Provisionseinnahmen aus dem Versicherungsgeschäft der Sparkassen ins Verhältnis zu den Gesamt-Provisionseinnahmen der Sparkassen zu setzen. Diese Daten konnten jedoch von den Sparkassen nicht bereitgestellt werden. Daher wurde hilfsweise auf die in der Sparkassenorganisation übliche Vorgehensweise zurückgegriffen, sämtliche Ertrags- und Aufwandspositionen als Anteil an der Durchschnittsbilanzsumme darzustellen. Sie beruht auf einer erleichterten Vergleichbarkeit bei Sparkassen unterschiedlicher Größe. Dabei wird davon ausgegangen, daß der Versuch, das bilanzunwirksame Geschäft zur Eigenkapitalbegrenzung und zum Erschließen weiterer Wachstumspotentiale auszubauen, von allen Sparkassen in etwa gleichem Maße verfolgt wird. Daher dürften aus dieser Richtung keine groben Verzerrungen der Bilanzsummen zu erwarten sein.

[240] Vgl. Verband Öffentlicher Versicherer (Hrsg.), Verbundstatistik 1997, Teil 1, S. 3.

[241] Vgl. Schröder, G.A., Der Sparkassenverbund im Wettbewerb, in: Sparkasse, 12/97, S. 572-577, hier: S. 573 sowie Heitmüller, H.-M., Verbundgeschäfte – Reiz oder Reizthema?, in: Sparkasse, 2/98, S. 82-85, hier: S. 82.

[242] Vor Ort besteht zwischen Sparkassen und Bezirkskommissaren teilweise eine gewisse Konkurrenzsituation. Gesamthausweit bilden die Sparkassen einen zusätzlichen Vertriebsweg für die Ver-

Lebensversicherungen bei 59,5%. Sparkassen in Schleswig-Holstein vermittelten 30,7% des Neugeschäfts der Provinzial.[243] Der extrem hohe Anteil des Verbundgeschäfts am Gesamtgeschäft zeigt die unterschiedliche Bedeutung von Allfinanz für die Verbundpartner. Die Vertriebsschiene „Sparkassen" ist für den öffentlichen Versicherer wesentlich wichtiger als es das Versicherungsgeschäft für die Sparkassen ist.

Die Organisation des Verbundgeschäfts erfolgt anhand von drei Vertriebsmodellen.[244] Es handelt sich um ein Kooperationsmodell sowie die Modelle der Personenagentur und der Verbundagentur. Jede Sparkasse entscheidet sich im Einvernehmen mit der Provinzial für eines der Modelle, wobei eine Weiterentwicklung bzw. Wechsel des Modells vorgesehen ist. Von den 29 schleswig-holsteinischen Sparkassen[245] wählten anfänglich fünf das Modell "Verbundagentur", eine das Modell "Personenagentur" und der Rest das "Kooperationsmodell". Heute gibt es in Schleswig-Holstein sechs Verbundagenturen und zwei Personenagenturen.

Die Vertriebsmodelle lassen sich anhand von drei versicherungsspezifischen Funktionen kennzeichnen. Es handelt sich um die Vermittlung bzw. den Abschluß des Vertrags, die Bestandspflege[246] und die Regulierung, d.h. die Schaden- bzw. Leistungsfallbearbeitung.[247] Im folgenden wird eine Beschreibung der Modelle vorgenommen.

---

sicherungsprodukte, dessen Erfolge zu Lasten des dritten Vertriebsweges, der Makler und Mehrfachagenten, gingen.

[243] Vgl. Verband Öffentlicher Versicherer (Hrsg.), Verbundstatistik 1997, Teil 1, S. 2.

[244] Vom Grundsatz her wurden die drei Vertriebsmodelle auf Bundesebene mit den öffentlichen Versicherern zusammen konzipiert und den regionalen Sparkassenverbänden über den DSGV als Empfehlung für die Sparkassen zugeleitet. In den Regionen wurden Anpassungen vorgenommen, um die spezifischen Verhältnisse vor Ort berücksichtigen zu können. Vgl. Arheit, G., Öffentliche Versicherer und Sparkassen im Verbund - produkt- und vertriebspolitische Konsequenzen aus der Öffnung des EU-Binnenmarktes, in: Deutscher Sparkassenverlag (Hrsg.), Marketing-Tagung 1994, Stuttgart 1995, S. 72-94, hier: S. 73.

[245] Im folgenden werden nur die 27 in die empirischen Analyse einbezogenen Sparkassen berücksichtigt, die ihr Versicherungsgeschäft mit den öffentlichen Provinzial Versicherungen abwickeln.

[246] Unter Bestandspflege wird die Erhaltung des Versicherungsbestandes eines Versicherers verstanden. Sie ist verbunden mit dem Bestreben, den bestehenden Versicherungsschutz der Kunden zu verbessern bzw Unterversicherung zu verhindern. Im allgemeinen wird die Bestandspflege durch schriftliche Mitteilungen der Versicherer an ihre Kunden durchgeführt. Vgl. Schmidt, R., Bestandspflege, in: Ders., Versicherungsalphabet, 8. A., Karlsruhe 1991, S. 53. Abweichend von der hier gewählten Unterscheidung der versicherungsspezifischen Funktionen schließt Schmidt die Schadenregulierung in die Bestandspflege ein. Zur Bestandspflege gehört nach Schmidt darüber hinaus die Aktualisierung und Anpassung bestehender Verträge an veränderte Bedingungen, die Verlängerung ablaufender Verträge und die Informationssammlung über veränderte Kundendaten zum Zweck der weiteren Verwendung. Durch die Dezentralität der öffentlichen Versicherer, die auf dem Regionalprinzip basiert, entsteht eine enge Bindung der Bezirkskommissare an ihren Bestand, die es ihnen vielfach ermöglicht, die Kunden direkt anzusprechen oder Bestandspflege aufgrund persönlicher Kenntnis der Verhältnisse und Lebensumstände der Kunden vorzunehmen.

[247] Der Versicherungsfall, d.h. das Eintreten des versicherten Ereignisses, wird bei Sachversicherungen als Schadenfall, bei Personenversicherungen als Leistungsfall bezeichnet.

Kooperationsmodell

Bei der Zusammenarbeit nach dem Kooperationsmodell stellt der Sparkassenmitarbeiter dem Bezirkskommissar Adressen aus dem Sparkassen-Kundenbestand zur Verfügung. Abschlüsse nimmt der Sparkassenmitarbeiter nur im einfachen, standardisierten Geschäft vor. Ansonsten erfolgt der Vertragsabschluß durch den Bezirkskommissar. Die Führung des Bestandes obliegt im Personenversicherungsgeschäft dem Bezirkskommissar, die Sparkasse hat jedoch Zugriff auf das besonders gekennzeichnete, von ihr vermittelte Geschäft und kann für dieses die Bestandspflege selbst vornehmen.[248] Im Kompositgeschäft hat die Sparkasse das Recht, in Abstimmung mit dem Bezirkskommissar bei den gemeinsamen Kunden weitere Akquisitionen zu tätigen.

Beim Kooperationsmodell erhält die Sparkasse für das von ihr akquirierte Geschäft die Abschlußprovision.[249] Die Bestände werden beim Bezirkskommissar geführt, jedoch als Sparkassengeschäft gekennzeichnet. Im Kompositgeschäft erhält der Bezirkskommissar die Verwaltungsprovision.

Die Schadenregulierung bei den Sachversicherungen und die Leistungsfallbearbeitung der Personenversicherungen wird im Kooperationsmodell von der Provinzial bzw. dem Bezirkskommissar vorgenommen.[250]

Personenagentur

Die Personen(versicherungs)agentur zeichnet sich gegenüber dem Kooperationsmodell durch weitgehende Unabhängigkeit der Sparkasse im Bereich der Personenversicherungen aus. Nicht nur das Standard- sondern auch das qualifizierte Personenversicherungsgeschäft wird durch die Sparkassenmitarbeiter abgeschlossen. Die Bestandsführung erfolgt in der Sparkasse, die auch die Abschlußprovision erhält. Das heißt, die Personenagentur kann direkt auf den von ihr aufgebauten Personenversicherungsbestand zugreifen. Die Leistungsfallbearbeitung erfolgt jedoch durch die Provinzial.
Das Kompositgeschäft wird in der Personenagentur zu den gleichen Bedingungen wie im Kooperationsmodell durchgeführt.

---

[248] Ein Anreiz zur Durchführung der Bestandspflege besteht, wenn daraus zusätzliches Geschäft akquiriert werden kann.

[249] Die Verteilung der Abschlußprovision ist Sache der Sparkasse. Teilweise wird die Provision aus Motivationsgründen an die vermittelnden Mitarbeiter weitergegeben, teilweise wird sie aber auch auf alle Mitarbeiter verteilt. Eggers und Pfingsten konnten zeigen, daß eine ungünstige Situation vom spieltheoretischen Typ „Gefangenendilemma" entsteht, wenn mehrere Geschäftsstellenmitarbeiter gemeinsam eine Kundengruppe betreuen, jedoch nach ihrem individuellen Erfolg beurteilt werden. Vgl. Eggers, F., Pfingsten, A., Produktmanager und die Gefahren bankinterner Konkurrenz, in: Die Bank, 7/97, S. 414-418, hier: S. 418. Diese Situation spricht eher für eine teamorientierte Bezahlung. Vgl. Pfingsten, A., Lineare Bezahlungssysteme: eine weitere Begründung, in: ZfB, 6/95, S. 517-532.

[250] Die Leistungsfallbearbeitung in der Lebensversicherung erfolgt in jedem Fall durch die Provinzial selbst. Zur Schadenregulierung im Sachversicherungsbereich verfügt der Bezirkskommissar über Regulierungskompetenzen, die in der Höhe abgestuft sind.

Verbundagentur

Die Verbundagentur entspricht von den Rechten und Pflichten her dem Bezirkskommissariat der Provinzial. Sie schließt im Personen- und Kompositgeschäft alle Verträge selbständig ab, baut ihren eigenen Bestand auf und erhält dafür die Provisionen. Auch die Schadenregulierung nimmt sie selbständig im Rahmen der ihr übertragenen Kompetenzen vor. Nur die Leistungsfallbearbeitung wird noch von der Provinzial durchgeführt.

Tabelle 3 gibt einen Überblick über die Modelle und ihre Hauptaufgaben.

Tabelle 3: Übersicht über Hauptaufgaben der Vertriebsmodelle

Vertriebs-modell	Pro-dukt-gruppe	Vermittlung/ Abschluß	Bestandspflege	Regulierung
Kooperation	Personen-versicherung	Standardisiertes Geschäft durch Sparkasse Qualifiziertes Geschäft durch Sparkasse und BK	Bestandsführung durch BK Kennzeichnung Sparkassengeschäft, Zugriff auf gekennzeichnetes Geschäft durch Sparkasse Recht auf abgestimmte Akquisition im gemeinsamen Geschäft	Schaden-/Leistungsfall-bearbeitung Provinzial/ BK
	Komposit[251]			Überleitung der Bearbeitung von Sparkasse an BK
Personen-agentur	Personen-versicherung	Standard- und qualifiziertes Geschäft durch Sparkasse	Bestandsführung durch Sparkasse	Leistungsfallbearbeitung durch Provinzial
	Komposit	Standardisiertes Geschäft durch Sparkasse Qualifiziertes Geschäft durch Sparkasse und BK	Bestandsführung durch BK Kennzeichnung Sparkassengeschäft, Zugriff auf gekennzeichnetes Geschäft durch Sparkasse Recht auf abgestimmte Akquisition im gemeinsamen Geschäft	Schadenregulierung durch BK
Verbund-agentur	Personen-versicherung und Komposit	Standard- und qualifiziertes Geschäft durch Sparkasse	Bestandsführung durch Sparkasse, Verpflichtung zur Bestandspflege	Schadenregulierung durch Sparkasse Leistungsfallbearbeitung durch Provinzial

Quelle: Eigene Erstellung, basierend auf interne Unterlagen.

Die Modelle sind mit einer verbindlichen personellen Mindestausstattung gekoppelt, die von vornherein das Potential zur Übernahme der mit dem Modell versehenen Pflichten beinhalten sollte. Die personelle Mindestausstattung ist bei der Verbundagentur, verglichen mit der Personenagentur oder dem Kooperationsmodell, am größten, da die Einrichtung einer Verbundagentur mit umfangreichen Pflichten zur Bestandspflege und Schadenfallbearbeitung verbunden ist. Aus diesem Grund lohnt es sich nur für große Sparkassen, deren Möglichkeit zum Erwirtschaften von Provisionen hoch ist, diese Personalinvestition zu tätigen. Die drei Grundmodelle unterscheiden sich zwar von ihrer institutionellen Ausgestaltung her. Grundsätzlich können aber mit

[251] Die Sammelbezeichnung Komposit faßt die Sach-, Unfall- und Krankenversicherung zusammen.

jedem der Modelle bei gleichem Arbeitseinsatz die gleichen Erfolge erzielt werden.[252]

Zusammenfassend bleibt festzuhalten, daß das Privatkundengeschäft für die Sparkassen ein wichtiges Geschäftsfeld darstellt. Der strukturelle Wandel auf den Finanzdienstleistungsmärkten erfordert jedoch die Erschließung zusätzlicher Ertragspotentiale. Hierfür bietet die kooperative Marktbearbeitung im Verbund Ansatzpunkte. Wie eine solche Kooperation möglichst erfolgreich gestaltet werden kann, wird in der Folge theoretisch untersucht. Dazu wird zunächst auf die Erfolgsfaktorenforschung und die Kooperationsforschung eingegangen, um daraus ein Modell der kooperativen Marktbearbeitung zu entwickeln, das als Grundlage für die empirische Überprüfung der Erfolgsfaktoren dient.

2. Theoretische Herleitung möglicher Erfolgsfaktoren der Zusammenarbeit

2.1 Erfolgsfaktorenforschung

Unter Erfolgsfaktoren werden die Elemente, Determinanten oder Bedingungen verstanden, die langfristig das Erfolgspotential eines Unternehmens bestimmen.[253] Sie übernehmen eine Vorsteuerungsfunktion für Erfolg oder Mißerfolg[254] und haben eine komplexitätsreduzierende Wirkung.[255] Damit ist die Kenntnis strategischer Erfolgsfaktoren Voraussetzung zur wirksamen Planung von Strategien.[256]

Ziel der Erfolgsfaktorenforschung ist es, den Einfluß bestimmter Determinanten auf den Erfolg von Unternehmen empirisch zu identifizieren, wobei der Erfolg meist durch monetäre Zielgrößen wie Gewinn oder Umsatz gemessen wird. Ausgangspunkt der systematischen betriebswirtschaftlichen Erfolgsfaktorenforschung war die in den USA durchgeführte, großzahlige Untersuchung des Strategic Planning Institute mit dem Titel "Profit Impact of Market Strategies" (PIMS).[257] Sie untersucht seit den siebziger Jahren vor allem amerikanische Industrieunternehmen systematisch auf Erfolgsfaktoren. Dieser industrieübergreifenden Untersuchung folgte eine Vielzahl von bran-

---

[252] Vgl. Arheit, G., a.a.O., S. 75.

[253] Neben dem Begriff Erfolgsfaktoren werden synonym auch die Bezeichnungen strategische Erfolgspositionen, Erfolgsdeterminanten, kritische Erfolgsfaktoren, Einfluß- und Bestimmungsgrößen des Erfolgs, Erfolgs- und Führungsprinzipien, unternehmerische Grundtugenden, strategische Faktoren, Erfolgsregeln etc. verwendet. Vgl. Pümpin, C. Management Strategischer Erfolgspositionen – Das SEP-Konzept als Grundlage wirkungsvoller Unternehmensführung, 3. A., Bern/Stuttgart 1986, S. 34.

[254] Vgl. Steiner, G.A., Strategic factors in business success, New York 1969, S. 2, sowie Grimm, U., Analyse strategischer Faktoren, Wiesbaden 1983, S. 26.

[255] Vgl. Meffert, H., Marketing. Grundlagen marktorientierter Unternehmensführung. Konzepte – Instrumente – Praxisbeispiele, 8. A., Wiesbaden 1998, S. 408.

[256] Vgl. Thiesing, E.-O., a.a.O., S. 96.

[257] Vgl. Strategic Planning Institute (Hrsg.), The PIMS Program, Cambridge 1976 sowie ders., The PIMS Program - Selected Findings, Cambridge 1977. Vgl. den zusammenfassenden Überblick zu dieser ersten bedeutenden Untersuchung und weiteren folgenden bei Thiesing, E.-O., a.a.O., S. 97-102.

chenbezogenen Studien,[258] die in jüngster Zeit in Meta-Analysen zusammengefaßt wurden.[259] Dabei liegt der Schwerpunkt der Erfolgsfaktorenforschung in der Erforschung des Erfolgs von neuen Produkten.[260] Dies zeigt sich insbesondere im Bereich der Finanzdienstleistungen in der Vielzahl der auf Produktinnovationen bezogenen Veröffentlichungen.[261]

Vor dem Hintergrund der Vielschichtigkeit der Erscheinungsformen von Finanzdienstleistungen sowie der unterschiedlichen Kontextbedingungen, von denen der Erfolg eines jeweiligen Finanzdienstleisters abhängt, wird klar, daß es einen für alle Unternehmen gültigen Katalog von Erfolgsfaktoren nicht geben kann. Daher stellt sich die Aufgabe, bestehende Untersuchungen daraufhin zu überprüfen, ob sie einen Beitrag zum hier betrachteten Untersuchungsgegenstand leisten können. Die Arbeit von Thiesing kann hier als Ausgangspunkt gewählt werden.[262] Seine Identifikation strategischer Schlüsselfaktoren für den Bankbereich ist deshalb von besonderer Relevanz, weil er die aus der Filialisierung von Banken resultierenden Besonderheiten in der strategischen Marketingplanung explizit berücksichtigt.[263]

Nach Thiesing lassen sich aus der Fülle der in der Literatur genannten Erfolgsfaktoren folgende für den Bankbereich übertragen:[264] Die Marktattraktivität und das Alter der Filialen. Jeder dieser „primären Schlüsselfaktoren" ist selbst mit weiteren (sekundären sowie tertiären) Variablen korreliert. Abbildung 8 zeigt das von Thiesing erstellte System strategischer Schlüsselfaktoren für filialisierte Universalbanken. Es wird im folgenden beschrieben.

---

[258] Einen Überblick über die wichtigsten Studien liefert Jacobs, S., Strategische Erfolgsfaktoren der Diversifikation, Wiesbaden 1991, S. 23-86.

[259] Vgl. Montoya-Weiss, M.M., Calantone, R., Determinants of new product performance: A review and meta-analysis, in: Journal of product innovation management, 12/94, S. 397-417.

[260] Vgl. den Überblick über Erfolgsfaktoren von Produktinnovationen, die sich in empirischen Studien mehrfach als erfolgsbeeinflussend erwiesen haben, bei Meffert, H Marketing. Grundlagen marktorientierter Unternehmensführung. Konzepte – Instrumente – Praxisbeispiele, 8. A., Wiesbaden 1998, S. 419f. sowie die dort zitierte Literatur.

[261] Vgl. Cooper, R.G., Easingwood, C.J., Edgett, S., Kleinschmidt, E.J., Storey, C., What distinguishes the top performing new products in financial services?, in: Journal of product innovation management, 11/94, S. 281-299; Cooper, R.G., de Brentani, U., New industrial financial services: what distinguishes the winners, in: Journal of product innovation management, 2/91, S. 75-90; Easingwood, C.J., Storey, C., Success factors for new consumer financial services, in: International Journal of Bank Marketing, 1/91, S. 3-10; Bowers, M.R., The new product development process: A suggested model for banks, in: Journal of Retail Banking, 1/86, S. 19-24.

[262] Vgl. Thiesing, E.-O., a.a.O..

[263] Vgl. Thiesing, E.-O., a.a.O., S. 26.

[264] Vgl. weiter zu strategischen Erfolgsfaktoren im Bankbereich Bernhardt, P., Strategisches Marketing bei Banken, in: Töpfer, A., Wieselhuber, N. (Hrsg.), Strategisches Marketing, Landsberg a. Lech 1984, S. 552-568, hier: S. 556 und 560.

Abbildung 8: System relevanter strategischer Schlüsselfaktoren nach Thiesing

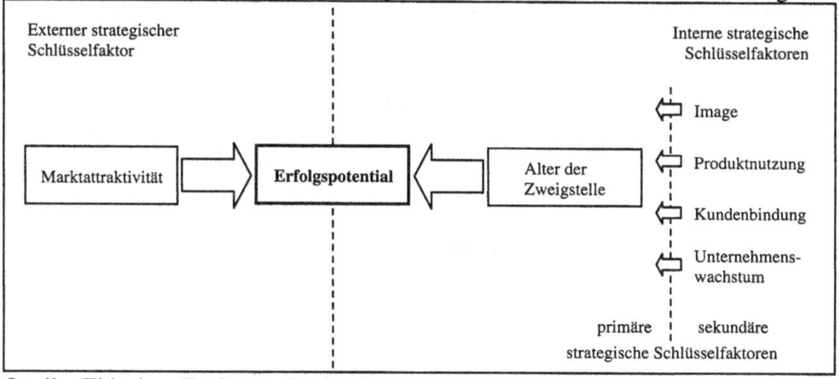

Quelle: Thiesing, E.-O., a.a.O., S. 138.

Die Marktattraktivität wird beschrieben durch die Konkurrenz- oder Marktstruktur und das Branchen- oder Marktwachstum. Da auf oligopolistischen Bankmärkten mit zunehmender Konkurrenzintensität die Wahrscheinlichkeit von gewinnreduzierendem wirtschaftsunfriedlichen Verhalten steigt, ist die Konkurrenz- oder Marktstruktur als externer strategischer Schlüsselfaktor[265] anzusehen. Das Branchen- oder Marktwachstum als weiterer externer strategischer Erfolgsfaktor bestimmt das Verhalten der Wettbewerber und damit die Schwierigkeit, Gewinne zu erzielen.[266]

Die Erfolgswirkung des Alters der Filialen ist von Thiesing empirisch als strategischer Schlüsselfaktor nachgewiesen worden.[267] Dieser „primäre Schlüsselfaktor" ist korreliert mit den sekundären Variablen Image, Produktnutzung, Kundenbindung.[268] Als weitere hypothetisch auf das Erfolgspotential wirkende Variable konnte das Unternehmenswachstum nicht als strategischer Schlüsselfaktor nachgewiesen werden.[269]

Das Image eines Finanzdienstleisters ist als strategischer Erfolgsfaktor zu werten, weil die Differenzierung der angebotenen Produkte auf andere Weise kaum möglich ist. Das Image wird daher als Hilfsgröße zur Differenzierung der Leistung herangezogen.[270]

---

[265] Thiesing nimmt eine grundsätzliche Unterscheidung zwischen externen und internen Schlüsselfaktoren vor. Die externen Faktoren beziehen sich auf die wirtschaftliche Umwelt und Wettbewerbsposition des Unternehmens. Die internen Faktoren beziehen sich auf das Unternehmen selbst bzw. dessen Ressourcenbereich. Sie wirken einerseits als Rahmenbedingungen, indem sie den Handlungsspielraum der Unternehmensleitung begrenzen, andererseits stehen sie ihr als Handlungsparameter zur Verfügung. Vgl. Thiesing, E.-O., a.a.O., S. 96.

[266] Vgl. Thiesing, E.-O., a.a.O., S. 108.

[267] Vgl. Thiesing, E.-O., a.a.O., S. 130f..

[268] Vgl. Thiesing, E.-O., a.a.O., S. 134ff.. Diese Erkenntnisse scheinen nicht für alle Banken generalisierbar, sondern eher durch die spezifische Datenlage verursacht zu sein.

[269] Vgl. Thiesing, E.-O., a.a.O., S. 132ff..

[270] Vgl. Thiesing, E.-O., a.a.O., S. 115f..

Die Produktnutzung kann durch ein breiteres Produktspektrum gefördert werden. Dies ist von besonderem Interesse, wenn sich daraus Cross-Selling Möglichkeiten ergeben. Das Cross-Selling, verstanden als die Inanspruchnahme zusätzlicher Leistungen in dem Fall, daß vorher nur eine Leistung abgenommen wurde, ist als strategischer Erfolgsfaktor zu werten, weil der Erfolg mit zunehmender Produktnutzung steigt, wenn die Produkte einen positiven Deckungsbeitrag aufweisen. Durch Cross-Selling erhöht sich einerseits der Gewinn, andererseits wird durch die Aufteilung auf mehrere Gewinnträger das Risiko von Gewinnschwankungen vermindert.[271]

Im nahezu gesättigten Bankenmarkt kommt der Kundenbindung als strategischem Erfolgsfaktor eine große Bedeutung zu. Dies ist damit zu begründen, daß die Bindung eines Kunden erheblich weniger Kosten verursacht als die Gewinnung von Neukunden und damit der Gewinn indirekt beeinflußt wird. Darüber hinaus können Banken bei gebundenen Kunden ihren preis- und konditionenpolitischen Spielraum ausweiten, wodurch der Gewinn direkt beeinflußt wird.[272]

Mitarbeiterqualität wird als ein Konstrukt aufgefaßt, das anhand von Fähigkeit, Bildung und Lernvermögen der Mitarbeiter beschrieben wird. Sie ist entscheidend für die Erarbeitung adäquater Problemlösungen für die Kunden, die in personal- und beratungsintensiven Dienstleistungsbereichen besonders wichtig ist.[273]

Die Mitarbeiterqualität als tertiäre Variable ist korreliert mit den sekundären Variablen Image, Produktnutzung und Kundenbindung. Aufgrund ihrer Wirkung auf das Alter der Filialen wirkt auch die Mitarbeiterqualität erfolgsbeeinflussend.[274]

Die beschriebenen Erfolgsfaktoren gelten allgemein für filialisierte Universalbanken. Im Rahmen von Allfinanz-Konzepten wird jedoch kein reines Bankgeschäft betrieben, sondern der Erfolg ist von einer branchenübergreifenden Zusammenarbeit abhängig. Daher sind spezifische Erfolgsfaktoren für die kooperative Marktbearbeitung im Rahmen von Allfinanz-Konzepten zu entwickeln. Als Ansatzpunkt wird dazu auf die Kooperationsforschung zurückgegriffen.

2.2 Kooperationsforschung

In der betriebswirtschaftlichen Literatur existiert eine Fülle von Definitionen des Begriffs Kooperation, die jeweils verschiedene Merkmale besonders hervorheben.[275] Zu-

---

[271] Vgl. Thiesing, E.-O., a.a.O., S. 124.

[272] Vgl. Süchting, J., Die Bankloyalität als Grundlage zum Verständnis der Absatzbeziehungen von Kreditinstituten, in: Kredit und Kapital, 1972, S. 269-300, hier: S. 295 sowie ders., Wachsen die preispolitischen Spielräume? Anmerkungen zu Banktreue und Beziehungsmanagement, in: Bank und Markt, 5/91, S. 16-20, hier: S. 17.

[273] Vgl. Thiesing, E.-O., a.a.O., S. 110.

[274] Vgl. Thiesing, E.-O., a.a.O., S. 138.

[275] Vgl. Bidlingmaier, J., Kooperation macht stärker – Der Formenreichtum gestattet individuelle

sammenfassend ist eine Kooperation durch folgende Merkmale gekennzeichnet:[276]

- Mindestens zwei kooperierende Unternehmen,
- Selbständigkeit der Kooperationsparteien,
- Freiwilligkeit der Zusammenarbeit,
- Vereinbarungen als Grundlage der Zusammenarbeit,
- Koordination von unternehmerischen (Teil-)Bereichen oder Funktionen,
- Existenz von Kooperationszielen.

Da alle genannten Merkmale einer Kooperation auf die Zusammenarbeit von Sparkassen und öffentlichen Versicherern zutreffen,[277] ist die Anwendung von theoretische Ansätzen zur wissenschaftlichen Erklärung der Kooperation gerechtfertigt.

Als wissenschaftliche Ansätze zur Erklärung von Kooperationen werden insbesondere die Ansätze der Neuen Institutionenökonomie[278] sowie spieltheoretische und interaktionstheoretische Ansätze verwendet.[279] Sie werden im folgenden auf ihre Eignung zur Erklärung der kooperativen Marktbearbeitung von Sparkassen und öffentlichen Versicherern hin überprüft. Dabei ist die Eignung hinsichtlich der Möglichkeit zu bewerten, aus den Ansätzen Determinanten der Beziehung abzuleiten, die als Erfolgsfaktoren gelten können. Da die Ansätze selbst mittlerweile zum Standard in der betriebswirtschaftlichen Forschung gehören, werden sie nur jeweils in den Grundzügen skizziert. Danach wird geprüft, ob sie sich zur Erklärung der kooperativen Marktbearbeitung von Sparkassen und öffentlichen Versicherern eignen.

Gestaltung, in: Der Volkswirt, 59/68, S. 54-57, hier: S. 54; Knoblich, H., Zwischenbetriebliche Kooperation – Wesen, Formen, Ziele, in: ZfB, 8/69, S. 497-514, hier: 501; Schneider, D.J.G., Unternehmungsziele und Unternehmungskooperation – Ein Beitrag zur Erklärung kooperativ bedingter Zielvariationen, Wiesbaden 1973, S. 50f.; Blohm, H., Kooperation, in: Grochla, E. (Hrsg.), Handwörterbuch der Organisation, 2. A., Stuttgart 1980, Sp. 1112-1117, hier: Sp. 1112.

[276] Vgl. Müller, F., a.a.O., S. 24.

[277] Vgl. Kapitel B.1.4.

[278] Besonders hervorzuheben ist in diesem Zusammenhang die Arbeit von Bülow, der auf Grundlage der Neuen Institutionenökonomie einen organisationstheoretischen Vorschlag für eine Netzwerk-Organisation für Allfinanzanbieter entwickelt. Bemerkenswert ist dabei insbesondere, daß der Vorschlag zur Organisation des Anbieteres aus den Anforderungen des Nachfragers heraus entsteht, wodurch die einseitige Anbieterorientierung in der Allfinanz-Literatur weiter verringert wird. Vgl. Bülow, S., Bülow, S., Netzwerk-Organisation für Allfinanzanbieter. Ein organisationstheoretischer Vorschlag auf Grundlage der Neuen Institutionenökonomie, Wiesbaden 1995.

[279] Vgl. Sydow, J., Strategische Netzwerke – Evolution und Organisation, Wiesbaden 1992, S. 127ff.; ders., Finanzdienstleistungsnetzwerke. Zur Organisation einer ökonomischen Institution des Kontraktgütermarketings, in: ZfbF Sonderheft 35, 1995, S. 139-157. Zur Erklärung von Kooperationen untersucht Rüdiger die Agency-Theorie, die Transaktionskostentheorie und die Spieltheorie. Vgl. Rüdiger, M., Theoretische Grundmodelle zur Erklärung von FuE-Kooperationen, in: ZfB, 1/98, S. 25-47. Dabei werden folgende Gründe für den geringen Erklärungsbeitrag der Theorien angeführt: Selbstbeschränkung durch enge Prämissen, lediglich unpräzise, allgemeine Tendenzaussagen, Ausblendung der eigentlichen Durchführung der Kooperation, ungelöste Operationalisierungsprobleme, Ausblendung verschiedener Verhaltensweisen. Vgl. ebda, S. 38f..

Der Transaktionskostenansatz ist zur Entscheidung über die Form von Kooperationen geeignet. Transaktionskosten bezeichnen allgemein die Kosten, die bei der Koordination wirtschaftlicher Aktivitäten entstehen. Im einzelnen handelt es sich um Informations- und Kommunikationskosten, die bei der Anbahnung, Vereinbarung, Anpassung und Kontrolle von wechselseitigen Leistungsbeziehungen entstehen.[280] Die Höhe der Transaktionskosten dient als Entscheidungsgrundlage dafür, ob die Abwicklung von Transaktionen über den Markt (marktliche Koordination) oder durch Unternehmen (hierarchische Koordination) stattfindet, wobei die Höhe der Transaktionskosten durch die Dimensionen Spezifität, Unsicherheit und Häufigkeit bestimmt sind.[281] Wesentliche Determinanten der Transaktionskosten aus dem Bereich des Individualverhaltens sind die eingeschränkte Rationalität und das opportunistische Verhalten der Marktteilnehmer.[282]

Zwar wird der Transaktionskostenansatz zur Beurteilung kostenträchtiger Kooperationsformen herangezogen und in diesem Zuge der Allfinanzverbund, also die Kooperation zwischen Bank und Versicherung als transaktionskostensparende Alternative beschrieben.[283] Somit wird die Transaktionskostentheorie als geeignet zur Analyse zwischenbetrieblicher Kooperationen angesehen.[284] Jedoch muß zur umfassenden Beschreibung der kooperativen Beziehung zwischen Marktteilnehmern nach weiteren Erklärungsansätzen gesucht werden, die verstärkt auf die handelnden Personen fokussieren. In diese Richtung geht auch die Kritik am Transaktionskostenansatz. Sie bezieht sich auf die einseitige Kostenorientierung, die ungenügende Operationalisierbarkeit, die unklare Begrifflichkeit, das einseitige Menschenbild und die mangelnde Berücksichtigung von Machtphänomenen und Konflikten.[285] Aus diesen Gründen wird der Transaktionskostenansatz im folgenden nicht weiter betrachtet.

Mit Hilfe des Prinzipal-Agenten-Ansatzes werden Vertragsbeziehungen untersucht, mittels derer ein Prinzipal Aufgaben an einen Agenten delegiert.[286] Die Begründung der Aufgabendelegation liegt in einem relativen Informationsvorsprung des Agenten gegenüber dem Prinzipal. Dieser kann auf Seiten des Agenten zu opportunistischem

---

[280] Vgl. Picot, A., Transaktionskostenansatz in der Organisationstheorie – Stand der Diskussion und Aussagewert, in: DBW, 2/82, S. 267-284, hier: S. 270.

[281] Vgl. Coase, R.H., The Nature of the firm, Economica, 1937, S. 386-405; Williamson, O.E., The governance of contractual relations, in: The Journal of Law and Economics, 1979, S. 233-261; Ebers, M., Gotsch, W., Institutionenökonomische Theorien der Organisation, in: Kieser, A. (Hrsg.), Organisationstheorien, Stuttgart 1993, S. 193-242, hier: S. 216ff.; Kaas, K.P., Fischer, M., Der Transaktionskostenansatz, in: WISU, 8/93, S. 683-693.

[282] Vgl. Williamson, O.E., The Economic Institutions of Capitalism. Firms, Markets, Relational Contracting, New York, London 1985, S. 44ff.

[283] Vgl. Hannemann, S., a.a.O., S. 60.

[284] Vgl. Rotering, J., Zwischenbetriebliche Koordination als alternative Organisationsform – Ein transaktionskostentheoretischer Erklärungsansatz, Stutgart 1993.

[285] Vgl. Sydow, J., Strategische Netzwerke – Evolution und Organisation, Wiesbaden 1992, S. 145ff.

[286] Vgl. zur Darstellung der Agency-Theorie Frese, E., Organisationstheorie: historische Entwicklung, Ansätze, Perspektiven, 2.A., Wiesbaden 1992, S. 224ff..

Verhalten, Drückebergerei und Vorteilsnahme führen, wobei der Prinzipal sich fehlenden Kontrollmöglichkeiten gegenüber sieht. Demnach ist das Hauptanliegen der Agency-Theorie die Betrachtung solcher vertraglicher und sonstiger Regelungen, die eine gleiche Ausrichtung der unterschiedlichen Interessen von Prinzipal und Agent herbeiführen können. Als solche kommen insbesondere Anreiz- und Kontrollmechanismen in Frage.[287]

Dadurch, daß in der Agency-Theorie die Entstehung einer Organisationsform aus dem Verhalten von Prinzipal und Agent erklärt wird, ist sie grundsätzlich zur Erklärung von Kooperationen geeignet. Wichtige Bereiche, wie die Bedeutung sozialer Macht oder der Einfluß Dritter auf die Kooperation bleiben jedoch ausgeklammert. Daher wird im vorliegenden Zusammenhang auf die Anwendung der Agency-Theorie verzichtet.

Statt einer Betrachtung der Kosten steht in spieltheoretischen Ansätzen meist die Ertragsseite im Vordergrund der Betrachtung.[288] Die Spieltheorie bildet wechselseitig aufeinander bezogene Entscheidungsprozesse ab, wobei die mit Unsicherheit verbundene Erwartung hinsichtlich der Entscheidungen der Marktteilnehmer (Spieler) berücksichtigt wird.[289] Aufgrund der breiten und allgemeinen Konzeption der Spieltheorie läßt sich fast jede in der Praxis auftretende Konfliktsituation spieltheoretisch erklären.[290] Allerdings wird dadurch noch keine allgemein akzeptierte Lösung geliefert;[291] meist wird lediglich die Problematik der Konfliktsituation verdeutlicht. Insbesondere führen unterschiedliche Definitionen der in den Annahmen verankerten Rationalität im Verhalten der Spieler zu unterschiedlichen Lösungskonzepten und verschiedenen optimalen Spielstrategien.[292]

Damit ist die Spieltheorie zwar zur grundsätzlichen Anwendung auf kooperatives Verhalten, insbesondere zur Erklärung der Koordination und Vertrauensbildung, geeignet. Allerdings scheitert die umfassende Betrachtung der kooperativen Marktbear-

---

287 Vgl. als Anwendungsbeispiel Sydow, J., Finanzdienstleistungsnetzwerke. Zur Organisation einer ökonomischen Institution des Kontraktgütermarketings, in: ZfbF Sonderheft 35, 1995, S. 139-157. Mit Hilfe des Prinzipal-Agenten-Ansatzes wird die Rolle von Industrieversicherungsmaklern in Finanzdienstleistungsnetzwerken untersucht. Vgl. ebda, S. 144-146.

288 Vgl. zu den Grundlagen der Spieltheorie Neumann, J. v., Morgenstern, O., Theory of games and economic behavior, Princeton 1944.

289 Vgl. Müller, F., a.a.O., S. 39.

290 Eggers und Pfingsten verwenden die Spieltheorie, um die Rolle von Produktmanagern im Bankbereich zu analysieren. Sie zeigen anhand eines Modells des Gefangenendilemmas, daß die Übertragung der Preissetzungskompetenz auf den Produktmanager zu interner Preiskonkurrenz führen kann, die aus Sicht der Bank unvorteilhaftere Ergebnisse erbringt. Vgl. Eggers, F., Pfingsten, A., Produktmanager und die Gefahren bankinterner Konkurrenz, in: Die Bank, 7/97, S. 414-418.

291 So kann die Spieltheorie z.B. für die klassischen Spieltypen „Gefangenendilemma" und „Kampf der Geschlechter" keine optimalen Verhaltensweisen empfehlen, sondern nur persönlichkeitsbestimmte Lösungen aufzeigen. Vgl. Bamberg, G., Coenenberg, A.G., Betriebswirtschaftliche Entscheidungslehre, 7.A., München 1992, S. 172-176.

292 Vgl. Bamberg, G., Coenenberg, A.G., a.a.O., S. 154.

beitung von Sparkassen und öffentlichen Versicherern und die daraus erforderliche Ableitung von Erfolgsfaktoren mit Hilfe der Spieltheorie an mehreren Punkten.[293] Neben den Schwierigkeiten der Operationalisierung sind dabei insbesondere die mangelnde Berücksichtigung verschiedener Organisationsformen sowie die Ergebnisorientierung als alleinige Handlungsmotivation der Spieler zu nennen.

Eine breitere Untersuchung der Handlungsmotivationen in Kooperationen wird in der Gleichgewichtstheorie vorgenommen, die den Beitritt zu oder den Austritt aus einer Kooperation durch Motivation erklärt.[294] Danach besteht die Effizienz eines kooperativen Systems darin, daß es sich selbst durch die Befriedigung der beteiligten Individuen erhält. Diese Situation wird als die Gleichgewichtsfähigkeit beschrieben. Besteht sie nicht, erfolgt ein Austritt aus der Kooperation. Übertragen auf die zwischenbetriebliche Zusammenarbeit kann eine Kooperation als ein System verbundener und voneinander abhängiger Unternehmen bezeichnet werden.[295] Die Kooperationspartner, die für die Kooperation Beiträge erbringen und dafür von ihr Gegenleistungen erhalten, partizipieren nur so lange an der Kooperation, wie die Anreize nicht geringer sind als die geleisteten Beiträge.

Mit Hilfe der Gleichgewichtstheorie bzw. der Anreiz-Beitrags-Theorie kann somit zwar der Beitritt zu bzw. der Austritt aus einer Kooperation erklärt werden, die Entstehung der zwischenbetrieblichen Zusammenarbeit oder eine Ableitung der organisatorischen Gestaltung ist damit jedoch nicht möglich.[296] Daher wird auch dieser Ansatz in der weiteren Analyse nicht verfolgt.

Als neuere Entwicklung der Marketing-Forschung im Bereich der Beziehungen zwischen Absatzwegeteilnehmern ist die Anwendung interaktionstheoretischer Ansätze zu bezeichnen.[297] Ihre besondere Eignung liegt darin, daß die ein breites Fundament für die Analyse von Interaktionsprozessen bieten,[298] durch das sie sehr variabel einsetzbar sind. Daher wird im folgenden die Beziehung zwischen den Sparkassen und dem Außendienst des Versicherers modelltheoretisch auf die im Investitionsgüterbereich entwickelten Interaktionsansätze[299] zurückgeführt.

Allgemein sind Interaktionsprozesse durch folgende Merkmale gekennzeichnet:
- Zwei oder mehr Partner orientieren
- ihre verbalen und nicht verbalen Aktionen aneinander, wobei
- Aktion und Reaktion interdependent sind.[300]

---

[293] Vgl. Müller, F., a.a.O., S. 40.
[294] Vgl. Barnard, C.I., The Functions of the Executive, Cambridge 1964; ders., Die Führung großer Organisationen, Essen 1970.
[295] Vgl. March, J.G., Simon, H.A., a.a.O., S. 84ff.
[296] Vgl. Müller, F., a.a.O., S. 42.
[297] Vgl. Hannemann, S., a.a.O., S. 235; Müller, F., a.a.O., S. 42.
[298] Vgl. Backhaus, K., Industriegütermarketing, 5. A., München 1997, S. 130.
[299] Vgl. zur Darstellung der verschiedenen Ansätze Backhaus, K., a.a.O., S. 116-133.
[300] Vgl. Backhaus, K., a.a.O., S. 116.

Ein Vergleich der Merkmale von Interaktionsprozessen mit denen von Kooperationen zeigt, daß sich Kooperationen als spezielle Form der Interaktion ansehen lassen. Die Interaktionsprozesse sind Netzwerke[301] formaler und informaler Kommunikationsprozesse zwischen den beteiligten Personen, Gruppen und Organisationen auf Anbieter- und Kundenseite.[302]

2.3 Bezugsrahmen der kooperativen Marktbearbeitung von Sparkassen und Öffentlichen Versicherern

Die Kooperation zwischen Sparkassen und öffentlichen Versicherern wird anhand des umfassenden Netzwerkansatzes der International Marketing and Purchasing Group (IMP) beschrieben. Hinausgehend über die Erfassung einzelner Transaktionen zwischen den Interaktionspartnern analysieren Netzwerkansätze das zwischen den Partnern bestehende Beziehungsgeflecht. Umwelt- bzw. beziehungsspezifische Faktoren, die das Verhältnis zwischen den Interaktionspartnern charakterisieren, werden dabei berücksichtigt. Der Interaktionsansatz der IMP-Group besteht aus vier Elementen: Dem Interaktionsprozeß selbst,[303] den interagierenden Partnern,[304] der Umwelt[305] sowie der Atmosphäre.[306] Auf die Gestaltung der Geschäftsbeziehung selbst geht der Ansatz der IMP-Group nicht ein. Sie wird daher ergänzend durch das in der Marketingtheorie entwickelte Beziehungsmanagement beschrieben.[307] Dies beruht auf dem Verständnis der Kooperationsbeziehung als einer speziellen Form der Geschäftsbeziehung. Im Rahmen des Beziehungsmanagement werden nur solche Beziehungen betrachtet, „von denen sich alle Beteiligten zumindest langfristig wirtschaftliche Vorteile gemäß dem

---

301 Von einem Netzwerk wird gesprochen, „wenn zwei oder mehr grundsätzlich selbständige Unternehmen langfristige Beziehungen aufbauen." Müller, F., a.a.O., S. 46.

302 Vgl. Backhaus, K., a.a.O., S. 130.

303 Der Interaktionsprozeß bildet den Kern des Modells. Er besteht aus einzelnen Episoden, die einen Austausch von Produkten bzw. Dienstleistungen, Informationen und/oder Geld darstellen. Gleichzeitig werden soziale Beziehungen gepflegt, die sich auf den Abbau kurzfristiger Konflikte, die Reduzierung von Unsicherheit und den Aufbau eines gegenseitigen Vertrauensverhältnisses richten. Langfristige Interaktionsbeziehungen entstehen aus Abfolgen von Episoden im Zeitablauf.

304 Der Interaktionsprozeß wird maßgeblich von den interagierenden Partnern, nämlich Organisationen und ihren Repräsentanten, bestimmt. Dabei sind die Organisationen durch ihre Produkte, die verwendete Technologie, ihre Größe, Struktur und die verfolgte Strategie geprägt, die für die Organisation handelnden Individuen durch ihre Ziele, Einstellungen und Erfahrungen.

305 Die Interaktion zwischen den Partnern findet in einer durch die Marktstruktur, die Marktdynamik und das soziale System geprägten Umwelt statt.

306 Die Atmosphäre stellt den Zusammenhang zwischen den Elementen des Interaktionsmodells her. Sie ergibt sich aus der Macht-Abhängigkeitsbeziehung zwischen den Partnern, dem Ausmaß der Konflikte oder des kooperativen Umgangs, der Nähe oder Distanz in der Beziehung sowie den gegenseitigen Erwartungen. Vgl. zur Beschreibung des Ansatzes Müller, F., a.a.O., S. 46ff.

307 Vgl. die ausführlich begründete Vorgehensweise bei Müller, F., a.a.O., der eine umfassende und empirisch gestützte Gesamtbetrachtung der Kooperationsbeziehung vornimmt. Das Beziehungsmanagement umfaßt die Gesamtheit der Grundsätze, Leitbilder und Einzelmaßnahmen zur langfristigen zielgerichteten Anbahnung, Steuerung, Kontrolle und Sicherung von Geschäftsbeziehungen. Vgl. Diller, H., Kusterer, M., a.a.O., S. 212.

jeweiligen Zielsystem versprechen"[308].

Auf der Grundlage des Netzwerkansatzes, welcher durch einen Ansatz aus dem Bereich des Beziehungsmanagement ergänzt wird, stellt sich die kooperative Marktbearbeitung von Sparkassen und öffentlichen Versicherern wie folgt dar (Abbildung 9):

Abbildung 9: Interaktionsmodell der Beziehung von Sparkassen und Versicherern

Quelle: In Anlehnung an Müller, F., a.a.O., S. 55.

In einem durch vielfältige Einflüsse geprägten Umfeld findet eine Zusammenarbeit im Rahmen einer Kooperationsbeziehung zwischen Sparkassen und öffentlichen Versicherern als Kooperationspartnern statt. Die Kooperationspartner sind sowohl organisational als auch individuell bestimmt. Das Verhalten der Kooperationspartner erzeugt eine bestimmte Atmosphäre, die die Kooperationsbeziehung determiniert. Die Kooperationsbeziehung äußert sich auf vier Ebenen: der Sachproblemebene, der Organisationsebene, der menschlich-emotionalen Ebene und der Machtebene. Aus der Beziehung ergeben sich Wirkungen der Zusammenarbeit, die als Erfolg der Kooperation bezeichnet werden. Das der Betrachtung der Anbieterseite zugrunde gelegte Modell der Beziehung zwischen Sparkassen und öffentlichen Versicherern zeigt Abbildung 9. Die einzelnen Elemente des Modells werden im folgenden beschrieben.

2.3.1 Das Umfeld der Kooperationsbeziehung

Einflußfaktoren der Zusammenarbeit aus dem Umfeld der Kooperationsbeziehung sind ökonomischer, gesellschaftlicher, technischer, rechtlicher, politischer und markt-

[308] Diller, H., Kusterer, M., a.a.O., S. 212.

licher Natur. Sie betreffen die Rahmenbedingungen der Kooperation.

Die ökonomischen Einflußgrößen sind die gesamtwirtschaftliche Lage und die Entwicklung im Wirtschaftsraum der Kooperationsbeziehung sowie der Umfang, die Struktur und die Entwicklung des privaten Geldvermögens. Eine positive gesamtwirtschaftliche Entwicklung wirkt sich positiv auf die Nachfrage nach Finanzdienstleistungen aus, indem z.B. der Vorsorgebedarf und die Vorsorgefähigkeit, aber auch die Nachfrage nach Geld- und Kapitalanlagemöglichkeiten steigen.[309] Das private Geldvermögen bzw. seine Veränderung beeinflussen maßgeblich den Wettbewerb zwischen Banken und Versicherungen.[310] Als weiterer ökonomischer Einfluß ist das Ausmaß der Unterlegung der Kooperation mit einer kapitalmäßigen Beteiligung zu nennen. Eine hohe Kapitalbeteiligung gilt im allgemeinen als strategisches Mittel zur Durchsetzung eigener strategischer Interessen, insbesondere auch als Instrument zur Festigung und zum Ausbau der Zusammenarbeit zwischen kooperierenden Unternehmen. Daher kann die Beteiligungshöhe der Sparkassenorganisation an den öffentlichen Versicherern als Einflußfaktor der Kooperation untersucht werden.

Zu den gesellschaftlichen Umfeldfaktoren, die die Kooperationsbeziehung zwischen Banken und Versicherungen beeinflussen, zählen die demographische Entwicklung als maßgebliche quantitative Einflußgröße des Nachfragepotentials nach Finanzdienstleistungen sowie der Wertewandel, der das Nachfrageverhalten qualitativ beeinflußt.[311]

Der Einfluß der technischen Entwicklung betrifft den gesamten Finanzdienstleistungsmarkt. Die Informations- und Kommunikationstechnik bewirkt in Banken und Versicherungen eine Entlastung der Mitarbeiter von Routinetätigkeiten und ermöglicht damit die Hinwendung zu anspruchsvolleren Aufgaben der Kundenberatung und –betreuung, die weiter durch beratungsunterstützende Systeme verbessert wurde. Daneben hat die technische Entwicklung neue Finanzinstrumente erst ermöglicht. Im Vertriebsbereich entstanden z.B. die Kundenselbstbedienung und das Electronic Banking. Darüber hinaus beeinflussen neue Informations- und Kommunikationstechniken den Wettbewerb in nicht unerheblichem Ausmaß, indem sie Branchenstrukturen verändern, Wettbewerbsvorteile schaffen und den Eintritt in neue Geschäftsbereiche ermöglichen.[312]

Das rechtliche und politische Umfeld beeinflußt den Entscheidungs- und Handlungsspielraum von Banken und Versicherungen intern sowie die Möglichkeiten einer Kooperation.[313] So lassen sich für den Verbund von Sparkassen und öffentlichen Versicherern beispielhaft der öffentliche Auftrag und die damit verbundene flächendeckende Versorgung der Bevölkerung mit Finanzdienstleistungen als rechtliche Einfluß-

309 Vgl. Müller, F., a.a.O., S. 59.
310 Vgl. Müller, F., a.a.O., S. 60-63.
311 Vgl. Müller, F., a.a.O., S. 63-67.
312 Vgl. Müller, F., a.a.O., S. 68-72.
313 Einen vertieften Überblick über die rechtlichen und politischen Rahmenbedingungen, die die Zulässigkeit der Zusammenarbeit bestimmen, liefert Müller, F., a.a.O., S. 73-88.

faktoren nennen. Damit verbunden ist die satzungsmäßig festgelegte Einschränkung des Geschäftsgebietes als marktlicher bzw. ökonomischer Einflußfaktor, da die Möglichkeiten, Gewinne zu erwirtschaften, durch die Geschäftsgebietsbegrenzung ebenfalls begrenzt sind.

Das marktliche Umfeld der Kooperationsbeziehung umfaßt die Anbieter und die Nachfrager. Als Faktoren der Nachfrager spielen die demographische Entwicklung, der gesellschaftliche Wertewandel und die Geldvermögensbildung eine Rolle. Diese Faktoren wurden bereits skizziert.[314] Auf der Anbieterseite steht die Wettbewerbssituation im Vordergrund, die allgemein durch die Struktur und die Verhaltensweisen der Anbieter bestimmt sind. Bei der Kooperation zwischen Sparkassen und öffentlichen Versicherern findet der Wettbewerb vor Ort statt, d.h. er ist durch die dezentrale Organisation des Verbundes determiniert. Daraus läßt sich ableiten, daß die Untersuchung des Wettbewerbs vor Ort als Determinante der Zusammenarbeit erforderlich ist.

Bei der Überprüfung der Einflußfaktoren auf ihre Eignung als strategische Erfolgsfaktoren ist zu beachten, daß die Beeinflußbarkeit seitens der Kooperationspartner gegeben sein muß. Dies ist bei Einflußfaktoren des Umfelds naturgemäß schwierig, da das Umfeld meist durch den gesellschaftlichen, rechtlichen, politischen und ökonomischen Rahmen des jeweiligen Wirtschaftssystems vorgegeben ist. Dennoch liegt mit der Beteiligungshöhe der Sparkassenorganisation an den öffentlichen Versicherern ein Einflußfaktor vor, der als strategischer Erfolgsfaktor gelten könnte. Daher wird geprüft, ob ein Zusammenhang zwischen der Beteiligungshöhe und dem Erfolg der Kooperation besteht. Als weiterer Erfolgsfaktor wird die Außendienstdichte betrachtet, die den Wettbewerb zwischen Sparkassen und Versicherer vor Ort bestimmt.

2.3.2 Die beteiligten Parteien

Die an der Kooperation beteiligten Parteien nehmen ebenfalls Einfluß auf die Kooperationsbeziehung. Im Verbund von Sparkassen und Versicherern gehören dazu die Sparkassenverbände als Halter der Beteiligung an den Versicherern sowie ihre Mitglieder, die Sparkassen selbst. Entsprechend der dezentralen Organisation gelten auch die Geschäftsstellen mit allen ihren Mitarbeitern als Kooperationspartei. Auf der Seite der Versicherung beeinflussen neben den Unternehmen selbst insbesondere die selbständigen Handelsvertreter, die Bezirkskommisare und ihre Mitarbeiter den Interaktionsprozeß. Demnach werden eine organisationale und eine personale Betrachtungsweise unterschieden. In der organisationalen Betrachtung steht die Beziehung zwischen den organisatorischen Einheiten im Vordergrund. Sie bilden den Handlungsrahmen der Zusammenarbeit. Die Organisation wird durch ihre Ziele, Strategie, Struktur und Leistungen beschrieben. Wie Kapital A.2 gezeigt hat, kann die Kooperation zwischen Sparkassen und öffentlichen Versicherern im Rahmen eines Allfinanz-

---

[314] Vgl. Kapital A.1.

Konzepts auf verschiedene Ziele gerichtet sein. Daher werden verschiedene Ziele der Organisation „Sparkasse“ untersucht.

Als Repräsentanten der Organisation werden Personen, die im Rahmen der Kooperationsbeziehung miteinander in Kontakt treten, anhand ihrer Werte, Einstellungen, Motive und Fähigkeiten charakterisiert. „Treffen hier Personen aufeinander, die gut miteinander zurechtkommen, so kann dies wesentlich zur Förderung der Interaktionseffektivität beitragen. Es können sich vertrauensvolle, persönliche Beziehungen entwickeln, die sich positiv auf den weiteren Verlauf der Kooperationsbeziehung auswirken.“[315] Da eine Untersuchung aller an der Kooperationsbeziehung beteiligten Personen anhand der genannten Kriterien den Rahmen dieser Arbeit sprengen würde, wird diese Betrachtung ausgeklammert.

2.3.3 Die Kooperationsbeziehung

Die Kooperationsbeziehung selbst ist der Kern des Modells. Sie beschreibt den eigentlichen Interaktionsprozeß. In Anlehnung an das Grundmodell zur Analyse von Geschäftsbeziehungen lassen sich hier vier Ebenen der Zusammenarbeit unterscheiden:

- Die Sachproblemebene,
- die Organisationsebene,
- die menschlich-emotionale Ebene und
- die Machtebene.

Auf der Sachproblemebene stehen Leistung und Gegenleistung der Interaktionspartner im Vordergrund. Beide Seiten sollen durch gegenseitige Beiträge wie den Austausch von Informationen, Ideen, Know-How etc. ein langfristig ausgewogenes Verhältnis erzeugen. Für die Interaktionskompetenz auf der Sachproblemebene werden die fachliche Qualifikation und die Problemlösungskraft der Leistungen für die Geschäftspartner als entscheidend angesehen.

Auf der Organisationsebene geht es um die effektive Gestaltung der Interaktion durch Ausformung der formalen und informalen Arbeitsabläufe der Geschäftsbeziehung. Insbesondere die Verteilung der Kooperationsaufgaben und die Koordination der Kooperationsbeziehung findet auf dieser Ebene statt.

Auf der menschlich–emotionalen Ebene stehen Fragen der Anerkennung und menschlichen Zuneigung im Vordergrund, die ansonsten in ökonomisch begründeten Geschäftsbeziehungen meist ausgegrenzt werden. Es geht um die Offenheit der Beziehung, Dankbarkeit, Vertrauenswürdigkeit und Kommunikation sowie um Wertetrans-

---

[315] Müller, F., a.a.O., S. 56.

aktionen. Auf dieser Ebene spielen die Motive, Werte, Einstellungen und Fähigkeiten der handelnden Personen sowie kulturelle Aspekte der Zusammenarbeit eine Rolle. Da diese individuell bestimmt und somit von Person zu Person verschieden sind, entziehen sie sich einer Gesamtbetrachtung. Da jedoch eine gute Beziehung auf der menschlich-emotionalen Ebene maßgeblich vom Vertrauen bestimmt wird, welches wiederum von der Dauer der Geschäftsbeziehung determiniert ist,[316] wird die Dauer der Zusammenarbeit als Einflußfaktor der Kooperation untersucht.

Die Austragung von Interessenkonflikten, die sich nicht über eine Sachlösung regeln lassen, stehen auf der Machtebene im Vordergrund. Sie werden durch die verschiedenen Konflikthandhabungsmöglichkeiten geregelt. Das Machtverhältnis wird als die zentrale Determinante der Qualität der Geschäftsbeziehung angesehen.[317] Da bei Fragen hinsichtlich des Machtverhältnisses ein verzerrtes Antwortverhalten zu erwarten ist,[318] werden Machtfragen in der Untersuchung der Kooperation von Sparkassen und öffentlichen Versicherern ausgeklammert. Dennoch ist die Qualität der Geschäftsbeziehung zu untersuchen. Die Qualität der Zusammenarbeit zwischen Banken und Versicherern auf den vier Ebenen der Geschäftsbeziehung bestimmt die Gesamtqualität der Zusammenarbeit. Ohne die vier Ebenen einzeln zu untersuchen, was den Rahmen dieser Arbeit sprengen würde, wird die Qualität der Zusammenarbeit als Erfolgsfaktor der Kooperation untersucht. Das Verständnis der vier Ebenen ist dabei zur Interpretation der Ergebnisse heranzuziehen.

Aus dem Verhalten der an der Kooperationsbeziehung beteiligten Personen entwickelt sich im Laufe der Zeit eine Atmosphäre, die die Zusammenarbeit charakterisiert. Sie läßt sich durch Begriffe wie Vertrauen, kooperatives Verhalten etc. kennzeichnen.[319] Da sie sich einer konkreten Meßbarkeit entzieht, wird sie als Erfolgsfaktor der Kooperation vernachlässigt.

2.3.4 Die Wirkungen

Die Wirkungen, die sich aus der Kooperation zwischen Sparkassen und öffentlichen Versicherern ergeben, bilden das letzte Element des Kooperations-Einflußmodells. Als Wirkung soll dabei der Erfolg der Kooperation aus Sicht der Sparkassen gelten. Dabei stellt sich die Frage, wie dieser Erfolg zu definieren ist. Grundsätzlich ist die Beurteilung von Erfolgen abhängig von der Zieldefinition. Da mit Allfinanz-Konzepten allgemein das Ziel verfolgt wird, den Ertrag langfristig zu sichern, wird der Ertrag aus der Vermittlung von Versicherungen als Erfolgsmaß herangezogen. Der Ertrag aus der Vermittlung von Versicherungen sind die Provisionen, die von der Provinzial an die Sparkassen gezahlt werden. Die Wirkung der Kooperation kann damit durch die Höhe

---

[316] Vgl. Müller, F., a.a.O., S. 322f..
[317] Vgl. Müller, F., a.a.O., S. 51.
[318] Vgl. Müller, F., a.a.O., S. 229.
[319] Vgl. Müller, F., a.a.O., S. 57.

der Provisionen quantifiziert und damit operationalisiert werden.

3. Empirische Analyse der Erfolgsfaktoren aus Anbietersicht

Unter Verwendung der Unterscheidung Thiesings von externen und internen strategischen Schlüsselfaktoren sowie der im vorigen Abschnitt abgeleiteten Faktoren für die kooperative Marktbearbeitung von Sparkassen und öffentlichen Versicherern wird das zu untersuchende Modell zusammenfassend dargestellt (vgl. Abbildung 10).

Abbildung 10: Strategische Schlüsselfaktoren der kooperativen Marktbearbeitung von Sparkassen und Öffentlichen Versicherern

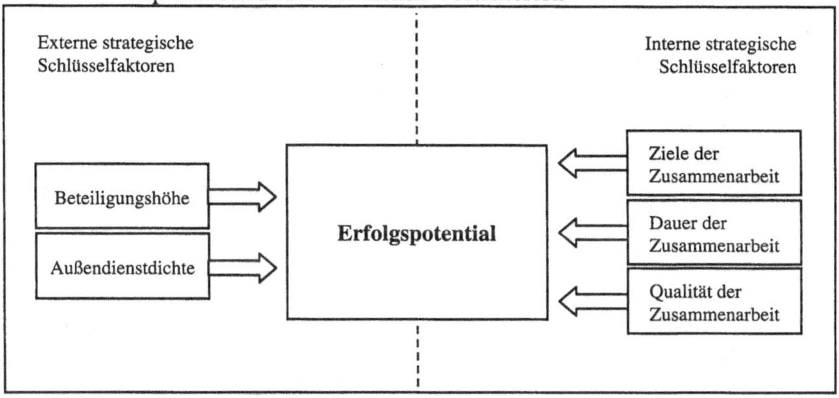

Quelle: Eigene Erstellung.

Als externe strategische Schlüsselfaktoren werden die Beteiligungshöhe der Sparkassenorganisation am Öffentlichen Versicherer und die Außendienstdichte untersucht. Interne strategische Schlüsselfaktoren sind Ziele, Dauer und Qualität der Zusammenarbeit. Die Aufstellung des Modells folgt dem angekündigten methodischen Vorgehen.[320] Die aus dem Interaktionsmodell abgeleiteten potentiellen Erfolgsfaktoren für den Verbund von Sparkassen und öffentlichen Versicherern werden in der Folge empirisch überprüft.

3.1 Befragungsdesign

Zur empirischen Identifikation der spezifischen Erfolgsfaktoren der kooperativen Marktbearbeitung von Sparkassen und öffentlichen Versicherern wurde im Oktober 1996 eine standardisierte schriftliche Erhebung bei den 29 schleswig-holsteinischen

[320] Vgl. Kapitel A.3, wo dargelegt wird, daß die Auswahl der Erfolgsfaktoren theorie- bzw. literaturgestützt erfolgt.

Sparkassen durchgeführt. Der Einsatz von Maßnahmen zur Erhöhung der Rücklaufquote war aufgrund des hohen Eigeninteresses der Sparkassen an der Untersuchung und der daraus resultierenden hohen Beteiligung (Rücklaufquote 100%) nicht nötig. Ziel der Erhebung war es, eine Übersicht über Entwicklung, Intensität und Ziele des Versicherungsgeschäfts der Sparkassen in Schleswig-Holstein zu erhalten. Schleswig-Holstein wurde deshalb gewählt, weil der Verbandsbereich über eine zur Gewährleistung der Repräsentativität für die Sparkassenorganisation ausreichend große, jedoch nicht zu große Anzahl von Sparkassen verfügt.[321]

Die Einbindung der Variablengruppen in das Befragungsdesign, die Frageformulierungen und die eingesetzten Skalen können anhand des Fragebogens im Anhang nachvollzogen werden. Der Fragebogen wurde auf der Basis von Expertengesprächen entwickelt.

In die Auswertung[322] wurden alle Sparkassen bis auf zwei einbezogen. Diese beiden nicht kommunal gebundenen (sog. „Freie“[323]) Sparkassen haben sich dafür entschieden, ihr Lebensversicherungsgeschäft nicht mit der öffentlichen Provinzial Versicherung abzuwickeln, sondern sie sind an einer anderen Versicherungsgesellschaft beteiligt, für die sie auch vermittelnd tätig sind. Die Auswertung erfolgte neben univariaten Statistiken mit Hilfe von Korrelationen, Regressions- und Varianzanalysen.[324]

Im Fragebogen wurden Rating-Skalen verwandt, für die in der empirischen Marketing-Literatur häufig angenommen wird, daß die derart erhobenen Daten wie metrische behandelt werden können. Diese Annahme wird getroffen „... not out of ignorance of the danger of violating measurement assumptions but out of a desire to pursue interesting multivariate analysis, even at the risk of making errors. The implicit assumption ist that, most of the time, the errors are so minor that major conclusions drawn from the analyses would not be affected by them.“[325] Die Annahme ist jedoch problematisch. Sie kann insbesondere gerechtfertigt werden, wenn die Skalen eine ausreichende Anzahl von Skalenstufen aufweisen, wofür in der Literatur fünf Stufen genannt werden, und eine große Anzahl von Beobachtungen vorliegt.[326] Beide Bedin-

---

321 Bei der Untersuchung strategischer Aspekte ist es aufgrund der Dezentralität der Sparkassenorganisation sinnvoll, stets einen Verbandsbereich zu betrachten. Die regionalen Sparkassenverbände haben u.a. die Aufgabe, die bundesweit beschlossenen Strategien in den Regionalverbänden zu promoten. Die Vorgehensweise ist dabei in den Regionalverbänden unterschiedlich, so daß ein Vergleich von Sparkassen, die unterschiedlichen Verbänden als Mitglieder angehören, keine verläßlichen Urteile erlauben würde.

322 Die Auswertung wurde mit der Statistik-Software NCSS in der Version 5.3 durchgeführt. Vgl. zu NCSS Hintze, J.L., Number Cruncher Statistical System. Product 5.3. Advanced Statistics, Kaysville 1992.

323 Vgl. Abschnitt B.1.2. Eine getrennte Untersuchung beider Gruppen war nicht möglich.

324 Vgl. zu den Auswertungsverfahren Backhaus, K., Erichson, B., Plinke, W., Weiber, R., Multivariate Analysemethoden. Eine anwendungsorientierte Einführung, 8. A., Berlin et al. 1996.

325 Kim, O., Multivariate Analysis of Ordinal Variables, in: American Journal of Sociology, 1975, S. 261-298, hier: S. 281.

326 Vgl. Labovitz, S., The Assignment of Numbers to Rank Order Categories, in: American Sociologi-

gungen sind hier erfüllt, so daß die folgende empirische Untersuchung in diesem Sinne durchgeführt wird..

3.2 Beteiligungshöhe

Die Untersuchung der Beteiligungshöhe als Umfeldvariable im Interaktionsmodell beruht auf der Vermutung, daß der Erfolg bei der Vermittlung von Versicherungen deutlich höher ausfallen könnte, wenn die Produkte und der Vertrieb besser aufeinander abgestimmt wären. Dies kann jedoch nur mit einer Kapitalbeteiligung erreicht werden, die eine Einflußnahme auf die Geschäftspolitik über die Gremienbesetzung zuläßt. Weil für Schleswig-Holstein nur eine Beobachtung vorliegen würde, wird im folgenden für das gesamte Bundesgebiet überprüft,[327] ob die Sparkassen, deren Verbände eine höhere Beteiligung am öffentlichen Versicherer der jeweiligen Region halten, tatsächlich signifikant höhere Vermittlungsergebnisse aufweisen als Sparkassen in den Verbandsgebieten, in denen das nicht der Fall ist. Dabei wird auf eine Untersuchung, die 1992 für das gesamte Bundesgebiet vom Deutschen Sparkassen- und Giroverband vorgenommen wurde,[328] zurückgegriffen.

In der Untersuchung des DSGV wird von der Annahme ausgegangen, daß mit einer qualifizierten, die Geschäftspolitik des Versicherers beeinflussenden Beteiligung auch die Zusammenarbeit im Verbund nachhaltig verbessert werden kann. Als Grund wird dabei die Möglichkeit einer besseren Ausrichtung des Versicherers auf die Belange der Sparkassen angeführt. Die Vermittlungsergebnisse des Verbundes sind danach umso höher, je stärker die Kapitalbeteiligung der Sparkassenorganisation am Versicherer ist. Dieser vermutete Zusammenhang wird im folgenden als Beteiligungshypothese bezeichnet:[329]

H_S1: Je größer die Kapitalbeteiligung der Sparkassenorganisation eines Bundeslandes am öffentlichen Versicherer ist, desto größer ist der Anteil des von Sparkassen vermittelten Versicherungsgeschäfts am Gesamtgeschäft des öffentlichen Versicherers.

Die Variable „Anteil des vermittelten Versicherungsgeschäfts" ist ein problematisches Erfolgsmaß, da sich der Anteil des vermittelten Geschäfts auch dann erhöhen kann, wenn zwar das vermittelte Geschäft gleich geblieben ist, sich jedoch das Gesamtge-

cal Review, June 1970, S. 515-524; Kim, O., Multivariate Analysis of Ordinal Variables Revisited, in: American Journal of Sociology, 1978, S. 448-456; Srinivasan,V., Basu, A.K., The Metric Quality of Ordered Categorical Data, in: Marketing Science, 3/89, S. 205-230.

[327] Da die Beteiligungshöhe sich im Zeitablauf eher selten verändert, ist die Untersuchung der Beteiligungshöhe nur für Schleswig-Holstein nicht aussagekräftig. Daher bietet sich hier an, im Rahmen einer Querschnittuntersuchung einen Vergleich mit anderen Bundesländern vorzunehmen.

[328] Vgl. Geise, W., Beteiligung der Sparkassenorganisation an öffentlichen Versicherern, internes Schreiben, DSGV, 27.1.1993.

[329] Das Subskript S kennzeichnet im folgenden die Hypothesen der Sparkassen-Befragung.

schäft des Versicherers verringert hat. Aus Gründen des Vergleichbarkeit wird die Untersuchung trotz dieses Einwandes für 1995 repliziert. Die bundesweite Untersuchung der Beteiligungshypothese bezog sich auf Beteiligungsverhältnisse und Vermittlungsleistungen der Sparkassen für die regional zuständigen öffentlichen Versicherer im Geschäftsjahr 1992. Die Untersuchung beschränkt sich auf den Bereich der Lebensversicherung, da nur für diese Vermittlungsanteile bekannt waren.[330] Dies erscheint auch deshalb sachgerecht, weil die Lebensversicherung gegenüber dem Kompositbereich eine höhere Cross-Selling-Wahrscheinlichkeit im Sparkassengeschäft aufweist.[331] Es wird davon ausgegangen, daß die tatsächlichen Vermittlungen dieser Wahrscheinlichkeit entsprechen.

In der Untersuchung konnte die Beteiligungshypothese nicht verworfen werden. Der Produkt-Moment-Korrelationskoeffizient betrug $r = 0{,}71$ ($p \leq 0{,}05$). Die Korrelation zwischen den beiden Variablen "Grad der Beteiligung" und "Vermittlungsanteil der Sparkassen" ist somit stark positiv und signifikant.[332]

Da sich die Beteiligungsverhältnisse seit 1992 in vielen Fällen verändert haben, wurde die Untersuchung auf der Basis der Daten von 1995 repliziert. Dazu werden Daten über die Kapitalbeteiligung der Sparkassenorganisation an den öffentlichen Lebensversicherern sowie Vermittlungsanteile der Sparkassen am Neugeschäft dieser Versicherer herangezogen (Abbildung 11).[333] Aufgrund dieser Daten kann die Positionierung der 14 öffentlichen Lebensversicherer nach dem Grad der Beteiligung der Sparkassenorganisation an ihnen und dem Vermittlungsanteil der Sparkassen am Gesamtgeschäft 1995 des jeweiligen Versicherers vorgenommen werden.

Der erste Eindruck deutet auf einen positiven Zusammenhang zwischen der Beteiligungshöhe und dem Vermittlungsanteil entsprechend der Beteiligungshypothese hin. Die Trendgerade nimmt einen steigenden Verlauf. Eine Ausnahme bildet der Versicherer, der zwar zu 100% von der Sparkassenorganisation getragen wird, bei dem die Sparkassen jedoch nur einen Anteil von knapp 20% am Geschäft erreichen. Es handelt sich bei diesem Versicherer um die Provinzial Schleswig-Holstein.

Der durch die Positionierung vermittelte Eindruck wurde durch eine Korrelationsanalyse überprüft. Für die metrischen Daten wurde, analog der früheren Untersuchung, der Pearson-Produkt-Moment-Korrelationskoeffizient berechnet. Er beträgt $r = 0{,}31$ und ist für die 14 Wertepaare nicht signifikant. Eliminiert man das Wertepaar mit den

---

[330] Vgl. Verband öffentlicher Versicherer (Hrsg.), Verbundstatistik 1992, Teil 2.

[331] Vgl. Stracke, G., Geitner, D., Finanzdienstleistungen. Handbuch über den Markt und die Anbieter, Heidelberg 1992, S. 61.

[332] In der Untersuchung wurde das Datenmaterial in ordinale und nominale Daten transformiert und die Berechnung von Korrelations- bzw. Kontingenzkoeffizienten für diese wiederholt. Da durch dieses Vorgehen kein Zuwachs an Informationen zu erwarten ist, wird hier nur die Korrelation für das höchste Skalenniveau, die metrischen Daten, berechnet.

[333] Vgl. Verband öffentlicher Versicherer (Hrsg.), Verbundstatistik 1996, Teil 2 sowie ders. (Hrsg.) Die öffentlichen Versicherer. Jahrbuch 1996.

schleswig-holsteinischen Daten, nimmt der Koeffizient einen Wert von r = 0,55 an. Das Signifikanzniveau von 95% wird nur knapp verfehlt (p = 0,0536).

Abbildung 11: Beteiligungsverhältnis der Sparkassenorganisation an öffentlichen Lebensversicherern und Vermittlungsanteil der Sparkassen am Gesamtgeschäft der Versicherer

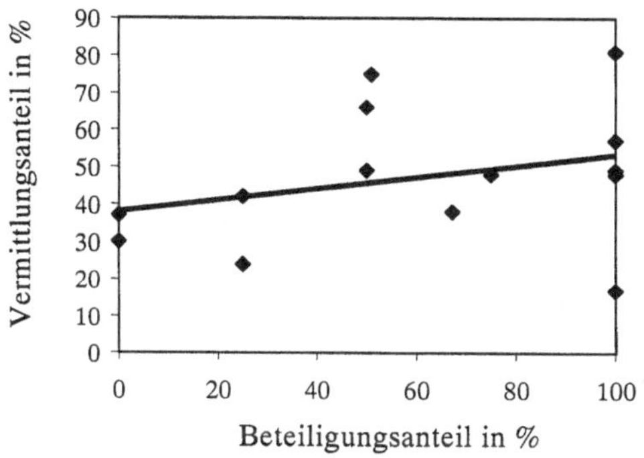

Quelle: Eigene Erstellung.

Im Vergleich zur Untersuchung von 1992 ist der straffe Zusammenhang zwischen Beteiligungsgrad und Vermittlungsanteil kaum mehr zu erkennen. Eine Einzelfallanalyse zeigt, daß für fünf der vierzehn Versicherer die Vermittlungsanteile sanken oder nur geringfügig stiegen, während der Beteiligungsgrad seit 1992 gleich blieb oder gesteigert wurde. Da die öffentlichen Versicherer in diesem Zeitraum keine neuen Vertriebswege (wie z.B. Direktvertrieb) erschlossen haben, könnte dieses Ergebnis auf einen Ermüdungseffekt hindeuten: Die Motivation zur Vermittlung von Versicherungen könnte eine gewisse Zeit nach dem Aufmerksamkeitsschub durch Ausbau des Beteiligungsgrades wieder absinken. Dieser Effekt könnte durch auftretende Koordinationsprobleme in der Zusammenarbeit noch verstärkt werden.

Insbesondere die Ausreißer-Position Schleswig-Holsteins könnte durch eine zeitliche Verzögerung zwischen Ursache und Wirkung aufgrund des für die Durchsetzung einer Strategie benötigten Zeitbedarfs erklärt werden. Die Neuordnung der Zusammenarbeit wirkt sich vermutlich erst mit zeitlicher Verzögerung auf die Vermittlung aus. Da die vollständige Übernahme der Trägerschaft erst zum 1.7.1995 erfolgte, ist eine substantielle Erhöhung des in Sparkassen vermittelten Versicherungsgeschäfts bis zum Ende des Jahres 1995 nicht zu erwarten.[334] Daneben könnte die Qualität der Strategie oder ihrer Durchsetzung aufgrund verschiedener interner oder externer Faktoren beein-

[334] Ende 1996 lag der Vermittlungsanteil der schleswig-holsteinischen Sparkassen am Gesamt-Lebensversicherungsgeschäft der Provinzial bereits bei über 30%, Vgl. Verband öffentlicher Versicherer (Hrsg.), Verbundstatistik Leben, Teil 1, S. 1.

trächtigt sein. Ein Grund für solche Probleme könnte im Widerstand der Bezirkskommissare aufgrund des zusätzlichen Wettbewerbs liegen, der zu einer verschlechterten Beziehung zwischen Sparkassenmitarbeitern und Bezirkskommissaren führt, die sich negativ auf die Zahl und Höhe der vermittelten Versicherungen auswirkt.[335]

Zusammenfassend läßt sich festhalten, daß die Höhe der Beteiligung der Sparkassenorganisation an den öffentlichen Versicherern nicht als strategischer Erfolgsfaktor bezeichnet werden kann.

3.3 Außendienstdichte

Die Außendienstdichte stellt als Variable des marktlichen Umfelds der Interaktionsbeziehung einen weiteren potentiellen Erfolgsfaktor dar. Mit der Variablen Außendienstdichte wird nicht die Wettbewerbsstruktur des schleswig-holsteinischen Marktes im ganzen untersucht. Sie ist das Maß für die Anzahl der Bezirkskommissare des Versicherers im Geschäftsgebiet einer Sparkasse. Diese Werte wurden direkt bei der Provinzial erhoben.

Die Anzahl der Bezirkskommissare im Geschäftsgebiet einer Sparkasse schwankt zwischen einem Bezirkskommissar bei zwei Sparkassen und 21 Bezirkskommissaren im Geschäftsgebiet einer Flächensparkasse. Durchschnittlich sind sieben Bezirkskommissare im Geschäftsgebiet einer Sparkasse tätig.

Der vermutete Zusammenhang zwischen der Außendienstdichte und dem Umfang des von den Sparkassen vermittelten Versicherungsgeschäfts unter der Annahme eines gegebenen Marktvolumens ist positiv: Bei größerer Außendienstdichte herrscht mehr Wettbewerb, und insgesamt werden mehr Versicherungen verkauft. Auch wenn man alternativ annimmt, daß die den Bezirkskommissaren zugewiesenen Bezirke ein etwa gleiches Marktvolumen für den Versicherer aufweisen, könnte angenommen werden, daß mit steigender Zahl der Bezirkskommissare im Geschäftsgebiet einer Sparkasse diese bei Anstrengungen, die einer Sparkasse entsprechen, in deren Einzugegebiet weniger Kommissare tätig sind, ein höheres Versicherungsgeschäft erzielt. Unabhängig davon, welche dieser Annahmen gilt, wird folgende Hypothese formuliert:

H_S2: Je größer die Außendienstdichte ist, desto höher ist der Erfolg der Zusammenarbeit.

Der Erfolg der Zusammenarbeit wird anhand der logarithmierten Provisionseinnahmen operationalisiert. Die Regressionsanalyse ergibt einen hypothesenkonformen Zusammenhang: Die logarithmierten Provisionseinnahmen der Sparkasse verbessern

---

335 In der empirischen Analyse wird später nachgewiesen, daß diese Erklärung nicht zutrifft: Eine schlechtere wahrgenommene Qualität der Zusammenarbeit wirkt sich positiv auf den Umfang des von den Sparkassen vermittelten Versicherungsgeschäfts aus. Vgl. Kapitel B.3.6.

sich um rund 15% ($b = 0{,}1545$), wenn in ihrem Geschäftsgebiet die Zahl der Bezirkskommissare der Provinzial um eine Person zunimmt ($p \leq 0{,}01$, $R^2 = 0{,}46$).

Die Zuweisung der Bezirke an die Bezirkskommissare ist historisch durch den Versicherer ohne Abstimmung mit den Sparkassen erfolgt. Deshalb kann jede der beiden zu der Hypothese führenden Annahmen grundsätzlich gültig sein. Es könnte zu der Situation kommen, daß in einem gegebenen Geschäftsgebiet eine Überschneidung mit mehreren Bezirkskommissaren vorliegt. Das würde bedeuten, daß Konkurrenz in diesem Fall das Geschäft belebt und die Außendienstdichte einen Erfolgsfaktor darstellt. Dieser Interpretation wird hier gefolgt. Hätten jedoch alle Bezirkskommissare gleiche Ertragspotentiale, würde aus Sicht der Sparkasse in der Zahl der Kommissare ein Indiz für das Marktpotential gegeben sein und die Außendienstdichte könnte dann nicht als Erfolgsfaktor gewertet werden.

3.4 Ziele der Zusammenarbeit

Die organisationale Betrachtung der an der Kooperationsbeziehung beteiligten Parteien stellt die mit dem Allfinanz-Konzept verfolgten Ziele als potentiellen Erfolgsfaktor dar. Zur Analyse der mit dem Allfinanz-Konzept verfolgten Ziele wurden im Fragebogen fünf mögliche Ziele vorgegeben. Für jedes Ziel wurde erhoben, ob es von der antwortenden Sparkasse verfolgt wird (Wert = 1) oder nicht (Wert = 0), wobei Mehrfachnennungen möglich waren. Folgende Ziele waren vorgegeben:

- Kundenbindung,
- Erzielung von Provisionseinnahmen,
- Imagegewinn durch das Allfinanzgeschäft,
- Gewinnung von Neukunden für das Bankgeschäft aufgrund der Versicherungsangebote und
- Bewahrung von Sparkassenkunden vor einer Abwanderung zu anderen Anbietern von Bankdienstleistungen.

Die Häufigkeiten der Nennungen der Zielinhalte zeigt Abbildung 12. Fast alle Institute sehen danach die Vermittlung von Versicherungen als Ausdruck ihrer Kundenorientierung an. Auch die Erzielung von Provisionseinnahmen ist ein häufig genanntes Ziel. Das ist noch kein Ausdruck für ein aktives Engagement für das Allfinanz-Konzept, da in beiden Fällen auch ein bloßes Mitnahmegeschäft mit der Häufigkeit der Nennungen kompatibel ist.

Die Ziele "Provisionseinnahmen", "Bewahrung vor Abwanderung" und "Gewinnung von Neukunden" sind monetärer bzw. quasi-monetärer Natur. Daher wird erwartet, daß sie als Indikatoren für den Erfolg der Sparkassen bei der Vermittlung von Versicherungen angesehen werden können.[336] Der Erfolg wird hier anhand der größenbereinigten Provisionseinnahmen gemessen.

Abbildung 12: Relative Häufigkeiten der durch das Allfinanz-Konzept verfolgten Ziele

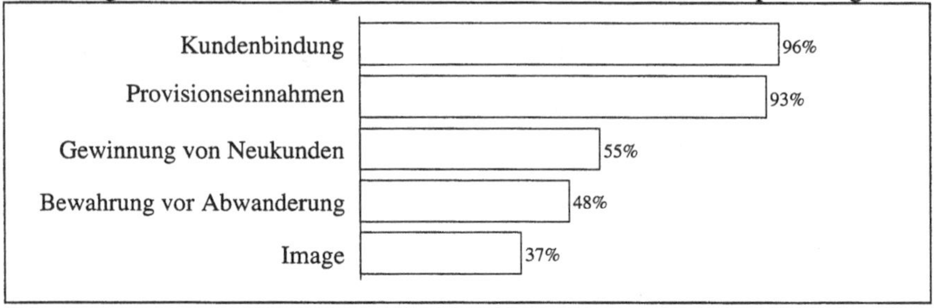

Quelle: Eigene Erstellung.

Es wird vermutet, daß insbesondere Institute, die nach Provisionseinnahmen streben, größenbereinigt höhere Provisionseinnahmen erzielen als Institute, die dieses Ziel nicht zu verfolgen angeben. Analog kann auch für die anderen Ziele argumentiert werden. Diese Überlegungen führen zu folgenden Hypothesen:

H_S3: Institute, die das Ziel "Provisionseinnahme" verfolgen, erwirtschaften höhere größenbereinigte Provisionseinnahmen als andere Institute.

H_S4: Institute, die das Ziel "Gewinnung von Neukunden" verfolgen, erwirtschaften höhere größenbereinigte Provisionseinnahmen als andere Institute.

H_S5: Institute, die das Ziel "Bewahrung vor Abwanderung" verfolgen, erwirtschaften höhere größenbereinigte Provisionseinnahmen als andere Institute.

Da die Zielvariablen nominal gemessen wurden, bietet sich als Auswertungsverfahren die Varianzanalyse an. Es zeigt sich allerdings, daß die größenbereinigten Provisionseinnahmen als abhängige Variable durch keine der Zielvariablen signifikant erklärt wird. Gibt man die Größenbereinigung auf, so zeigt sich allerdings auch nur ein Zusammenhang: Die logarithmierten Provisionseinnahmen stehen in einem signifikanten Zusammenhang mit der Variablen "Bewahrung vor Abwanderung". Damit wird allenfalls eine defensive Orientierung deutlich.

Die Tatsache, daß die Ziele in keinem signifikanten Zusammenhang zum Erfolg der Kooperation stehen, läßt folgende Interpretationsmöglichkeiten zu: Zum einen könnte entgegen der Aussage im Fragebogen eine Verfolgung der genannten Ziele in der

[336] Vom Streben nach Imagegewinn wird kein Einfluß auf die Höhe der Provisionseinnahmen erwartet. Dieser Zusammenhang wurde nicht geprüft. Das Ziel "Kundenorientierung" zeigt in der Beantwortung keine Varianz und wurde deshalb nicht in die Auswertung einbezogen.

Realität nicht oder nicht effektiv erfolgen, zum anderen könnte es sein, daß auch eine konsequente Zielverfolgung keinen erkennbaren Einfluß auf den Erfolg hat. Hierfür könnten sich Operationalisierungs- oder Meßprobleme anführen lassen.

Die Ziele der Kooperation können somit in dieser empirischen Analyse nicht als strategischer Erfolgsfaktor angesehen werden. Dies bestätigt die häufig geäußerte Vermutung, daß der Verbund als Institution zwar besteht, seine geschäftspolitischen Möglichkeiten jedoch noch nicht voll ausgeschöpft werden.[337]

3.5 Dauer der Zusammenarbeit

Die Dauer der Zusammenarbeit ist als Determinante der Kooperationsbeziehung in ihrem Einfluß auf den Kooperationserfolg zu prüfen. Die Dauer der Zusammenarbeit wird durch die Anzahl der Jahre gemessen, (a) seit überhaupt eine Zusammenarbeit zwischen Sparkasse und Provinzial besteht, und (b) seit diese Zusammenarbeit "gezielt" erfolgt. Bei den Antworten auf die Frage, seit wann gezielt Versicherungen vermittelt werden, zeigt sich eine deutliche Häufung in den letzten acht Jahren. Tabelle 4 zeigt die Entwicklung des Allfinanz-Geschäfts in Schleswig-Holstein noch einmal im zusammenfassenden Überblick. Für jeden der angegebenen Zeiträume wird dargestellt, wie viele Sparkassen begannen, mit der Provinzial (gezielt oder nicht gezielt) zusammenzuarbeiten. Dabei zeigt sich, daß der Beginn der gezielten Zusammenarbeit erst ab dem Jahr 1970 -vermutlich initialisiert durch die Einführung standardisierter Provisionsregelungen- stattfindet. Um einen Eindruck über die durchschnittliche Größe der sich in einem Zeitraum für den Beginn der Zusammenarbeit entscheidenden Sparkassen zu erlangen, wird die addierte Bilanzsumme durch die Anzahl der jeweils betrachteten Sparkassen geteilt. So wird zum Beispiel deutlich, daß im Zeitraum 1985-1989, als sich die Allfinanz-Diskussion auf dem Höhepunkt befand, Maximalwerte beim Beginn der Zusammenarbeit und beim Beginn der gezielten Zusammenarbeit erreicht werden. Nur im Zeitraum 1970-1974 entschieden sich mehr (14) Sparkassen, die Zusammenarbeit mit der Provinzial aufzunehmen. Es handelt sich dabei um relativ große Sparkassen, wie der durchschnittliche Bilanzsummenwert von 1.717 Mio. DM belegt.

Die meisten Sparkassen beginnen mit der gezielten Zusammenarbeit erst nach einer Kapitalbeteiligung ihres Verbandes an der Provinzial Leben.[338] Da aber davon auszugehen ist, daß Erfahrung bei der Vermittlung von Versicherungen bereits ab Beginn der Zusammenarbeit aufgebaut wird und sich diese durch Beginn der gezielten Zusammenarbeit lediglich intensiviert, erfolgte die Operationalisierung der Variablen "Dauer der Zusammenarbeit" in folgenden Analysen durch die Zeitdauer, seit über-

---

[337] Vgl. Heitmueller, H.-M., Verbundgeschäfte – Reiz oder Reizthema?, in: Sparkasse, 2/98, S. 82-85, hier: S. 82.

[338] Nur eine Sparkasse gab an, zum Zeitpunkt der Untersuchung noch keine gezielte Zusammenarbeit zu betreiben.

haupt eine Zusammenarbeit besteht.

Tabelle 4: Entwicklung des Allfinanz-Geschäfts in Schleswig-Holstein

Jahr	Beginn Zusammenarbeit		Beginn gezielte Zusammenarbeit		Externe Faktoren
	# Sparkassen	DBS 1995 (Mio. DM)/ # Sparkassen	# Sparkassen	DBS 1995 (Mio. DM)/ # Sparkassen	
1960-69	3	697	-	-	Erste Zusammenarbeitsverträge
1970-74	14	1.717	1	1.090	Formalisierung der Verträge, Einführung von standardisierten Provisionsregelungen
1975-79	3	420	2	331	-
1980-84	1	884	2	1.322	-
1985-89	5	2.471	6	1.733	Höhepunkt der Allfinanz-Diskussion, Überarbeitung der Verträge
1990-96	1	236	15	1.667	Beteiligung SGV erst 25%, später 90% an Provinzial Leben. Neuordnung der Zusammenarbeit i.S. verschiedener Vertriebsmodelle

Quelle: Eigene Erstellung.

Einen grundsätzlichen Zusammenhang zwischen dem Erfolg und dem Zeitablauf erkannte bereits Thiesing, der das Alter der Filialen in seiner empirischen Untersuchung als strategischen Erfolgsfaktor für eine filialisierte Universalbank identifizieren konnte.[339] Darüber hinaus konnte in Untersuchungen die Bedeutung der Dauerhaftigkeit einer Geschäftsbeziehung für den Aufbau von Vertrauen[340] und somit den Erfolg einer Kooperation i.S. einer erhöhten Interaktionseffektivität nachgewiesen werden.[341] Darauf aufbauend wird hier die Dauer der Zusammenarbeit zwischen Sparkassen und öffentlichem Versicherer als Erfolgsfaktor geprüft. Dies beruht auf der Annahme, daß durch eine lange Zusammenarbeit entsprechend dem Erfahrungskurvenkonzept[342] Zeit- oder Kostenvorteile erzielt werden können, die besonders im anspruchsvollen Allfinanzgeschäft von Vorteil sein können. So gewinnen die Kundenberater im Laufe der Zeit Erfahrung darin, wie Kunden gezielt anzusprechen und zu einem Abschluß zu bewegen sind. Darüber hinaus sind ihnen evtl. auftretende Fragen und Probleme der Kunden bereits bekannt, so daß Antworten ohne weitere Nachfrage bei Kollegen gegeben werden können. Zwar verweist Thiesing darauf, daß für eine Universalbank die

[339] Vgl. Thiesing, E.-O., a.a.O., S. 130f..

[340] Vgl. Deutsch, M., Kotik, P, Altruism and Bargaining, in: Sauermann, H. (Hrsg.), Bargaining Bahavior, Tübingen 1978, S. 20-40.

[341] Vgl. Diller, H., Kusterer, M., a.a.O., S. 218.

[342] Erfahrungskurveneffekte werden bei wiederholten Ausführungen bestimmter Arbeitsvorgänge durch Entwicklung von Routine und dadurch effizienterer Gestaltung der Arbeitsvorgänge wirksam. Sie zeigen sich in Zeit- und Kostenvorteilen. Vgl. Büschgen, H.-E., Bankbetriebslehre. Bankgeschäfte und Bankmanagement, 5. A., Wiesbaden 1998, S. 38 sowie Benkenstein, M., Strategisches Marketing: ein wettbewerbsorientierter Ansatz, Stuttgart, Berlin, Köln 1997, S. 66f.. In einer gegebenen Zeitspanne kann daher nach der Realisierung von Lernvorteilen mehr Geschäft abgeschlossen werden als vorher.

Existenz einer Erfahrungskurve sekundärstatistisch nicht abgeleitet werden konnte.[343] Doch scheint es dennoch z.B. realistisch, daß durch eine im Laufe der Zeit aufgebaute Vertrauensbasis zwischen dem Allfinanz-Berater und den Kunden die Transaktionszeit reduziert wird und somit die Interaktionseffektivität gesteigert wird.[344]

Aus diesen Überlegungen ergibt sich die Hypothese, daß die Dauer der Zusammenarbeit positiv auf den Erfolg der Kooperation wirkt. Daraus folgt, daß Sparkassen, die bereits seit langer Zeit Versicherungen der Provinzial vermitteln, signifikant höhere Provisionserträge verzeichnen müßten als Sparkassen, bei denen die Zusammenarbeit erst seit kurzer Zeit besteht. Das heißt:

H_S6: Je länger die Zusammenarbeit zwischen Sparkasse und öffentlichem Versicherer bereits besteht, desto höher sind die Provisionseinnahmen.

Die lineare Regression mit den Provisionseinnahmen als abhängige und der Dauer der Zusammenarbeit als unabhängige Variable über alle betrachteten Sparkassen ergibt einen Regressionskoeffizienten von 0,002 (R^2 = 0,24).[345] Der Zusammenhang zwischen der Dauer der Zusammenarbeit und dem Erfolg ist also nur sehr schwach ausgeprägt. Darüber hinaus ist das Ergebnis auch nur auf dem 10%-Niveau signifikant. Die Dauer der Zusammenarbeit kann somit kaum als wirksamer strategischer Erfolgsfaktor bezeichnet werden.

3.6 Qualität der Zusammenarbeit

Die Qualität der Zusammenarbeit zwischen den Sparkassen und dem Außendienst des Versicherers wird durch die vier Ebenen der Geschäftsbeziehung bestimmt. Auf der Organisationsebene entstehen Probleme in der Zusammenarbeit aufgrund unterschiedlicher Arbeitszeitregelungen und Vergütungssysteme.[346] Diese Unterschiede sind Grund für ein unterschiedliches Selbstverständnis und verschiedene Mentalitäten von festangestellten Bankmitarbeitern und einem selbständigen Außendienst, die auf der menschlich-emotionalen Ebene zu Kooperationsproblemen führen können.[347] Die verschiedenen Vermittler, Filiale und Außendienst, werben um die Kunden und versuchen, sie jeweils in den eigenen Einflußbereich zu bringen, um Folgegeschäfte abzuschließen. Daraus kann Uneinigkeit darüber entstehen, wem die Erträge aus den Geschäften zugerechnet werden. Dafür gilt es, Vereinbarungen auf der Organisations- oder der Machtebene zu treffen. Auf der Sachproblemebene kann unterschiedliches fachliches oder persönliches Know-How der Sparkassen- oder Versicherungsseite als

---

343 Vgl. Thiesing, E.-O., a.a.O., S. 104 sowie die dort angeführte Literatur.

344 Vgl. Hannemann, S., a.a.O., S. 236.

345 Alternative Rechnungen mit der unabhängigen Variablen „Dauer der gezielten Zusammenarbeit" haben nur schlechtere Werte ergeben.

346 Vgl. Stracke, G., Financial Services in Deutschland (V): Markstrategien der Banken, in: Die Bank, 11/88, S. 590-599, hier: S. 594.

347 Vgl. Hannemann, S., a.a.O., S. 141.

Expertenmacht auf der Machtebene ausgespielt werden.[348] Dies ist besonders in den Anfängen einer Kooperation denkbar, wenn Sparkassenmitarbeiter Informationen oder Hilfe beim Abschluß benötigen, die ihnen der Außendienst des Versicherers aufgrund seiner Furcht, Ertragsrückgänge zu verzeichnen, verweigert. Diese Beziehung auf der Machtebene verändert sich mit zunehmender Autonomie des gewählten Vertriebsmodells: Die Möglichkeiten des Versicherungsaußendienstes, seine Expertenmacht auszuspielen, sinkt mit zunehmendem Aufbau von Expertenmacht auf Seiten der Sparkassen durch Bildung von selbständigen Agenturen.

Als Ergebnis dieser Überlegungen läßt sich festhalten, daß eine gute Qualität der Zusammenarbeit gleichgesetzt werden kann mit der Kooperationsbereitschaft der Interaktionspartner.[349] Diese wirkt sich positiv auf das Engagement der Interaktionspartner aus und führt darüber zu besseren Ergebnissen.[350] Daraus kann geschlossen werden, daß die Qualität der Zusammenarbeit positiv auf den Erfolg der Kooperation wirkt. Folgende Hypothese wird formuliert:

H_S7: Je besser die wahrgenommene Qualität der Zusammenarbeit mit dem Außendienst des Versicherers, desto besser ist der Erfolg der Kooperation.

Die Qualität der Zusammenarbeit mit den Bezirkskommissaren wurde auf einer fünfstufigen Rating-Skala erhoben.[351] Sie wird im Mittel mit 3,15 beurteilt (Median 3,0). Die Qualität der Zusammenarbeit wird von Seiten der Sparkassen also als mittelmäßig, jedoch mit Tendenz zur guten Zusammenarbeit, beschrieben.

Der Erfolg der Kooperation wird anhand der größenbereinigte Provisionseinnahmen aus dem Versicherungsgeschäft operationalisiert.[352] Zur Erklärung der unterschiedlichen Höhe der Provisionseinnahmen der Sparkassen wurde eine Regressionsrechnung durchgeführt, wobei die Qualität der Zusammenarbeit als unabhängige Variable eingesetzt wurde.

Der Regressionskoeffizient beträgt -0,04 ($R^2 = 0{,}26$; $p \leq 0{,}02$) und bringt zum Ausdruck, daß höhere Qualitätsurteile die größenbereinigten Provisionseinnahmen signifikant negativ beeinflussen. Dieser hypothesenkonträre Zusammenhang ist jedoch sehr schwach ausgeprägt. Dennoch ist das Ergebnis erstaunlich. Wenn auch nicht daraus geschlossen werden sollte, daß die Zusammenarbeit zu verschlechtern ist, um bessere Ergebnisse zu erzielen, so gilt doch zumindest, daß gute Zusammenarbeit keine signifikant besseren Ergebnisse erwarten läßt als schlechte Zusammenarbeit.

---

348 Vgl. Hannemann, S., a.a.O., S. 243.

349 Die Kooperationsbereitschaft ist dabei gekennzeichnet durch Akzeptanz des Auftraggebers, seiner Produkte und der Absatzkonzeption. Vgl. Döring, K., Zur Theorie der Strukturierung einer optimalen Absatzorganisation, München 1973, S. 163.

350 Vgl. Hannemann, S., a.a.O., S. 78.

351 Höhere Werte bedeuten bessere Zusammenarbeit.

352 Die größenbereinigte Provisionseinnahme ergibt sich aus der Division der Provisionseinnahme der jeweiligen Sparkasse durch ihre Durchschnittsbilanzsumme.

Folgende Erklärungen könnten für dieses Ergebnis herangezogen werden: Eine höhere wahrgenommene Qualität der Zusammenarbeit könnte dazu führen, daß die Berater in den Sparkassen nicht sehr aktiv bei der Vermittlung von Versicherungen sind, vermutlich um den Bezirkskommissaren ihr Geschäft nicht "wegzunehmen" und diese so zu verärgern. Eventuell wird eine Verschlechterung des Verhältnisses zwischen Sparkasse und Bezirkskommissar befürchtet, was sich negativ auf der Zusammenarbeit zwischen beiden auswirken würde. Diese "Leben-und-leben-lassen-Haltung" gegenüber den Bezirkskommissaren beruht auf der impliziten Annahme, daß es im Geschäftsgebiet ein gegebenes Marktpotential für Versicherungen gibt, das nicht steigerbar ist und zwischen Sparkasse und Bezirkskommissar aufgeteilt werden muß. Dabei wird nicht berücksichtigt, daß im Versicherungsgeschäft der Bedarf zunächst geweckt werden muß, bevor Kunden ihn wahrnehmen. Offensichtlich wird der unterschiedliche Charakter von Bankgeschäften als Bring-Geschäften der Sparkasse und Versicherungen als typischem Hol-Geschäft in den Sparkassen noch nicht voll erkannt und umgesetzt.[353] Die Qualität der Zusammenarbeit zwischen dem Außendienst des Versicherers und den Sparkassenmitarbeitern kann somit nicht als Erfolgsfaktor der kooperativen Marktbearbeitung eingestuft werden.

4. Zusammenfassung der Analyse der Erfolgsfaktoren aus Anbietersicht

Aufbauend auf den Rahmenbedingungen, die der Kooperation zwischen Sparkassen und Öffentlichen Versicherern zugrunde liegen, wurde ein Bezugsrahmen zur Analyse möglicher Einflußfaktoren des Allfinanz-Erfolgs entwickelt. Dabei wurden nicht alle theoretisch denkbaren Bestimmungsfaktoren integriert, sondern nur die aus einer plausiblen Betrachtung der Kooperationsforschung resultierenden Faktoren. Als mögliche Erfolgsfaktoren für den Allfinanz-Erfolg wurden in einer theorie- bzw. literaturgestützten Betrachtung folgende Variablen abgeleitet:

- Beteiligungshöhe,
- Außendienstdichte,
- Ziele der Zusammenarbeit,
- Dauer der Zusammenarbeit,
- Qualität der Zusammenarbeit.

Diese Faktoren wurden einzeln in ihrer Wirkung auf den Allfinanz-Erfolg analysiert. Dabei konnte jedoch nur die Außendienstdichte als ein möglicher strategischer Erfolgsfaktor identifiziert werden. Die Anzahl der Bezirkskommissare des Versicherers im Geschäftsgebiet einer Sparkasse wirkt positiv auf den Umfang des von Sparkassenmitarbeitern vermittelten Versicherungsgeschäfts. Ergänzend ist zu berichten, daß

[353] Auf die Bedeutung einer wirksamen Vertriebssteuerung bei diesem "Stilkonflikt" wird hingewiesen bei: Pauluhn, B., Allfinanz und mobiler Vertrieb, in: Betsch, O., Wiechers, R. (Hrsg.), Handbuch Finanzvertrieb. Vertriebsstrategien – Vertriebswege – Vertriebsmanagement, Frankfurt a.M. 1995, S. 338-354, hier: S. 352.

der Versuch einer multivariaten Regressionsanalyse hier nicht zu besseren Ergebnissen führte.

Die Tatsache, daß die Außendienstdichte die einzige der betrachteten Variablen ist, für die eine Erfolgswirkung möglich ist, läßt mehrere Schlüsse zu: Zum einen könnte der verwendete theoretische Erklärungsansatz die tatsächlichen Wirkungsbeziehungen nicht korrekt abgebildet haben oder es wurden wesentliche Variablen nicht einbezogen, die den hauptsächlichen Erklärungsanteil beinhalten. In diesem Fall könnte eine erweiterte theoretische Betrachtung unter Verwendung von anderen Erklärungsansätzen des Kooperationserfolgs auch weitere Erfolgsfaktoren liefern, für die eine Wirkung auf den Allfinanz-Erfolg nachzuweisen wäre. Zum anderen könnten die korrekt extrahierten Variablen ungenau gemessen worden sein, was aufgrund der Verwendung eines standardisierten Fragebogens eher unwahrscheinlich ist. Damit können diese beiden Möglichkeiten aufgrund der vorherigen theoretischen Überlegungen weitgehend ausgeschlossen werden.

Ausgehend von der Richtigkeit der Vorgehensweise muß vielmehr geschlossen werden, daß eine erfolgsorientierte und zielgerichtete, systematische Marktbearbeitung von Sparkassen im Versicherungsgeschäft zum Zeitpunkt der Untersuchung noch nicht vorhanden war. Die äußerst niedrigen mit dem Versicherungsgeschäft erzielten Provisionseinnahmen und der geringe Prozentsatz von Sparkassenkunden, die gleichzeitig über eine Versicherung bei der Provinzial verfügen, lieferten den ersten Anhaltspunkt für die Vermutung, daß das Versicherungsgeschäft für die Sparkassen zum Zeitpunkt der Untersuchung noch hauptsächlich als Mitnahmegeschäft verstanden wurde.[354] Es stellt sich nun die Frage, wie diese kooperative Marktbearbeitung aus Kundensicht wahrgenommen wird.

---

[354] Auf die entsprechende Frage 4 im Fragebogen antwortete nur eine befragte Sparkasse im Sinne eines Mitnahmegeschäfts. Es ist zu vermuten, daß hierbei ein Antwortbias vorliegt, weil der Verzicht auf ein strategisch geplantes Versicherungsgeschäft nicht gerne zugegeben wird. Schon aus diesem Grunde ist die oben vorgetragene Analyse bedeutsam.

C. Allfinanz aus Kundensicht

In diesem Kapitel steht die Perspektive der Kunden im Mittelpunkt der Betrachtung. Nach einer theoretischen Einführung betrifft ein erster Teil der Untersuchung die Frage, welche Determinanten das Abschlußverhalten der Kunden beeinflussen. Dazu werden Variablen, die aus einem verhaltensorientierten Ansatz des Käuferverhaltens generiert wurden, in einem logistischen Regressionsmodell auf ihren Einfluß getestet. In einem zweiten Teil der Untersuchung wird ein bedarfsorientierter Segmentierungsansatz vorgestellt, der auf versicherungsbezogenen Leistungsmerkmalen basiert. Die Ergebnisse beider Teile der empirischen Analyse führen zu Empfehlungen für das Allfinanz-Marketing in der Zusammenarbeit von Sparkassen und öffentlichen Versicherern, die im Teil D vorgestellt werden.

1. Theoretische Grundlagen zur Erfassung des Nachfragerverhaltens von Finanzdienstleistungen

1.1 Gegenstand und Besonderheiten von Finanzdienstleistungen

Zur Erfassung der konstitutiven Merkmale von Dienstleistungen wird eine prozeß-, ergebnis- und potentialorientierte Interpretation herangezogen.[355] Danach gilt: Aus den spezifischen Fähigkeiten und der Bereitschaft des Dienstleistungsanbieters zur Erbringung einer Dienstleistung (Potentialorientierung) und der Einbringung des externen Faktors durch den Dienstleistungsnachfrager als prozeßauslösendes oder -begleitendes Element (Prozeßorientierung) resultiert ein Dienstleistungsergebnis (Ergebnisorientierung).[356] Folgende Definition von Dienstleistungen kann hieraus abgeleitet werden:

Dienstleistungen sind selbständige, marktfähige Leistungen, die mit der Bereitstellung und/oder dem Einsatz von Leistungsfähigkeiten verbunden sind. Im Rahmen des Erstellungsprozesses werden interne und externe Faktoren kombiniert. Die Faktorkombination des Dienstleistungsanbieters wird mit dem Ziel eingesetzt, an den externen Faktoren nutzenstiftende Wirkungen zu erzielen.[357]

Kennzeichnende Merkmale von Dienstleistungen sind (1) ihre Immaterialität, (2) die spezifische Leistungsfähigkeit des Anbieters, sowie (3) die Einbeziehung eines exter-

---

[355] Vgl. Hilke, W., Dienstleistungsmarketing aus Sicht der Wissenschaft, Diskussionsbeiträge des Betriebswirtschaftlichen Seminars der Universität Freiburg, Freiburg 1984, S. 17ff., sowie ders., Grundprobleme und Entwicklungstendenzen des Dienstleistungs-Marketing, in: ders. (Hrsg.), Dienstleistungs-Marketing, Wiesbaden 1989, S. 5-44, hier: S. 10f.. Die Abgrenzung des Dienstleistungsbegriffs erweist sich aufgrund der Heterogenität der Dienstleistungen als schwierig. Eine allgemeingültige Definition konnte daher bis heute nicht gefunden werden. Nach Meffert und Bruhn erscheint eine Abgrenzung des Begriffs Dienstleistung jedoch nur über die Herausarbeitung konstitutiver Merkmale möglich. Vgl. Meffert, H., Bruhn, M., a.a.O., S. 23.

[356] Vgl. Meffert, H., Bruhn, M., a.a.O., S. 25.

[357] Vgl. Meffert, H., Bruhn, M., a.a.O., S. 27.

nen Faktors.[358] Sie werden im folgenden erläutert:

(1) Gegenstand von Dienstleistungen sind menschliche oder automatisierte Leistungen. Während der Input und der Output einer Dienstleistung materiell oder immateriell sein können, ist die Leistung selbst stets immateriell.[359] Als Beispiel aus dem Bereich der Finanzdienstleistungen sei die Verwaltung von Wertpapieren durch Banken genannt. Aus dieser Immaterialität der Dienstleistung ergibt sich, daß die Leistung nur im Moment ihrer Erstellung in Anspruch genommen werden kann (Nichtlagerfähigkeit) und daß die Produktion und die Konsumtion der Dienstleistung nur simultan erfolgen kann (Nichttransportfähigkeit).[360]

(2) Die spezifische Leistungsfähigkeit des Anbieters bezüglich der von ihm angebotenen Leistung ist Grundvoraussetzung für die Realisierung einer Dienstleistung. So gilt für Allfinanz-Anbieter, daß deren Mitarbeiter ein spezifisches Wissen über die angebotenen Finanzdienstleistungsprodukte haben müssen und darüber hinaus auch in der Lage sein müssen, eine kundenorientierte Beratung vorzunehmen.

(3) Der Prozeß der Erstellung einer Dienstleistung ist ferner gekennzeichnet durch die Integration eines externen Faktors. Dabei handelt es sich entweder um den Kunden selbst oder um die Objekte des Kunden, an denen die Dienstleistung vorgenommen wird, z.B. das Auto des Kunden bei einer Inspektion. Bei Finanzdienstleistungen, wie der Aufnahme eines Kredits bei einer Bank, ist der Kunde durch die Angabe persönlicher Daten und der gewünschten Kredithöhe und -laufzeit unmittelbar an der Erstellung der Dienstleistung beteiligt. Das Produkt erhält seine endgültige Form somit erst im Verlauf der Beratung. Hiermit wird deutlich, daß der Kunde als externer Faktor für die Erbringung einer Dienstleistung notwendig ist.

Ausgehend von dieser Merkmalsbestimmung zeichnen sich Bank- und Versicherungsdienstleistungen durch weitere Merkmale aus, die Marktwiderstände hervorrufen und somit eine branchenspezifische Absatzproblematik verursachen.[361]

Bankdienstleistungen sind abstrakt und durch detaillierte Verträge geformt. Sie haben Geld in unterschiedlichen Formen und Qualitäten zum Gegenstand. Aus diesen Gründen sind Bankdienstleistungen aus Sicht der Kunden vertrauensempfindlich und erklärungsbedürftig.[362] Aufgrund der relativ leichten Substituierbarkeit[363] einiger Bank-

---

[358] Vgl. Meffert, H., Bruhn, M., a.a.O., S. 59-66.

[359] Dieser Ansicht schließt sich Schmitz nicht ganz an, wenn er feststellt, „daß Bankleistungen generell einen wesentlich höheren Immaterialitätsgrad bezüglich des Leistungsergebnisses aufweisen als ein typisches Industrieprodukt." Schmitz, G., Qualitätsmanagement im Privatkundengeschäft von Banken. Konzeption und aufbauorganisatorische Verankerung, Wiesbaden 1996, S. 51.

[360] Simultane Produktion und Konsumtion der Dienstleistung wird als Uno-actu-Prinzip bezeichnet. Vgl. Meffert, H., Bruhn, M., a.a.O., S. 60.

[361] Vgl. Süchting, J., Die Bankloyalität als Grundlage zum Verständnis der Absatzbeziehungen von Kreditinstituten, in: Kredit und Kapital, 1972, S. 269-300, hier: S. 276.

[362] Vgl. Süchting, J., Die Bankloyalität als Grundlage zum Verständnis der Absatzbeziehungen von Kreditinstituten, in: Kredit und Kapital, 1972, S. 269-300, hier: S. 274.

dienstleistungen sind zum Vertrieb i.d.R. personalintensive Absatzwege erforderlich.[364] Darüber hinaus finden die meisten Bankdienstleistungen nicht in einem einmaligen Absatzakt statt, sondern stellen „Absatzbeziehungen in der Zeit“[365] dar. Zwischen den Leistungsarten besteht ein enger Verbund.[366] Schmitz weist darauf hin, daß die Besonderheiten nicht in allen Bereichen einer Universalbank ein gleichermaßen hohes Gewicht aufweisen.[367] Je nach Leistungsart bzw. der Betrachtung von Front- oder Backoffice-Vorgängen sind danach Relativierungen angebracht, die bei der Übertragung von Konzepten aus den Bereichen Konsum-oder Industriegüter differenziert betrachtet werden müssen.

Das Kernprodukt Versicherungsschutz verkörpert für den Kunden die Gewißheit, Risiken auf eine Versicherungsgesellschaft übertragen zu können,[368] d.h. die Kernfunktion einer Versicherung besteht im „sichern“ bzw. „finanziell sichern“.[369] Der Kernnutzen des Produkts Versicherung liegt für den Kunden in der Gewißheit, gegen die finanziellen Folgen bestimmter, per Vertrag definierter Schadenereignisse geschützt zu sein, und nicht in den eigentlichen finanziellen Leistungen im Schadenfall.[370]

In Ergänzung der kennzeichnenden Merkmale von Dienstleistungen gelten für Versicherungen folgende zusätzliche Merkmale:[371]

- Erklärungsbedürftigkeit
  Das Versicherungsprodukt ist als abstraktes Leistungsversprechen durch ein komplexes Bedingungswerk definiert und begrenzt. Durch die Unsichtbarkeit und die abstrakte Natur des Versicherungsschutzes ist das Versicherungsprodukt in starkem Maße erklärungsbedürftig. Vor dem Abschluß eines Versicherungsvertrages bedarf es daher i.d.R. einer qualifizierten Beratung und seitens des Versicherungsnehmers einer intensiven Auseinandersetzung mit dem Produkt.

---

363 Vgl. Hartmann-Wendels, T., Pfingsten, A., Weber, M., Bankbetriebslehre, Berlin et al. 1998, S. 735f..

364 Unberührt davon bleibt, daß bestimmte Kundengruppen direkte Vertriebswege bevorzugen. Aufgrund der noch geringen Bedeutung des Direktvertriebs wird er jedoch im folgenden nicht weiter betrachtet. Vgl. zu diesem Thema Pfingsten, A., Automat und Couch: wo Bankleistungen verkauft werden, in: Bankenfachverband (Hrsg.), Jahresbericht 1992.

365 Süchting, J., Die Bankloyalität als Grundlage zum Verständnis der Absatzbeziehungen von Kreditinstituten, in: Kredit und Kapital, 1972, S. 269-300, hier: S. 274.

366 Vgl. Büschgen, H.-E., Bankmarketing, in: Tietz, B. (Hrsg.), Handwörterbuch des Marketing, 2. A., Stuttgart 1995, Sp. 167-179, hier: Sp. 169.

367 Vgl. Schmitz, G., a.a.O., S. 62.

368 Vgl. Joho, C., Ein Ansatz zum Kundenbindungsmanagement für Versicherer, Bern et al. 1995, S. 31.

369 Vgl. Gerling, R. Ein Marketing-Konzept für Industrieversicherer, Bern 1986, S. 23; Farny, D., Versicherungsbetriebslehre, Karlsruhe 1989, S. 304f..

370 Vgl. Joho, C., a.a.O., S. 31.

371 Vgl. Delisle, E., Marketing in der Versicherungswirtschaft, 2. A., Karlsruhe 1981, S. 66ff.; Farny, D., Versicherungsbetriebslehre, Karlsruhe 1989, S. 422f..

- Fehlender konkreter Gegenwert
  Der von Versicherungen gewährte Gegenwert für die gezahlte Prämie ist die Gewährung von Sicherheit. Diese wird jedoch vom Versicherungsnehmer meist nicht als unmittelbarer Gegenwert für seine gezahlte Prämie angesehen. Häufig wird allein die im Schadenfall gezahlte Entschädigung als Gegenwert der Versicherung angesehen. Für den Berater folgt daraus die Notwendigkeit, dem Kunden in der Beratung die Sicherheitsgarantie als eigentliche Leistung der Versicherung zu kommunizieren.

- Erschwerte Erfahrungssammlung
  Die Versicherungsnehmer erhalten meist erst im Schadenfall die Gelegenheit, Erfahrungen mit ihrem Versicherungsprodukt zu sammeln. Werden Mängel im Vertrag erst dann bemerkt, führt dies zu Unzufriedenheit bei dem Kunden. Daher kommt es darauf an, bereits im ersten Beratungsgespräch eine genaue Definition der benötigten Leistung vorzunehmen, um spätere unangenehme Überraschungen zu vermeiden.

- Kein Interesse zum Gebrauch
  Weder der Versicherer noch der Versicherungsnehmer haben ein Interesse daran, daß der Versicherungsfall eintritt. Jeder möchte zunächst einmal verhindern, von Gefahren betroffen zu werden. Primäres Motiv einer Versicherung ist daher auch die Abwendung von Schäden.[372]

- Low-interest-Produkt
  Versicherungen stoßen bei den meisten Menschen grundsätzlich auf ein geringes Interesse. Im Schadenfall ist zwar jeder froh, auf eine Versicherung zurückgreifen zu können, doch werden vor dem Abschluß die mit einer Versicherung verbundenen Themen wie Tod, Krankheit, Diebstahl, Feuer gern verdrängt. Für die Beratung in Versicherungsfragen bedeutet das, daß vor der Bedarfsdeckung durch das Versicherungsprodukt zunächst die Bedarfsweckung erfolgen muß, um beim Kunden ein entsprechendes Risikobewußtsein zu erzielen.

Aus diesen Merkmalen ergibt sich, daß die Leistung der Versicherung für den Kunden noch weniger greifbar ist als die Bankdienstleistung, weil nicht ein gegenständlicher Leistungsaustausch im Vordergrund der Geschäftsbeziehung steht, sondern ein abstraktes Leistungsversprechen.[373] Daher spielt die Komponente „Vertrauen" für Versicherungen eine noch größere Rolle als für Banken und enthält besondere Anforderungen an die Versicherungen verkaufenden Sparkassenmitarbeiter. Diese Tatsache ist insbesondere bei der Realisierung von Allfinanz-Strategien zu beachten. Aus Sicht der Versicherer bietet das Kernprodukt Versicherung auch keine Möglichkeit der pro-

---

[372] Vgl. Joho, C., a.a.O., S. 30.

[373] Vgl. Kuhn, W., Transparenz contra Vielfalt – Einige Gedanken zur Bedingungsfreigabe auch im Massengeschäft, in: Wilhelm, F., Mehl, G. (Hrsg.), Versicherungen in Europa heute und morgen: Geburtstags-Schrift für Georg Büchner, Karlsruhe 1991, S. 311-315, hier: S. 313.

duktpolitischen Profilierung,[374] da durch regulierte und beaufsichtigte Märkte die Versicherungsbedingungen weitgehend einheitlich sind. Joho schlägt daher eine Differenzierung durch versicherungsfremde Leistungen vor, „die bei den Kunden einen echten materiellen oder psychologischen Mehrwert schaffen, zu einem guten Preis-Leistungs-Verhältnis beitragen sowie der Unternehmensprofilierung dienen."[375]

1.2 Vor- und Nachteile von Allfinanz-Angeboten aus Kundensicht

Dem Nachfrageverhalten nach Versicherungs- und Bankprodukten liegt ein zweistufiger Entscheidungsprozeß zugrunde.[376] Auf der ersten Stufe führen die Bedürfnisse der Kunden zur Nachfrage nach Versicherungs- und Bankprodukten, auf der zweiten Stufe führt die Art und Weise der Erfüllung der Bedürfnisse zum Abschluß.

Der Verwendungsverbund[377] bildet die erste Stufe des Entscheidungsprozesses ab. Er liegt vor, wenn Versicherungs- und Bankprodukte gemeinsam für eine bestimmte Bedürfnisbefriedigung genutzt werden.[378] Während Versicherungen das Sicherheitsbedürfnis befriedigen, ist bei Banken eine Differenzierung zwischen Sparen und Krediten vorzunehmen. Das Sparen ist nach Kremer dazu geeignet, sowohl Sicherheits- als auch Finanzierungsbedürfnisse und darüber hinaus das Macht- und Geltungsstreben zu befriedigen. Kredite hingegen befriedigen meist ausschließlich das Finanzierungsbedürfnis.[379] Zentraler Einflußfaktor der Nachfrage ist eine Veränderung in der Lebenssituation des Kunden.[380] Das Nachfrageverhalten wird im folgenden nicht weiter betrachtet; im Vordergrund der Betrachtung der Kundenseite steht das Abschlußverhalten.

Der Beschaffungsverbund[381] bildet die zweite Stufe des Entscheidungsprozesses ab. Das Abschlußverhalten ist dabei von zwei zentralen Einflußfaktoren abhängig:[382] Dem Vertrauen in die zukünftige Leistung des Anbieters und der Qualität der Beratung. Diese setzt sich zusammen aus der fachlichen und der menschlichen Kompetenz der Berater. Damit liegen Einflußfaktoren vor, die bisher theoretisch diskutiert, jedoch empirisch nicht überprüft wurden. Sie können als Ansatzpunkte zur Erklärung des Abschlußverhaltens untersucht werden.

---

374 Vgl. Müller, H., Marktsegmentierung im Privatkundengeschäft von Versicherungsunternehmen, Karlsruhe 1994, S. 3.

375 Joho, C., a.a.O., S. 141.

376 Vgl. Kremer, M., Das Nachfrageverhalten von Versicherungs- und Bankkunden aus ganzheitlicher Sicht – Konsequenzen für den Finanzdienstleistungsgedanken, St. Gallen 1994, S. 155.

377 Vgl. Kapitel A.1.2.

378 Kremer benutzt das Wort „Nutzungsverbund". Vgl. Kremer, M., a.a.O., S. 234.

379 Vgl. Kremer, M., a.a.O., S. 102.

380 Die Veränderung in der Lebenssituation stellt im Rahmen eines S-O-R-Paradigmas einen externen Stimulus dar.

381 Vgl. Kapitel A.1.2.

382 Vgl. Kremer, M., a.a.O., S. 156.

Zur Realisierung eines Beschaffungsverbundes lassen sich aus Kundensicht zwei Voraussetzungen nennen: Erstens muß gegenüber dem Abschluß einzelner Finanzprodukte bei verschiedenen Anbietern ein Zusatznutzen aus der gemeinsamen Beschaffung resultieren.[383] Zweitens müssen die Ansprüche der Kunden an die Qualität und Art der Leistungen auch von dem branchenfremden Anbieter erfüllt werden.[384]

Der Zusatznutzen aus der gemeinsamen Beschaffung besteht entweder in einer Kostenersparnis oder in einem erhöhten Abwicklungskomfort. Eine Kostenersparnis für den Kunden entsteht zum einen, wenn die Anbieter die aus Allfinanz-Angeboten realisierten höheren Erträge abzüglich der durch Allfinanz-Angebote induzierten Kosten in Form von vergünstigten Prämien bzw. Gebühren an die Kunden weitergeben.[385] Zum anderen führt die gemeinsame Beschaffung von Finanzprodukten zu einer Senkung der Transaktionskosten, da die bei der Wahl von verschiedenen Anbietern jeweils neu anfallenden Informationskosten vermieden werden.[386] Der erhöhte Abwicklungskomfort liegt vor, wenn dem Kunden ohne Zeitverzögerungen die einzelnen Produkte aufeinander abgestimmt für seine ausgewählten Bedürfnisse in einer individuellen Beratung angeboten werden.[387] Der Komfort besteht in

- der Bequemlichkeit der gemeinsamen Leistungsabnahme,
- der für den Kunden übersichtlichen Gesamtdarstellung seiner Finanzsituation,
- den Vorteilen eines kundenorientierten Informationssystems,
- der Möglichkeit der besseren Abstimmung der Produkte auf seine Bedürfnisse und
- der kundengerechteren Beratung aufgrund der verstärkt festen Entlohnung.

Die Aspekte werden im folgenden erläutert.

- Die Bequemlichkeit, die sich durch die Leistungsabnahme an einem Ort ("one-stop-shopping") für den Kunden ergibt, ist der am häufigsten genannte Vorteil von Allfinanz-Angeboten.[388] Sie resultiert aus der Verringerung von Transaktionskosten, d.h. der Zeit- und Koordinationsaufwand sinkt durch die Inanspruchnahme verschiedener Finanzdienstleistungen aus einer Hand.[389]

- Darüber hinaus erhält der Kunde durch eine Allfinanz-Beratung eine übersichtliche Gesamtdarstellung seiner Finanzsituation. Auf der Basis der bisher von ihm getroffenen Entscheidungen und der bestehenden Verträge soll eine bedarfsabhängig abgestimmte Beratung erfolgen, durch die ein umfassendes Vertrauensverhältnis zum Allfinanz-Berater aufgebaut werden kann.[390]

---

[383] Vgl. Krupp, G., Versicherungsgesellschaft bei der Deutschen Bank, in: Versicherungsbetriebe, 1/90, S. 2-8, hier: S. 4.
[384] Vgl. Kremer, M., a.a.O., S. 257f..
[385] Vgl. Kremer, M., a.a.O., S. 260f..
[386] Vgl. Kremer, M., a.a.O., S. 262.
[387] Vgl. Kremer, M., a.a.O., S. 263f..
[388] Vgl. Dorner, M., a.a.O., S. 24.
[389] Vgl. Meffert, H., Bruhn, M., a.a.O., S. 301; Süchting, J., Vertrieb von Finanzdienstleistungen auf dem Markt für Privatkunden, in: Die Bank, 8/94, S. 449-457, hier: S. 452.
[390] Vgl. Betsch, O., Allfinanz eine (un)mögliche Chance, in: Bank und Markt, 11/92, S. 15-21, hier: S.

- Ferner werden Vorteile durch ein kundenorientiertes Informations- und Kommunikationssystem hervorgehoben. Der Vorteil für den Kunden liegt darin, daß er Daten zu seiner Person, seinen Präferenzen, seiner Finanzlage bzw. Ausstattung mit Bank- und Versicherungsprodukten nicht mehrfach beantworten muß, sondern alle Daten in einem Kundeninformationssystem gespeichert sind, auf das der Allfinanz-Berater stets zugreifen kann. Der Zeitaufwand für Beratungsgespräche wird dadurch erheblich gesenkt.[391]

- Zuletzt wird unterstellt, daß sich die Entscheidungsqualität durch die an einer Stelle gebündelten Information über den Kunden erhöht, daß also der Kunde durch einen Allfinanz-Berater tatsächlich objektiv "besser" beraten wird. Zumindest wird erwartet, daß die Geschwindigkeit der Entscheidungen zunimmt, da alle relevanten Informationen über den Kunden bereits vorhanden sind.[392]

- Ausgehend von der Tatsache, daß Versicherungsvertreter überwiegend auf Provisionsbasis, Bankmitarbeiter hingegen überwiegend fest entlohnt werden, läßt sich bei der provisionsorientierten Entlohnung ein Konflikt zwischen den Interessen der Kunden und dem Versicherungsvertreter feststellen. Der Konflikt entsteht, wenn das für den Kunden am besten geeignete Produkt nicht die höchste Provision abwirft, weil der Versicherungsvertreter dann versucht ist, dem Kunden ein anderes, höher provisioniertes Produkt zu verkaufen.[393] Da im Rahmen von Allfinanz-Konzepten die Zahl der Produkte steigt, die über eine feste Entlohnung verkauft werden, wird dem Kunden aufgrund seiner Wahlmöglichkeit des Vertriebswegs die Möglichkeit eröffnet, diesem Konflikt auszuweichen. Die kundengerechte Beratung wird dadurch gefördert.[394]

Die Realisierung eines Beschaffungsverbundes hängt weiter davon ab, ob die Ansprüche der Kunden an die Qualität und Art der Leistungen des branchenfremden Anbieters erfüllt werden. Dabei ist die vermutete Qualität entscheidend, die anhand verschiedener Qualitätsmerkmale bewertet wird. In diesem Zusammenhang zeigen repräsentative Untersuchungen, daß das Vertrauen der Bevölkerung in eine branchenübergreifende Beratung von Banken ausgeprägt vorhanden ist, während Versicherungen eine branchenübergreifende Beratung in nicht so starkem Maße zugetraut wird.[395]

Bisher wurden ausschließlich die Vorteile eines Allfinanz-Angebots behandelt. In empirischen Untersuchungen finden sich jedoch immer wieder Hinweise darauf, daß

17.

[391] Vgl. Boening, D., a.a.O., S.164.

[392] Vgl. Steiner, J., Allfinanz-Konzepte von Banken, in: Brunner, W.L., Vollath, J., (Hrsg.), a.a.O., S. 563.

[393] Vgl. Schiller, B., Full Financial Service – Erweiterungen des Leistungsangebotes der Kreditinstitute mit risikopolitischen und rechtlichen Konsequenzen?, in: Gerke, J. (Hrsg.), Bankrisiken und Bankrecht, Wiesbaden 1988, S. 127-152, hier: S. 145ff..

[394] Vgl. Scheele, M., a.a.O., S. 141.

[395] Vgl. Kremer, M., a.a.O., S. 267.

das Thema Allfinanz kritisch betrachtet wird. In einer Umfrage in den USA erklärten sich fast zwei Drittel der Befragten nicht dazu bereit, sich einem einzigen Institut zur Erfüllung finanzwirtschaftlicher Bedürfnisse und der Vermögensverwaltung anzuvertrauen. Mit steigendem Ausbildungsniveau nahm der Prozentsatz weiter zu.[396] In Frankreich wurde in einer Umfrage Beunruhigung durch zu große Abhängigkeit von einem als zu mächtig eingeschätzten Partner geäußert, obwohl die neue Aufgabenverteilung aus einem Allfinanz-Angebot generell akzeptiert wird. In Deutschland wurde 1989 die Abwicklung aller Finanzgeschäfte in der Bankfiliale bequemer eingeschätzt als die Beratung zu Hause durch einen Versicherungsvertreter, dennoch beurteilten 56% der Befragten eine feste Anbindung einer Bank an eine Bausparkasse als negativ.[397] In einer Leserumfrage der Zeitschrift Capital wurden von 84% der 5033 Antworten Allfinanz-Angebote von Banken auf einer Drei-Punkte-Skala als "weniger wichtig" eingestuft. Nur 3% befanden Allfinanz-Angebote als "besonders" wichtig.[398]

Diese Beurteilungen erfordern eine nähere Betrachtung der Bedenken der Kunden gegen ein Allfinanz-Angebot. Sie richten sich auf folgende Punkte:

- Datenschutz,
- Abhängigkeit vom Allfinanz-Anbieter,
- Vernachlässigung individueller Beratung,
- Fehlende Unabhängigkeit des Angebots.

Diese Bedenken gilt es näher zu erläutern.

- Aus Datenschutzgründen widerstrebt es vielen Kunden grundsätzlich, ihre Einkommens- und Vermögenssituation einem Anbieter offenzulegen.[399] Solange mehreren Geschäftspartnern nur jeweils der für sie relevante Teil an Informationen anvertraut wird, empfindet der Kunde seine Gesamtsituation noch als "privat". Die Abdeckung mehrerer Kundenbedürfnisse durch ein Institut erfordert jedoch auch die Bündelung aller dafür benötigten Kundeninformationen an einer Stelle. Für Kunden kann dies die Aufgabe ihrer finanziellen Freiheit bedeuten. Sie befürchten, Opfer von Mißbrauch oder Manipulationen zu werden.[400] Diese Befürchtungen verstärken sich mit steigendem Einkommen oder höherem Ausbildungsniveau.[401]

- Durch die Abwicklung z.B. aller Bank- und Versicherungsgeschäfte bei einem Anbieter erhält dieser einen tiefen Einblick in die persönlichen und finanziellen

[396] Vgl. Wagner, P.J., a.a.O., S. 60.
[397] Vgl. Spiegel Verlag (Hrsg.), Soll und Haben 3, Hamburg 1989.
[398] Vgl. Capital, Psychonomics (Hrsg.), Die ideale Bank im Spiegel der Kundenwünsche, o.O., 1995.
[399] Vgl. Steiner, J. Allfinanz-Konzepte von Banken, in: Brunner, W.L., Vollath, J., (Hrsg.), a.a.O., S. 569f.; Wittenberg, J.H., a.a.O., S. 27f.; Betsch, O., Allfinanz eine (un)mögliche Chance, in: Bank und Markt, 11/92, S. 15-21, hier: S. 17.
[400] Vgl. Wagner, P.J., a.a.O., S. 62.
[401] Vgl. Wagner, P.J., a.a.O., S. 60; Süchting, J., Überlegungen zur Attraktivität eines Allfinanzangebotes, in: Bank und Markt, 12/87, S. 7-13, hier: S. 8.

Angelegenheiten des Kunden. Dadurch kann bei diesem ein Gefühl der Abhängigkeit zum Anbieter entstehen. Versucht der Kunde in dieser Situation, einen Wechsel zu einem anderen Anbieter vorzunehmen, und wird ihm der Preis- und Leistungsvergleich durch Bündelpreise erschwert, kann das Abhängigkeitsgefühl dadurch noch verstärkt werden.[402]

- Eine Allfinanz-Beratung stellt gegenüber einer reinen Bank- oder Versicherungsberatung erhöhte Anforderungen an den Berater. Gefragt ist ein umfangreiches Produktwissen, welches jedoch die Gefahr eines "oberflächlichen Potpourriwissens"[403] in sich birgt.[404] Neben dem umfangreichen Produktwissen sind Kenntnisse z.B. in Betriebswirtschaftslehre, Steuern und Recht unerläßlich. Kunden haben erhebliche Zweifel an der vermeintlichen Allwissenheit des Allfinanz-Beraters.[405] Sie befürchten, daß durch die naturgemäß begrenzte Kapazität der Berater die Individualität der Angebote nicht gewährleistet ist und das Angebot standardisierter Produkte gefördert wird. Die Befürchtungen wachsen, je unterschiedlicher die vom Berater abzudeckenden Geschäftsfelder sind.[406]

- Die Kooperation mehrerer Anbieter verhindert die Anbieterunabhängigkeit der Beratung, denn dem Kunden wird nur ein Preis-Leistungsvergleich von verschiedenen Produkten eines Anbieters vorgestellt. Eine den Gesamtmarkt umfassende Gegenüberstellung von Angeboten unterbleibt aus Interessen der Anbieter. Dem Kunden werden lediglich die Produkte des Allfinanz-Partners angeboten, welche nicht zwangsläufig die Günstigsten am Gesamtmarkt erhältlichen Produkte sind.[407]

Anhand ihres Urteils über die Vor- und Nachteile aus dem gemeinsamen Angebot entscheiden die Kunden, ob das Allfinanz-Angebot insgesamt positiv oder negativ bewertet wird. Der Beschaffungsverbund wird somit nur dann realisiert, wenn die Kunden einen „Nettozusatznutzen“[408] aus der gemeinsamen Beschaffung von Finanzdienstleistungen wahrnehmen.[409]

---

[402] Vgl. Schiller, B., a.a.O., S. 145ff..

[403] Müller-Lutz, H.-L., Begründungen, Möglichkeiten und Grenzen von Allfinanz, in: Verein zur Förderung der Versicherungswissenschaft in München e.V. (Hrsg.), Schriftenreihe des Vereins zur Förderung der Versicherungswissenschaft in München e.V., Heft 55/154, o.O., o.J., S. 6.

[404] Vgl. Hartmann-Wendels, T., Pfingsten, A., Weber, M., Bankbetriebslehre, Berlin et al. 1998, S. 735f..

[405] Vgl. Remsperger, H., Erscheinungsformen, Ursachen und Implikationen von Allfinanz-Strategien, in: Die Bank, 6/89, S. 299-309, hier: S. 302; Dolle-Helms, E., Alptraum Allfinanz, in: Die Zeit, 12.7.1996.

[406] Vgl. Wittenberg, J.H., a.a.O., S. 26.

[407] Wittenberg, J. H., a.a.O., S. 27

[408] Vgl. Kremer, M., a.a.O., S. 265.

[409] Die Existenz eines Nettozusatznutzens wird teilweise stark bezweifelt. Vgl. Hahn, O., Der Markt für Finanzdienstleistungen im Zeitvergleich, in: Versicherungswirtschaft, 3/88, S. 190-196, hier: S. 194.

Die Abwägung der Vor- und Nachteile von Allfinanz-Konzepten macht deutlich, daß die pauschale Beurteilung nicht sehr ergiebig ist. Es bleibt festzuhalten, daß ein Allfinanzangebot bestimmten Kundenwünschen entgegenkommt.[410] Bei der zu beobachtenden abnehmenden Bankloyalität von Kunden, die auf eine kritischere, preisbewußtere und wählerischere Einstellung zurückzuführen ist,[411] ist nicht ersichtlich, daß Allfinanz-Konzepte für alle Kunden ein Instrument zur Kundenbindung sein können. Daher ist eine Differenzierung der Privatkunden mit Hilfe einer Marktsegmentierung unerläßlich.

1.3 Entwicklung eines Bezugsrahmens zur Untersuchung des Abschlußverhaltens

Nach der globalen Betrachtung der Vor- und Nachteile von Allfinanz-Angeboten aus Kundensicht wird das Abschlußverhalten von Sparkassenkunden im folgenden näher untersucht. Dazu werden zunächst zentrale Bestimmungsfaktoren des Abschlußverhaltens identifiziert. Diese werden aus Strukturmodellen des Käuferverhaltens übernommen.[412] Daran anschließend erfolgt eine Analyse weiterer Bestimmungsfaktoren, die aus einem Prozeßmodell resultieren. Beide Betrachtungsweisen werden in einen Bezugsrahmen integriert. Nach einer Beschreibung des zum Test des Bezugsrahmens entwickelten Befragungsdesigns erfolgt die empirische Analyse der Wirkung der identifizierten Bestimmungsfaktoren des Abschlußverhaltens.

1.3.1 Bestimmungsfaktoren der Nachfrage nach Finanzdienstleistungen

Aus den Besonderheiten von Finanzdienstleistungen resultieren Besonderheiten im Käuferverhalten von Finanzdienstleistungen. Um diese zu verdeutlichen, werden im folgenden zentrale Determinanten des Käuferverhaltens näher betrachtet.[413] Aus Praktikabilitätsgründen beschränkt sich die Betrachtung auf zentrale soziodemographische, aktivierende und kognitive Bestimmungsfaktoren.

Im Käuferverhalten werden interpersonale und intrapersonale Erklärungsansätze unterschieden.[414] Interpersonale Erklärungsansätze beziehen sich auf die Einwirkung

---

[410] Vgl. Betsch, O., Allfinanz eine (un)mögliche Chance, in: Bank und Markt, 11/92, S. 15-21, hier: S. 17.

[411] Vgl. Müller-Lutz, H.-L., Allfinanz - Pro und Kontra, in: Verlag Versicherungswirtschaft e.V. (Hrsg.), Frankfurter Vorträge zum Versicherungswesen, Nr. 24, Karlsruhe 1992, S. 11.

[412] Vgl. Meffert, H., Marketing. Grundlagen marktorientierter Unternehmensführung. Konzepte – Instrumente – Praxisbeispiele, 8. A., Wiesbaden 1998, S. 104.

[413] Dabei wird im weiteren Verlauf der Arbeit das auf Finanzdienstleistungen bezogene Käufer- bzw. Konsumentenverhalten als Nachfragerverhalten bezeichnet. Geht es um das auf Allfinanz bezogene Nachfragerverhalten, also um den Abschluß von Versicherungen in der Sparkasse, wird der Begriff Abschlußverhalten verwendet.

[414] Vgl. Meffert, H., Marketing. Grundlagen marktorientierter Unternehmensführung. Konzepte – Instrumente – Praxisbeispiele, 8. A., Wiesbaden 1998, S. 104f.; Meffert, H., Bruhn, M., a.a.O., S.

komplexer Umweltreize auf den Konsumenten.[415] Dazu gehören z.B. die Kultur, die gesellschaftlichen Normen, die soziale Schicht oder die Familie, aber auch der Einfluß der Massenkommunikation. Die interpersonalen Bestimmungsfaktoren des Nachfrageverhaltens werden im folgenden nicht weiter betrachtet.

Intrapersonale Erklärungsansätze beziehen sich auf das Individuum als Träger einer Kauf- bzw. Abschlußentscheidung. Sie beinhalten aktivierende, kognitive und Persönlichkeitsdeterminanten, die durch einen unterschiedlichen Komplexitätsgrad gekennzeichnet sind und im Sinne einer Hierarchie aufeinander aufbauen.[416] Die aktivierenden Determinanten sind innere Erregungszustände wie Emotionen, Motive und Einstellungen, die den Konsumenten antreiben.[417] Sie sorgen dafür, daß ein bestimmtes Verhalten überhaupt stattfindet. Demgegenüber bestimmt die kognitive Steuerung, welches Verhalten stattfindet.[418] Zu ihnen gehören Wahrnehmung, Lernen und Problemlösung.[419] Die Persönlichkeitsdeterminanten sind relativ stabile verhaltensrelevante Faktoren, die jedoch „von der Betriebswirtschaftslehre nach heutigem Wissensstand kaum zu bestimmen“[420] sind.[421] Daher werden sie auch im folgenden nicht weiter betrachtet.

1.3.1.1 Soziodemographische Bestimmungsfaktoren

Ausgangspunkt der Nachfrage nach Finanzdienstleistungen sind die demographischen und die sozioökonomischen Determinanten.[422] Sie sind leicht zu erfassen, meßbar und beständig. Demographische Determinanten umfassen z.B. das Alter, das Geschlecht, den Familienstand, die Ausbildung, oder allgemein die Stellung im Lebenszyklus. Aus ihnen ergeben sich direkte Anknüpfungspunkte für die Nachfrage nach Finanzdienstleistungen. So erfordert z.B. der Beginn einer Ausbildung die Einrichtung eines Girokontos, um die bargeldlose Gehaltszahlung zu gewährleisten. Sozioökonomische Determinanten wie der Beruf, das Einkommen und das Vermögen bilden die Voraussetzung für die Nachfrage nach Finanzdienstleistungen, denn nur bei entsprechend befriedigten Grundbedürfnissen kann die Nachfrage nach Finanzdienstleistungen im Sinne höherrangiger Sicherheitsbedürfnisse wirksam werden.[423] Soziodemographische Merkmale können vergleichsweise leicht und kostengünstig bei Kunden und Nicht-

---

75.

[415] Meffert, H., Bruhn, M., a.a.O., S. 83-87.

[416] Vgl. Trommsdorff, V., Konsumentenverhalten, 2. A., Stuttgart et al. 1993, S. 29.

[417] Vgl. Kroeber-Riel, W., Weinberg, P., Konsumentenverhalten, 6. A., München 1996, S. 53.

[418] Vgl. Meffert, H., Marketingforschung und Käuferverhalten, 2. A., Wiesbaden 1992, S. 60.

[419] Vgl. Kroeber-Riel, W., Weinberg, P., a.a.O., S. 224.

[420] Polan, R., Ein Meßkonzept für die Bankloyalität. Investitionen in Bank/Kunde-Beziehungen unter Risikoaspekten, Wiesbaden 1995, S. 81.

[421] Die Persönlichkeit bildet den Grundrahmen, innerhalb dessen grundsätzliche Prädispositionen zum Konsumentenverhalten, wie Involvement, wahrgenommenes Kaufrisiko und Werte, zu analysieren sind. Vgl. Meffert, H., Bruhn, M., a.a.O., S. 81f..

[422] Vgl. Polan, R., a.a.O., S. 79.

[423] Vgl. Meffert, H., Bruhn, M., a.a.O., S. 76f..

kunden erhoben werden.[424] Aufgabe der Marktforschung ist es, Korrelationen zwischen diesen Daten sowie den Einstellungen und Ansprüchen gegenüber Kreditinstituten zu ermitteln.[425]

Im Rahmen der Untersuchung des Versicherungs-Abschlußverhaltens von Sparkassenkunden werden das Alter und das Einkommen als zentrale soziodemographische und sozioökonomische Bestimmungsfaktoren untersucht. Dabei liegen der Hypothesenbildung folgende Überlegungen zugrunde:

Die Erledigung von Bank- und Versicherungsgeschäften unter einem Dach senkt für die Kunden die Transaktionskosten und ist für sie bequem. Jüngere und damit anspruchslosere Kunden empfinden daher die gemeinsame Erledigung aller ihrer finanzwirtschaftlichen Bedürfnisse als vorteilhaft. Ältere Kunden halten meist aus Tradition an der Rolle von Bank und Versicherung als getrennte Anbieter von Finanzdienstleistungen fest und es widerstrebt ihnen, ihre gesamten wirtschaftlichen Verhältnisse einem Berater offenzulegen. Darüber hinaus ist der Neuabschluß von Versicherungen aufgrund meist langer Vertragsbindungen in jüngeren Jahren wahrscheinlicher. Insgesamt wird daher vermutet, daß ältere Kunden Allfinanz-Angebote weniger in Anspruch nehmen als jüngere Kunden.

Bezüglich des Einkommens wird vermutet, daß Kunden mit geringerem Einkommen eher standardisierte Leistungen in Anspruch nehmen, während Kunden mit höherem Einkommen eher spezielle Leistungen fordern. Sie haben komplexere finanzwirtschaftliche Bedürfnisse, da z.B. im Rahmen der Anlageberatung oder Vermögensverwaltung auch steuerliche und rechtliche Aspekte zu beachten sind. Dies erfordert eine speziellere, kompetentere Beratung, die bei einem Allfinanz-Anbieter eher nicht vermutet wird. Daher sinkt die Wahrscheinlichkeit der Inanspruchnahme von Allfinanz-Angeboten mit steigendem Einkommen. Folgende Hypothese läßt sich formulieren:[426]

H_K1	Je geringer das Einkommen der Kunden ist oder je jünger die Kunden sind, desto wahrscheinlicher ist der Abschluß einer Versicherung in der Sparkasse.

1.3.1.2 Aktivierende Bestimmungsfaktoren

Eine umfassende Betrachtung des Nachfragerverhaltens ist um relevante psychische und soziale Determinanten zu erweitern, auch wenn die Erfassung dieser Größen problematischer ist als bei den soziodemographischen und sozioökonomischen Determi-

---

[424] Vgl. Meffert, H., Bruhn, Ma.a.O., S. 104.

[425] Cramer, J.E., Die Marktforschung als Basis für den zielgruppengerechten Einsatz des Marketing-Mix, in: Süchting, J., Heitmüller, H.-M. (Hrsg.), Handbuch des Bankmarketing, 3. A., Wiesbaden 1998, S. 103-118, hier: S. 109.

[426] Das Subskript K kennzeichnet im folgenden die Hypothesen der Kunden-Befragung.

nanten.[427] Die aktivierenden Determinanten Emotion, Motivation und Einstellung sind Konstrukte zur Erklärung menschlichen Handelns.[428] Während Emotionen nach innen, d.h. auf das eigene Erleben gerichtet sind, zielen Motivationen auf ein Handeln ab, Einstellungen auf Objekte. Dabei bauen die drei Begriffe aufeinander auf und zeigen somit eine zunehmende kognitive Anreicherung: Motivation umfaßt Emotion, Einstellung umfaßt Motivation.[429] Die Einstellung ist also das umfassendste Konstrukt, welches aus diesem Grunde im Rahmen der Untersuchung des Versicherungs-Abschlußverhaltens von Sparkassenkunden als zentraler aktivierender Bestimmungsfaktor untersucht wird. Dabei ist aufgrund der aktivierenden Wirkung von Einstellungen davon auszugehen, daß eine positive Einstellung zu Allfinanz-Angeboten das Abschlußverhalten positiv beeinflußt. Dies führt zu folgender Hypothese:[430]

H_K2	Je positiver die Einstellung zu Allfinanz-Angeboten ist, desto wahrscheinlicher ist der Abschluß einer Versicherung in der Sparkasse.

1.3.1.3 Kognitive Bestimmungsfaktoren

Kognitive Prozesse dienen dazu, das Verhalten gedanklich zu kontrollieren und willentlich zu steuern.[431] Sie bestehen aus der Informationsaufnahme, dem Wahrnehmen einschließlich Beurteilen sowie dem Lernen. Ausgangspunkt kognitiver Prozesse ist die Informationsaufnahme. Sie nimmt aufgrund der Besonderheiten von Finanzdienstleistungen[432] im Abschlußverhalten von Versicherungen eine zentrale Position ein, da sie eine der bedeutendsten Methoden zur Verringerung wahrgenommener Abschlußrisiken darstellt.[433] Aufgrund der Vertrauensempfindlichkeit und Erklärungsbedürftigkeit von Finanzdienstleistungen wird die Abschlußbereitschaft der Kunden vor allem von der fachlichen und menschlichen Kompetenz der Beratung geprägt.[434] Die Berater dienen damit den Kunden als wichtiger Informationslieferant. Daher kann die Einschätzung der Berater durch die Kunden zu den kognitiven Determinanten des Abschlußverhaltens gezählt werden. Im Rahmen der Untersuchung des Versicherungs-Abschlußverhaltens von Sparkassenkunden wird die Einschätzung der Sparkassenmitarbeiter durch die Kunden als zentraler kognitiver Bestimmungsfaktor untersucht. Dabei ist davon auszugehen, daß eine positive Einschätzung der Sparkassenmitarbeiter durch die Kunden das Abschlußverhalten positiv beeinflußt. Dies führt zu folgender Hypothese:

---

427 Vgl. Polan, R., a.a.O., S. 80.
428 Vgl. Kroeber-Riel, W., Weinberg, P., a.a.O., S. 53.
429 Vgl. Kroeber-Riel, W., Weinberg, P., a.a.O., S. 54.
430 Nicht geprüft werden kann hier, daß eventuell der Versicherungsabschluss nicht in der Sparkasse erfolgt, obwohl dort eine Beratung in Anspruch genommen wurde.
431 Vgl. Kroeber-Riel, W., Weinberg, P., a.a.O., S. 224.
432 Vgl. Kapitel C.1.1.
433 Vgl. Kremer, M., a.a.O., S. 141.
434 Vgl. Kremer, M., a.a.O., S. 116.

H_K3 Je besser die Einschätzung des Sparkassenmitarbeiters durch die Kunden ausfällt, desto wahrscheinlicher ist der Abschluß einer Versicherung in der Sparkasse.

Zusammenfassend werden folgende Determinanten des Abschlußverhaltens in der Untersuchung berücksichtigt:

- das Alter und das Einkommen als soziodemographische bzw. sozioökonomische Bestimmungsfaktoren,
- die Einstellung zu Allfinanz-Angeboten als aktivierender Bestimmungsfaktor sowie
- die Einschätzung der Sparkassenmitarbeiter durch die Kunden als kognitiver Bestimmungsfaktor.

Die Bestimmungsfaktoren wirken auf das Abschlußverhalten, welches sich als Ergebnis aus der Wahrnehmung der Qualität der angebotenen Finanzdienstleistungen, der daraus resultierenden Zufriedenheit und der Loyalität darstellt. Diese Zusammenhänge werden im folgenden erläutert.

1.3.2 Das Abschlußverhalten als Ergebnis wahrgenommener Qualität, Zufriedenheit und Loyalität

Die wahrgenommene Qualität, Zufriedenheit und Loyalität der Kunden wirken als Erfolgsfaktoren auf den ökonomischen Erfolg von Unternehmen,[435] wobei die Zusammenhänge in einer Wirkungskette beschrieben werden.[436] Danach bestimmt die wahrgenommene Qualität von Gütern oder Dienstleistungen die Zufriedenheit der Kunden mit dem Anbieter. Diese bildet die Grundlage für die Kundenbindung, d.h. die Kunden zeigen loyales Verhalten, welches sich z.B. im Wiederkauf äußert. Aus den Wirkungen der Kundenbindung entsteht schließlich ein größerer ökonomischer Erfolg.[437] Die Wirkungskette wird von zahlreichen moderierenden internen und externen Faktoren beeinflußt.[438] Im folgenden werden die Elemente der Wirkungskette betrachtet.

---

[435] Diese Erkenntnis ist Ergebnis der umfangreichen Forschung in den drei genannten Bereichen. Vgl. für einen Überblick über die Entwicklung der Kundenzufriedenheits- und Kundenbindungsforschung Homburg, C., Bruhn, M., Kundenbindungsmanagement – Eine Einführung, in: Bruhn, M., Homburg, C. (Hrsg.), Handbuch Kundenbindungsmanagement. Grundlagen – Konzepte - Erfahrungen, Wiesbaden 1998, S. 3-35, hier: S. 6f..

[436] Vgl. Bruhn, M., Schweizer Kundenbarometer – Ergebnisse einer Pilotstudie zu Kundenzufriedenheit, Kundendialog und Kundenbindung in Schweizer Unternehmen, Basel 1998, S. 10.

[437] Die postulierten Zusammenhänge sind nicht zwangsläufig linear. Vgl. Bruhn, M., Georgi, D., Wirtschaftlichkeit des Kundenbindungsmanagements, in: Bruhn, M., Homburg, C. (Hrsg.), Handbuch Kundenbindungsmanagement. Grundlagen – Konzepte - Erfahrungen, Wiesbaden 1998, S. 411-439, hier: S. 422ff..

[438] Vgl. Homburg, C., Bruhn, M., Kundenbindungsmanagement – Eine Einführung, in: Bruhn, M., Homburg, C. (Hrsg.), Handbuch Kundenbindungsmanagement. Grundlagen – Konzepte - Erfah-

1.3.2.1 Qualität

Die Erbringung qualitativ hochwertiger Leistungen war zwar schon immer ein mehr oder weniger bewußtes Ziel von Anbietern, erlangte jedoch erst im Zuge des Strukturwandels der Finanzdienstleistungsmärkte besondere Bedeutung, als der steigende Wettbewerb Profilierungsmerkmale von den Anbietern forderte, die ihnen eine „unique selling proposition“[439] sichern sollte.[440]

Für die Neuausrichtung von Finanzdienstleistern in Hinblick auf die Qualität wurde auf das Total Quality Management (TQM) zurückgegriffen. TQM wird beschrieben als „die auf Fehlerfreiheit und Kundenzufriedenheit ausgerichtete, organisierte und kontinuierliche Verbesserung aller Betriebsabläufe unter Beteiligung aller Mitarbeiter.“[441] Ziel des TQM ist die ständige Anpassung an sich ändernde Kundenwünsche zur Erhaltung der Wettbewerbsfähigkeit.[442] Charakteristisch ist neben der Ausweitung des traditionell rein produktorientierten Qualitätsbegriffs auf alle qualitätsrelevanten Aspekte der Leistung die konsequente Einnahme der Kundenperspektive bei der Qualitätsbeurteilung.[443]

Konsequent ist in diesem Zusammenhang eine kundenorientierte Definition von Qualität.[444] Danach wird Qualität als Ausmaß der Erreichung von Verwenderzwecken und damit der Erfüllung individueller Präferenzen interpretiert.[445] In diesem Verständnis ist Qualität nicht mehr objektiv, sondern nur noch subjektiv faßbar.[446]

Für die Anbieter lohnt sich das Bemühen um eine hohe Qualität, wenn daraus eine verbesserte Wettbewerbsposition resultiert. Diese ist jedoch immer in Relation zu den anderen Anbietern zu sehen, d.h. ein aus besserer Qualität resultierender Wettbewerbsvorsprung bleibt nur so lange bestehen, bis die Wettbewerber ein gleich hohes Qualitätsniveau erreicht haben. Im Ergebnis ist dann zwar insgesamt ein höheres Qualitätsniveau am Markt realisiert, der Vorsprung des Qualitätsinnovators wurde jedoch

---

rungen, Wiesbaden 1998, S. 3-35, hier: S. 9f..

439 Nieschlag, R., Dichtl, E., Hörschgen, H., Marketing, 17. A., Berlin 1994, S. 90.

440 Vgl. Schmitz, G., a.a.O., S. 1.

441 Reichardt, I., Beziehungsmarketing: Die Organisation der Kundenorientierung, in: Absatzwirtschaft, 3/96, S.64-68, hier S.65.

442 Vgl. Weinke, K. (1995), Lieferantenmanagement als Voraussetzung für Kundenzufriedenheit, in: Simon, H., Homburg, C. (Hrsg): Kundenzufriedenheit – Konzepte-Methoden-Erfahrungen, Wiesbaden 1995, S. 75-89, hier S. 85.

443 Vgl. Schmitz, G., a.a.O., S 5.

444 Vgl. zu diesem und weiteren Qualitätsbegriffen Garvin, D.A., What does Product Quality Really Mean, in: Sloan Management Review, 3/84, S. 25-43; Schmitz, G., a.a.O., S. 28-32.

445 Vgl. Müller-Böling, D., Qualitätsmanagement, in: Handwörterbuch der Betriebswirtschaft, Bd. 2, 5. A., Stuttgart 1993, Sp. 3626-3638, hier: Sp. 3627. Einen Überblick über die Hauptgedanken der Qualitätsforschung liefert Hentschel, B., Dienstleistungsqualität aus Kundensicht: Vom merkmals- zum ereignisorientierten Ansatz, Wiesbaden 1992, S. 32ff..

446 Vgl. Nader, G., Die Qualität von Bankdienstleistungen, in: Österreichisches Bank Archiv, 6/93, S. 454-463; Meyer, A., Dienstleistungs-Marketing, in: DBW, 2/91, S. 195-209, hier: S. 200.

relativiert, so daß langfristig keine verbesserte Wettbewerbsposition erreicht werden kann. Tatsächlich zeigte sich in 80% von über 100 britischen Unternehmen keine signifikante Auswirkung durch TQM, in fast zwei Drittel von 500 US-Unternehmen ergaben sich ebenfalls keine Wettbewerbsvorsprünge.[447]

Dennoch scheint das Bemühen um Qualität nicht vergebens. Die Metaanalyse von Capon, Farley und Hoenig enthält 20 Studien, in denen ein positiver Zusammenhang zwischen der Qualität und dem Gewinn aufgezeigt wird, wobei der Gewinn meist anhand der Gesamtkapitalrentabilität (ROI) gemessen wurde.[448] Die Qualität bildet somit die Grundlage für erfolgreiches Wirtschaften, d.h. aus Sicht der Anbieter ist die Qualität bei Finanzdienstleistungen der alles entscheidende Erfolgsfaktor des Marketing.[449] Allerdings „greift die *Qualitätsrevolution* erst jetzt auf den Dienstleistungssektor über."[450] In der kreditwirtschaftlichen Forschung besteht eine Auseinandersetzung mit der Qualitäts-Thematik erst in Ansätzen,[451] obwohl dem Streben nach Qualität in der Praxis eine hohe Bedeutung zukommt.[452]

Da der Fokus der vorliegenden Untersuchung nicht auf der Wirkung der wahrgenommenen Qualität von Allfinanzdienstleistungen liegt, sondern vielmehr auf den Wirkungen, die die Zusammenarbeit von Sparkassen und öffentlichen Versicherern bei den Kunden auslöst, wurde der Einfluß der Qualität auf den Abschluß von Versicherungen in der Sparkasse nicht näher untersucht. Im Verständnis der Qualität als ein der Zufriedenheit vorgelagertes Konstrukt[453] wird im folgenden auf die Zufriedenheit eingegangen.

---

[447] Vgl. Anderson, E.W., Fornell, C., Lehmann, D., Customer Satisfaction, Market Share and Profitability: Findings from Sweden, Working Paper, National Quality Research Center, University of Michigan, School of Business Administration, Ann Arbor 1993.

[448] Vgl. Capon, N., Farley, J.U., Hoenig, S., Determinants of Financial Performance: A Meta-Analysis, in: Management Science, October 1990, S. 1143-1159.

[449] Vgl. Kaas, K.-P., Marketing für Finanzdienstleistungen – Probleme und Entwicklungstendenzen, in: Bruhn, M., Steffenhagen, H. (Hrsg.), Marktorientierte Unternehmensführung. Reflexionen – Denkanstösse – Perspektiven, Wiesbaden 1997, S. 455-469, hier: S. 463 sowie Rüdiger, W., „Servicequalität" – ein Schlüsselkriterium für Geldinstitute, in: Österreichisches Bank Archiv, 4/86, S. 142-145.

[450] Reichheld, F.F., Sasser, E.W., Zero-Migration: Dienstleister im Sog der Qualitätsrevolution, in: Harvard Manager, 4/91, S. 108-116, hier: S. 108.

[451] Eine umfassende wissenschaftliche Arbeit legte Bergmann vor. Vgl. Bergmann, M., Qualitätsmanagement in Kreditinstituten. Verfahren zur Messung und Steuerung der Dienstleistungsqualität und deren Implementierung, Frankfurt a. M. 1996.

[452] Vgl. Schmitz, G., a.a.O., S. 8 sowie die dort angegebene Literatur.

[453] Vgl. Nader, G., Zufriedenheit mit Finanzdienstleistungen. Erfolgswirksamkeit, Messung und Modellierung, Wien, New York 1995, S. 96 sowie die dort zitierte Literatur.

1.3.2.2 Zufriedenheit

Die Kundenzufriedenheit ist der zentrale Indikator zur Messung der Produktqualität.[454] Aufgrund der engen Beziehungen zwischen der Qualität und der Zufriedenheit wurde die Frage aufgeworfen, ob sich die beiden Konstrukte überhaupt getrennt voneinander messen lassen. Unabhängig davon, daß dies natürlich von dem verwendeten Meßverfahren abhängig ist,[455] wird in der Literatur die Auffassung vertreten, daß bei der Betrachtung eines bestimmten Dienstleistungsprozesses die Konstrukte deutlich voneinander unterscheidbar sind, während bei einer globalen Betrachtung der Dienstleistung die Konstrukte nicht voneinander zu unterscheiden sind.[456] Nach einer Befragung von 147 Kunden amerikanischer Banken zur Untersuchung der Diskriminanzvalidität eines standardisierten Meßinstruments bezüglich der Konstrukte Dienstleistungsqualität und Zufriedenheit kommen die Forscher zu dem Ergebnis, daß „.. conceptually and empirically there does not seem to be strong evidence that satisfaction and service quality are distinct …“[457]. Die vorliegende Arbeit betrachtet ausschließlich die Wirkung der Zufriedenheit.

Entsprechend der umfangreichen Forschungsarbeiten zum Thema Kundenzufriedenheit[458] existiert eine Fülle von Definitionen dieses Begriffs.[459] Faßt man die zentralen Aussagen daraus zusammen, läßt sich Kundenzufriedenheit als „Ergebnis eines psychischen Soll-Ist-Vergleichs“[460] verstehen. Die Soll-Komponente bildet einen Ver-

---

454 Vgl. Meffert, H., Marketing. Grundlagen marktorientierter Unternehmensführung. Konzepte – Instrumente – Praxisbeispiele, 8. A., Wiesbaden 1998, S. 357; Meyer, A., Dornach, F., Das Deutsche Kundenbarometer – Qualität und Zufriedenheit, in: Simon, H., Homburg, C. (Hrsg.), Kundenzufriedenheit. Konzepte – Methoden – Erfahrungen, 2. A., Wiesbaden 1997, S. 163-184, hier: S. 165f..

455 Vgl. Nader, G., Zufriedenheit mit Finanzdienstleistungen. Erfolgswirksamkeit, Messung und Modellierung, Wien, New York 1995, S. 25.

456 Vgl. Nader, G., Zufriedenheit mit Finanzdienstleistungen. Erfolgswirksamkeit, Messung und Modellierung, Wien New York 1995, S. 26.

457 Spreng, R.A., Singh, A.K., An Empirical Assessment of the SERVQUAL Scale and the Relationship between Service Quality and Satisfaction, American Marketing Association, Summer 1993, S. 1-6, hier: S. 5.

458 Anfang der neunziger Jahre wurde die Anzahl von nur anglo-amerikanischen Artikeln und Beiträgen zum Thema Kundenzufriedenheit bereits auf über 15.000 geschätzt. Vgl. Peterson, R.A., Wilson, W.R., Measuring Customer Satisfaction: Fact and Artifact, in: Journal of the Academy of Marketing Science, 1/92, S. 61-71, hier: S. 61. Auch für Finanzdienstleistungen wurde die Kundenzufriedenheit untersucht. Vgl. Nader, G., Zufriedenheit mit Finanzdienstleistungen. Erfolgswirksamkeit, Messung und Modellierung, Wien, New York 1995.

459 Vgl. den Überblick bei Siefke, A., Zufriedenheit mit Dienstleistungen, Frankfurt 1998, S. 21ff. bzw. Nader, G., Zufriedenheit mit Finanzdienstleistungen. Erfolgswirksamkeit, Messung und Modellierung, Wien New York 1995, S. 17ff..

460 Kaas, K.P., Runow, H., Wie befriedigend sind die Ergebnisse der Forschung zur Verbraucherzufriedenheit?, in: DBW, 3/84, S. 451-460, hier: S. 452. Vgl. dazu auch Homburg, C., Rudolph, B., Theoretische Perspektiven zur Kundenzufriedenheit, in: Simon, H., Homburg, C. (Hrsg.), Kundenzufriedenheit. Konzepte – Methoden – Erfahrungen, 2. A., Wiesbaden 1997, S. 31-51, hier: S. 33. Dieses Verständnis der Zufriedenheit liegt dem Confirmation/Disconfirmation Paradigm zugrunde. Vgl. Oliver, R.L., A Cognitive Model of the Antecedents and Consequences of Satisfaction Deci-

gleichsstandard, mit dem die Ist-Komponente, die subjektiv wahrgenommene Leistung, verglichen wird. Der Vergleichsstandard kann dabei durch Erwartungen, Ideale, individuelle Normen oder andere Maßstäbe gebildet werden.[461]

Für Finanzdienstleistungen konnte Nader zeigen, daß nicht die Erwartungen der Kunden den Vergleichsmaßstab bilden, da Kunden nur vage Vorstellungen davon haben, wie Finanzdienstleistungen beschaffen sein müßten, um ihren Bedürfnissen zu entsprechen. Die Funktion des Vergleichsmaßstabs wird vielmehr von den Erfahrungen geprägt.[462] Kunden müssen erst Erfahrungen mit Finanzdienstleistungen gemacht haben, bevor sie darüber urteilen können und bevor sie zufrieden oder unzufrieden sind. Diese Befunde erklären sich durch den hohen Anteil an Erfahrungseigenschaften von Finanzdienstleistungen.[463]

Das Ergebnis des Vergleichs ist das Konstrukt Zufriedenheit bzw. Unzufriedenheit.[464] Zufriedenheit entsteht nur dann, wenn die Bedürfnisbefriedigung die Erwartungen des Kunden übertrifft. Es handelt sich somit um eine subjektive Meßgröße. Die Kundenzufriedenheit wurde zunächst als entscheidender Einflußfaktor für den wirtschaftlichen Erfolg eines Unternehmens angesehen.[465] Für Finanzdienstleistungen wurde dieser Zusammenhang erstmals von Nader untersucht.[466] Anhand von aggregierten Daten, die dem Schwedischen Kundenzufriedenheitsbarometer entnommen wurden, konnte die positive Wirkung der Kundenzufriedenheit auf den wirtschaftlichen Erfolg am Beispiel des Produkts Privatkredit nachgewiesen werden.[467]

---

sions, in: Journal of Marketing Research, 4/80, S. 460-469.

[461] Vgl. Homburg, C., Faßnacht, M., Werner, H., Operationalisierung von Kundenzufriedenheit und Kundenbindung, in: Bruhn, M., Homburg, C. (Hrsg.), Handbuch Kundenbindungsmanagement. Grundlagen – Konzepte – Erfahrungen, Wiesbaden 1998, S. 389-410, hier: S. 392; Müller, S., Die Unzufriedenheit der „eher zufriedenen" Kunden, in: Müller, S., Strothmann, H. (Hrsg.), Kundenzufriedenheit und Kundenbindung. Strategien und Instrumente von Finanzdienstleistern, München 1998, S. 197-218, hier: S. 199.

[462] Vgl. Nader, G., Zufriedenheit mit Finanzdienstleistungen. Erfolgswirksamkeit, Messung und Modellierung, Wien New York 1995, S. 114.

[463] Vgl. Nader, G., Zufriedenheit mit Finanzdienstleistungen. Erfolgswirksamkeit, Messung und Modellierung, Wien New York 1995, S. 92.

[464] Vgl. Korte, C., Customer Satisfaction Measurement: Zufriedenheitsmessung als Informationsgrundlage des Hersteller- und Handelsmarketing am Beispiel der Automobilwirtschaft, Frankfurt 1996, S. 35ff..

[465] Vgl. Bruhn, M., Marketing und Konsumentenzufriedenheit, in: WISU, 6/85, S. 300-307; Simon, H., Homburg, C., Kundenzufriedenheit als strategischer Erfolgsfaktor – Einführende Überlegungen, in: Simon, H., Homburg, C. (Hrsg): Kundenzufriedenheit – Konzepte-Methoden-Erfahrungen, 2. A., Wiesbaden 1997, S. 17-30, hier S. 28.

[466] Vgl. Nader, G., Zufriedenheit mit Finanzdienstleistungen. Erfolgswirksamkeit, Messung und Modellierung, Wien New York 1995, S. 99.

[467] Vgl. Nader, G., Zufriedenheit mit Finanzdienstleistungen. Erfolgswirksamkeit, Messung und Modellierung, Wien New York 1995, S. 114. Der wirtschaftliche Erfolg wurde anhand des Return on Assets (ROA) gemessen. Vgl. ebda., S. 107.

Die Wirkung der Kundenzufriedenheit auf den Gewinn beruht auf der hohen Kaufverhaltensrelevanz der Zufriedenheit.[468] Damit ist die Bedeutung der Zufriedenheit vor allem für solche Unternehmen gegeben, bei denen wiederkehrende Bedarfe auftreten, wo die Bedürfnisse der Kunden also nicht durch einen einmaligen Akt der Leistungsinanspruchnahme befriedigt werden kann. Dies ist bei Finanzdienstleistungen der Fall: Aufgrund der hohen Bedeutung des Geldes für das tägliche Leben ist das Bedürfnis nach Finanzdienstleistungen quasi permanent vorhanden.[469] Von daher ist es erstaunlich, daß die Bedeutung der Zufriedenheit bisher kaum Einzug in die Bankbetriebslehre gefunden hat.[470] Dies gilt um so mehr, als unzufriedene Kunden negative Auswirkungen auf die Ertragslage von Finanzdienstleistern haben können, indem sie mit Widerspruch oder Abwanderung reagieren.[471]

Die vorstehenden Überlegungen verdeutlichen die Wichtigkeit der Betrachtung der Zufriedenheit mit Finanzdienstleistungen. Für das vorliegende Problemfeld wird daher der Einfluß der Kundenzufriedenheit auf die Inanspruchnahme von Allfinanz-Dienstleistungen analysiert. Entsprechend wird folgende Hypothese untersucht:

H_K4	Je zufriedener die Kunden mit der Sparkasse sind, desto wahrscheinlicher ist der Abschluß einer Versicherung in der Sparkasse.

Neben der Wirkung der Kundenzufriedenheit auf den Gewinn wird dieser von weiteren verhaltenswissenschaftlichen Konstrukten bestimmt. Reichheld und Sasser fanden heraus, daß nicht nur die Zufriedenheit der Kunden mit einem Unternehmen ihr künftiges Verhalten bestimmt.[472] Viele Kunden sind zwar zufrieden mit den Leistungen eines Unternehmens, tätigen aber dennoch keine Wiederkäufe und tragen somit auch nicht zum ökonomischen Erfolg des Unternehmens bei.[473] Daraus wird gefolgert, Kundenzufriedenheit sei „... not a particularly reliable indicator of customer´s future action."[474] Daher wird die Kundenzufriedenheit mittlerweile als Grundlage für eine hohe Loyalität des Kunden gegenüber dem Produkt, seinem Hersteller und auch dem das

468 Vgl. Meffert, H., Schwetje, T., Meßprobleme der Kundenzufriedenheit – Erfahrungen aus einem Marktforschungsprojekt, in: Meffert, H., Backhaus, K. (Hrsg.), Arbeitspapier Nr. 114 der Wissenschaftlichen Gesellschaft für Unternehmensführung e.V., Münster 1998, S. 4.

469 Vgl. Nader, G., Zufriedenheit mit Finanzdienstleistungen. Erfolgswirksamkeit, Messung und Modellierung, Wien New York 1995, S. 103.

470 Vgl. Nader, G., Zufriedenheit mit Finanzdienstleistungen. Erfolgswirksamkeit, Messung und Modellierung, Wien New York 1995, S. 3.

471 Vgl. Hirschman, A.O., Abwanderung und Widerspruch, Tübingen 1974.

472 Vgl. Reichheld, F.F., Sasser, W.E., Zero Defections: Quality Comes to Services, in: Harvard Business Review, 5/90, S. 105-111.

473 Vgl. Pohl, A., Dahlhoff, D., Auch zufriedene Kunden werden untreu, in: FAZ, 14.9.1998.

474 Reichheld, F.F., Aspinall, K., Building High-Loyalty Business Systems, in: Journal of Retail Banking, 1994, S. 21-29, hier S. 26. Die Autoren verweisen auf einen amerikanischen Autohersteller, der trotz ständig steigender Zufriedenheitswerte sinkende Marktanteile verzeichnete. Etwa 90% der abwandernden Kunden waren zufrieden oder sehr zufrieden, hatten aber ein noch besseres Konkurrenzangebot.

Produkt vertreibenden Einzelhändler[475] bzw. im Bereich der Finanzdienstleistungen der Außendienstorganisation angesehen. Kundenzufriedenheit ist in diesem Zusammenhang ein wichtiger, aber nicht der alleinige Erfolgsfaktor.[476] Jacoby/Chestnut stellen dazu fest: „Repeated purchase of the same brand by the same customer does not just happen, (...), but is the net result of many influences."[477] Somit ist es wirtschaftlich entscheidend, auf die tatsächliche Bindung der Kunden an das Unternehmen hinzuwirken und nicht nur auf deren Zufriedenheit.[478] Diese wird im folgenden betrachtet.

1.3.2.3 Kundenbindung

Zur Beschreibung des Begriffs Kundenbindung[479] wird im vorliegenden Zusammenhang eine nachfragerorientierte Definition gewählt.[480] Die nachfragerorientierte Betrachtungsweise wird in der Literatur auch als Kundenloyalität[481] bzw. Kundentreue

---

[475] Vgl. Burmann, C., Konsumentenzufriedenheit als Determinante der Marken- und Händlerloyalität, in: Marketing ZFP, 4/91, S. 249-258 sowie Bruhn, M., Marketing und Konsumentenzufriedenheit, in: WISU, 6/85, S. 300-307, hier: S. 301.

[476] Die Beziehung zwischen Kundenzufriedenheit und Kundenbindung ist in der Folge in vielen Studien untersucht und bestätigt worden Vgl. Fornell, C., A national customer satisfaction barometer: The swedish experience, in: Journal of Marketing, 1/92, S. 6-21; Homburg, C., Giering, A., Hentschel, F., Der Zusammenhang zwischen Kundenzufriedenheit und Kundenbindung, in: Bruhn, M., Homburg, C. (Hrsg.), Handbuch Kundenbindungsmanagement. Grundlagen – Konzepte – Erfahrungen, Wiesbaden 1998, S. 81-112 und die dort angeführten Untersuchungen.

[477] Jacoby, J., Chestnut, R., Brand loyalty, Measurement and management, New York 1978, S. 4f..

[478] Vgl. Heskett, J.L., Jones, T.O., Loveman, G.W., Sasser, W.E., Schlesinger, L.A., Putting the Service-Profit Chain to Work, in: Harvard Business Review, 2/94, S. 164-174.

[479] Im Rahmen von Untersuchungen über das Wiederkaufverhalten von Marken entwickelte sich die Kundenbindungsforschung als eigenständiger Forschungszweig in den 20-er Jahren. Vgl. Copeland, M., Relation of Consumer`s buying habit to Marketing Methods, in: Harvard Business Review, 4/23, S. 282-289. Copeland verwendete dabei noch nicht den Begriff „brand loyalty" sondern „brand insistence". In der Folge entstanden zunächst behavioristische Modelle des statischen und dynamischen Wiederkaufverhaltens, später wurden verstärkt verhaltenswissenschaftliche Modelle eingesetzt, auf denen auch heute noch der Schwerpunkt der empirischen Forschung liegt. Vgl. Nolte, H., Die Markentreue im Konsumgüterbereich, Bochum 1976 sowie Weißenberger, B.E., Zur Bedeutung von Vertrauensstrategien für den Aufbau und den Erhalt von Kundenbindung im Konsumgüterbereich, in: ZfbF, 1998, S. 614-639, hier S. 615. Die verhaltenswissenschaftlichen Modelle enthalten entweder eine Konzeptionalisierung des Begriffs der Kundenbindung und dessen Abgrenzung von verwandten Konstrukten, oder untersuchen Einflußgrößen und Wirkungsweisen von Kundenbindung. Als verwandte Konstrukte gelten dabei z.B. Kundenzufriedenheit oder Markentreue, vgl. z.B. Homburg, C., Kundennähe von Industriegüterunternehmen – Konzeption – Erfolgsauswirkungen - Determinanten, Wiesbaden 1995 oder Diller, H., a.a.O.. Vgl. zu untersuchen Einflußgrößen und Wirkungsweisen von Kundenbindung Burmann, C., a.a.O.; Johnson, M.D., Anderson, E.W., Fornell, C., Rational and Adaptive Performance in a Customer Satisfaction Framework, in: Journal of Consumer Research, 1995, S. 695-707; Zeithaml, V.A., Berry, L.L., Parasuraman, A., The Behavioral Consequences of Service Quality, in: Journal of Marketing, 4/96, S. 31-46.

[480] Siehe hierzu die Ausführungen in Kapitel A 2.2.3.

[481] In diesem Zusammenhang drückt Kundenbindung „...die Loyalität vorhandener Nachfrager zum eigenen Angebot aus." Pepels, W., Handbuch moderner Marketingpraxis, Bd. 1, Düsseldorf 1993,

oder Markentreue bezeichnet[482]. Sie beschreibt die vom Kunden empfundene geringere Wechselbereitschaft. Danach beschreibt der Begriff Kundenbindung Kunden, die an ein Unternehmen gebunden sind oder sich gebunden fühlen.[483] Kundenbindung ist demnach „die Einstellung eines Kunden zur Geschäftsbeziehung mit einem Hersteller (oder Verkäufer)..., die sich in dessen Bereitschaft zu Folgetransaktionen niederschlägt“[484].

Kundenbindung kann sowohl auf Freiwilligkeit und Zufriedenheit beruhen, aber auch durch negative Sanktionen (z.B. Vorfälligkeitsentgelte, Auflösungsgebühren) oder langfristige Vertragslaufzeiten quasi erzwungen werden.[485] Im letzteren Fall wird von der Gebundenheit der Kunden gesprochen. Die auf Freiwilligkeit und Zufriedenheit beruhende Kundenbindung wird als Verbundenheit oder Loyalität des Kunden bezeichnet. Im Rahmen einer kundenorientierten Absatzpolitik steht dieses Verständnis von Kundenbindung hier im Vordergrund.

Die Wirkungen der Kundenbindung sind sowohl auf die Ertragskraft bzw. auf die Umsatzentwicklung eines Unternehmens als auch auf einige Kostenpositionen gerichtet.[486] Weiterhin läßt sich feststellen, daß verlorene Kunden erhebliche Kosten verursachen, welche bei der Optimierung des Kundenbindungs-Management nicht zu vernachlässigen sind. Abbildung 13 zeigt einen Überblick über Gewinnpotentiale der Kundenbindung.

S. 211.

482 Eine Übersicht über verschiedene Konzepte der Markentreue findet sich bei Matthes, D., Die Markentreue, eine Analyse ihres Wesens und dessen Bestimmungsfaktoren, Erlangen-Nürnberg 1967.

483 Vgl. zur „hersteller“- bzw. „verkäufer“- oder „anbieterorientierten“ Definition von Kundenbindung Diller, H., a.a.O., S. 83.

484 Vgl. Diller, H., a.a.O., S. 82. Als verhaltenswissenschaftliche Erklärungsansätze der Kundenbindung können die Lerntheorie, die Dissonanztheorie oder die Risikotheorie herangezogen werden. Vgl. Homburg, C., Giering, A., Hentschel, F., Der Zusammenhang zwischen Kundenzufriedenheit und Kundenbindung, in: Bruhn, M., Homburg, C. (Hrsg.), Handbuch Kundenbindungsmanagement. Grundlagen – Konzepte – Erfahrungen, Wiesbaden 1998, S. 81-112.

485 Vgl. Wieneke, H., Prätsch, J., Beckröge, L., Kundenbindung als strategisches Ziel einer integrierten Privatkundenkonzeption, in: Sparkasse, 8/97, S. 352-366, hier: S. 353; Moll, H.-W., Vertrieb von Finanzdienstleistungen – Kundenbindung und Kundenzufriedenheit, in: Bankinformation, 5/97, S. 14-21, hier: S. 15. Die Kundenbindung aufgrund von Zwang wird als „Lock-In-Effekt“ bezeichnet, der Kunde entsprechend als „locked-in-user“. Vgl. Meffert, H., Marketing. Grundlagen marktorientierter Unternehmensführung. Konzepte – Instrumente – Praxisbeispiele, 8. A., Wiesbaden 1998, S. 1127; Meffert, H., Kundenbindung als Element moderner Wettbewerbsstrategien, in: Bruhn, M., Homburg, C. (Hrsg.), Handbuch Kundenbindungsmanagement. Grundlagen – Konzepte – Erfahrungen, Wiesbaden 1998, S. 115—133, hier: S. 127f..

486 Die Bindung bestehender Kunden ist dabei i.d.R. mit weniger Kosten verbunden als die Gewinnung neuer Kunden. Zur Gegenüberstellung vgl. Pfingsten, A., Der Aufbau neuer und die Intensivierung bestehender Kundenbeziehungen: Problematik und Optimierungsansätze, in: Hansmann, K.-W. et al. (Hrsg.), Operations Research Proceedings 1992, Berlin et al. 1993, S. 66-74.

Abbildung 13: Gewinnpotentiale durch Kundenbindung

Quelle: Vgl. Kunze, K., a.a.O., S. 80.

Die einzelnen Komponenten werden im folgenden beschrieben. Zunächst hat Kundenbindung erhebliche Auswirkungen auf das Kaufverhalten der Kunden und somit direkt auf die Umsatzentwicklung von Unternehmen. Folgende Verhaltensweisen sind bei gebundenen Kunden beobachtet worden:[487]

- Hohe Wiederkaufrate
- Stärkeres „Cross-Buying"-Verhalten
- Geringe Preissensitivität
- Höhere Toleranz gegenüber kurzzeitiger Unzufriedenheit
- Höhere Resistenz gegenüber Abwerbungsversuchen der Konkurrenz
- Positive Mund-zu-Mund-Werbung

Der Kunde bildet durch die anhaltende Erfüllung seiner Erwartungen Vertrauen zu einem Produkt bzw. einer Marke, wodurch er dazu neigt, das Produkt oder die Marke wieder zu kaufen. Dies erfolgt sogar in immer stärkerem Ausmaß, je länger die Kundenbeziehung dauert.[488] Ist ein Kunde von der Qualität und dem Service eines Unter-

[487] Vgl. Müller, W., Riesenbeck, H.J., Wie aus zufriedenen auch abhängige Kunden werden, in: Harvard Manager, 3/91, S. 67-79, hier: S. 69; Dick, A., Basu, K., a.a.O., hier S. 100; Herrmann, A., Produktqualität, Kundenzufriedenheit und Unternehmensrentabilität, in: Bauer, H.-H., Diller, H. (Hrsg.), Wege des Marketing, Berlin 1995, S. 237-247, hier: S. 241; Grönross, C., The marketing strategy continuum: Towards a marketing concept for the 1990s, in: Management Decision, 1/91, S. 7-13, hier S. 10; Kotler, P., Bliemel, F., Marketing-Management. Analyse, Planung, Umsetzung und Steuerung, 7. A., Stuttgart 1992, S. 27; Diller, H., a.a.O., S. 81. Ähnliche Verhaltensweisen werden auch in Zufriedenheitsuntersuchungen festgestellt. Dies bestätigt die große Wirkung der Kundenzufriedenheit auf die Kundenbindung und somit auf den Unternehmenserfolg. Vgl. Matzler, K., Hinterhuber, H.H., Handlbaur, G., Erfolgspotential Kundenzufriedenheit (1), in: WISU, 7/97, S. 645-650, hier S. 650.

[488] Vgl. Müller, W., Riesenbeck, H.J., Wie aus zufriedenen auch abhängige Kunden werden, in: Harvard Manager, 3/91, S. 67-79, hier: S. 69.

nehmens überzeugt, so steigt auch seine Bereitschaft zum Kauf anderer Produkte desselben Anbieters (Cross-Buying-Verhalten).[489] In diesem Fall kann neben dem Grund- oder Basisertrag, der jährlich gleichermaßen durch Wiederkauf erzielt wird, mit der Zeit zudem das Cross-Buying-Potential der Kunden ausgeschöpft werden. Ein weiterer positiver wirtschaftlicher Aspekt langjähriger Kundenbeziehungen ist die kostenlose Mund-zu-Mund-Kommunikation.[490] Die Weitergabe von positiven Unternehmens- und Leistungseindrücken zufriedener Kunden hat einen hohen Wert, der jedoch kaum quantifiziert werden kann. Die Weiterempfehlungen der Kunden führen dazu, daß neue Kunden die Leistungen des Unternehmens in Anspruch nehmen.[491] Zuletzt können aufgrund der geringeren Preissensitivität von Langzeitkunden höhere Preise verlangt und somit höhere Margen durchgesetzt werden. Hier spielt das menschliche Sicherheitsbedürfnis und das Risiko beim Einlassen auf einen preisgünstigeren Mitbewerber eine Rolle.

Jede dieser Verhaltensweisen trägt zu einer Ertragssteigerung über die Zeit der Kundenbeziehung bei. Dabei gilt, daß der Umsatz mit einem Kunden umso größer wird, je länger die Beziehung besteht.[492] Für jeden Kunden kann damit ein Kundenwert berechnet werden, der als diskontierter Gewinn, den ein Kunde im Verlauf der Beziehung zum Unternehmen erzeugt, definiert werden kann.[493]

Für ein Unternehmen beginnt eine Kundenbeziehung in der Regel mit Kosten. Die Neukundenakquisition verursacht einmalige Kosten, z.B. für Werbung, Administration oder Verkaufsförderung.[494] Diese Kosten sind im Rahmen einer langfristigen Betrachtung Investitionen in eine gewinnbringende Partnerschaft mit dem Kunden.[495]

---

[489] Vgl. Herrmann, A., Produktqualität, Kundenzufriedenheit und Unternehmensrentabilität, in: Bauer, H.-H., Diller, H. (Hrsg.), Wege des Marketing, Berlin 1995, S. 237-247, hier: S. 241 sowie Kotler, P., Bliemel, F., Marketing-Management. Analyse, Planung, Umsetzung und Steuerung, 7. A., Stuttgart 1992, S. 27f..

[490] Vgl. McKenna, R., Relationship Marketing: Successful Strategies for the Age of the customer, New York 1991, S.89f.; Zeithaml, V., Parasuraman, A., Berry, L.L., Delivering Quality Service Balancing Customer Perceptions and Expectations, New York 1990, S. 32.

[491] Die Stärke dieses Effekts ist von Branche zu Branche unterschiedlich zu beurteilen, aber für viele Industrien dürfte der Anteil an Neukunden, die allein aufgrund von Weiterempfehlungen kaufen, ca. 50% aller Neukunden betragen. Vgl. beispielhaft für Versicherungen: Ullmann, H., Peill, E., Servicequalität und Kundenzufriedenheit als Schlüssel zum Markterfolg (I) – Empirische Ergebnisse aus der Versicherungsbranche, in: Versicherungswirtschaft, 1994, S. 1266-1271, hier S. 1270.

[492] Vgl. Reichheld, F.F., Sasser, W.E., Zero Migration: Dienstleister im Sog der Qualitätsrevolution, in: Harvard Manager, 4/91, S. 108-116, hier: S. 112.

[493] Vgl. Meffert, H., Bruhn, M., a.a.O., S. 145.

[494] So ist zum Beispiel in der Versicherungswirtschaft zu Beginn einer Kundenbeziehung ein gründliches und somit kostenintensives Beratungsgespräch notwendig, um das Vertrauen des Kunden zu gewinnen und individuelle Problemlösungen zu erarbeiten. Diese Kosten fallen bei Folgebesuchen nicht mehr in gleichem Maße an.

[495] So sinken die Kosten der pro Police einer Lebensversicherung laut einer Untersuchung von Reichheld um 18%, durch einen 5%-igen Anstieg der Quote der loyalen Kunden. Vgl. Reichheld, F.F., Treue Kunden müssen auch rentabel sein, Harvard Business Manager, 3/93, S. 106-114, hier S.

Ihnen steht über die Dauer der Beziehung ein steigendes Gewinnpotential gegenüber. Gelingt es einem Unternehmen, den Kunden über den Zeitpunkt der Amortisation der Investitionskosten hinaus zu betreuen, kann es Ertragspotentiale aus den Auswirkungen der beschriebenen Verhaltensweisen schöpfen. Die Wirkungen der Kundenbindung auf die Kosten werden im folgenden beschrieben.

Bei der Betrachtung von Kosteneinsparungen durch ein auf Kundenbindung ausgerichtetes Geschäftssystem gilt zu beachten, daß die Implementierung von Kundenbindungsinstrumenten auch Kosten verursacht. Die Einsparungen sollten also insgesamt abdiskontiert im Rahmen einer Kundenwertbetrachtung[496] über den Ausgaben liegen, um positiv zum Gesamterfolg beitragen zu können. Folgende Kostenblöcke können durch loyale Kunden reduziert werden:

- Akquisitionskosten
- Kommunikationskosten
- Vertriebs- und Verwaltungskosten

Die Akquisitionskosten umfassen alle für die Beziehungsanbahnung aufgewendeten Vertriebskosten. Dazu gehören z.B. Verwaltungskosten für die Aufnahme neuer Kunden in den Kundenstamm, Preisnachlässe, sowie diejenigen Kosten, die anfallen, um Kunden mit dem Angebot vertraut zu machen.[497] Gelingt es einem Unternehmen, die Kundenbindungsrate zu erhöhen, verringert sich die Bedeutung der Neukundenakquisition zur Erhaltung des Geschäftsbetriebs, da weniger Kunden „ersetzt" werden müssen[498]. Für gebundene Kunden fallen beim Wiederkauf also keine erneuten Akquisitionskosten an. Für die Pflege von Bestandskunden ist nach einer Studie der Forum Corporation aber nur ca. 20% der Neukundenakquisitionskosten notwendig, wodurch relevante Kosteneinsparungen erzielt werden können[499].

Zwar fallen bei langfristigen Verträgen wie Versicherungen oder Baufinanzierungen nicht so häufig Wiederkäufe an,[500] doch insgesamt ist für Kreditinstitute und Versicherungen ein hohes Kosteneinsparungspotential bei Akquisitionskosten gegeben, da diese aufgrund der Erklärungsbedürftigkeit von Finanzdienstleistungen,[501] durch die Beratung oder den Außendienst sehr hoch sind.

112.

496 Vgl. Link, J., Welche Kunden rechnen sich?, in: Absatzwirtschaft, 10/95, S. 108-110.

497 Vgl. Bergmann, K., Angewandtes Kundenbindungs-Management, Frankfurt a.M. 1998, S. 37ff.

498 Vgl. Eckert, S., Rentabilitätssteigerung durch Kundenbindung am Beispiel des Bertelsmann Buchclubs, Bamberg 1994, S. 45.

499 Vgl. Müller, W., Kundenzufriedenheit als oberstes Ziel – Loyales Kundenpotential als strategischer Wettbewerbsfaktor, Teil 1, in: Gablers Magazin, 9/90, S. 41-46, hier: S. 42f..

500 Es handelt sich um kontaktseltene Leistungen, während z.B. die Zahlungsverkehrsprodukte von Banken als kontakthäufige Leistungen bezeichnet werden. Vgl. Hannemann, S., a.a.O., S. 43f. sowie die dort zitierte Literatur.

501 Vgl. Süchting, J., Die Theorie der Bankloyalität – (immer noch) eine Basis zum Verständnis der Absatzbeziehungen von Kreditinstituten?, in: Süchting, J., Heitmüller, H.-M. (Hrsg.), Handbuch des Bankmarketing, Wiesbaden 1998, S. 1-25, hier: S. 5.

Eine positive Mund-zu-Mund-Kommunikation wirkt außer auf den Umsatz auch positiv auf die Kommunikationskosten. So können Anbahnungskosten für Neukunden verringert werden, da das Unternehmens durch Weiterempfehlungen bereits bekannt ist. Werbungs- und andere Kommunikationskosten können in dem Maße eingespart werden, in dem Neukunden durch Weiterempfehlungen loyaler Kunden akquiriert werden. Zudem hat sich gezeigt, daß Neukunden, die aufgrund persönlicher Empfehlung gebundener Kunden an ein Unternehmen herantreten, ebenfalls stärker an dieses gebunden sind, als solche, die den Anbieter über unpersönliche Kanäle wie z.B. über die „Gelben Seiten" auswählten.[502]

Zudem sinken die Vertriebs- und Verwaltungskosten bei langjährigen Kundenbeziehungen. So sind z.B. die Betreuungskosten deutlich niedriger bei Kundenbeziehungen, die auf engem persönlichem Kontakt basieren.[503] Dies konnte von Reichheld und Sasser für den Bereich der Finanzberatung bestätigt werden: Einerseits wissen die Kunden genauer, was von der Beratung zu erwarten ist und stellen weniger Fragen, andererseits erhöht sich die Effizienz der Beratung, da die Berater mit der finanziellen Situation und den Anlagepräferenzen der Kunden vertraut sind.[504] Dieser Effekt dürfte bei Sparkassen durch die flächendeckende Präsenz und gute Kenntnis der Kunden besonders ausgeprägt sein.

Die Kosteneinsparungen, die durch eine Erhöhung der Kundenbindungsrate zu erreichen sind, können allerdings in den meisten Unternehmen nicht korrekt ermittelt werden, da ein auf die Erfassung dieser Effekte ausgerichtetes Controlling-System nur in den seltensten Fällen vorhanden ist. Jedoch zeigen Berechnungen anhand diverser Beispielunternehmen, daß die Auswirkungen der Kundenbindung auf die Kostensituation der Unternehmen beträchtlich sein können.[505]

Um den wirtschaftlichen Gesamteffekt von Kundenbindungsaktivitäten zu erfassen, dürfen jedoch nicht nur die Gewinnpotentiale loyaler Kunden betrachtet werden. Ebenso verursachen abgewanderte, also illoyale Kunden Kosten. Auch diese Kosten lassen sich mit derzeit vorhandenen Kostenrechnungssystemen nur schwer quantifizieren.[506] Heutige Rechnungswesensysteme konzentrieren sich primär auf den periodengerechten Ausweis von Gewinn und Verlust und weniger auf die dynamische periodenübergreifende Betrachtung von Kundenbeziehungen über den gesamten Lebens-

---

[502] Vgl. Reichheld, F.F., Lernen von abtrünnigen Kunden, was Sie falsch machen, Harvard Business Manager, 1997, S. 57-68, hier S. 65.

[503] Vgl. Reichheld, F.F., Sasser, W.E., Zero Migration: Dienstleister im Sog der Qualitätsrevolution, in: Harvard Manager, 4/91, S. 108-116, hier: S. 112. Hier wurde dieser Effekt für ein Finanzberatungsunternehmen beschrieben.

[504] Vgl. Reichheld, F.F., Sasser, W.E., Zero-Migration: Dienstleister im Sog der Qualitätsrevolution, in: Harvard Manager, 4/91, S. 108-116, hier: S. 109.

[505] Vgl. Reichheld, F.F., Sasser, W.E. Zero Defections: Quality Comes to Services, in: Harvard Business Review, 5/90, S. 105-111, hier: S. 106f..

[506] Vgl. Slywotzky, A.J., Shapiro, B.P., Neues Marketingdenken: Der loyale Kunde zählt, nicht die schnelle Mark, in: Harvard Business Manager, 2/94, S. 85-94, hier S. 90.

zyklus[507] (Kundenwert). Die Unkenntnis über die „wahren" Kosten von Kundenverlusten sind die Hauptursache dafür, daß die Bedeutung der Kundenbindung noch nicht überall voll erkannt wird.[508]

Die wirtschaftlichen Einbußen verlorener Kunden beinhalten den Aufwand für die administrative Abwicklung der Beendigung der Kundenbeziehung[509] sowie Umsatzverluste durch Ausfall von Wiederkäufen und Cross-Buying und damit der Aufwand für verstärkt notwendige Neukundenakquisition. Diese werden zudem durch negative Mund-zu-Mund-Kommunikation erschwert.[510]

Durch die umsatzerhöhenden und kostensenkenden Effekte der Kundenbindung entstehen im Ergebnis höhere Gewinne. Reichheld und Sasser konnten empirisch nachweisen, daß eine Senkung der Kundenabwanderung um nur 5% eine Gewinnsteigerung zwischen 25% und 85% bewirken konnte. Für eine Regionalbank mit einer Reihe von Niederlassungen lag die Gewinnsteigerung bei 85%.[511]

Zusammengenommen verdeutlichen diese Effekte, warum eine hohe Kundenbindung[512] als wichtige strategische Aufgabenstellung für marktorientierte Unternehmen[513] bzw. als psychographische Zielgröße des Dienstleistungsmarketing[514] angesehen wird. Für die Implementierung bedeutet das, daß auch die Führung und die Organisation der

---

507 Vgl. Dawkins, P.M., Reichheld, F.F., Customer retention as a competitive weapon, in: Directors & Boards, 4/90, S. 42-47, hier S. 43.

508 Vgl. Heskett, J.L., Sasser, W.E., Hart, C.W., Service Breakthroughs: Changing the Rules of the Game, New York 1990, S. 73f. und S. 80f.

509 Vgl. Joho, C., a.a.O., S. 59f..

510 Vgl. Cannie, J.K., Keeping customers for life, New York 1991, S. 16f. Cannie beschreibt einen 3 bis 5-fach höheren Effekt von negativer Mund-zu-Mund-Propaganda von unzufriedenen Kunden im Gegensatz zu positiver von zufriedenen Kunden. Negative Erfahrungen werden im Schnitt 10 Personen mitgeteilt, positive hingegen nur 2-3 Personen. Negative Mund-zu-Mund-Propaganda tritt allerdings nur bei Abwanderung durch Unzufriedenheit auf. Bei anderen Wechselgründen wie Variety Seeking oder Umzug treten diese Effekte nicht auf.

511 Vgl. Reichheld, F.F., Sasser, W.E., Zero-Migration: Dienstleister im Sog der Qualitätsrevolution, in: Harvard Manager, 4/91, S. 108-116, hier: S. 110.

512 Die Höhe der Kundenbindung kann dabei anhand der Kundenbindungsrate angegeben werden. Sie beschreibt den Anteil der aktuellen Kunden zu Beginn und zum Ende eines Jahres im Vergleich zu allen Kunden am Jahresanfang. Vgl. Scharioth, J., Wie sie Kunden durch Kommunikation binden, Gablers Magazin, 1/1993, S. 22-24, hier S. 22.

513 Vgl. Meffert, H., Kundenbindung als Element moderner Wettbewerbsstrategien, in: Bruhn, M., Homburg, C. (Hrsg.), Handbuch Kundenbindungsmanagement. Grundlagen – Konzepte – Erfahrungen, Wiesbaden 1998, S. 115-133, hier S. 117. Die Bedeutung der Kundenbindung wurde auch in der Praxis erkannt. Vgl. Lange, H.J., Kundenbindung im Bankbereich: Das Beispiel der Deutschen Bank AG, in: Bruhn, M., Homburg, C. (Hrsg.), Handbuch Kundenbindungsmanagement. Grundlagen – Konzepte – Erfahrungen, Wiesbaden 1998, S. 443-459; Krüger, U., Kundenorientierung und Kundenbindung aus Sicht einer Sparkasse, in: Müller, S., Strothmann, H. (Hrsg.), Kundenzufriedenheit und Kundenbindung. Strategien und Instrumente von Finanzdienstleistern, München 1998, S. 115-130; Meyer, G., Roos, U., Kundenorientierung und Kundenbindung aus Sicht einer Versicherung, in: dies., a.a.O., S. 131-143.

514 Vgl. Meffert, H., Bruhn, M., a.a.O., S. 145 sowie die dort zitierte Literatur.

Unternehmen kundenbindungsorientiert auszurichten sind.[515]

Durch eine erhöhte Kundenbindung verursachte Effekte werden im Finanzdienstleistungsbereich erst in jüngster Zeit erforscht.[516] Für die vorliegende Themenstellung soll daher geprüft werden, ob bei Kunden, die ein loyaleres Verhalten gegenüber der Sparkasse zeigen, tatsächlich ein verstärktes Cross-Buying-Verhalten beobachtet werden kann. Dazu wird folgende Hypothese zugrunde gelegt:

H_K5	Je höher die Bindung der Kunden an die Sparkasse ausgeprägt ist, desto wahrscheinlicher ist der Abschluß einer Versicherung in der Sparkasse.

1.3.2.4 Ökonomischer Erfolg

Der ökonomische Erfolg des Unternehmens steht am Ende der Wirkungskette. Er entsteht aus den Wirkungen der Kundenbindung, die sich zum einen im tatsächlichen Verhalten der Kunden, d.h. im Wiederkauf und in der Weiterempfehlung äußern. Zum anderen entstehen die Wirkungen der Kundenbindung aus der Verhaltensabsicht der Kunden, also aus Wiederkaufabsicht, Cross-Buying-Absicht oder Weiterempfehlungsabsicht.[517] Der Zusammenhang zwischen höherer Kundenbindung und ökonomischem Erfolg wurde von Reichheld/Sasser empirisch nachgewiesen.[518] In der vorliegenden Untersuchung basiert der ökonomische Erfolg auf dem Abschluß von Versicherungen in der Sparkasse.

Die erörterten Bestimmungsfaktoren und die in der Wirkungskette dargestellten Beziehungszusammenhänge haben unterschiedliche Wirkungen auf den Abschluß von Versicherungen in der Sparkasse. Diese werden in der empirischen Untersuchung des Abschlußverhaltens offengelegt.

---

[515] Für Filialbanken wurde eine kundenorientierte Organisationsstruktur vorgestellt. Vgl. Oehler, A., Kundenorientierte Organisationsstrukturen in Filialbanken: Grundlegende Realisierungsvoraussetzungen und Implementierungsprobleme, in: Müller, S., Strothmann, H., Kundenzufriedenheit und Kundenbindung. Strategien und Instrumente von Finanzdienstleistern, München 1998, S. 255-287.

[516] Vgl. z.B. Brinkmann, T., Servicepolitik als Mittel zur Erhöhung der Kundenzufriedenheit und -bindung in Banken, Frankfurt a.M. et al. 1998; Müller, S., Strothmann, H. (Hrsg.), Kundenzufriedenheit und Kundenbindung. Strategien und Instrumente von Finanzdienstleistern, München 1998; Joho, C., a.a.O., Oevermann, D., Kundenbindungsmanagement von Kreditinstituten, München 1996.

[517] Vgl. Homburg, C., Giering, A., Hentschel, F., Der Zusammenhang zwischen Kundenzufriedenheit und Kundenbindung, in: Bruhn, M., Homburg, C. (Hrsg.), Handbuch Kundenbindungsmanagement. Grundlagen – Konzepte - Erfahrungen, Wiesbaden 1998, S. 81-112, hier: S. 89; Homburg, C., Faßnacht, M., Werner, H., Operationalisierung von Kundenzufriedenheit und Kundenbindung, in: Bruhn, M., Homburg, C. (Hrsg.), Handbuch Kundenbindungsmanagement. Grundlagen – Konzepte - Erfahrungen, Wiesbaden 1998, S. 389-410, hier: S. 393.

[518] Vgl. Reichheld, F.F., Sasser, W.E., Zero Migration. Dienstleister im Sog der Qualitätsrevolution, in: Harvard Manager, 4/91, S. 108-116.

1.3.3 Bezugsrahmen der Untersuchung

Aufbauend auf den thematisierten Bestimmungsfaktoren des Abschlußverhaltens und der beschriebenen Wirkungskette läßt sich der in Abbildung 14 dargestellte Bezugsrahmen der empirischen Untersuchung der Kundenseite ableiten.

Abbildung 14: Bezugsrahmen zur Analyse des Abschlußverhaltens

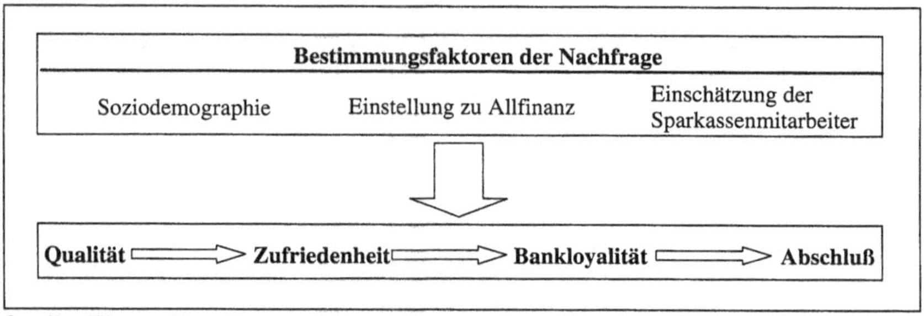

Quelle: Eigene Erstellung.

Im Mittelpunkt der Betrachtung steht die Identifikation von zentralen Bestimmungsfaktoren zur Erklärung des Abschlußverhaltens. Aus dem Abschlußverhalten der Sparkassenkunden resultiert erst der ökonomische Erfolg der Sparkasse. Es wurde im Fragebogen anhand der Frage erhoben, ob bereits eine Versicherung in der Sparkasse abgeschlossen wurde (Frage 19). Die Antwort auf diese Frage wird als dichotome Variable verschlüsselt (Dummy-Variable).[519] 41,8% der befragten Kunden haben bereits eine Versicherung in der Sparkasse abgeschlossen, 58,2% der Kunden noch nicht. Die Verschlüsselung als dichotome Variable erlaubt die Bildung von zwei Gruppen, in denen die Verteilung der zu testenden Variablen getrennt untersucht werden kann.

Zur Erklärung des Abschlußverhaltens werden die im Rahmen der konzeptionellen Überlegungen erarbeiteten Wirkungszusammenhänge und die daraus abgeleiteten Untersuchungshypothesen in den Erklärungsansatz einbezogen. Dabei ist zu beachten, daß neben den betrachteten Bestimmungsfaktoren ohne Zweifel noch zahlreiche weitere Faktoren das Abschlußverhalten beeinflussen, die hier keine Berücksichtigung gefunden haben.[520]

---

519 Die Variable nimmt den Wert null an, wenn noch keine Versicherung in der Sparkasse abgeschlossen wurde, und den Wert eins, wenn bereits eine Versicherung in der Sparkasse abgeschlossen wurde.

520 Dabei lassen sich externe und interne Faktoren nennen. Als externe Faktoren bleiben z.B. das ökonomische und marktliche Umfeld unberücksichtigt. Die unberücksichtigten internen Faktoren sind z.B. Determinanten des Käuferverhaltens, der Einfluß der Massenkommunikation oder Gruppeneinflüsse.

2. Analyse des Nachfragerverhaltens
2.1 Befragungsdesign

Der empirischen Überprüfung des Bezugsrahmens liegt eine schriftliche Befragung zugrunde. Damit wurde die in den empirischen Sozialwissenschaften am häufigsten angewandte Methode verwendet.[521] Bei dieser Erhebungsform beantworten die Befragten anonym die standardisierten Fragen in schriftlicher Form. Dem Erfordernis der hohen Strukturiertheit der Fragen wird durch die merkmalsorientierte Vorgabe von Fragen mit verschiedenen Antwortmöglichkeiten Rechnung getragen. Dabei wurden überwiegend fünfstufige Rating-Skalen verwandt,[522] die unter der Prämisse gleicher Skalenabstände als intervallskalierte Daten interpretiert werden können.[523] Teilweise wurde eine "weiß nicht"-Kategorie vorgegeben. Darüber hinaus bestand an geeigneter Stelle die Möglichkeit, frei auf offene Fragen zu antworten. Hierdurch erhalten die Kunden die Möglichkeit, nicht erfaßte Sachverhalte zu ergänzen.[524]

Folgende Fragenkomplexe wurden erfaßt:
- Einstellung zu Allfinanz-Angeboten
- Bisherige Erfahrungen mit Bank- und Versicherungsangeboten
- Einschätzungen von Versicherungsvertretern und Sparkassenmitarbeitern hinsichtlich Vertrauen, Sachkunde und Neutralität
- Wichtigkeit bestimmter Qualitätsdimensionen beim Abschluß von Versicherungen
- Zufriedenheit mit diesem Qualitätsdimensionen im Versicherungsgeschäft der Sparkasse
- Soziodemographische Merkmale der Kunden

Die Einbindung der Variablengruppen in das Befragungsdesign, die Frageformulierungen und die eingesetzten Rating-Skalen können anhand des Fragebogens im Anhang nachvollzogen werden. Der Fragebogen wurde auf der Basis von Literaturrecherchen und Expertengesprächen entwickelt und einem Pretest mit anschließender Anpassung des Befragungsdesigns unterzogen.

---

[521] Vgl. Hammann, P., Erichson, B., Marktforschung, 2. A., Stuttgart 1990, S. 77f..

[522] Bei den Skalen handelt es sich um 5er Likert-Skalen, deren Endpunkte semantisch differenziert sind. Eine semantische Differenzierung liegt vor, da die Endpunkte der Skalen durch die Aussagen „trifft nicht zu" und „trifft voll zu" beschrieben werden. Vgl. Matell, M.S., Jacoby, J., Is there an optimal number of alternatives for Likert scale items? Study I: Reliability and Validity, in: Educational and Psychological Measurement, 1971, S. 657-674. Die niedrigen Werte 1 und 2 sind in der vorliegenden Arbeit stets durch einen geringen, die Werte 4 und 5 durch einen hohen Grad an Zustimmung definiert.

[523] Vgl. Meffert, H., Marketingforschung und Käuferverhalten, 2. A., Wiesbaden 1992, S. 185; Kallmann, A., Skalierung in der empirischen Forschung: Das Problem ordinaler Skalen, München 1979, S. 60ff.; Kim, O., Multivariate Analysis of Ordinal Variables, a.a.O.; Kim, O., Multivariate Analysis of Ordinal Variables Revisited, a.a.O.; Srinivasan, V., Basu, A.K., The Metric Quality of Ordered Categorical Data, a.a.O..

[524] Die Sparkassen erhalten zusätzliche Informationen zur Verbesserung ihrer Leistungen.

Der Versand der Fragebögen an 6.056 zufällig ausgewählte Privatgirokunden dreier schleswig-holsteinischer Sparkassen erfolgte im Februar und März 1998. Folgende Maßnahmen zur Erhöhung der Rücklaufquote wurden getroffen:[525]

- Die an die Kunden versandten Fragebögen waren mit einem persönlichen Begleitschreiben der Sparkasse versehen. Auf die Bedeutung einer hohen Beteiligung und auf mögliche Ergebnisverzerrungen durch Nichtbeantwortung wurde hingewiesen.
- Die Fragen und Antworten waren leicht verständlich formuliert.
- Ein Rückumschlag mit dem Aufdruck "Porto zahlt Empfänger" wurde beigefügt.
- Der Zeitpunkt der Versendung des Fragebogens wurde so gewählt, daß die Erreichbarkeit der Kunden nicht durch Ferienzeiten eingeschränkt war.
- Zwei Wochen nach Erstaussendung des Fragebogens wurde im Rahmen einer Nachfaßaktion erneut ein Fragebogen mit persönlichem Anschreiben an die Kunden versandt.

Die dargestellte Konzeption und Durchführung der Untersuchung führte zu einem Rücklauf von 1.695 Fragebögen. Davon konnten nach Prüfung auf Konsistenz und Vollständigkeit 1.396 Fragebögen in die Auswertung einbezogen werden. Das entspricht einer Rücklaufquote von 23%.

Um ein valides Urteil über die Zufriedenheit mit dem Versicherungsgeschäft der Sparkasse zu erhalten, wurden ca. 60% der Fragebögen an Kunden verschickt, die bereits eine Versicherung in der Sparkasse abgeschlossen hatten. Dies ermöglicht für die Auswertung die Bildung der beiden Kundengruppen „Abschluß“ und „Kein Abschluß“ sowie die Durchführung von Mittelwert-Vergleichstests. Die Auswertung ergab, daß die Antwortbereitschaft in beiden Gruppen nicht identisch ausgeprägt war, denn die Stichprobe zeigt eine Gruppe von 41,8% der Kunden, die bereits eine Versicherung in der Sparkasse abgeschlossen hatte.

Den Mittelwertvergleichstests wurden Levene-Tests auf Varianzhomogenität vorgeschaltet. In den Fällen homogener Varianzen wurden zum Mittelwertvergleich zweiseitige T-Tests eingesetzt. Die Mittelwerte von Variablen mit heterogenen Varianzen wurden anhand von T-Tests unter Berücksichtigung der unterschiedlichen Varianzen getestet.[526]

Zur Auswertung wurden neben univariaten Statistiken Regressionsanalysen, Faktoren- und Clusteranalysen eingesetzt.[527] Die Auswertung wurde mit der Statistik-Software

---

[525] Vgl. Bortz, J., Lehrbuch der empirischen Forschung, Berlin et al. 1984, S. 184f..

[526] Vgl. Bühl, A., Zöfel, P., SPSS für Windows Version 6.1. Praxisorientierte Einführung in die moderne Datenanalyse, 3.A., Bonn et al. 1996, S. 256.

[527] Vgl. Backhaus, K., Erichson, B., Plinke, W., Weiber, R., Multivariate Analysemethoden. Eine anwendungsorientierte Einführung, 8. A., Berlin et al. 1996; Bühl, A., Zöfel, P., a.a.O. sowie ergänzend zur deskriptiven Statistik SPSS Inc., SPSS 6.1 Base Anwenderhandbuch, Statistische Prozeduren, Chicago 1996; zur linearen Regression Norušis, M.J., SPSS für Windows. Anwenderhandbuch für das Base System Version 6.0, München 1994, S. 299-353; zur logistischen Regressi-

SPSS in den Versionen 6.5.3, 7.5 und 8.0 durchgeführt. Die zeitpunktbezogenen Daten erlauben keine empirischen Kausalitätsaussagen. In Einzelfällen können Korrelationen jedoch aufgrund von Plausibilitätsannahmen als Kausalitäten interpretiert werden.

2.2 Analyse soziodemographischer Einflußfaktoren

In der Finanzdienstleistungspraxis werden das Alter und das Einkommen der Kunden häufig zur Erklärung des Abschlußverhaltens herangezogen. Dies geschieht vor dem Hintergrund der Erkenntnis, daß sich die Bedürfnisse der Kunden mit zunehmendem Alter und steigendem Einkommen verändern.[528] Daher werden diese beiden Variablen auch in der vorliegenden Untersuchung als zentrale soziodemographische Einflußfaktoren untersucht (Fragen 21 und 23).[529] Einen Überblick über die Alters- und Einkommenstruktur der Stichprobe gibt Tabelle 5. Eine Korrelation zwischen Alter und Einkommen anhand des Koeffizienten nach Pearson ergibt einen hoch signifikanten ($p \leq 0{,}01$) Korrelationskoeffizienten von 0,299. Eine ernsthafte Korrelation zwischen den beiden Variablen liegt somit nicht vor.

Tabelle 5: Verteilung von Alter und Einkommen

Alter	**Angabe in %**
Bis 25 Jahre	12,7
26-30 Jahre	11,7
31-40 Jahre	25,6
41-55 Jahre	31,0
Über 55 Jahre	19,0

Monatl. Netto-Einkommen	**Angabe in %**
Bis 2 TDM	29,6
2 bis unter 4 TDM	47,4
4 bis unter 7 TDM	17,4
Über 7 TDM	5,6

Vergleicht man die in Tabelle 5 enthaltenen Angaben mit der Verteilung von Alter und Einkommen in der Gesamtbevölkerung Schleswig-Holsteins, so wird deutlich, daß die Sparkassenkunden verstärkt unter jüngeren Menschen zu finden sind. Bis zum Alter von 55 Jahren haben die Sparkassen mehr Kunden, als es dem Durchschnitt der Bevölkerung entspricht. Am deutlichsten wird dies in den Altersgruppen 25-35 Jahre und 36-45 Jahre. Die erste Gruppe enthält in Schleswig-Holstein 20,1% der Gesamtbevölkerung über 15 Jahre, die zweite Gruppe enthält 16,9%.[530] Bis unter 4 TDM sind die Einkommensgruppen in den Sparkassen gegenüber der Gesamtbevölkerung überrepräsentiert, ab 4 TDM Einkommen betreuen die Sparkassen prozentual weniger

on dies., SPSS Advanced Statistics 6.1, Chicago 1994, S. 1-30; zur Faktorenanalyse und zur Clusteranalyse dies., SPSS Professional Statistics 6.1, Chicago 1994, S. 47-81 und S. 83-109.

[528] Vgl. Joho, C., a.a.O., S. 99.

[529] Das Alter der Kunden wurde zwar stetig erhoben, zur besseren Übersichtlichkeit werden für die Darstellung der deskriptiven Statistik jedoch Altersgruppen definiert und die Verteilung der Gruppen dargestellt. Die empirischen Analysen werden jedoch mit den stetigen Daten vorgenommen.

[530] Vgl. Statistisches Landesamt Schleswig-Holstein (Hrsg.), Statistisches Taschenbuch Schleswig-Holstein 1997, Kiel 1997, S. 12f.. Die beiden Altersgruppen bis 15 Jahre wurden eliminiert und anhand der absoluten Zahlen neue Prozentwerte für die bereinigte Grundgesamtheit gebildet.

Kunden, als in der Gesamtbevölkerung vorkommen.

Tabelle 6 gibt einen Überblick über die Tätigkeit der Kunden (Frage 22). 76% der befragten Kunden sind berufstätig, 24% sind nicht berufstätig.

Tabelle 6: Verteilung der Berufstätigkeit

Tätigkeit	**Angabe in %**	**Tätigkeit**	**Angabe in %**
Angestellte	43,3%	In Ruhestand	9,5%
Arbeiter	13,7%	Hausfrau/-mann	4,8%
Freiberufler/ Selbständige	11,1%	Arbeitslos	6,1%
Beamte höherer Dienst	4,0%	Schüler/Studenten	2,9%
Beamte	4,0%	Wehr-/Zivildienstleistende	0,7%

Wird die abweichende Gruppenbildung im statistischen Jahrbuch berücksichtigt, so entsprechen die Anteile der Berufstätigkeit in etwa der Verteilung in der Gesamtbevölkerung.[531] Wird die Arbeitslosenquote in Schleswig-Holstein (etwa 10%) berücksichtigt, dann sind die Arbeitslosen in der Stichprobe unterrepräsentiert. Die Zahl der Schüler und Studenten liegt knapp unter der mit Hilfe des Statistischen Jahrbuchs errechneten Prozentzahl (5%).[532]

Dem ausgeübten Beruf wird nur dann eine Erklärungskraft zum Kaufverhalten zugesprochen, wenn die Nachfrage nach dem betrachteten Produkt in einem engen Zusammenhang zum Beruf steht. Dies ist für die Nachfrage nach Versicherungen bei Privatkunden der Sparkassen nicht der Fall. Vielmehr werden der im Beruf zum Ausdruck kommende Bildungsgrad und das Einkommen als wesentliche sozioökonomische Einflußfaktoren das Kaufverhaltens angesehen.[533] Daher werden für die folgenden Analysen das Alter und das Einkommen der Kunden als soziodemographische Merkmale verwendet.

Die Wirkung von Alter und Einkommen auf den Abschluß von Versicherungen in der Sparkasse wird auf der Basis der Hypothese H_K1 untersucht. Danach wird vermutet, daß die Wahrscheinlichkeit des Abschlusses einer Versicherung in der Sparkasse bei jüngeren Kunden aufgrund der Bequemlichkeit höher ist als bei älteren Kunden. Aufgrund der mit höherem Einkommen steigenden Ansprüche an Anlageprodukte und evtl. Vermögensverwaltung wird vermutet, daß auch die Wahrscheinlichkeit des Ab-

---

[531] Die Gruppen der Arbeiter und Angestellten enthalten im statistischen Jahrbuch jeweils auch die Auszubildenden. Vgl. Statistisches Landesamt Schleswig-Holstein (Hrsg.), Statistisches Taschenbuch Schleswig-Holstein 1997, Kiel 1997, S. 32. Danach sind in Schleswig-Holstein 10,3% der Bevölkerung Selbständige; 9,8% sind Beamte, Richter, Soldaten; 48% Angestellte und 30,8% Arbeiter.

[532] Vgl. Statistisches Landesamt Schleswig-Holstein (Hrsg.), Statistisches Taschenbuch Schleswig-Holstein 1997, Kiel 1997, S. 23-25.

[533] Vgl. Uttitz, P., Von den vertikalen Spannungslinien zu den horizontalen Gegensätzen: Wandel des Freizeitverhaltens als Indikator, Köln 1984, S. 116ff..

schlusses einer Versicherung in der Sparkasse mit zunehmendem Einkommen sinkt. Der Zusammenhang zwischen dem Alter und dem Abschluß von Versicherungen in der Sparkasse wird im folgenden durch einen Mittelwert-Vergleichstests überprüft. Dazu wird der Mittelwert des Alters der Kunden in den Gruppen „Abschluß" und „Kein Abschluß" ermittelt und der Unterschied der Mittelwerte auf Signifikanz getestet. Das Ergebnis des Mittelwerttests zeigt Tabelle 7.

Tabelle 7: Unterschiede in Mittelwert und Standardabweichung der Variablen Alter und Einkommen in den Gruppen "Abschluß" und "Kein Abschluß"

Variable		**Abschluß**	**Kein Abschluß**	**T-Test**[534]
Alter	Mittelwert	38,25	40,75	***
	Standardabweichung	11,40	15,27	
Einkommen	Mittelwert	3,42	2,62	***
	Standardabweichung	1,49	1,04	

Es läßt sich festhalten, daß das durchschnittliche Alter der Kunden, die bereits eine Versicherung in der Sparkasse abgeschlossen haben, geringer als in der anderen Gruppe ist. Gleichzeitig liegt das mittlere Einkommen höher als in der „Kein Abschluß"-Gruppe. Beide Mittelwertunterschiede sind signifikant. Die Hypothese H_K1 wird somit nur in Hinblick auf das Einkommen verworfen. Aufgrund der signifikanten Wirkungen gehen die Variablen Alter und Einkommen in die Gesamtanalyse des Abschlußverhaltens ein.

2.3 Analyse der Einstellung zu Allfinanz

Als Einstellung wird die innere Bereitschaft eines Individuums verstanden, auf bestimmte Stimuli der Umwelt konsistent positiv oder negativ zu reagieren.[535] Als Objekt der Einstellung wird in der Kundenbefragung die gemeinsame Erledigung von Bank- und Versicherungsgeschäften unter einem Dach untersucht.

Die Einstellung gegenüber Allfinanz-Angeboten ist als theoretisches Konstrukt zu bezeichnen. Mit diesem Begriff werden in der Kaufverhaltensforschung Erklärungsansätze bezeichnet, die nicht als Reiz oder Reaktion beobachtbar sind. Sie sind im Rahmen theoretischer Überlegungen anhand von Indikatoren, die unmittelbar gemessen werden können, zu operationalisieren.[536] Als Indikatoren für die Einstellung zu Allfinanz-Angeboten werden die Wichtigkeit und die Einschätzung von Vor- und

[534] Für die Signifikanz gilt folgende Notation: * = Signifikanz auf dem 10%-Niveau, ** = Signifikanz auf dem 5%-Niveau, *** = Signifikanz auf dem 1%-Niveau, n.s. = nicht signifikant.

[535] Vgl. Meffert, H., Marketing. Grundlagen marktorientierter Unternehmensführung. Konzepte – Instrumente – Praxisbeispiele, 8. A., Wiesbaden 1998, S. 113.

[536] Vgl. Kroeber-Riel, W., Konsumentenverhalten, 5. A., München 1992, S. 26.

Nachteilen verwendet.[537] Die Kunden werden zunächst gefragt, wie wichtig für sie die gemeinsame Erledigung von Bank- und Versicherungsgeschäften unter einem Dach ist (Frage 9). Im weiteren Verlauf wird nach dem Grad der Zustimmung bzw. Ablehnung zu Vor- und Nachteilen von Allfinanz-Angeboten gefragt (Fragen 15 und 16).

Es wurde davon ausgegangen, daß eine positive Einstellung zu Allfinanz-Angeboten das Abschlußverhalten positiv beeinflußt.[538] Das heißt, eine hohe Wichtigkeitseinschätzung und eine gute Bewertung der Vorteile von Allfinanz sowie eine niedrige Bewertung der Nachteile wirken positiv auf den Abschluß von Versicherungen in der Sparkasse. Die Hypothese H_K2 wird daher wie folgt spezifiziert:

H_K2-1 Je höher die Einschätzung der Wichtigkeit von Allfinanz-Angeboten ist, desto wahrscheinlicher ist der Abschluß einer Versicherung in der Sparkasse.

H_K2-2 Je höher die Bewertung der Vorteile von Allfinanz-Angeboten ausfällt, desto wahrscheinlicher ist der Abschluß einer Versicherung in der Sparkasse.

H_K2-3 Je niedriger die Bewertung der Nachteile von Allfinanz-Angeboten ausfällt, desto wahrscheinlicher ist der Abschluß einer Versicherung in der Sparkasse.

Die Wichtigkeit von Allfinanz-Angeboten wurde in der Kundenbefragung zunächst durch ein globales Urteil erhoben. Als Antwortmöglichkeit wurde eine Fünf-Punkte-Skala vorgegeben mit den Werten von 1 „Gar nicht wichtig" bis 5 „Sehr wichtig". Der Durchschnittswert für die Wichtigkeit der gemeinsamen Erledigung von Bank- und Versicherungsgeschäften unter einem Dach beträgt 2,7. Die Verteilung der Antworten geht aus Abbildung 15 hervor.

Abbildung 15: Wichtigkeit von Allfinanz-Angeboten

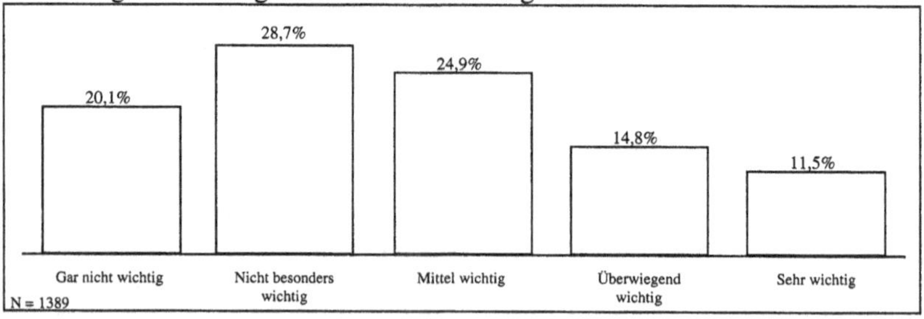

Quelle: Eigene Erstellung.

Im Ergebnis läßt sich festhalten, daß die gemeinsame Erledigung von Bank- und Ver-

537 Die Wichtigkeit kann dabei als aktivierende, die Einschätzung von Vor- und Nachteilen als kognitive Komponente der Einstellung bezeichnet werden.

538 Vgl. Kapitel C.1.3.1.2.

sicherungsgeschäften unter einem Dach von den Kunden insgesamt eher als weniger wichtig beurteilt wird. Die Beurteilung der Wichtigkeit nach Alter und Einkommen zeigt Abbildung 16:

Abbildung 16: Wichtigkeit nach Alter und Einkommen

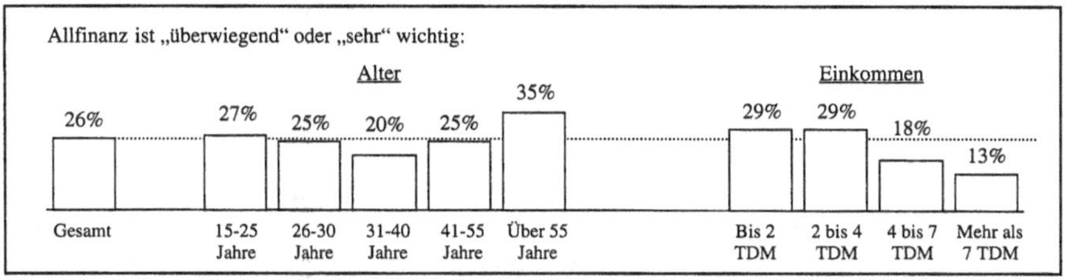

Quelle: Eigene Erstellung.

Der Abbildung läßt sich entnehmen, daß sich die Wichtigkeitseinschätzung mit Alter und Einkommen verändert. Die Wichtigkeit der gemeinsamen Erledigung von Bank- und Versicherungsgeschäften unter einem Dach sinkt mit zunehmendem Einkommen. Mit steigendem Alter sinkt die Wichtigkeits-Einschätzung von Allfinanz-Angeboten zunächst, um dann wieder zuzunehmen. In der Altersgruppe über 55 Jahre wird die gemeinsame Erledigung von Bank- und Versicherungsgeschäften unter einem Dach überdurchschnittlich häufig als „überwiegend" oder „sehr" wichtig bezeichnet. Dies könnte auf den Bequemlichkeits-Effekt zurückgeführt werden. Für die Anbieter von Finanzdienstleistungen ist diese Altersgruppe wieder interessant, etwa wenn es um die Wiederanlage fällig gewordener Lebensversicherungen geht. Bringt man diese Erkenntnisse in Zusammenhang mit den Ergebnissen der Mittelwerttests in Kapitel C.2.2, so wird deutlich, daß der Abschluß einer Versicherung in der Sparkasse eher von jüngeren Kunden (Im Durchschnitt 38 Jahre) vorgenommen wird, obwohl diese die Wichtigkeit von Allfinanz unterdurchschnittlich beurteilen. Es besteht also eine Diskrepanz zwischen der Einstellung zu Allfinanz und dem tatsächlichen Abschlußverhalten, die zeigt, daß der Abschluß von Versicherungen in der Sparkasse auch dann erfolgt, wenn die Kunden gegenüber Allfinanzangeboten skeptisch eingestellt sind. Dies ist bei der Marktbearbeitung zu berücksichtigen.

Zum Test der Hypothese H_K2-1 wird ein Mittelwertvergleichstest durchgeführt. Die Mittelwertunterschiede in den Gruppen „Abschluß" und „Kein Abschluß" ergeben sich aus der Tabelle 8. Für die Kunden, die bereits eine Versicherung in der Sparkasse abgeschlossen haben, ist die gemeinsame Erledigung von Bank- und Versicherungsgeschäften unter einem Dach wichtiger als für die Kunden der anderen Gruppe, was sich an dem höheren Mittelwert zeigt. Das Ergebnis ist signifikant. Es ist jedoch fraglich, ob das vorliegende Ergebnis im Sinne einer Kausalität interpretiert werden kann. Da der Abschluß in der vorliegenden Frageform eine vergangenheitsorientierte Variable ist, scheint vielmehr plausibel, daß der Abschluß eine höhere Einschätzung der Wichtigkeit nach sich zieht. Die Hypothese H_K2-1 kann somit nicht verworfen werden.

Tabelle 8: Unterschiede in Mittelwert und Standardabweichung der Variablen Wichtigkeit in den Gruppen "Abschluß" und "Kein Abschluß"

Wichtigkeit von Allfinanz	**Abschluß**	**Kein Abschluß**	**T-Test**[539]
Mittelwert	3,03	2,54	***
Standardabweichung	1,23	1,26	

Die kognitive Komponente der Einstellung zu Allfinanz wurde anhand von je vier vorgegebenen Vor- und Nachteilsaussagen gemessen, zu denen der Grad der Zustimmung oder Ablehnung auf einer Fünf-Punkte-Skala mit den Werten von 1 „Trifft gar nicht zu" bis 5 „Trifft voll zu" anzugeben war. Die Aussagen wurden aus früheren empirischen Untersuchungen zum Thema Allfinanz übertragen.[540] 18% der befragten Kunden gaben an, keine Vorteile zu sehen, 17% der Kunden sehen keine Nachteile. Die Verteilung der restlichen Antworten wurde aus Gründen der besseren Übersichtlichkeit zu einer Drei-Punkte-Skala verdichtet.[541] Die Verteilung geht aus Abbildung 17 hervor.

Abbildung 17: Vorteile von Allfinanz

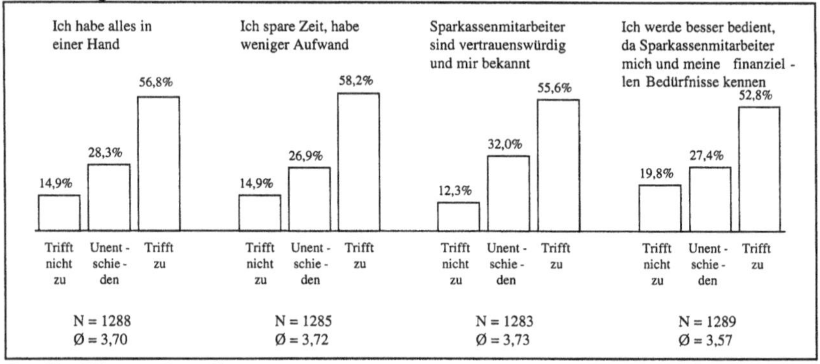

Quelle: Eigene Erstellung.

Aus den Beurteilungen der Vorteile läßt sich schließen, daß spezifische Aspekte von Allfinanz von den Kunden durchaus gewürdigt werden. Die Beurteilung der Nachteile zeigt Abbildung 18.

539 Für die Signifikanz gilt folgende Notation: * = Signifikanz auf dem 10%-Niveau, ** = Signifikanz auf dem 5%-Niveau, *** = Signifikanz auf dem 1%-Niveau, n.s. = nicht signifikant.

540 Vgl. Spiegel-Verlag (Hrsg.), Soll und Haben 3, Hamburg 1989; Capital, Psychonomics (Hrsg.), Die ideale Bank im Spiegel der Kundenwünsche, o.O. 1995.

541 Dazu werden die Antwortkategorien 1 und 2 zur neuen Kategorie „trifft nicht zu" zusammengefaßt. Die Antwortkategorien 4 und 5 bilden die neue Kategorie „trifft zu". Die Analysen wurden mit der Fünf-Punkte-Skala durchgeführt.

Abbildung 18: Nachteile von Allfinanz

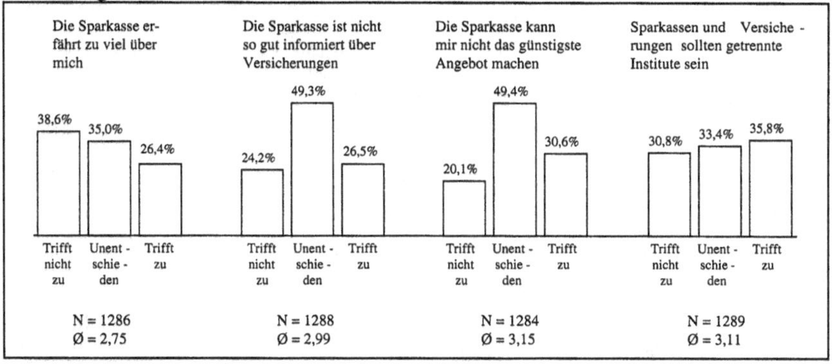

Quelle: Eigene Erstellung.

Die Beurteilung der Nachteile von Allfinanz-Angeboten ist von hoher Unsicherheit gekennzeichnet, was sich durch die große Anzahl an „Unentschieden"-Nennungen zeigt. Während nur ca. ein Viertel der Kunden die umfassenden Informationen, die die Sparkasse durch Allfinanz-Beratungen über den Kunden erhält, nachteilig beurteilt, befürchten rund 30% der Kunden, durch die Bindung an einen Versicherer könne die Sparkasse nicht das günstigste Versicherungsangebot unterbreiten. Mehr als ein Drittel der Kunden stimmt der generellen Aussage zu, daß Banken und Versicherungen getrennte Institute sein sollten.

Der Einfluß der Vor- und Nachteile auf das Abschlußverhalten wird anhand der Mittelwertunterschiede der Ausgangs-Statements untersucht. Tabelle 9 gibt einen Überblick über die zu bewertenden Aussagen sowie deren Mittelwertunterschiede und Standardabweichungen in den Gruppen „Abschluß" und „Kein Abschluß". Die Vorteilsvariablen zeigen höhere Standardabweichungen in der „Kein Abschluß"-Gruppe, während bei den Nachteilsvariablen die Standardabweichungen in der „Abschluß"-Gruppe höher sind. Offensichtlich herrscht bei den Kunden, die noch keine Versicherung in der Sparkasse abgeschlossen haben, Unsicherheit bezüglich der Vorteile von Allfinanz, während die Kunden, die bereits eine Versicherung in der Sparkasse abgeschlossen haben, bezüglich der daraus resultierenden Nachteile unsicher sind.

Alle Mittelwertunterschiede sind hoch signifikant. Es zeigt sich, daß die Vorteile von der „Abschluß"-Gruppe besser bewertet werden als von der anderen Gruppe. In der Gruppe der Kunden, die noch keine Versicherung in der Sparkasse abgeschlossen haben, werden die Nachteile höher bewertet als in der anderen Gruppe. Dies könnte darauf hindeuten, daß sich die Einstellung zu Allfinanz-Angeboten durch den Abschluß einer Versicherung in der Sparkasse ändert. Auch in diesem Fall ist jedoch die Kausalität fraglich. Es könnte nämlich auch sein, daß das unterschiedliche Abschlußverhalten aus der Wahrnehmung der Vor- bzw. Nachteile resultiert.

Tabelle 9: Unterschiede in Mittelwert und Standardabweichung der Vor- und Nachteilseinschätzungen in den Gruppen "Abschluß" und "Kein Abschluß"

		Abschluß		Kein Abschluß		
		Mittelwert	Standardabweichung	Mittelwert	Standardabweichung	T-Test[542]
Vorteile	Ich habe alles in einer Hand	3,87	1,22	3,62	1,30	***
	Ich spare Zeit, habe weniger Aufwand	3,90	1,20	3,70	1,27	***
	Sparkassenmitarbeiter sind vertrauenswürdig und mir bekannt	3,94	1,13	3,59	1,20	***
	Ich werde besser bedient, da Sparkassenmitarbeiter mich und meine finanziellen Bedürfnisse kennen	3,83	1,27	3,45	1,33	***
Nachteile	Die Sparkasse erfährt zu viel über mich	2,51	1,38	2,90	1,33	***
	Die Sparkasse ist nicht so gut informiert über Versicherungen	2,74	1,15	3,08	1,04	***
	Die Sparkasse kann mir nicht das günstigste Angebot machen	2,99	1,23	3,22	1,07	***
	Sparkasse und Versicherung sollten getrennte Institute sein	2,73	1,46	3,29	1,41	***

Die Hypothesen H_K2-2 und H_K2-3 gelten jedoch zunächst als nicht verworfen. Insgesamt erhärtet sich durch die Ergebnisse die Vermutung, daß die Einstellung gegenüber Allfinanz-Angeboten und deren Inanspruchnahme zusammenhängen.

2.4 Analyse der Einschätzung der Sparkassenmitarbeiter durch die Kunden

Das Abschlußverhalten der Kunden wird von den verschiedenen Besonderheiten von Finanzdienstleistungen bestimmt [543], insbesondere von dem hohen wahrgenommenen Kaufrisiko,[544] welches Kunden zu reduzieren suchen. In der versicherungswirtschaftlichen Literatur werden insbesondere drei Möglichkeiten zur Reduktion des wahrgenommenen Risikos aufgezeigt, die im folgenden kurz betrachtet werden.[545] Es handelt sich um die Beschaffung von Informationen, um das Heranziehen sog. „Beurteilungssurrogate“[546] und um den Aufbau von Vertrauen. Allen aufgezeigten Risikoreduktionsstrategien ist gemeinsam, daß dem Versicherungsvermittler eine zentrale Bedeutung zukommt. Daher ist die Einschätzung der Versicherungsvermittler durch die Kunden

[542] Für die Signifikanz gilt folgende Notation: * = Signifikanz auf dem 10%-Niveau, ** = Signifikanz auf dem 5%-Niveau, *** = Signifikanz auf dem 1%-Niveau, n.s. = nicht signifikant.

[543] Vgl. Kapital C.1.1.

[544] Im vorliegenden Zusammenhang wird vom Abschlußrisiko oder einfach vom Risiko gesprochen. Der Begriff des wahrgenommenen Kaufrisikos geht auf Bauer zurück. Vgl. Bauer, R.A., Consumer Behavior as Risk Taking, in: Specht, K.G., Wiswede, G. (Hrsg.), Marketingsoziologie. Soziale Interaktionen als Determinanten des Marktverhaltens, Berlin 1976, S. 207-217.

[545] Die Markentreue als weitere Risikoreduktionsstrategie wird im folgenden nicht betrachtet. Vgl. Meffert, H., Marketing. Grundlagen marktorientierter Unternehmensführung, 8. A., Wiesbaden 1998, S. 1075.

[546] Breyer, M., Analyse des Nachkaufverhaltens als Folge der Zufriedenheit mit Finanzdienstleistungen, Frankfurt a.M. et al. 1998, S. 61.

ebenfalls von hoher Bedeutung für das Abschlußverhalten.

- Im Kaufentscheidungsprozeß von Finanzdienstleistungen sind Informationen als zentrales Instrument der Unsicherheitsreduktion anzusehen.[547] Trotz zunehmender Professionalität und Möglichkeiten der Informationsbeschaffung ist bei den meisten Kunden ein eher geringes Fachwissen vorherrschend. Da der Kunde seine eigenen Sicherungs- und Versicherungsprobleme meist zu wenig kennt und kaum in der Lage ist, diese zu formulieren, ist er auf die Beratung durch den Versicherungsvertreter angewiesen.[548] Er erwartet daher von einem Kundenberater eine qualitativ hochwertige Rundumberatung auf Basis bisheriger Entscheidungen und bestehender Verträge. Der Beurteilungsprozeß des Leistungsangebots hängt dabei von der subjektiven Wahrnehmung der erhaltenen Informationen, aber auch von der persönlichen Erfahrung des Kunden und seinem Vertrauen in den Anbieter ab.[549] Dem Vertriebsmitarbeiter des Finanzdienstleisters kommt somit eine zentrale Bedeutung im Rahmen der Risikoreduktion des Kunden zu.[550] Er übernimmt die Rolle des Informationslieferanten für den Kunden und ist in der Lage, die persönlichen Erfahrungen des Kunden zu beeinflussen. Dies wird ihm stets dann gelingen, wenn der Kunde ihn als kompetent einschätzt und nicht der Eindruck entsteht, der Vermittler würde auf einen Vertragsabschluß drängen.[551] Die Einschätzung der Kompetenz läßt sich anhand der Sachkunde des Vermittlers abfragen. Der Verzicht auf das Drängen auf einen Vertragsabschluß wird hier als Neutralität des Vermittlers interpretiert.[552]

- Die Reduktion des wahrgenommenen Risikos kann auch durch die Fokussierung auf wahrnehm- und beurteilbare Merkmale erfolgen.[553] Diese Beurteilungssurrogate beziehen sich neben den Konditionen insbesondere auf persönliche Eigenschaften

---

[547] Vgl. Kremer, M., a.a.O., S. 141. Die Informationsökonomie untersucht Such-/ Erfahrungs- und Vertrauenseigenschaften von Gütern. Vgl. dazu Kapitel C.3.1.3.

[548] Vgl. Joho, C., a.a.O., S. 115.

[549] Vgl. Weiber, R., Adler, J., Informationsökonomisch begründete Typologisierung von Kaufprozessen, in: ZfbF, 1/95, S. 43-65, hier: S. 60.

[550] Als weitere Informationsquellen werden gedruckte Informationen oder Informationen aus Funk und Fernsehen genutzt. Vgl. Finanzmarktdatenservice (FMDS) der Infratest-Wirtschaftsforschung, Spezialteil Banken, 1980, S. 410/001ff. Nur im Bedarfsfall greifen Kunden auf neutrale Informationsquellen aus ihrem sozialen Umfeld, also z.B. Familienmitglieder, Bekannte oder Arbeitskollegen zurück. Vgl. Geyer, G., Das Beratungs- und Verkaufsgespräch in Banken, Wiesbaden 1983, S. 29.

[551] Nach einer vom Gesamtverband der Deutschen Versicherungswirtschaft (GDV) in Auftrag gegebenen Studie erwarten 76% der Befragten vom Vermittler, daß er nicht auf einen Abschluß drängt. Nur 16% der Kunden sehen diese Anforderung als erfüllt an. Vgl. GDV (Hrsg.), Die Versicherungen aus Sicht der Bürger. Ergebnisse repräsentativer Umfragen, Karlsruhe 1982, S. 48f..

[552] Der Vermittler versucht in diesem Fall, dem Kunden bei der Lösung seiner Probleme zu helfen. Ein Abschluß wird nur dann angestrebt, wenn dies die beste Lösung für den Kunden darstellt. Dieses sog. Soft-Selling ist zu bevorzugen, wenn langfristige Kundenbeziehungen aufzubauen bzw. zu halten sind. Vgl. Weitz, B.A., Effectiveness in Sales Interactions: A Contingency Framework, in: Journal of Marketing, Winter 1981, S. 85-103.

[553] Vgl. Breyer, M., a.a.O., S. 61.

der Bankmitarbeiter.[554] Als solche lassen sich die wahrgenommene fachliche und menschliche Qualifikation heranziehen, die in der Beratung des Kunden zum Ausdruck kommt.[555] Die persönliche Beratung spielt somit die entscheidende Rolle für das Abschlußverhalten der Kunden.[556] Dabei sind die Erwartungen der Kunden in erster Linie auf eine fachkundige, qualifizierte und möglichst objektive Beratung gerichtet,[557] d.h. vom Bankmitarbeiter wird Sachkunde und Neutralität erwartet.

- Um das wahrgenommene Abschlußrisiko zu reduzieren, besteht seitens der Kunden der Wunsch, zu dem Berater ein Vertrauensverhältnis aufzubauen.[558] Daher ist der Absatz von Finanzprodukten von einem intensiven Vertrauensverhältnis zwischen dem Anbieter und dem Nachfrager abhängig.[559] Auch eine Studie des Instituts für Demoskopie Allensbach zeigt, daß die Bindung an eine Versicherungsgesellschaft in erster Linie auf Vertrauen beruht.[560] Vertrauen bedeutet, sich auf eine Person zu verlassen bzw. Zuversicht in ein Ereignis zu gewinnen. Es ist außerdem eine wichtige Voraussetzung für das Entstehen einer langfristigen Geschäftsbeziehung.[561] Positive Erfahrungen tragen dazu bei, vorhandenes Vertrauen zu stärken, während negative Erfahrungen einen Teil des gewonnenen Vertrauens wieder zunichte machen können. Vertrauen kann sich also erst im Laufe der Zeit einstellen, durch zufriedenstellende Leistungen der Vergangenheit oder durch gezielte vertrauensbildende Maßnahmen, z.B. Abgabe von Versprechen, Gestaltung des Erscheinungsbildes, Images oder Einstellungen.[562] Die Bedeutung des Vertrauens für die Geschäftsbeziehung bei erklärungsbedürftigen Finanzdienstleistungen wird in der Literatur hervorgehoben: „Bei wohl keiner anderen Branche spielt das Vertrauen in die Seriosität, Kompetenz und Integrität sowohl des einzelnen Instituts als auch seiner Mitarbeiter eine größere Rolle als bei den Banken.“[563] Bei Versiche-

---

[554] Vgl. Bitner, M.J., Evaluating Service Encounters: The Effects of Physical Surroundings and Employee Responses, in: Journal of Marketing, April 1990, S. 69-82; Shostack, G.L., Banks Sell Service – Not Things, in: The Bankers Magazine, 1976, S. 40-45, hier: S. 41f.; Woodruff, H., Services Marketing, London 1995, S. 178.

[555] Vgl. Kremer, M., a.a.O., S. 116.

[556] Vgl. Kremer, M., a.a.O., S. 151.

[557] Vgl. Köcher, R., Partner von morgen – Mentalität, Absicherungsorientierung und Branchenbild der jungen Generation, in: Zeitschrift für die gesamte Versicherungswirtschaft, 1987, S. 281-300, hier: S. 294.

[558] Vgl. Betsch, O., Allfinanz eine (un)mögliche Chance, in: Bank und Markt, 11/92, S. 15-21, hier: S. 17.

[559] Vgl. Meffert, H., Finanzmarketing, in: Handwörterbuch des Bank- und Finanzwesens, 2. A., Stuttgart 1995, Sp. 735-747, hier: Sp. 737.

[560] Vgl. Kremer, M., a.a.O., S. 112.

[561] Vgl. Meffert, H., Marketing. Grundlagen marktorientierter Unternehmensführung. Konzepte – Instrumente – Praxisbeispiele, 8. A., Wiesbaden 1998, S. 25.

[562] Vgl. Berry, L.L., Parasuraman, A., Marketing Services: Competing through Time, New York 1991, S. 144; Wilson, D.T., Mummalaneni, V., Modeling and Measuring Buyer-Seller-Relationships, ISBM-Report, 3/88, S. 11.

[563] Cramer, Jörg E., Die Marktforschung als Basis für den zielgruppengerechten Einsatz des Marketing-Mix, in: Süchting, J., Heitmüller, H.-M. (Hrsg.), Handbuch des Bankmarketing, 3. A., Wiesbaden 1998, S. 103-118, hier: S. 111.

rungen gilt Vertrauen als notwendige Vorbedingung für den Abschluß von Geschäftsbeziehungen.[564]

Die Betrachtung der Risikoreduktionsstrategien verdeutlicht die zentrale Bedeutung der Vertriebsmitarbeiter beim Absatz von Finanzdienstleistungen. Dabei kristallisierten sich die Variablen Vertrauen, Sachkunde und Neutralität als besonders wichtige Determinanten heraus. Die Einschätzung der Sparkassenmitarbeiter durch die Kunden wird daher anhand dieser Variablen beschrieben.

Bei der Frage nach dem Vertrauen wird in der Kundenbefragung zwischen der Beratung in Versicherungsfragen und dem Abschluß von Versicherungen unterschieden (Frage 10). Das Ergebnis ist in Abbildung 19 wiedergegeben. Danach verfügt der Versicherungsvertreter sowohl bei der Beratung in Versicherungsfragen als auch beim Abschluß von Versicherungen über einen deutlichen Vertrauensvorsprung gegenüber dem Sparkassenmitarbeiter.[565]

Abbildung 19: Vertrauen in Versicherungsvertreter und Sparkassenmitarbeiter bei der Beratung und dem Abschluß von Versicherungen

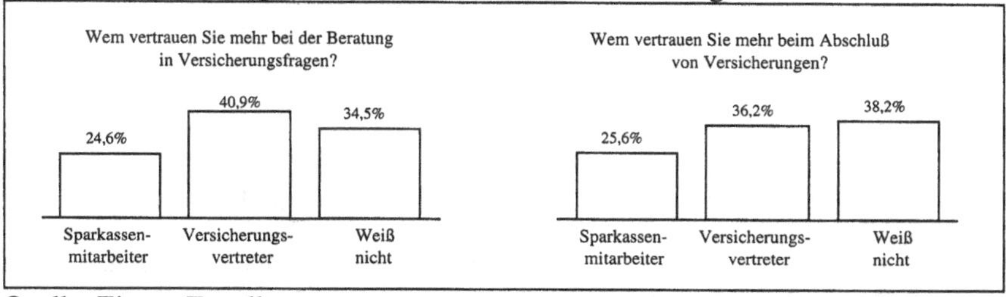

Quelle: Eigene Erstellung.

Das gleiche gilt für die Sachkunde der Beratung (Frage 10), wie aus Abbildung 20 hervorgeht. Mehr als die Hälfte der Kunden ist der Meinung, daß der Versicherungsvertreter in Versicherungsfragen eine sachkundigere Beratung bietet als der Sparkassenmitarbeiter. Die Beratung durch den Sparkassenmitarbeiter wird jedoch häufiger als neutraler eingeschätzt. Dies könnte daran liegen, daß das Image von Versicherungsvertretern durch deren vermeintlich kurzfristige Abschlußorientierung geprägt ist. Es wird angenommen, daß ihre Hauptmotivation darin liegt, den eigenen Nutzen zu maximieren und gezielt die Produkte zu verkaufen, mit denen sich die höchste Provision erzielen läßt. Die Beratung beim Versicherungsvertreter wird daher nicht als neutral und unabhängig wahrgenommen. Sparkassenmitarbeiter könnten hier aufgrund ihres Angestellten-Status einen Imagevorteil haben. Im Vergleich schätzen Kunden

564 Vgl. Joho, C., a.a.O., S. 114.

565 Dieses Ergebnis entspricht einer 1991 in Deutschland durchgeführten repräsentativen Befragung. Danach hatten 36% der Befragten großes Vertrauen in eine gute Beratung in Versicherungsfragen durch Bankmitarbeiter. 53% der Befragten vertrauten jedoch in Versicherungsfragen auch eher dem Versicherungsvertreter. Vgl. Kremer, M., a.a.O., S. 267.

den Sparkassenmitarbeiter tatsächlich als unabhängiger in der Beratung ein (Abbildung 20).

Abbildung 20: Beurteilung der Sachkunde und Neutralität von Versicherungsvertreter und Sparkassenmitarbeiter

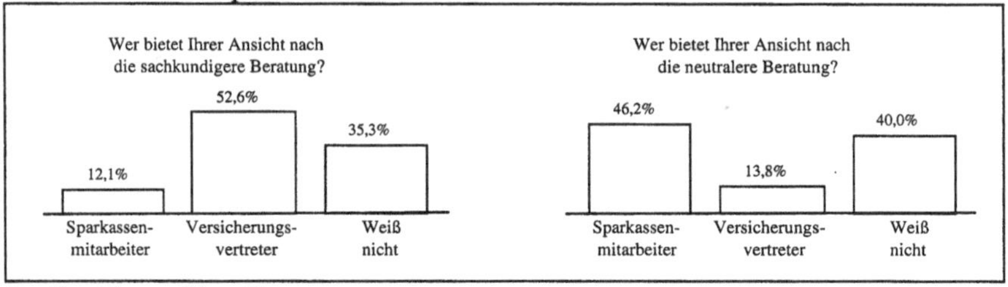

Quelle: Eigene Erstellung.

Allerdings führt die wahrgenommene Neutralität des Beraters vermutlich noch nicht zum Abschluß einer Versicherung. Sie ist vielmehr als Bedingung zu verstehen, die positiv auf eine Abschlußentscheidung wirkt. Die Neutralität des Sparkassenmitarbeiters liegt mit einem Mittelwert von 2,7 über dem des Versicherungsvertreters, der im Mittel nur mit einem Wert von 2,0 beurteilt wird (Frage 12).

Die Frage, wie sachkundig die Beratung in Versicherungsfragen beim Sparkassenmitarbeiter und beim Versicherungsvertreter eingeschätzt wird (Frage 11), ergibt auf einer Fünf-Punkte-Skala einen Mittelwert von 2,5 für den Sparkassenmitarbeiter und einen Mittelwert von 3,6 für den Versicherungsvertreter. Der Versicherungsvertreter wird also von den Kunden im Durchschnitt als sachkundiger eingeschätzt als der Sparkassenmitarbeiter. Die genauen Beurteilungen enthält Abbildung 21.[566]

Im folgenden wird untersucht, ob die Einschätzung des Sparkassenmitarbeiters und das Abschlußverhalten der Kunden bei Versicherungen in der Sparkasse zusammenhängen. Naheliegend ist die Vermutung, daß Versicherungen in der Sparkasse eher dann abgeschlossen werden, wenn die Kunden dem Sparkassenmitarbeiter vertrauen und von seiner Sachkunde und Neutralität überzeugt sind. Anderenfalls würden Versicherungen wohl eher beim Versicherungsvertreter abgeschlossen.

[566] Um die Abbildung übersichtlicher zu gestalten, wurde die Fünf-Punkte-Skala wiederum zu einer Drei-Punkte-Skala verdichtet, indem die Kategorien „gar nicht sachkundig" (bzw. neutral) und „nicht besonders sachkundig" (bzw. neutral) zu der Kategorie „nicht sachkundig" (bzw. neutral) zusammengefaßt wurde. Analog wurden die beiden Endpunkte auf der anderen Seite der Skala behandelt.

Abbildung 21: Beurteilung von Sachkunde und Neutralität von Versicherungsvertreter und Sparkassenmitarbeiter

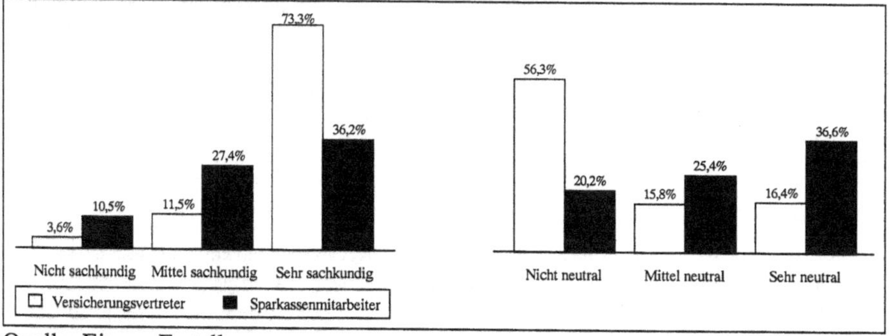

Quelle: Eigene Erstellung.

Daher wird die Hypothese H_K3 wie folgt spezifiziert:

H_K3-1 Je eher die Kunden dem Sparkassenmitarbeiter vertrauen, desto wahrscheinlicher ist der Abschluß einer Versicherung in der Sparkasse.

H_K3-2 Je besser die Bewertung der Sachkunde des Sparkassenmitarbeiters durch die Kunden ausfällt, desto wahrscheinlicher ist der Abschluß einer Versicherung in der Sparkasse.

H_K3-3 Je besser die Bewertung der Neutralität des Sparkassenmitarbeiters durch die Kunden ausfällt, desto wahrscheinlicher ist der Abschluß einer Versicherung in der Sparkasse.

In der Kundenbefragung mußten sich die Kunden entscheiden, ob sie dem Sparkassenmitarbeiter oder dem Versicherungsvertreter mehr vertrauen. Das Vertrauen in den Sparkassenmitarbeiter wird dichotom verschlüsselt (Dummy-Variable): Der Wert Eins wird vergeben, wenn die Kunden dem Sparkassenmitarbeiter mehr vertrauen als dem Versicherungsvertreter. Wurde angegeben, daß dem Versicherungsvertreter mehr vertraut wird oder wurde die „weiß nicht"-Kategorie angekreuzt, so erhielt die Variable den Wert Null. Abgefragt wurde das Vertrauen bei der Beratung und beim Abschluß von Versicherungen.

Da das Vertrauen für die Beratung und den Abschluß von Versicherungen jeweils als dichotome Variable verschlüsselt ist, werden zunächst die Kreuztabellen anhand von Chi-Quadrat-Analysen untersucht. Sie gehen aus Tabelle 10 hervor. Die Zahlen in den Zellen geben die beobachteten Häufigkeiten an, die Zahlen in Klammern geben die erwarteten Werte an. Anhand der standardisierten Residuen läßt sich ablesen, daß die Abweichungen der beobachteten von den erwarteten Häufigkeiten hoch signifikant sind.

Tabelle 10: Häufigkeitsverteilung der Variablen Vertrauen in den Gruppen "Abschluß" und "Kein Abschluß"

	Vertrauen bei Beratung		Vertrauen bei Abschluß	
	Abschluß	**Kein Abschluß**	**Abschluß**	**Kein Abschluß**
Versicherungs-vertreter	197 (263,1)	269 (202,9)	156 (230,7)	257 (182,3)
Sparkassen-mitarbeiter	414 (347,9)	202 (268,1)	430 (355,3)	206 (280,7)

In der Gruppe, die bereits Versicherungen in der Sparkasse abgeschlossen hat, vertrauen jeweils signifikant mehr Kunden als erwartet dem Sparkassenmitarbeiter. Dem Versicherungsvertreter wird in dieser Gruppe signifikant weniger vertraut als erwartet. Die Kunden, die noch keine Versicherungen in der Sparkasse abgeschlossen haben, geben überwiegend an, eher dem Versicherungsvertreter zu vertrauen. In dieser Gruppe vertrauen signifikant mehr Kunden als erwartet dem Versicherungsvertreter, signifikant weniger Kunden als erwartet vertrauen dem Sparkassenmitarbeiter. Daraus könnte geschlossen werden, daß sich die Einschätzung des Sparkassenmitarbeiters bei den Kunden durch den Abschluß einer Versicherung in der Sparkasse ändert. Es könnte jedoch auch sein, daß das Abschlußverhalten aus einem bereits vorhandenen Vertrauen resultiert. Die Hypothese H_K3-1 kann jedoch nicht verworfen werden.

Die Sachkunde und die Neutralität wurden auf einer Fünf-Punkte-Skala für Versicherungsvertreter und Sparkassenmitarbeiter getrennt abgefragt. Die Einzelwerte ermöglichen die Durchführung von Mittelwerttests. Die Mittelwertunterschiede für die Variablen Sachkunde und Neutralität in den Gruppen „Abschluß“ und „Kein Abschluß“ ergeben sich aus der folgenden Tabelle.

Tabelle 11: Mittelwert und Standardabweichungen der Variablen Sachkunde und Neutralität in den Gruppen "Abschluß" und "Kein Abschluß"

		Abschluß	**Kein Abschluß**	**T-Test**[567]
Sachkundige Beratung	Mittelwert	3,20	2,08	***
	Standardabweichung	1,46	1,72	
Neutrale Beratung	Mittelwert	3,12	2,33	***
	Standardabweichung	1,41	1,65	

Wie die Tabelle zeigt, sind die Mittelwertunterschiede signifikant. Im übrigen weist die „Kein Abschluß“-Gruppe bei beiden Variablen höhere Standardabweichungen auf. Dies könnte auf eine größere Unsicherheit der Kunden in dieser Gruppe hindeuten. Die auf einer Fünf-Punkte-Skala gemessenen Mittelwerte in der „Abschluß“-Gruppe sind höher als die in der „Kein Abschluß“-Gruppe. Die Kunden, die bereits eine Versicherung in der Sparkasse abgeschlossen haben, schätzen die Sachkunde und die

567 Für die Signifikanz gilt folgende Notation: * = Signifikanz auf dem 10%-Niveau, ** = Signifikanz auf dem 5%-Niveau, *** = Signifikanz auf dem 1%-Niveau, n.s. = nicht signifikant.

Neutralität des Sparkassenmitarbeiters also höher ein als die Kunden, die noch keine Versicherung in der Sparkasse abgeschlossen haben. Der Mittelwerttest erlaubt jedoch keine Aussage darüber, in welcher Richtung der Zusammenhang verläuft. Es könnte sein, daß der Abschluß einer Versicherung in der Sparkasse aufgrund einer hohen Einschätzung von Sachkunde und Neutralität der Sparkassenmitarbeiter erfolgte. Genau so gut könnte es sein, daß der Abschluß im nachhinein zu einer positiven Einschätzung der Sparkassenmitarbeiter führt, um Nachkaufdissonanzen zu vermeiden. Die Hypothesen H_K3-2 und H_K3-3 können jedoch nicht verworfen werden.

Aufgrund der Ergebnisse der Hypothesentests für die Hypothesen H_K3-1, H_K3-2 und H_K3-3 kann auch die Hypothese H_K3 nicht verworfen werden. Die Einschätzung des Sparkassenmitarbeiters durch die Kunden beeinflußt deren Abschlußverhalten.

2.5 Analyse der Zufriedenheit

Mit Hilfe des Konstrukts Zufriedenheit läßt sich die Qualität von Finanzdienstleistungen meßbar machen.[568] Zufriedenheit wird demnach als eine Folge hoher Leistungsqualität angesehen und entsprechend der durch sie abgebildeten Wahrnehmung der Qualität merkmalsorientiert operationalisiert.[569]

Die Messung von Kundenzufriedenheit ist in der wissenschaftlichen Literatur bereits umfassend abgehandelt worden.[570] Als kundenorientiertes Verfahren, das die valide Erhebung von Urteilen aus Kundensicht ermöglicht, wird die multiattributive Messung eingesetzt. Sie basiert auf der Annahme, daß sich globale Beurteilungen als Ergebnis der individuellen Einschätzung verschiedener Einzelmerkmale ergeben. In allgemeiner Form kann das Modell wie folgt beschrieben werden:

$$Q_{ij} = f(B_{ij1}, B_{ij2}, \ldots, B_{ijk}, \ldots, B_{ijn}) \qquad (k = 1, 2, \ldots, n)$$

Mit: Q_{ij} globales Urteil des Kunden i bezüglich der Leistung j
B_{ijk} Beurteilung des Merkmals k bei der Leistung j durch den Kunden i.

---

568 Zufriedenheit wird als Funktion der Wahrnehmung der Produktqualität angesehen. Vgl. Locke, E.A., Relationship of Success and Expectation to Affect on Goal Seeking Tasks, in: Journal of Personality and Social Psychology, 2/67, S. 125-134; Westbrook, R.A., Reilly, M.D., Value-Percept Disparity: An Alternative to the Disconfirmation of Expectations Theory of Consumer Satisfaction, in: Bagozzi, R.P., Tybout, A.M. (Hrsg.), Advances in Consumer Research, Ann Arbor 1983, S. 256-261.

569 Vgl. Nader, G., Zufriedenheit mit Finanzdienstleistungen. Erfolgswirksamkeit, Messung und Modellierung, Wien New York 1995, S. 23.

570 Vgl. Hentschel, B., Dienstleistungsqualität aus Kundensicht. Vom merkmals- zum ereignisorientierten Ansatz, Wiesbaden 1992; Jung, H., Grundlagen zur Messung von Kundenzufriedenheit, in: Simon, H., Homburg, C., (Hrsg.), Kundenzufriedenheit. Konzepte – Methoden – Erfahrungen, 2. A., Wiesbaden 1997, S.141-161.

Als Spezialformen multiattributiver Modelle werden nicht-kompensatorische und kompensatorische Modelle unterschieden.[571] Nach den nicht-kompensatorischen Modellen existiert bei Kunden ein minimal tolerierbares Niveau für alle vom Anbieter erbrachten Leistungen. Wird dieses Niveau auch nur bei einem Leistungsmerkmal unterschritten, so kann dies selbst durch überproportional hohe Niveaus bei anderen Leistungsmerkmalen nicht kompensiert werden. Das Urteil über die Gesamtleistung des Anbieters fällt in diesem Fall aus Kundensicht stets negativ aus. Diese Voraussetzungen dürften in der Praxis kaum anzutreffen sein. Daher liegt den Verfahren zur multiattributiven Messung meist – wie auch in dieser Arbeit - ein kompensatorisches Modell zugrunde. Danach können negative Urteile über Leistungsmerkmale durch positive Urteile bei anderen Leistungsmerkmalen ausgeglichen oder sogar (über)kompensiert werden. Beispielsweise kann eine durch lange Wartezeit am Schalter verursachte Unzufriedenheit des Sparkassenkunden durch besondere Freundlichkeit und Kompetenz des Schalterpersonals ausgeglichen werden und so insgesamt zu Zufriedenheit mit dem Besuch der Sparkassen-Geschäftsstelle führen.[572]

Kompensatorische Modelle multiattributiver Meßverfahren können sich auf Einstellungs- oder Zufriedenheitsurteile beziehen. Diese können direkt oder indirekt mit Hilfe von Ein- oder Zweikomponentenansätzen erhoben werden. Abbildung 22 gibt einen Überblick über die Verfahren.

Abbildung 22: Verfahren zur Messung der Zufriedenheit

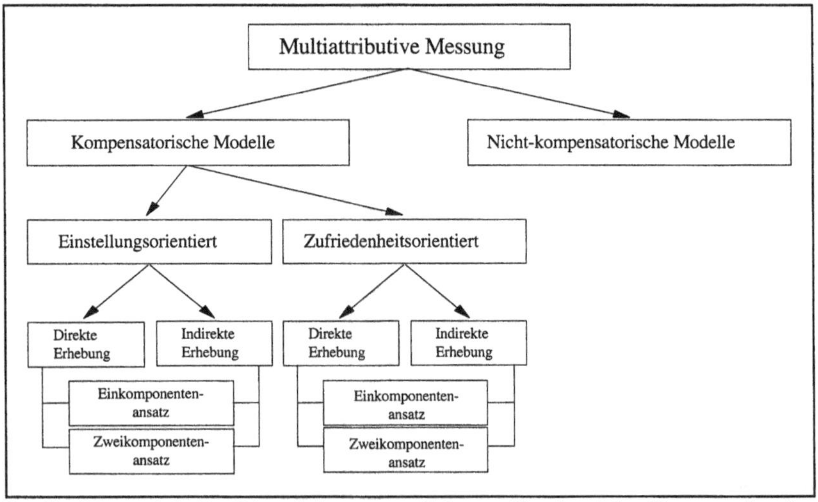

Quelle: Hentschel, B., Dienstleistungsqualität aus Kundensicht. Vom merkmals- zum ereignisorientierten Ansatz, Wiesbaden 1992, S. 115.

---

[571] Vgl. Kroeber-Riel, W., Weinberg, P., a.a.O., S. 305ff.
[572] Vgl. Breyer, M., a.a.O., S. 176.

In der Kundenbefragung zum Versicherungsgeschäft der Sparkasse wird die direkte Erhebung verwendet. Die Beurteilung der Erfahrungen der Kunden mit den Leistungsmerkmalen des Versicherungsgeschäfts wird zufriedenheitsorientiert erhoben. Die Zufriedenheitsurteile werden im Rahmen des Zweikomponentenansatzes durch getrennt erhobene Wichtigkeitsurteile validiert, um Maßnahmen zur Steigerung der Kundenzufriedenheit ableiten zu können. Die Gefahr der Anspruchsinflation wird dabei in Kauf genommen.[573]

In der Kundenbefragung wurden verschiedene Zufriedenheitsurteile erhoben. So ergab die Zufriedenheit mit dem Abschluß (Frage 19), daß von den 41,8% der Kunden, die bereits eine Versicherung in der Sparkasse abgeschlossen haben, 78,6% damit zufrieden sind. Die nicht zufriedenen Kunden gaben folgende Hauptgründe für ihre Unzufriedenheit an: Qualität der Beratung (16,5%), Erreichbarkeit und Öffnungszeiten (16,0%) und Umgebung während der Beratung (13,4%). Von den Kunden, die noch keine Versicherung in der Sparkasse abgeschlossen haben, äußern 50,9% ein grundsätzliches Interesse daran.

Weitere Zufriedenheitsurteile werden in ihrem Einfluß auf das Abschlußverhalten untersucht. Für diese werden die gleichen Wirkungsrichtungen auf das Abschlußverhalten angenommen wie in Hypothese H_K4. Danach wirkt die Zufriedenheit positiv auf den Abschluß von Versicherungen in der Sparkasse. Die Hypothese H_K4 kann daher wie folgt spezifiziert werden:

H_K4-1	Je zufriedener die Kunden mit der Sparkasse sind, desto wahrscheinlicher ist der Abschluß einer Versicherung in der Sparkasse.

H_K4-2	Wenn die Kunden mit der Beratung in Versicherungsfragen zufrieden sind, dann wird der Abschluß einer Versicherung in der Sparkasse häufiger festgestellt.

H_K4-3	Je zufriedener die Kunden mit den versicherungsbezogenen Leistungsmerkmalen sind, desto wahrscheinlicher ist der Abschluß einer Versicherung in der Sparkasse.

2.5.1 Generelle Zufriedenheit mit der Sparkasse

Um auszuschließen, daß die Kunden durch die Abgabe von Zufriedenheitsurteilen zu den Servicedimensionen in ihrem späteren Globalurteil der Zufriedenheit beeinflußt werden,[574] wird die generelle Zufriedenheit mit der Sparkasse (Frage 5) vor der Zufrie-

[573] Vgl. Dichtl, E., Müller, S., Anspruchsinflation und Nivellierungstendenzen als meßtechnische Probleme in der Absatzforschung, in: Marketing ZFP, 4/86, S. 233-236.

[574] Ein derartiger Einfluß konnte bereits signifikant nachgewiesen werden. Vgl. Meffert, H., Schwetje,

denheit mit den Servicedimensionen (Frage 20) abgefragt.[575] Die generelle Zufriedenheit mit der Sparkasse wurde auf einer Fünf-Punkte-Skala von 1 "Gar nicht zufrieden" bis 5 "Sehr zufrieden" erhoben. Höhere Zufriedenheitswerte weisen daher auf größere Zufriedenheit. Der durchschnittliche Zufriedenheitswert beträgt 4,0. Die Verteilung der Zufriedenheit mit der Sparkasse ergibt sich aus Abbildung 23.

Über 80% der Kunden geben an, „überwiegend" oder „sehr" zufrieden zu sein. Allerdings liegt der Anteil der nur „überwiegend" zufriedenen Kunden deutlich über den „sehr" zufriedenen Kunden. Dieser Anteil ist zu erhöhen, um eine bessere Kundenbindung zu erreichen.

Abbildung 23: Globalzufriedenheit mit der Sparkasse

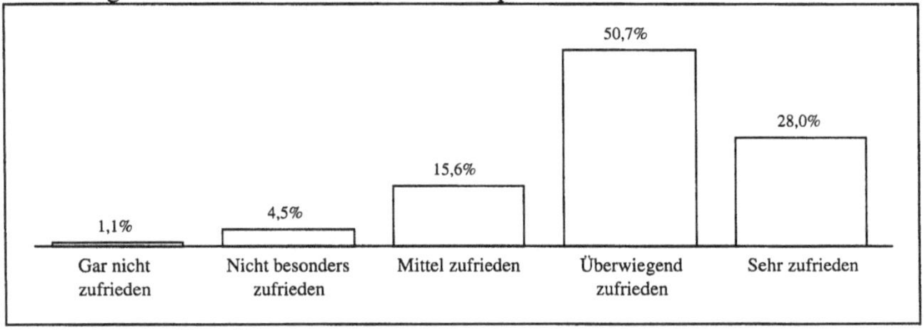

Quelle: Eigene Erstellung.

Der Einfluß der generellen Zufriedenheit mit der Sparkasse auf den Abschluß von Versicherungen in der Sparkasse wird durch einen Mittelwertvergleichstest überprüft. Die Mittelwertunterschiede in den Gruppen „Abschluß" und „Kein Abschluß" ergeben sich aus der folgenden Tabelle.

Tabelle 12: Unterschiede in Mittelwert und Standardabweichung der Variablen Zufriedenheit mit der Sparkasse in den Gruppen "Abschluß" und "Kein Abschluß"

Zufriedenheit mit der Sparkasse	Abschluß	Kein Abschluß	T-Test[576]
Mittelwert	4,10	3,95	***
Standardabweichung	0,85	0,83	

Die Tabelle zeigt, daß der Mittelwert der generellen Zufriedenheit in der „Abschluß"-

T., a.a.O., S. 12.

575 Teilweise wird im folgenden synonym der Begriff „Globalzufriedenheit" verwendet. Die Globalzufriedenheit kann als übergeordnete Kennzahl für die vom Kunden wahrgenommenen Teilqualitäten angesehen werden. Als wichtiger Frühindikator für die zukünftige Kundenbindung ist die Globalzufriedenheit ein Maß für die Leistungsfähigkeit eines Anbieters aus Kundensicht.Vgl. Meyer, A., Dornach, F., Das Deutsche Kundenbarometer 1997– Qualität und Zufriedenheit - Jahrbuch der Kundenzufriedenheit in Deutschland 1997, München 1997, S. 55.

576 Für die Signifikanz gilt folgende Notation: * = Signifikanz auf dem 10%-Niveau, ** = Signifikanz auf dem 5%-Niveau, *** = Signifikanz auf dem 1%-Niveau, n.s. = nicht signifikant.

Gruppe höher ist als in der „Kein Abschluß"-Gruppe. Daraus könnte einerseits geschlossen werden, daß die durchschnittliche Zufriedenheit mit der Sparkasse aufgrund des erfolgreichen Abschlusses einer Versicherung in der Sparkasse höher ist. Andererseits könnte es auch sein, daß das unterschiedliche Abschlußverhalten aus einer unterschiedlichen Zufriedenheit mit der Sparkasse resultiert. Der Mittelwerttest läßt keine Aussage darüber zu, welche Interpretation zutrifft. Der Mittelwertunterschied ist jedoch signifikant, so daß die Hypothese H_K4-1 nicht verworfen werden kann.

2.5.2 Zufriedenheit mit der Beratung in Versicherungsfragen

Die Zufriedenheit mit der Beratung in Versicherungsfragen wurde im Fragebogen binär verschlüsselt, d.h. die Kunden wurden gefragt, ob sie mit der Beratung zufrieden waren oder nicht (Frage 18). Im Fall der Zufriedenheit wurde der Wert Eins vergeben, im Fall der Unzufriedenheit der Wert Null.

Insgesamt haben sich 40,5% der befragten Kunden bereits in der Sparkasse in Versicherungsfragen beraten lassen. Davon waren 78,3% der Kunden mit der Beratung zufrieden. Die nicht zufriedenen Kunden gaben folgende Hauptgründe für ihre Unzufriedenheit an: Erreichbarkeit und Öffnungszeiten (20,2%), Qualität der Beratung (19,2%) und Umgebung während der Beratung (17,2%). Von den Kunden, die sich noch nicht in der Sparkasse in Versicherungsfragen beraten ließen, äußern 53,2% ein grundsätzliches Interesse daran.

Um einen Anhaltspunkt über den Zusammenhang zwischen der Zufriedenheit mit der Beratung in Versicherungsfragen und dem Abschluß von Versicherungen in der Sparkasse zu erhalten und somit Hypothese H_K4-2 zu testen, wird eine Chi-Quadrat-Analyse durchgeführt (vgl. Tabelle 13).[577] Die Signifikanz der Abweichung der beobachteten von den erwarteten Häufigkeiten zeigt sich anhand der standardisierten Residuen. Sie ergeben für die „Abschluß"-Gruppe nicht signifikante Werte, die Abweichungen der „Kein Abschluß"-Gruppe sind hoch signifikant.

Tabelle 13: Häufigkeitsverteilung der Zufriedenheit mit der Beratung in den Gruppen "Abschluß" und "Kein Abschluß"

Zufriedenheit mit der Beratung	Abschluß	Kein Abschluß	Gesamt
Ja	406 (389,9)	23 (39,1)	429
Nein	92 (108,1)	27 (10,9)	119
Gesamt	498	50	548

Die Tabelle zeigt in der „Abschluß"-Gruppe hypothesenkonforme beobachtete Häufigkeiten: Bei Zufriedenheit mit der Beratung schließen mehr Kunden eine Versiche-

---

577 Die Zahlen in den Feldern geben die beobachteten absoluten Häufigkeiten, die Zahlen in Klammern die erwarteten absoluten Häufigkeiten an.

rung in der Sparkasse ab als erwartet, bei Unzufriedenheit schließen weniger Kunden eine Versicherung in der Sparkasse ab als erwartet. Diese Ergebnisse sind allerdings nicht signifikant. In der „Kein Abschluß"-Gruppe schließen trotz Zufriedenheit mit der Beratung signifikant weniger Personen keine Versicherung ab als erwartet; auch dieses Ergebnis ist hypothesenkonform. Bei Unzufriedenheit mit der Beratung wird erwartet, daß 10,9 Kunden keine Versicherung abschließen, tatsächlich schließen 27 unzufriedene Kunden keine Versicherung ab. Auch dieses Ergebnis ist signifikant hypothesenkonform. Die Hypothese H_K4-2 kann somit nicht verworfen werden.

2.5.3 Zufriedenheit mit versicherungsbezogenen Leistungsmerkmalen

Die Messung der Kundenzufriedenheit erfolgte im Rahmen der vorliegenden Untersuchung durch subjektive Indikatoren, da diese im Gegensatz zu objektiven Indikatoren wie Marktanteilen oder Wiederkaufraten Aufschluß über Gründe der Unzufriedenheit erlauben.[578] Die Messung der Zufriedenheit ohne Bezugnahme auf Kundenprobleme wurde durch Zusatzfragen erweitert, so daß die Bezugnahme auf Kundenprobleme ermöglicht wurde.

Da sich die Produkte im Bank- und Versicherungsbereich immer weiter angleichen und Unterschiede für den Kunden kaum mehr wahrnehmbar sind, kann sich ein Kreditinstitut über die Konditionen oder über den Service von Konkurrenten abheben.[579] Der Konditionsbereich wurde für Bankprodukte bereits untersucht[580]. Im Mittelpunkt steht hier die Messung der Zufriedenheit der Kunden mit versicherungsbezogenen Leistungsmerkmalen (Frage 20). Dabei wird ein additives Teilzufriedenheitsmodell in Anlehnung an den SERVQUAL-Ansatz zugrundegelegt.[581] Die fünf Qualitätsdimen-

---

[578] Vgl. Bruhn, M., Marketing und Konsumentenzufriedenheit, in: WISU, 6/85, S. 300-307, hier: S. 304.

[579] „Unter Service fallen sämtliche unentgeltlichen oder entgeltlichen Sach- und Dienstleistungen (einschließlich der Gestaltung kundenorientierter Verfahren), die die Inanspruchnahme und Nutzung von Bankdienstleistungen erleichtern. Dabei verkörpert der Service eine Nebenleistung, um den Absatz der Hauptleistung zu fördern. Dies geschieht auf freiwilliger, vertraglicher oder gesetzlicher Grundlage. Bei der Erbringung der Serviceleistungen kommt insbesondere dem Mitarbeiterverhalten eine wichtige Bedeutung zu." Brinkmann, T., a.a.O., S. 18. Für den Bankbereich wird eine Systematisierung von Serviceleistungen vorgeschlagen, die drei Kategorien unterscheidet. Es handelt sich um Service zur Verbesserung der Erreichbarkeit, Service zur Erleichterung der Bankgeschäfte und Service bei der Betreuung der Kunden. Vgl. Brinkmann, T., a.a.O., S. 21. Diese Kategorien finden sich in den hier untersuchten Leistungsmerkmalen wieder.

[580] Vgl. Rapp, A., Bankpreise und Kundenverhalten, Frankfurt 1992.

[581] Diese fünf Dimensionen sind das Ergebnis konzeptioneller Überlegungen, die auch einer empirischen Prüfung unterzogen wurden. Vgl. Parasuraman, A., Zeithaml, V.A., Berry, L.L., A Conceptual Model of Service Quality and its Implications for Future Research, in: Journal of Marketing, Fall 1985, S. 41-50; Parasuraman, A., Zeithaml, V.A., Berry, L.L., SERVQUAL. A Multiple-Item Scale for Measuring Consumer Perceptions of Service Quality, in: Journal of Retailing, 1/88, S. 12-40, hier: S. 23. Zur Kritik am SERVQUAL-Ansatz vgl. Carman, J.M., Consumer perception of service quality. An Asessment of the SERVQUAL dimensions, in: Journal of Retailing, 1/90, S. 33-57 sowie Vogels, R., Lemmink, J., Kasper, H., Some Methodological Remarks on the SERV-

sionen werden durch elf Leistungsmerkmale abgebildet, die von den Kunden hinsichtlich ihrer Zufriedenheit und der Wichtigkeit zu bewerten sind.[582] Die Zufriedenheit mit den Leistungsmerkmalen wird anhand von Fünf-Punkte-Skalen verschlüsselt. Höhere Werte stehen dabei für größere Zufriedenheit. Einen Überblick über die durchschnittlichen Wichtigkeits- und Zufriedenheitswerte der Merkmale gibt Abbildung 24.[583]

Abbildung 24: Wichtigkeit und Zufriedenheit mit den Leistungsmerkmalen

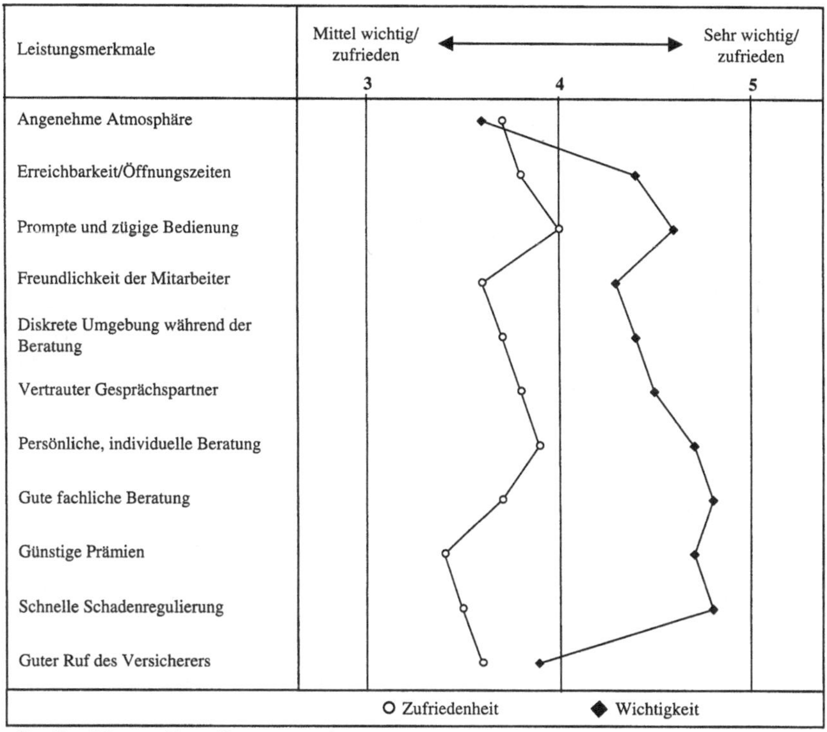

Quelle: Eigene Erstellung.

Werden nur diejenigen Leistungsmerkmale betrachtet, auf die die Sparkassen Einfluß

QUAL Model, in: Avlonitis, G.J., Papavasiliou, N.K., Kouremenos, A.G. (Hrsg.), Marketing Thought and Practise in the 1990s. Conference Proceedings, Athens 1989, S. 789-800. Eine Beschreibung der Dimensionen findet sich bei Benkenstein, M., Qualitätsverbundbeziehungen zwischen unabhängigen Dienstleistungsanbietern, in: DBW, 6/96, S. 777-789, hier: S. 780 sowie Meffert, H., Bruhn, M., a.a.O., S. 202f..

582 Die Generierung der Leistungsmerkmale erfolgte anhand der Qualitätsdimensionen von Parasuraman, Zeithaml und Berry, welche mit Hife von sekundärstatistischem Material weiter konkretisiert wurden. Vgl. analog die Beschreibung der Vorgehensweise in Kapitel C.3.1.4

583 Da keine Werte zwischen eins und drei auftreten, wird die Abbildung auf Werte zwischen drei und fünf begrenzt.

haben,[584] läßt sich festhalten, daß für die Kunden folgende Aspekte am wichtigsten sind:

- Gute fachliche Beratung (Durchschnittswert 4,8),
- Persönliche, individuelle Beratung (Durchschnittswert 4,7),
- Freundlichkeit der Mitarbeiter (Durchschnittswert 4,6).

Am zufriedensten sind die Kunden mit folgenden Leistungsmerkmalen:

- Freundlichkeit der Mitarbeiter (Durchschnittswert 4,0),
- Persönliche, individuelle Beratung (Durchschnittswert 3,9),
- Vertrautheit mit dem Gesprächspartner (Durchschnittswert 3,8).
-

Es zeigt sich, daß zwischen Wichtigkeit und Zufriedenheit keine Deckung besteht. Um die Bereiche herauszufinden, die für die Kunden sehr wichtig sind, aber nur geringe Zufriedenheitswerte aufweisen, wird für die von den Sparkassen beeinflußbaren Leistungsmerkmale eine gewichtete Differenz der beiden Werte Wichtigkeit und Zufriedenheit gebildet. Die Gewichtung erfolgt durch den durchschnittlichen Wichtigkeitswert (vgl. Tabelle 14). So ergibt sich z.B. für das Leistungsmerkmal „Gute fachliche Beratung" die gewichtete Differenz von 5,3 aus der Multiplikation der Differenz zwischen durchschnittlicher Wichtigkeit und durchschnittlicher Zufriedenheit (1,1) mit dem durchschnittlichen Wichtigkeitswert von 4,8. Analog erfolgt die Berechnung für die übrigen Leistungsmerkmale.

Tabelle 14: Berechnung gewichteter Unzufriedenheitswerte

Leistungsmerkmale	Durchschnittl. Wichtigkeit	Durchschnittl. Zufriedenheit	Differenz	Gewichtete Differenz
Gute fachliche Beratung	4,8	3,7	1,1	5,3
Persönliche, individuelle Beratung	4,7	3,9	0,8	3,8
Prompte und zügige Bedienung	4,5	3,8	0,7	3,2
Ruhige, diskrete Umgebung	4,4	3,7	0,7	3,1
Erreichbarkeit/Öffnungszeiten	4,3	3,6	0,7	3,0
Freundlichkeit der Mitarbeiter	4,6	4,0	0,6	2,8
Vertrauter Gesprächspartner	4,4	3,8	0,6	2,6
Angenehme Atmosphäre	3,6	3,7	-0,1	-0,4

Hohe Werte der gewichteten Differenz weisen auf Unzufriedenheit mit der jeweiligen Servicedimension hin. Das Ergebnis der Unzufriedenheit zeigt Abbildung 25. Aus ihr geht hervor, daß die größten gewichteten Unzufriedenheitswerte die Qualität der Beratung, die Individualität der Beratung und die prompte und zügige Bedienung aufweisen.

[584] Der gute Ruf des Versicherers, die Geschwindigkeit der Schadenregulierung und die Höhe der Prämien werden in diesem Fall nicht weiter betrachtet.

Abbildung 25: Gewichtete Unzufriedenheit mit einzelnen Leistungsmerkmalen

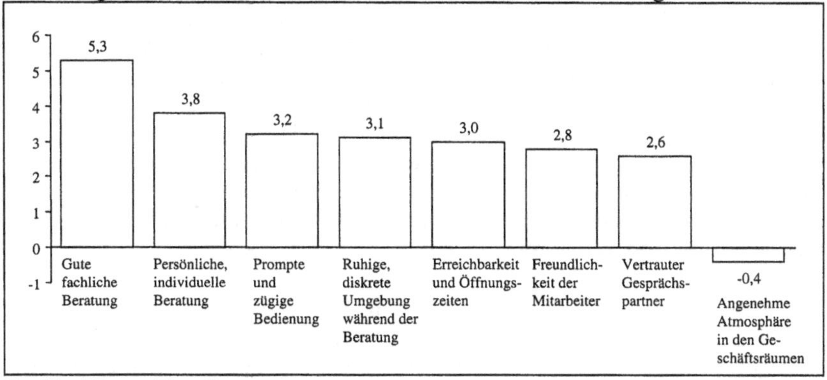

Quelle: Eigene Erstellung.

Um die Wirkung der Zufriedenheit mit den Leistungsmerkmalen auf den Abschluß von Versicherungen in der Sparkasse zu analysieren, werden Mittelwertvergleichstests durchgeführt. Die Mittelwertunterschiede für die acht Merkmale ergeben sich aus Tabelle 15.

Tabelle 15: Mittelwerte und Standardabweichungen der Service-Items in den Gruppen "Abschluß" und "Kein Abschluß"

Variable	**Testgröße**	**Abschluß**	**Kein Abschluß**	**T-Test**[585]
Erreichbarkeit/ Öffnungszeiten	Mittelwert	3,61	3,59	n.s.
	Standardabweichung	1,01	1,08	
Atmosphäre	Mittelwert	3,73	3,68	*
	Standardabweichung	0,90	0,88	
Prompte/ zügige Bedienung	Mittelwert	3,88	3,67	***
	Standardabweichung	0,90	0,93	
Freundlichkeit der Mitarbeiter	Mittelwert	4,20	3,92	***
	Standardabweichung	0,81	0,89	
Umgebung bei Beratung	Mittelwert	3,77	3,66	***
	Standardabweichung	1,00	1,47	
Vertrautheit des Gesprächspartners	Mittelwert	4,07	3,68	**
	Standardabweichung	0,93	1,05	
Individualität der Beratung	Mittelwert	4,01	3,75	**
	Standardabweichung	0,94	0,98	
Gute fachliche Beratung	Mittelwert	3,86	3,52	***
	Standardabweichung	0,96	1,03	

585 Für die Signifikanz gilt folgende Notation: * = Signifikanz auf dem 10%-Niveau, ** = Signifikanz auf dem 5%-Niveau, *** = Signifikanz auf dem 1%-Niveau, n.s. = nicht signifikant.

Wie die Tabelle zeigt, sind alle Mittelwerte in der „Abschluß"-Gruppe höher als in der „Kein Abschluß"-Gruppe, d.h. die Kunden, die bereits eine Versicherung in der Sparkasse abgeschlossen haben, sind zufriedener mit der Leistung als die Kunden, die noch keine Versicherung in der Sparkasse abgeschlossen haben. Der Mittelwerttest erlaubt jedoch keine Aussage darüber, ob das unterschiedliche Abschlußverhalten aus der Zufriedenheit mit den Service-Items resultiert, oder ob der Abschluß aufgrund einer Zufriedenheit mit dem Service erfolgte. Signifikant unterschiedliche Mittelwerte liegen für alle Variablen außer „Gute Erreichbarkeit und kundenfreundliche Öffnungszeiten" vor. Insgesamt kann die Hypothese H_K4-3 damit in bezug auf die sieben Dimensionen nicht verworfen werden.

Während in Kapitel C.2.5.2 die Zufriedenheit mit der Beratung in der Abschluß-Gruppe keine signifikanten Werte aufweist, so zeigt sich hier, daß den Kunden eine gute fachliche und eine persönliche und individuelle Beratung sehr wichtig ist, sie damit jedoch nicht entsprechend zufrieden sind. Damit stehen zwei unmittelbar die Beratung betreffenden Leistungsmerkmale an erster Stelle der Unzufriedenheitsskala (vgl. Abbildung 25). Offensichtlich können die Kunden die global abgefragte und nur nominal gemessene „Zufriedenheit mit der Beratung" weniger gut einschätzen als die konkreten Leistungsmerkmale, die die Globalzufriedenheit der Beratung bestimmen. Als solche lassen sich die fachliche und menschliche Kompetenz der Berater nennen.[586] Diese sind für die Kunden von großer Wichtigkeit, sie sehen ihre Erwartungen diesbezüglich jedoch nicht erfüllt, wodurch die hohen Unzufriedenheitswerte hervorgerufen werden. Für die Marktbearbeitung läßt sich daraus ableiten, daß neben einem erhöhten Schulungsbedarf die umfassende fachliche und persönliche Kompetenz der Sparkassenmitarbeiter auch zu kommunizieren ist.

Zusammenfassend läßt sich damit festhalten, daß ein Zusammenhang zwischen der Zufriedenheit und dem Abschluß von Versicherungen in der Sparkasse für die Globalzufriedenheit und die Zufriedenheit mit bestimmten Leistungsmerkmalen nicht nachgewiesen werden konnte. Auch die nominal gemessene Zufriedenheit mit der Beratung diskriminiert nicht ausreichend stark zwischen den Gruppen „Abschluß" und „Kein Abschluß".

2.6 Analyse der Bankloyalität

Die Konstanz in der Geschäftsbeziehung zwischen Kunde und Bank wird mit dem Begriff Bankloyalität beschrieben.[587] Der Begriff tauchte erstmals in den siebziger Jahren auf.[588] Im Zuge der Kundenbindungsforschung wurde er wieder aufgegriffen

[586] Da die Kunden die fachliche und menschliche Kompetenz der Berater meist nicht objektiv beurteilen können, ist die subjektive Einschätzung der Kompetenz relevant.

[587] Vgl. Fest, A., Motive der Bankloyalität von Privatkunden, in: Sparkasse, 3/99, S. 106-115, hier: S. 106.

[588] Die Bankloyalität wurde abgeleitet aus dem Phänomen der Markentreue und basiert auf der lerntheoretischen Erkenntnis, daß zunehmende Erfahrung mit einem Markenartikel zu wachsender

und weiterentwickelt.[589]

Für die Bankloyalität stellt Fest drei Definitionsansätze vor, die die Grundlage für entsprechende Meßkonzepte bilden.[590] Es handelt sich um einen verhaltensorientierten und einen einstellungsorientierten Ansatz sowie um eine Kombination aus beiden.

Die verhaltensorientierte Definition stellt allein auf das loyale Verhalten der Kunden ab. Die Bankloyalität wird in diesem Fall anhand der Zahl und Dauer der Bankverbindungen operationalisiert.[591] Problematisch an dieser Definition ist, daß sie die Gründe für das Verhalten nicht berücksichtigt. So könnte das beobachtete Verhalten auf Gebundenheit, d.h. auf mangelnde Alternativen oder wirtschaftliche und rechtliche Abhängigkeit zurückzuführen sein. Aussagen über den Zusammenhang zwischen Marketingmaßnahmen und der Loyalität sind auf Basis dieser Loyalitätsdefinition nicht möglich.[592] Die auf verhaltensorientierten Ansatz beruhende Messung der Bankloyalität wird jedoch aufgrund ihrer Einfachheit[593] häufig für Aussagen über die Entwicklung der Bankloyalität verwendet.[594]

Die Ursachen loyalen Verhaltens werden in der einstellungsorientierten Definition von Süchting berücksichtigt. Danach wird unter Bankloyalität die Bereitschaft eines Wirtschaftssubjekts verstanden, dauerhaft die Leistungen eines bestimmten Kreditinstituts nachzufragen.[595] Diese Definition erfaßt die Verbundenheit, d.h. die freiwillige Haltung des Kunden gegenüber seiner Bank und ist daher zur Erforschung der Ursachen der Bankloyalität geeignet. Fest bemängelt jedoch, daß nur auf die Bereitschaft zur

---

Treue diesem Artikel gegenüber führt. Dadurch vereinfacht sich die Entscheidung des Kunden zur Abnahme zusätzlicher Leistungen von einem Anbieter. Die Wahrscheinlichkeit für einen neuen Geschäftsabschluß steigt, da die Entscheidung quasi automatisch abläuft. Vgl. Süchting, J., Die Bankloyalität als Grundlage zum Verständnis der Absatzbeziehungen von Kreditinstituten, in: Kredit und Kapital, 1972, S. 269-300; Seitz, J., Die Determinanten der Bankwahl und der Bankloyalität, Diss. Münster 1976.

[589] Die Theorie der Bankloyalität wurde dabei als „sektorspezifische Betrachtungsweise des Konsumentenverhaltens" bezeichnet. Polan, R., a.a.O., S. 52.

[590] Vgl. Fest, A., a.a.O., S. 106f.. Die von Fest verwendete Unterscheidung beruht auf einer für die Markentreue entwickelten Systematik von Kuß. Vgl. Kuß, A., Käuferverhalten, Berlin 1991, S. 85ff..

[591] Vgl. Seitz, J., a.a.O., S. 9.

[592] Vgl. Polan, R., a.a.O., S. 113f..

[593] Variablen wie Zahl, Dauer und Wechselhäufigkeit der Bankverbindungen sind leicht identifizierbar und gut quantifizierbar. Vgl. Seitz, J., a.a.O., S. 9.

[594] Vgl. Fest, A., a.a.O., S. 107 sowie die dort zitierte Literatur.

[595] Vgl. Süchting, J., Die Bankloyalität als Grundlage zum Verständnis der Absatzbeziehungen von Kreditinstituten, in: Kredit und Kapital, 1972, S. 269-300; ders., Die Theorie der Bankloyalität – (noch) eine Basis zum Verständnis der Absatzbeziehungen von Kreditinstituten?, in: Süchting, J., van Hooven, E. (Hrsg.), Handbuch des Bankmarketing, Wiesbaden 1987, S. 23-36, hier: S. 25; ders., Die Theorie der Bankloyalität – *(immer noch)* eine Basis zum Verständnis der Absatzbeziehungen von Kreditinstituten?, in: Süchting, J., Heitmüller, H.-M. (Hrsg.), Handbuch des Bankmarketing, 3. A., Wiesbaden 1998, S. 1-25, hier: S. 3.

dauerhaften Abnahme von Leistungen abgestellt wird.[596] Die Umsetzung der positiven Einstellung in beobachtbares Verhalten wird nicht betrachtet. Danach ist Bankloyalität also auch dann vorhanden, wenn die Bereitschaft zur Abnahme von Leistungen zwar besteht, diese aus verschiedenen möglichen Gründen jedoch nicht tatsächlich abgenommen werden.[597]

Aufgrund der Mängel der rein verhaltens- oder einstellungsorientierten Ansätze schlägt Polan eine Kombination vor. „Bankloyalität ist das von einer positiven Grundhaltung gegenüber einem Kreditinstitut getragene Verhalten, welches darin seinen Ausdruck findet, daß dauerhaft die Leistungen dieses Kreditinstitutes in Anspruch genommen werden."[598] Diese Definition erfaßt sowohl das Verhalten selbst als auch seine Ursachen.

Zur Messung der so beschriebenen Bankloyalität entwickelt Polan ein Scoring-Modell, in das zunächst die Kriterien Dauer der Bankverbindung, Anzahl der Bankverbindungen, Alter und berufliche Stellung eingehen.[599] Es wird in einem erweiterten Modell um Verhaltens- und Aktivitätsvariablen ergänzt.[600] Die Verhaltensvariablen berücksichtigen die psychologisch und soziologisch fundierten Verhaltensweisen der Kunden. Als solche werden die Preisempfindlichkeit,[601] das Informationsverhalten[602] und das Risikoverhalten[603] integriert. Als Aktivitätsvariablen werden die Leistungsinanspruchnahme[604] und die Beratungsinanspruchnahme[605] aufgenommen. Der umfassende Bankloyalitätsindex ergibt einen höheren Informationsgehalt für die betriebliche Praxis.[606] Als solcher ist er trotz der einschränkenden Bemerkungen[607] geeignet, die Bankloyalität zu erfassen.

Da in der vorliegenden Untersuchung die Auswirkung der Bankloyalität, also das tat-

---

596 Vgl. Fest, A., a.a.O., S. 107.

597 Als Gründe nennt Fest mangelnde finanzielle Mittel, Zeitdruck oder mangelnde Verfügbarkeit der Leistungen. Vgl. Fest, A., a.a.O., S. 107.

598 Polan, R., a.a.O., S. 18.

599 Vgl. Polan, R., a.a.O., S. 150.

600 Vgl. Polan, R., a.a.O., S. 160ff..

601 Die Einbeziehung der Preisempfindlichkeit in einen Ansatz zur Messung der Bankloyalität erscheint zweckmäßig, da die Unzufriedenheit mit Preisen bzw. Konditionen einer der wichtigsten Gründe für den Abbruch einer Bankverbindung darstellt. Vgl. Polan, R., a.a.O., S. 162.

602 Durch die Nutzung bankexterner Informationsquellen ist der Kunde potentiell abwanderungsgefährdet. Vgl. Polan, R., a.a.O., S. 164.

603 „Das kundenindividuelle Empfinden von Risiken birgt eine latente Abwanderungsgefahr in sich." Polan, R., a.a.O., S. 166.

604 Durch eine intensive Leistungsinanspruchnahme erhöht sich der Aufwand des Kunden für einen Wechsel der Bankverbindung. Vgl. Polan, R., a.a.O., S. 169. Dieser Aspekt beinhaltet die Gebundenheits-Komponente der Bankloyalität.

605 Die Beratungsinanspruchnahme wird als aktiv vom Anbieter beeinflußbarer Steuerungsimpuls integriert, obwohl sie implizit bereits in der Leistungsinanspruchnahme enthalten ist. Vgl. Polan, R., a.a.O., S. 175.

606 Vgl. Polan, R., a.a.O., S. 181.

607 Vgl. Polan, R., a.a.O., S. 182.

sächliche Verhalten der Kunden, analysiert werden soll, wird ein verhaltensorientierter Ansatz zur Messung der Bankloyalität zugrunde gelegt. Dabei erfolgt die Operationalisierung der Bankloyalität anhand der Anzahl der Jahre, die die Bankverbindung zur Sparkasse bereits besteht.[608] Dabei werden ausschließlich Hauptbankverbindungen berücksichtigt.[609] Die Operationalisierung erscheint gerechtfertigt, da die Dauer der Bankverbindung von Polan als das wichtigste Kriterium im verhaltensorientierten Ansatz von Seitz bezeichnet wird.[610] Darüber hinaus haben Untersuchungen im Bankbereich gezeigt, daß für insgesamt 83% der Kunden hohe Loyalität mit hoher Zufriedenheit, bzw. niedrige Loyalität mit niedriger Zufriedenheit einhergeht.[611] Die als Kritik am verhaltensorientierten Ansatz vorgebrachte mangelnde Einstellungskomponente kann durch diesen empirischen Befund zumindest teilweise relativiert werden. Bei der Interpretation der Ergebnisse ist die Einstellungskomponente jedoch zu berücksichtigen.

Die Bankloyalität der Sparkassenkunden stellt sich gemäß der gewählten Operationalisierung wie folgt dar: Zwei Drittel der Hauptbank-Kunden sind bereits seit über zehn Jahren Kunde der Sparkasse. Einen Überblick über die Dauer der Hauptbankverbindung gibt Tabelle 16.

Tabelle 16: Dauer der Hauptbankverbindung

Sparkasse als Hauptbank seit...	**Angabe in %**
... bis zu zehn Jahren	33
... 11-20 Jahren	32
... 21-30 Jahren	23
... über 30 Jahren	12

In Tabelle 16 wurde das stetig erhobene Merkmal „Jahre" zur besseren Übersichtlichkeit in vier Klassen unterteilt. Die Hauptbankverbindungen der Sparkassen-Kunden

[608] Diese Operationalisierung verwenden auch Becker, H., Herges, P., Steitz, M., Was erwarten Kunden von der Bank?, in: Bank und Markt, 2/91, S. 23-25; Epple, M.H., Die Kundenbindung wird schwächer, in: Die Bank, 12/91, S. 544-550, hier: S. 548; Spiegel Verlag (Hrsg.), Soll und Haben 4, Hamburg 1996, S. 86ff.. Problematisch an dieser Operationalisierung könnte eine Korrelation zum Alter der Kunden sein. In der Tat zeigt eine Analyse anhand des Pearson'schen Korrelationskoeffizienten einen hoch signifikanten ($p \leq 0,01$) Wert von 0,663. Dieser Wert ist zwar noch nicht als ernsthafte, jedoch als recht hohe Korrelation anzusehen.

[609] 90,3% aller befragten Kunden nutzen die Sparkasse als Hauptbank. Für zwei Drittel dieser Hauptbank-Kunden ist die Sparkasse auch Exklusivbank, nur ein Drittel verfügt über weitere Bankverbindungen.

[610] Vgl. Polan, R., a.a.O., S. 151.

[611] Vgl. Homburg, C., Werner, H., Messung und Management von Kundenzufriedenheit und Kundenbindung im Finanzdienstleistungsbereich, in: Müller, S., Strothmann, H., Kundenzufriedenheit und Kundenbindung. Strategien und Instrumente von Finanzdienstleistern, München 1998, S. 163-178, hier: S. 170f.. Aussagen über Ursachen der Loyalität auf der Basis einer Kausalanalyse liefert Lohmann, F., Ursachen von Kundenloyalität: Ein umfassendes Erklärungsmodell, in: dies., S. 179-196.

bestehen zwischen einem und 65 Jahren. Im Durchschnitt besteht sie seit 16 Jahren.[612] Insgesamt läßt sich aus der hohen Nutzungsquote der Sparkassen als Hauptbank und der langen Kundenverbindungen schließen, daß die Sparkassen-Kunden über ein hohes Maß an Bankloyalität verfügen. Im folgenden wird geprüft, ob die hohe Bankloyalität auch mit dem Abschlußverhalten in Zusammenhang gebracht werden kann.

In einer ergebnisorientierten Betrachtungsweise ist Kundenbindung das tatsächlich loyale Verhalten des Kunden einem Anbieter gegenüber,[613] welches sich durch Wiederkauf, Weiterempfehlung und Cross-Buying auszeichnet.[614] In diesem Sinne wird in der vorliegenden Untersuchung als Ergebnis der Kundenbindung bzw. Bankloyalität der Abschluß von Versicherungen in der Sparkasse angesehen, d.h., es wird auf das Cross-Buying abgestellt. Dabei wird hypothetisch unterstellt, daß Kunden, die an die Sparkasse gebunden sind, also eine hohe Bankloyalität aufweisen, eher eine Versicherung in der Sparkasse abschließen, als Kunden, die weniger bankloyal sind.

Mit der Dauer der Bankverbindung liegt eine metrische Variable vor, die die Durchführung von Mittelwertvergleichstests zur Prüfung der Hypothese H_K5 erlaubt. Die Mittelwertunterschiede für die Dauer der Hauptbankverbindung in den Gruppen „Abschluß" und „Kein Abschluß" ergeben sich aus der folgenden Tabelle.

Tabelle 17: Mittelwert und Standardabweichung der Variablen "Bankloyalität" in den Gruppen "Abschluß" und "Kein Abschluß"

Dauer der Hauptbankverbindung	**Abschluß**	**Kein Abschluß**	**T-Test**[615]
Mittelwert	14,84	17,45	***
Standardabweichung	10,61	12,90	

Hinsichtlich der Dauer der Bankverbindung und dem Abschlußverhalten zeigt sich, daß die Kunden, die bereits eine Versicherung in der Sparkasse abgeschlossen haben, eine kürzere Verbindung zu ihrer Hauptbank haben. Der Mittelwertunterschied ist signifikant. Die Hypothese H_K5 ist somit zu verwerfen.

Der Abschluß einer Versicherung in der Sparkasse erfolgt also eher von Kunden, deren Verbindung zu ihrer Hauptbank kürzer ist. Es stellt sich jedoch die Frage, ob diese Kunden daher als weniger bankloyal bezeichnet werden können. Hier ergibt sich das Problem der Grenzwertbestimmung, d.h. es wäre ein Wert festzulegen, bei dessen

[612] In der Erhebung „Soll und Haben 4" wurde eine durchschnittliche Dauer der Bankverbindung von 21,2 Jahren ermittelt. Vgl. Spiegel Verlag (Hrsg.), Soll und Haben 4, Hamburg 1996, S. 87.

[613] Vgl. Jacoby, J., Chestnut, R., Brand loyalty, Measurement and Management, New York 1978, S. 80f..

[614] Vgl. Meyer, A., Dornach, F., Das Deutsche Kundenbarometer 1997– Qualität und Zufriedenheit - Jahrbuch der Kundenzufriedenheit in Deutschland 1997, München 1997, S. 24f.; Köcher, R., Partner von morgen – Mentalität, Absicherungsorientierung und Branchenbild der jungen Generation, in: Zeitschrift für die gesamte Versicherungswirtschaft, 1987, S. 281-300.

[615] Für die Signifikanz gilt folgende Notation: * = Signifikanz auf dem 10%-Niveau, ** = Signifikanz auf dem 5%-Niveau, *** = Signifikanz auf dem 1%-Niveau, n.s. = nicht signifikant.

Erreichen die Bezeichnung „Loyalität“ gerechtfertigt ist. Dieser Wert wird teilweise bereits bei einer Dauer der Bankverbindung von zwei Jahren angenommen.[616] Da die Festlegung eines Grenzwertes jedoch stets subjektiv bestimmt ist, wird hier darauf verzichtet. Als Konsequenz wird nicht von loyalen und illoyalen Kunden gesprochen, sondern lediglich von Kunden, deren Hauptbankverbindung länger oder kürzer besteht.

Der Befund ist zum einen auf die Operationalisierung der Variablen Bankloyalität zurückzuführen, die allein die Anzahl der Jahre der Hauptbankverbindung berücksichtigt. Es könnte z.B. eine Korrelation zwischen dem Alter und der Dauer der Bankverbindung vorliegen. In der Tat zeigt eine Überprüfung einen signifikant positiven, mittelstarken Zusammenhang (r = 0,56). Da sich gezeigt hat, daß jüngere Kunden eher Versicherungen in der Sparkasse abschließen,[617] kann das hypothesenkonträre Ergebnis vermutlich tatsächlich auf die ungenaue Operationalisierung zurückgeführt werden. Zum anderen ist zu berücksichtigen, daß die Wirkung der Bankloyalität hier ausschließlich eindimensional den Abschluß einer Versicherung in der Sparkasse beinhaltet. Tatsächlich gehen die Wirkungen von Bankloyalität jedoch viel weiter.[618] Das Ergebnis kann also nicht generell im Sinne einer fehlenden Wirkung der Bankloyalität interpretiert werden. Es kann lediglich festgestellt werden, daß eher solche Kunden eine Versicherung in der Sparkasse abschließen, die die Sparkasse noch nicht so lange als ihre Hausbank haben. Eine lange Hauptbankverbindung zur Sparkasse ist damit kein Indiz für einen eher erfolgenden Versicherungsabschluß. Auch hier ist darauf hinzuweisen, daß über die Kausalität des Zusammenhangs keine Aussage getroffen werden kann. Die empirische Analyse hat lediglich gezeigt, daß zwischen der Bankloyalität und dem Abschlußverhalten ein signifikanter Zusammenhang besteht.

2.7 Zusammenfassende Analyse des Nachfragerverhaltens

Auf der Grundlage der im vorigen Kapitel beschriebenen Bestimmungsfaktoren des Abschlußverhaltens ist im folgenden ihr Gesamterklärungsbeitrag zu ermitteln. Die Erklärung des Abschlußverhaltens der Sparkassenkunden läßt sich formal als Klassifikationsproblem interpretieren: Es geht darum, anhand bestimmter unabhängiger Variablen zu prognostizieren, ob die Kunden eine Versicherung in der Sparkasse ab-

---

[616] Vgl. Polan, R., a.a.O., S. 137.

[617] Vgl. Kapitel C.2.2.

[618] Bankloyalität wirkt sowohl auf den Umsatz, als auch auf die Kosten. Das Umsatzpotential der Bankloyalität entsteht durch Wiederkauf, Cross-Buying, geringe Preissensitivität und positive Mund-zu-Mund-Kommunikation. Bei den Kosten ergibt sich zum einen ein direktes Kostensenkungspotential bei den Akquisitionskosten, Kommunikationskosten und Verwaltungskosten. Zum anderen werden potentielle Kosten verlorener Kunden vermieden, z.B. Abwicklungskosten für die Auflösung der Geschäftsverbindung oder negative Wirkungen der Mund-zu-Mund-Kommunikation. Vgl. Kunze, K., Kundenbindung und Marktwachstum. Konzeptionelle Ansätze und empirische Analysen zum Kundenbindungsmanagement in verschiedenen Marktphasen, Kapitel B.2.5, Diss. Universität Rostock, erscheint demnächst.

schließen oder nicht. Es liegt also eine dichotome Fragestellung vor. Für derartige Klassifikationsprobleme wird üblicherweise die multivariate lineare Diskriminanzanalyse (MDA) verwendet.[619] Aufgrund der restriktiven Anforderungen der MDA[620] wird jedoch im folgenden zur Analyse ein logistisches Regressionsmodell eingesetzt.[621] Dieses bietet auch den Vorteil, daß für die ermittelten Koeffizienten inferenzstatistische Aussagen zum Einfluß einzelner Variablen getätigt werden können, was bei der Diskriminanzanalyse nicht möglich ist.[622] Darüber hinaus ist die logistische Regression robust gegen die Verletzung der Normalverteilungsannahme.[623]

2.7.1 Logistisches Regressionsmodell

Wesentliche Voraussetzungen für den Einsatz der Logistischen Regression sind, daß die Regressoren voneinander unabhängig sind und keine Autokorrelation vorliegt.[624] Anhaltspunkte für bestehende Multikollinearität sind anhand der Korrelationen zwischen den in die Analyse einzubeziehenden unabhängigen Variablen zu erhalten.[625] Die Korrelationsmatrix zeigt, daß keine ernsthafte Multikollinearität auftritt.[626]

Darüber hinaus gilt als weitere Voraussetzung eine möglichst große Stichprobe. Als Faustregel wird eine Beobachtungszahl von mindestens 50 genannt.[627] Ein strengerer Maßstab setzt 100 Freiheitsgrade als Minimum für die Durchführbarkeit der logistischen Regression.[628] Bei der Analyse des Abschlußverhaltens von Sparkassenkunden stehen 1162 Beobachtungen zur Schätzung von 11 Parametern zur Verfügung. Der strengere Maßstab ist damit erfüllt.

---

[619] Vgl. Backhaus, K., Erichson, B., Plinke, W., Weiber, R., a.a.O., S. 33.

[620] Insbesondere müssen die Kennzahlen, die zur Trennung zwischen den Gruppen herangezogen werden, in der Grundgesamtheit normalverteilt sein und die Varianzen der Kennzahlen beider Gruppen in der Grundgesamtheit müssen gleich groß sein (Varianzhomogenität). Vgl. Leker, J., Schewe, G., Beurteilung des Kreditausfallrisikos im Firmenkundengeschäft der Banken, in: Zeitschrift für betriebswirtschaftliche Forschung, 10/98, S. 877-891, hier: S. 879.

[621] Die logistische Regression hat sich als robustes Schätzverfahren erwiesen. Vgl. Krafft, M., Der Ansatz der Logistischen Regression und seine Interpretation, Arbeitspapier Nr. 402 des Lehrstuhls für Marketing an der Christian-Albrechts-Universität zu Kiel, Kiel 1996, S. 1.

[622] Vgl. Krafft, M., a.a.O., S. 15.

[623] Vgl. Press, S.J., Wilson, S., Choosing between Logistic Regression and Discriminant Analysis, in: Journal of the American Statistical Association, 1978, S. 699-705.

[624] Vgl. Aldrich, J.H., Nelson, F.D., Linear Probability, Logit and Probit Models, Beverly Hills, London 1984, S. 49.

[625] Vgl. Backhaus, K. Erichson, B., Plinke, W., Weiber, R., a.a.O., S. 33.

[626] Vgl. die Korrelationsmatrix im Anhang. Von ernsthafter Multikollinearität wird gesprochen, wenn die Korrelationskoeffizienten nahe 1 liegen. Vgl. Backhaus, K. Erichson, B., Plinke, W., Weiber, R., a.a.O., S. 33. In der Matrix liegt der höchste Wert bei 0,664, so daß keine ernsthafte Multikollinearität vorliegt.

[627] Vgl. Urban, D., Logit-Analyse: Statistische Verfahren zur Analyse von Modellen mit qualitativen Response-Variablen, Stuttgart et al. 1993, S. 1 und 13.

[628] Vgl. Aldrich, J.H., Nelson, F.D., a.a.O., S. 53.

Die zu erklärende Variable „Abschluß einer Versicherung in der Sparkasse“ nimmt zwei Werte an: Den Wert 1, falls der befragte Kunde bereits eine Versicherung in der Sparkasse abgeschlossen hat und den Wert Null, falls er noch keine Versicherung in der Sparkasse abgeschlossen hat. Die Wahrscheinlichkeit für den Abschluß P ergibt sich aus folgender logistischer Funktion:

$$P = \frac{1}{1+e^{-z_i}}, \text{ wobei } z_i = \text{Linearer Prädiktor des Logistischen Modells für das i-te Objekt,}$$

d.h. $z_i = \beta_0 + \beta_1 x_{i1} + \beta_2 x_{i2} + ... + \beta_k x_{ik} + ... + \beta_K x_{iK}$ $(i \in I)$, $(k \in K)$.
I = Indexmenge der Objekte
K = Indexmenge der unabhängigen Variablen

Die Parameter dieses Logit-Modells können mit Hilfe der Maximum-Likelihood-Methode geschätzt werden.[629] SPSS führt diese Prozeduren standardmäßig durch.

Bezüglich des Merkmals „Abschluß einer Versicherung in der Sparkasse“ liegt in der Stichprobe eine ungleiche Verteilung vor, da erst 41,8% der befragten Kunden eine Versicherung in der Sparkasse abgeschlossen haben. Erfahrungsgemäß rufen derart ungleiche Verteilungen bei der Logistischen Regression Probleme hervor. Daher wird die Gesamtstichprobe in geeigneter Weise verkleinert.[630] Die kleinere Gruppe bilden die Kunden, die bereits eine Versicherung in der Sparkasse abgeschlossen haben (581 Kunden). Diese wurden in den weiteren Analysen vollständig verwendet. Ihnen werden 581 Kunden gegenübergestellt, die noch keine Versicherung in der Sparkasse abgeschlossen hatten. Diese wurden aus der Gesamtzahl der Kunden ohne Abschluß zufällig gezogen. Es ergibt sich nun eine Teil-Stichprobe mit 1162 Fällen, in der die Hälfte der Kunden bereits eine Versicherung in der Sparkasse abgeschlossen hat, die andere Hälfte noch nicht. Diese Stichprobe entspricht nicht der Verteilung des Merkmals „Abschluß“ in der Grundgesamtheit. Für die Untersuchung von Variablen, die auf den Abschluß bzw. Nichtabschluß von Versicherungen in der Sparkasse Einfluß haben, ist die Erzeugung einer derartigen Verteilung jedoch zulässig und sachgerecht.

Die Variablen Alter, Einkommen, Wichtigkeit von Allfinanz, Sachkunde und Neutralität des Sparkassenmitarbeiters, Generelle Zufriedenheit mit der Sparkasse und Loyalität zur Sparkasse gehen als metrische bzw. metrisch interpretierbare Variablen in das Modell ein. Nominale unabhängige Variablen sind das Vertrauen bei der Beratung und dem Abschluß von Versicherungen. Um das Modell nicht zu überfrachten, wurde die Vielzahl der Einzelwerte der Variablen „Einschätzung der Vor- und Nachteile“ und „Zufriedenheit mit den Leistungsmerkmalen“ verdichtet. Für die Konstruktbildung bieten sich mehrere Möglichkeiten an,[631] z.B. die explorative Faktorenanalyse

---

[629] Vgl. Anders, U., Sczesny, A., Prognose von Insolvenzwahrscheinlichkeiten mit Hilfe logistischer neuronaler Netzwerke, in: Zeitschrift für betriebswirtschaftliche Forschung, 10/98, S. 892-915, hier: S. 895f..

[630] Vgl. Anders, U., Sczesny, A., a.a.O., S. 892-915, hier: S. 901f..

[631] Vgl. Homburg, C., Giering, A., Konzeptualisierung und Operationalisierung komplexer Konstruk-

oder die Mittelwertbildung. Da die Faktorenanalyse zwar für die drei Variablengruppen Faktoren extrahieren konnte, die Faktorladungen jedoch äußerst niedrige Werte aufwiesen, wurde auf die die Mittelwertbildung zurückgegriffen. In die Gesamtanalyse gehen somit die Variablen „Einschätzung der Vorteile von Allfinanz", „Einschätzung der Nachteile von Allfinanz" und „Zufriedenheit mit den Leistungsmerkmalen" als Mittelwertkonstrukte ein.

Zur Erklärung der Abschlußwahrscheinlichkeit wurde ein Logistisches Regressionsmodell aufgestellt, welches alle im vorigen Kapitel beschriebenen Variablen enthält. Die Selektion der Variablen erfolgte schrittweise vorwärts, d.h. zunächst wird nur die Konstante einbezogen und danach wird sukzessive jeweils die Variable aufgenommen, die die höchste Korrelation zur abhängigen Veriablen aufweist. Ferner wird jeweils überprüft, welche Variablen wieder entfernt werden müssen. Als Signifikanzniveau wurden 5 Prozent festgelegt. Als Ergebnis der Modellselektion wurden fünf Variablen identifiziert, die signifikant zur Erklärung des Abschlußverhaltens von Sparkassenkunden beitragen. Das resultierende Logistische Regressionsmodell ist in Abbildung 26 dargestellt.

Abbildung 26: Logistisches Regressionsmodell zur Erklärung des Abschlußverhaltens von Sparkassenkunden

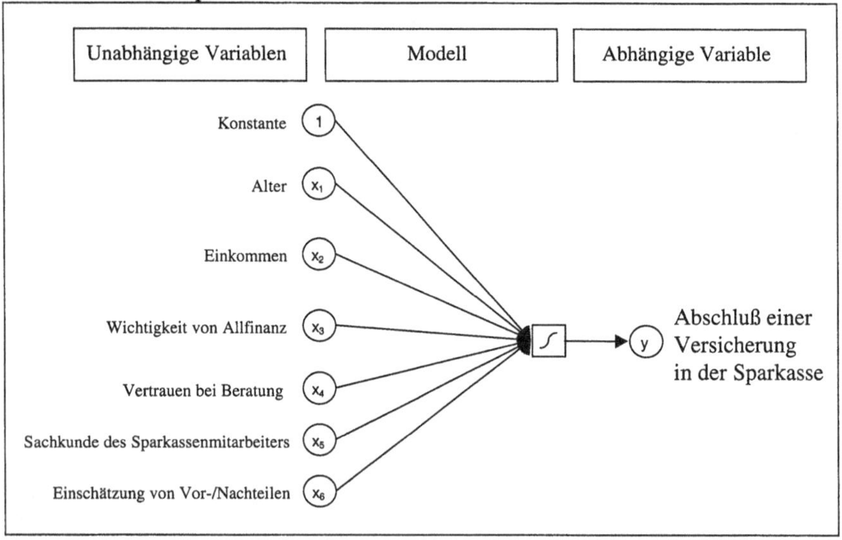

Quelle: Eigene Erstellung.

---

te, in: Marketing ZFP, 1/96, S. 5-24.

2.7.2 Güte des Modells

Zur Prüfung der Güte des geschätzten Modells kann nicht auf die Maße der Linearen Regression zurückgegriffen werden, da die Parameterschätzung bei der Logistischen Regression mit Hilfe der Maximum-Likelihood-Methode bestimmt werden. Eine perfekte Anpassung der Parameter ist mit einer Likelihood von 1 verbunden.[632] Das Gütemaß für die Anpassung des geschätzten Regressionsmodells ist die mit –2 multiplizierte logarithmierte Likelihood, die als –2LL oder Devianz bezeichnet wird.[633] Gute Modelle zeichnen sich durch niedrige Devianz-Werte aus, wobei die Devianz im positiven Bereich unbeschränkt ist und die Beurteilung jeweils von der betrachteten Stichprobe abhängig ist.[634] Im vorliegenden Fall sind 1151 Freiheitsgrade gegeben (1162 Beobachtungen, 11 Parameter), die Devianz weist einen Wert von 713,5 auf. Dieser relativ niedrige Wert ist ein Indikator für eine ausreichend gute Modellanpassung. Auch die anderen Gütekriterien weisen akzeptable Werte auf.[635]

Zur Einschätzung der Vorhersagegenauigkeit des logistischen Modells wird der Anteil der korrekt klassifizierten Elemente anhand einer prozentualen Trefferquote angegeben. Diese sollte höher sein als die sich aus einer zufälligen Zuordnung ergebenden Quote.[636] Im vorliegenden Modell wird mit einer Trefferquote von 71,02% insgesamt eine befriedigende Zuordnung von Elementen erreicht.

Da die Beurteilung des Logistischen Regressionsmodells aufgrund der Gütekriterien nicht zu einer generellen Ablehnung des geschätzten Modells geführt hat, kann im folgenden die Prüfung der Koeffizienten erfolgen.

2.7.3 Interpretation der Koeffizienten

Der vorwärts schrittweise Test Modells bringt sechs signifikant wirkende Regressionskoeffizienten[637] hervor. Generell ist dazu anzumerken, daß die Koeffizienten der Logistischen Regression, die in Tabelle 18 enthalten sind, nicht direkt interpretierbar

---

[632] Vgl. Krafft, M., a.a.O., S. 5.

[633] Vgl. Aldrich, J.H., Nelson, F.D., a.a.O., S. 59; Hosmer, J., Lemeshow, D., Applied Logistic Regression, New York et al. 1989, S. 138f..

[634] Vgl. Krafft, M., a.a.O., S. 5.

[635] Die Goodness-of-Fit-Statistik weist einen signifikanten Wert von 625,4 auf; beim Likelihood Ratio-Test ergibt sich ein signifikantes Model-Chi-Square von 145,22 und Mc Faddens R^2 beträgt 0,169.

[636] Die zufällige Trefferquote berechnet sich als „proportional chance criterion" (PCC) durch $\alpha^2+(1-\alpha)^2$, wobei α der Anteil einer Gruppe an der Gesamtzahl der Beobachtungen ist. Vgl. Morrison, D.G., On the Interpretation of Discriminant Analysis, in: Journal of Marketing Research, 1969, S. 156-163, hier: S. 158. Im vorliegenden Fall liegt die zufällige Trefferquote aufgrund der beiden gleich großen Gruppen bei 50%.

[637] Die Koeffizienten der Logistischen Regression werden auch als Logit-Koeffizienten bezeichnet. In der vorliegenden Arbeit werden beide Bezeichnungen synonym verwendet.

sind, da sie nicht die Änderung der abhängigen Variablen bei einer Änderung der unabhängigen Variablen um eine Einheit angeben, sondern die Änderung des Logit der abhängigen Variablen.[638] Direkt interpretierbar sind die Koeffizienten lediglich hinsichtlich ihrer Signifikanz und der Richtung ihres Einflusses, die anhand der Vorzeichen interpretiert wird. Bei signifikanten Koeffizienten deuten negative Vorzeichen der Regressionskoeffizienten auf eine sinkende Wahrscheinlichkeit der abhängigen Variablen und positive Vorzeichen auf eine steigende Wahrscheinlichkeit.[639]

Tabelle 18: Signifikante Logit-Koeffizienten des Tests der Abschlußwahrscheinlichkeit

Unabhängige Variable	**Logit-Koeffzient**	**Signifikanz**[640]
Einkommen	0,675	***
Alter	-0,038	***
Sachkunde des SKMA	0,286	**
Einschätzung der Nachteile von Allfinanz	-0,272	**
Wichtigkeit von Allfinanz	0,251	***
Vertrauen in SKMA bei Abschluß	0,644	***

Aus Tabelle 18 geht somit hervor, daß die Abschlußwahrscheinlichkeit mit zunehmendem Alter und zunehmender Wahrnehmung der Nachteile von Allfinanz sinkt, während das Einkommen, die Einschätzung der Sachkunde des Sparkassenmitarbeiters, die Einschätzung der Wichtigkeit von Allfinanz und das Vertrauen in den Sparkassenmitarbeiter positive Einflüsse auf die Abschlußwahrscheinlichkeit zeigen.

Zur Interpretation der Koeffizienten aus dem Logistischen Regressionsmodell werden im folgenden zwei alternative Formen vorgestellt.[641] Zum einen handelt es sich um Elastizitäten, zum anderen um Sensitivitätsanalysen. Dabei werden Elastizitäten dann verwendet, wenn die relativen Einflüsse der unabhängigen Variablen zu untersuchen sind, während Sensitivitätsanalysen die absoluten Effekte abbilden können. Die Wahl der Interpretationsmethode ist somit vom Ziel der Interpretation abhängig.

2.7.3.1 Interpretation der Koeffizienten durch Elastizitäten

Die direkten Elastizitäten der Variablen geben im vorliegenden Fall die prozentuale

---

[638] Der Logit ist der natürliche Logarithmus der „„Gewinnchance", also des Verhältnisses der Wahrscheinlichkeit, daß die abhängige Variable gleich 1 ist, zu dessen Gegenwahrscheinlichkeit". Krafft, M., a.a.O., S. 8; Aldrich, J.H., Nelson, F.D., a.a.O., S. 41f..

[639] Vgl. Krafft, M., a.a.O., S. 8.

[640] Für die Signifikanz gilt folgende Notation: * = Signifikanz auf dem 10%-Niveau, ** = Signifikanz auf dem 5%-Niveau, *** = Signifikanz auf dem 1%-Niveau, n.s. = nicht signifikant.

[641] Auf eine dritte Möglichkeit, die partielle Ableitung der Logit-Funktion nach einer unabhängigen Variablen, wird hier verzichtet, da die signifikanten unabhängigen Variablen auf nominalen und metrischen Skalen gemessen wurden und unterschiedliche empirische Bandbreiten aufweisen. Die Interpretation der partiellen Ableitungen als Maß der relativen Bedeutung der Variablen ist in diesem Fall problematisch. Vgl. Krafft, M., a.a.O., S. 10.

Änderung der Abschlußwahrscheinlichkeit bei einer Änderung der jeweiligen unabhängigen Variablen um 1% an. Als dimensionslose Größen ermöglichen sie damit direkte Vergleiche der relativen Einflüsse verschiedener unabhängiger Variablen auf die Abschlußwahrscheinlichkeit P_i. Die Elastizität $\varepsilon_{k,i}$ der Abschlußwahrscheinlichkeit P_i bezüglich marginaler Änderungen der signifikanten unabhängigen Variablen x_k ergibt sich aus folgender Gleichung:

$$\varepsilon_{k,i} = \frac{x_k}{P_i} \cdot \frac{\partial P_i}{\partial x_k} = x_k \cdot (1 - P_i) \cdot \beta_k \qquad (k \in K), (i \in I)$$

Zur Ermittlung der jeweiligen Elastizität wird von den Mittelwerten der „Kein Abschluß"-Gruppe ausgegangen.[642] Die Elastizitäten gehen aus Tabelle 19 hervor.

Alle Elastizitäten weisen absolute Werte kleiner 1 auf, d.h. der Einfluß der exogenen Variablen auf die Abschlußwahrscheinlichkeit ist relativ klein. Jedoch bestehen Unterschiede in der Höhe: Der betragsmäßig stärkste Einfluß geht vom Einkommen aus, gefolgt vom Alter und dem Vertrauen in den Sparkassenmitarbeiter beim Abschluß von Versicherungen.

Tabelle 19: Elastizitäten und Mittelwerte der signifikanten Variablen beim Test der Abschlußwahrscheinlichkeit

Unabhängige Variable	**Mittelwert „Abschluß"**	**Mittelwert „Kein Abschluß"**	**Elastizität**
Einkommen	3,39	2,58	0,929
Alter	37,9	38,9	-0,781
Sachkunde des SKMA	3,67	3,31	0,505
Einschätzung der Nachteile von Allfinanz	2,72	3,12	-0,453
Wichtigkeit von Allfinanz	3,08	2,57	0,344
Vertrauen in SKMA bei Abschluß	0,41	0,20	0,069

Für den Fall, daß P=46,68% ist,[643] kann berechnet werden, daß mit einer einprozentigen Änderung des Alters (also im Mittel von 38,9 auf 39,3 Jahre), die Abschlußwahrscheinlichkeit um 0,781% auf etwa 46,32% sinkt.[644] Erhöht sich die Einschätzung der Sachkunde des Sparkassenmitarbeiters von 3,67 um 1% auf etwa 3,71, steigt die Abschlußwahrscheinlichkeit um 0,505% auf 46,92%. Analog werden die Wirkungen einer einprozentigen Änderung der Einflußfaktoren für die weiteren vier signifikanten Variablen berechnet.

[642] Alternativ wurden die Elastizitäten für die Mittelwerte der „Abschluß"-Gruppe eingesetzt. Die Rangfolge der Variablen hinsichtlich der Intensität der Elastizitäten bleibt dabei gleich.

[643] Bei dieser Zahl handelt es sich um den Mittelwert der „Kein Abschluß"-Gruppe.

[644] Diese Verringerung ist keine Änderung in Prozentpunkten, sondern in Prozent vom Ausgangswert, d.h. 0,781% von 0,4668. Die Abschlußwahrscheinlichkeit sinkt somit im Beispiel von 46,68% auf 46,32%. Vgl. analog Krafft, M., a.a.O., S. 12.

2.7.3.2 Interpretation der Koeffizienten durch Sensitivitätsanalysen

Gegenüber den Elastizitäten weisen Sensitivitätsanalysen den Vorteil auf, daß sie den absoluten Effekt unterschiedlicher Ausprägungen der unabhängigen Variablen auf die Wahrscheinlichkeit P_i zeigen können.[645] Ausgehend von den Stichproben-Mittelwerten der unabhängigen Variablen wird P_i berechnet. Es ergibt sich der schon bekannte Wert (46,68%). Sodann wird für jeweils eine Variable der Mittelwert aus der Gruppe „Abschluß" in die logistische Regression eingesetzt, während die Werte der übrigen Variablen gleich bleiben (ceteris-paribus-Annahme). Der Einfluß von Änderungen signifikanter unabhängiger Variablen auf die Wahrscheinlichkeit P_i zeigt sich in der Differenz der ursprünglich geschätzten zur resultierenden neuen Wahrscheinlichkeit.[646] Der Mittelwert der betrachteten Variablen für die ganze Stichprobe ergibt sich aus dem mittleren Wert aus den „Kein Abschluß"- und den „Abschluß"-Beobachtungen Dieser mittlere Wert errechnet sich als ungewichteter Durchschnitt aus den in Tabelle 19 dargestellten Mittelwerten. Er wird zur besseren Nachvollziehbarkeit der Berechnungen in Tabelle 20 dargestellt. Daneben enthält Tabelle 20 als Ergebnis der Sensitivitätsanalysen die geschätzten Abschlußwahrscheinlichkeiten.

Tabelle 20: Sensitivitätsanalyse der signifikanten Variablen beim Test der Abschlußwahrscheinlichkeit

Unabhängige Variable	**Mittlerer Wert**	**Geschätzte Abschlußwahrscheinlichkeit**
Einkommen	2,985	60,20%
Alter	38,4	47,62%
Sachkunde des SKMA	3,490	49,25%
Einschätzung der Nachteile von Allfinanz	2,920	49,40%
Wichtigkeit von Allfinanz	2,825	49,87%
Vertrauen in SKMA bei Abschluß	0,305	50,10%

Auf den ersten Blick scheinen die Verbesserungen der Abschlußwahrscheinlichkeiten gegenüber dem Wert von 46,68% wenig spektakulär. Relativierend ist dazu jedoch anzumerken, daß in der logistischen Regression eine Wahrscheinlichkeit von 50% die Grenze zwischen Nicht-Abschluß und Abschluß markiert, d.h. daß die Steigerung der Wahrscheinlichkeit von 46,68% auf 50,10% wenig entscheidend scheint, es aber de facto ist.

Bei näherer Betrachtung der Ergebnisse der Sensitivitätsanalysen zeigt sich, daß der größte absolute Effekt auf die Abschlußwahrscheinlichkeit vom Einkommen ausgeht. Erhöht sich die Einkommensklasse der Kunden von 2,985 (Mittlerer Wert) auf 3,39 (Mittelwert der „Abschluß"-Gruppe), steigt die geschätzte Abschlußwahrscheinlichkeit von 46,68% auf 60,20%. Sinkt das Alter von 38,4 auf 37,9 Jahre, steigt die ge-

---

645 Vgl. Urban, D., Logit-Analyse: Statistische Verfahren zur Analyse von Modellen mit qualitativen Response-Variablen, Stuttgart et al. 1993, S. 46ff..

646 Vgl. Krafft, M., a.a.O., S. 12.

schätzte Abschlußwahrscheinlichkeit von 46,68% auf 47,62%. Entsprechend steigt die Abschlußwahrscheinlichkeit von 46,68% auf 49,40%, wenn sich die Einschätzung der Nachteile von Allfinanz von 2,92 (Mittlerer Wert) auf 2,72 (Mittelwert der „Abschluß"-Gruppe) verringert.

In der Regel ergeben sich in der Sensitivitätsanalyse dann keine Unterschiede gegenüber den Ergebnissen der Elastizitätenanalyse, wenn die Mittelwert-Ausprägungen in den betrachteten Gruppen nur in relativ kleinen Bandbreiten variieren.[647] Für die Variable „Vertrauen in Sparkassenmitarbeiter beim Abschluß von Versicherungen" variieren die Mittelwerte zwischen 0,20 und 0,41, d.h. in der „Abschluß"-Gruppe ist der Mittelwert doppelt so hoch wie in der „Kein Abschluß"-Gruppe. Diese relativ große Variation führt dazu, daß von dieser Variablen nach dem Einkommen der zweitgrößte Einfluß auf die Abschlußwahrscheinlichkeit ausgeht, während die Elastizität dieser Variablen im Vergleich zu allen anderen Variablen den geringsten Wert aufweist.

2.7.4 Würdigung der Wirkungen auf den Abschluß von Versicherungen in der Sparkasse

Die zusammenfassende Analyse der Wirkungen auf den Abschluß von Versicherungen in der Sparkasse hat sechs signifikant auf das Abschlußverhalten wirkende Variablen ergeben. Davon lassen sich das Alter und die Einkommensgruppe dem Bereich der soziodemographischen Bestimmungsfaktoren zuordnen, während die Wichtigkeit von Allfinanz und die Beurteilung der Nachteile Einstellungsvariablen sind. Das Vertrauen und die Einschätzung der Sachkunde zählen zu der Gruppe der kognitiven Bestimmungsfaktoren des Abschlußverhaltens.

Die Interpretation der Koeffizienten hat ergeben, daß das Einkommen den größten Einfluß auf den Abschluß von Versicherungen in der Sparkasse aufweist. Unabhängig von der gewählten Methode zur Interpretation der Koeffizienten läßt sich weiter feststellen, daß das Alter und die Einschätzung der Nachteile von Allfinanz negativ auf den Abschluß von Versicherungen in der Sparkasse wirken. Je älter die Sparkassenkunden sind und je stärker sie die Nachteile von Allfinanz wahrnehmen, desto weniger wahrscheinlich ist also der Abschluß einer Versicherung in der Sparkasse. Demgegenüber steigt die Abschlußwahrscheinlichkeit bei steigendem Einkommen und zunehmender Beurteilung der Wichtigkeit von Allfinanz. Die Einschätzung der Sachkunde des Sparkassenmitarbeiters und das Vertrauen in den Sparkassenmitarbeiter wirken ebenfalls positiv auf den Abschluß.

In diesem Zusammenhang ist festzustellen, daß die Einschätzung der Neutralität keinen signifikanten Einfluß auf das Abschlußverhalten hat. Auch die Zufriedenheitsvariablen wirken in der hier operationalisierten Form nicht auf den Abschluß von Versi-

---

[647] Vgl. Krafft, M., a.a.O., S. 13.

cherungen in der Sparkasse. Unterzieht man die Ergebnisse der empirischen Analyse des Abschlußverhaltens von Sparkassenkunden einer abschließenden Würdigung, so bleibt festzuhalten, daß zentrale Bestimmungsfaktoren des Abschlußverhaltens identifiziert werden konnten. Die Analyse bildet damit die Grundlage für die folgende Segmentierung der Kunden.

3. Die Bildung bedarfsorientierter Kundensegmente im Sparkassen-Versicherungsmarkt

Die im vorigen Abschnitt anhand empirischer Analysen identifizierten zentralen Bestimmungsfaktoren des Abschlußverhaltens liefern erste Anhaltspunkte für eine kundenorientierte Ausrichtung von Allfinanz-Konzepten. Diese wird im folgenden weiter vertieft, indem mit Hilfe der nutzenorientierten Marktsegmentierung homogene Kundensegmente gebildet werden, die die zielgerichtete Allfinanz-Ansprache seitens der Sparkasse ermöglichen. Da die nutzenorientierte Marktsegmentierung in der finanzwirtschaftlichen Forschung noch keine ausgeprägte Verbreitung gefunden hat, werden zunächst die theoretischen Grundlagen näher betrachtet.

3.1 Theoretische Grundlagen zur Bildung bedarfsorientierter Kundensegmente

3.1.1 Notwendigkeit einer zielgruppenspezifischen Marktbearbeitung im Finanzdienstleistungsbereich

Im Markt für Finanzdienstleistungen herrscht ein intensiver Wettbewerb vor, der sich zukünftig weiter verstärken wird.[648] Vor diesem Hintergrund stehen die Anbieter von Finanzdienstleistungen vor zahlreichen Herausforderungen. Dabei kommt angesichts der aufsichtsrechtlich bedingten hohen Austauschbarkeit der originären Kernleistung der Profilierung der eigenen Leistung im Wettbewerb und der optimalen Ausgestaltung des Leistungsprogramms zur Befriedigung finanzwirtschaftlicher Bedürfnisse eine zentrale Bedeutung zu.

Grundlage einer Wettbewerbsprofilierung im Finanzdienstleistungsbereich ist einerseits eine sorgfältige Analyse der Determinanten der Abschlußentscheidung,[649] andererseits die Kenntnis der Nutzenkomponenten der aktuellen und potentiellen Kunden. Weiter ist das Nachfrageverhalten nach Finanzdienstleistungen häufig anlaßbezogen und mit hohen Wechselbarrieren verbunden.

Die Vielzahl dieser Einflußgrößen verdeutlicht die durch intersubjektive Bedürfnisunterschiede hervorgerufene und durch eine fortschreitende Angebotsausweitung sich verstärkende Heterogenität der Nachfrage im Finanzdienstleistungsbereich. Die

[648] Vgl. Kapitel A.1.
[649] Zur empirischen Analyse der Einflußfaktoren auf die Abschlußentscheidung vgl. Kapitel C.2.7.

Kenntnis der Kundenbedürfnisse und deren Anforderungen an die Leistungsfähigkeit der Anbieter sind dabei zentrale Voraussetzungen für eine an den differenzierten Kundenwünschen orientierte und damit zielgruppengerechte Ansprache von Finanzdienstleistern.[650]

Grundlage dieser notwendigen Zielgruppenorientierung ist eine Marktsegmentierung.[651] Ihre Aufgabe besteht zunächst in einer Aufteilung des Marktes in intern möglichst homogene und untereinander möglichst verschiedene Teilmärkte.[652] Sie schafft die Informationsbasis für eine erfolgreiche Ansprache der Zielgruppen und eine darauf ausgerichtete Ausgestaltung der Marketinginstrumente.[653] Als weitere Aufgabe ermöglicht die Marktsegmentierung die gezielte Bearbeitung der identifizierten Segmente mit Hilfe segmentspezifischer Marketing-Programme und läßt sich daher als integriertes Konzept der Markterfassung und Marktbearbeitung kennzeichnen.[654]

Dabei ist es bisher nur ansatzweise gelungen, die Schnittstelle zwischen Markterfassung und Marktbearbeitung zieladäquat auszugestalten und damit der Idee des an Kundenbedürfnissen ausgerichteten Zielgruppenmarketing näher zu kommen.[655] Die Ursache hierfür liegt in der Verwendung klassischer Segmentierungsansätze, bei denen zwischen den verwendeten Segmentierungsmerkmalen und dem Nachfrageverhalten kein unmittelbarer kausaler Zusammenhang besteht.[656] Insbesondere im Finanzdienstleistungsbereich ist die Bildung von Zielgruppen nach soziodemographischen Kriterien oder dem Geschäftsvolumen noch vorherrschend.[657] Eine an differenzierten Nachfragerbedürfnissen orientierte Marktbearbeitung ist jedoch wegen der geringen Aussagekraft derartiger Ansätze für das Nachfrageverhalten nur bedingt möglich.[658]

---

650 Die Ausrichtung an den Kundenbedürfnissen forderte bereits Schmalenbach. Vgl. Schmalenbach, E., Großbankorganisation, in: Zeitschrift für handelswissenschaftliche Forschung, 1910/11, S. 372-379.

651 Vgl. Freter, H., Marktsegmentierung, Stuttgart et al. 1983; Böhler, H., Methoden und Modelle der Marktsegmentierung, Stuttgart 1977; Bauer, E., Markt-Segmentierung, Stuttgart 1977.

652 Smith, W.R., Product Differentiation and Market Segmentation as Alternative Marketing Strategies, in: Journal of Marketing, 7/56, S. 3-8, hier: S. 6.

653 Diese Aufgabe wird als Marktsegmentierung im engeren Sinne bezeichnet. Vgl. Bauer, E., Markt-Segmentierung als Marketing-Strategie, Berlin 1976, S. 63ff.; Frank, R.E., Massy, W.F., Wind, Y., Market Segmentation, Englewood Cliffs 1972, S. 11ff..

654 Vgl. Smith, W.R., Product Differentiation and Market Segmentation as Alternative Marketing Strategies, in: Journal of Marketing, 7/56, S. 3-8, hier: S. 4ff.; Meffert, H., Marketing. Grundlagen marktorientierter Unternehmensführung. Konzepte – Instrumente – Praxisbeispiele, 8. A., Wiesbaden 1998, S.174.

655 Vgl. Perrey, J., Nutzenorientierte Marktsegmentierung. Ein integrativer Ansatz zum Zielgruppenmarketing im Verkehrsdienstleistungsbereich, Wiesbaden 1998, S. 5.

656 Vgl. Botschen, G., Mühlbacher, H., Zielgruppenprogramm – Zielgruppenorientierung durch Nutzensegmentierung, in: Meyer, A. (Hrsg.), Handbuch Dienstleistungs-Maketing, Stuttgart 1998, S. 681-692, hier: S. 684.

657 Vgl. Bohm, R., Werner, H., König, T., Segmentierung von Privatkunden: nicht nach Geschäftsvolumen, in: Bank und Markt, 11/98, S. 24-27; Schreiber, H., Aktuelle Probleme des Versicherungs-Marketing, in: Versicherungswirtschaft, 14/87, S. 911-912, hier: S. 911.

658 Vgl. Mühlbacher, H., Botschen, G., Benefit-Segmentierung von Dienstleistungsmärkten, in: Mar-

An dieser Stelle setzen Überlegungen zur Marktsegmentierung nach solchen Kriterien an, die als wesentliche Determinanten des Nachfrageverhaltens gelten. Hierzu ist der von den Nachfragern vor dem Konsum erwartete Nutzen, der an der Präferenzbildung ansetzt, geeignet. Aus diesem Überlegungen wurden Segmentierungsansätze entwikkelt, die den erwarteten Nutzen als Segmentierungskriterium verwenden.[659] Diese Nutzen- oder Benefit-Segmentierungen haben aufgrund ihres breiten Anwendungsspektrums erheblich an Bedeutung gewonnen.[660]

3.1.2 Vergleichende Betrachtung der Nutzensegmentierung und alternativer Segmentierungskonzepte

Zur Beurteilung der Leistungsfähigkeit von Segmentierungsansätzen ist die Frage zu stellen, inwieweit die zur Aufteilung eines Gesamtmarktes herangezogenen Segmentierungsmerkmale eine sinnvolle Abgrenzung, Beschreibung und Bearbeitung der intern homogenen und extern heterogenen Marktsegmente ermöglichen.[661] Die zur Segmentierung herangezogenen Kriterien haben daher folgende Anforderungen zu erfüllen:[662] Sie müssen zunächst mit vorhandenen Marktforschungsmethoden meßbar und somit erfaßbar sein. Sie müssen für das zukünftige Kaufverhalten (bzw. Abschlußverhalten) relevant sein und so gewählt werden, daß sie eine gezielte Ansprache der mit ihrer Hilfe abgegrenzten Segmente gewährleisten. Weiter müssen die Segmentierungskriterien die Ausgestaltung und den gezielten Einsatz des Marketinginstrumentariums ermöglichen. Allgemein gilt, daß der sich aus der Segmentierung ergebende Nutzen höher sein muß als die hierfür anfallenden Kosten, und daß die Kriterien zeitlich stabil sind. Ferner haben die Kriterien die Besonderheiten von Dienstleistungen zu berücksichtigen.

Eine Beurteilung der Eignung einer nutzenorientierten Marktsegmentierung im Finanzdienstleistungsbereich läßt sich am Grad der Erfüllung der genannten Anforderungen im Vergleich zu alternativen Segmentierungsansätzen vornehmen. Im Konsumgüter- und Dienstleistungsbereich werden vorwiegend einstufige Partialansätze zur Marktaufteilung eingesetzt. Sie lassen sich zu Kriteriengruppen in geographi-

---

keting ZFP, 3/90, S. 159-168, hier: S. 160.

659 Vgl. Yankelovich, D., New Criteria for Market Segmentation, in: Harvard Business Review, 3,4/64, S. 83-90; Haley, R.I., Benefit Segmentation: A Decision-Oriented Research Tool, in: Journal of Marketing, July 1968, S. 30-35; ders., Beyond Benefit Segmentation, in: Journal of Advertising Research, 4/71, S. 3-8.

660 Vgl. Gutsche, J., Produktpräferenzanalyse. Ein modelltheoretisches und methodisches Konzept zur Marktsimulation mittels Präferenzerfassungsmodellen, Berlin 1995, S. 227. Eine umfangreiche Zusammenstellung von Studien liefert Perrey, J., a.a.O., S. 6.

661 Vgl. Meffert, H., Perrey, J., Nutzensegmentierung im Verkehrsdienstleistungsbereich – theoretische Grundlagen und empirische Erkenntnisse am Beispiel des Schienenpersonenverkehrs, in: Tourismus Journal, 1/97, S. 13-40, hier: S. 17.

662 Vgl. Meffert, H., Bruhn, M., a.a.O., S. 100ff..

sche,[663] soziodemographische,[664] psychographische[665] und verhaltensorientierte[666] Ansätze zusammenfassen.[667] Im Privatkundengeschäft von Banken haben in jüngster Zeit die

---

663 Die geographische Marktsegmentierung wird als Basissegmentierung angesehen, der eine weitere Differenzierung nach Verhaltensweisen folgt. Vgl. Müller, H., a.a.O., S. 150. Für die Versicherungswirtschaft wird die spezifische Form der mikrogeographischen Marktsegmentierung diskutiert. Vgl. Jänsch, N., Mikrogeographische Marktsegmentierung in der Versicherungswirtschaft. Ein Instrument zur Analyse und Steuerung, Wiesbaden 1995.

664 Die traditionelle und in der kreditwirtschaftlichen Praxis am häufigsten anzutreffende Segmentierung erfolgt anhand von Einkommen und Vermögen. Vgl. Rapp, A., Bankpreise und Kundenverhalten, Frankfurt 1992, S. 7f. Auf dem Privatkundenmarkt wird demzufolge zwischen Mengenkunden und vermögenden Privatkunden unterschieden. Das Mengengeschäft wird hauptsächlich von Arbeitnehmern, Rentnern, Schülern, Studenten und Hausfrauen bis zu einer bestimmten Einkommens- bzw. Vermögensgrenze bestimmt. Inhaltlich besteht es in erster Linie aus der Abwicklung des Zahlungsverkehrs über Lohn- und Gehaltskonten sowie standardisierten Formen von Vermögensbildung und Krediten. Das Geschäft mit vermögenden Privatkunden ist neben den auch bei Mengenkunden geforderten Standardleistungen durch eine intensivere Beratung gekennzeichnet. Indirekt werden hier unterschiedliche Ansprüche und Anforderungen der Kundensegmente an ihre Bank berücksichtigt. Auch in der Versicherungswirtschaft werden Zielgruppen im wesentlichen nach soziodemographischen Kriterien gebildet. Diese Vorgehensweise begründet sich einerseits aus dem Bedarf der Zielgruppen, andererseits soll eine derartige Abgrenzung dem Vertreter die Orientierung erleichtern und seinen Beratungsauftrag besser ermöglichen. Kriterien der Persönlichkeitsstruktur, der unterschiedlichen Mediennutzung oder bestimmter Einkaufspräferenzen werden diskutiert. Vgl. Schreiber, H., Aktuelle Probleme des Versicherungs-Marketing, in: Versicherungswirtschaft, 14/87, S. 911-912, hier: S. 911.

665 Ein erster, großangelegter Versuch der Sparkassenorganisation zur Segmentierung nach psychologischen Kriterien erfolgte bereits Anfang der siebziger Jahre. Nach Einstellungen, Vorstellungen und Gewohnheiten der Kunden wurden fünf Kundengruppen unterschieden: Allroundkunde, Kreditkunde, Sparkunde, Nicht planender Kunde, Inaktiver Kunde. Vgl. Cramer, J.-E., Die Marktforschung als Basis für den Einsatz des Marketing-Mix, in: Süchting, J., van Hooven, E. (Hrsg.), Handbuch des Bankmarketing, Wiesbaden 1987, S. 109-122, hier: S. 114. Durch diesen Ansatz ist es zwar gelungen, insgesamt eine Hinwendung zu kundenorientierter Geschäftspolitik der Sparkassen zu erreichen, die Segmentierung konnte sich jedoch nicht durchsetzen, da sich die Kunden nicht mit einigen wenigen Fragen den Kundentypen zuordnen ließen. Vgl. Cramer, J.E., Vom Allround-Institut zum Marktspezialisten, in: Bank und Markt, 3/81, S. 5-10, hier: S. 8. Trotz umfassender Schulungsmaßnahmen wurde die Segmentierung von den Mitarbeitern nicht eingesetzt. Daher wurde auf soziodemographische Segmentierungskriterien wie Alter, Beruf und Einkommen zurückgegriffen. Diese bieten den Vorteil, daß sie relativ leicht bei Kunden und Nichtkunden erfaßt werden können. Andererseits können sie nicht unmittelbar mit bestimmten Wünschen und Verhaltensweisen in Zusammenhang gebracht werden. Der Deutsche Sparkassen- und Giroverband führt nun in größeren zeitlichen Abständen telefonische Privatkundenbefragungen durch, die die Einstellungen der Kunden zu verschiedenen Themen und deren Verhaltensweisen untersuchen. Vgl. Franck, H., Privatkundenbefragung, in: Betriebswirtschaftliche Blätter, 1990, S. 66-68.

666 Eine Möglichkeit zur Segmentierung des Gesamtmarktes nach bestimmten Verhaltensmerkmalen wie die Nachfragefrequenz, Kontaktgewohnheiten, Dienstleistungspräferenzen, Institutstreue oder Medianutzung wird im GfK-Finanzmarktpanel realisiert. Vgl. Cramer, J.-E., Die Marktforschung als Basis für den Einsatz des Marketing-Mix, in: Süchting, J., van Hooven, E. (Hrsg.), Handbuch des Bankmarketing, Wiesbaden 1987, S. 109-122, hier: S. 115. Dabei stellen sich die Meßbarkeit und die Identifizierbakeit als zentrale Probleme dar.

667 Vgl. Freter, H., a.a.O., S. 46; Kotler, P., Bliemel, F., Marketing-Management. Analyse, Planung, Umsetzung und Steuerung, 8. A., Stuttgart 1995, S. 427ff.; Frank, R.E., Massy, W.F., Wind, Y., a.a.O., S. 26ff..

auf dem Sinus Milieu-Ansatz[668] aufbauenden ibi-Finanztypologien[669] Anwendung gefunden.[670] Ohne auf die einzelnen Ansätze anhand der genannten Anforderungen näher einzugehen[671] läßt sich konstatieren, daß ein grundlegendes Problem der Ansätze in der gleichzeitigen Erfüllung der Anforderungen der Operationalisierbarkeit (bzw. Meßbarkeit) und der Verhaltensrelevanz besteht. Ein weiterer Problembereich besteht in der scheinbaren Unvereinbarkeit der „Aussagefähigkeit für den Einsatz der Marketinginstrumente" und der „Zugänglichkeit/Erreichbarkeit der Segmente". Segmentierungen auf der Grundlage von geographischen oder soziodemographischen Merkmalen erlauben zwar die Ansprechbarkeit der Zielgruppen durch das Marketing, die Segmente weisen jedoch keinen Bezug zum Kaufverhalten auf, so daß eine entsprechende Marktbearbeitung nicht stattfinden kann. Das umgekehrte Phänomen tritt bei Segmentierungen nach verhaltensorientierten oder psychographischen Kriterien auf. Damit kann auch die Schnittstelle zwischen Markterfassung und Marktbearbeitung nicht befriedigend geschlossen werden.[672] Bei den Lebensstil-Segmentierungen bestehen zwischen den Gruppen fließende Übergänge, wodurch die Abgrenzung einzelner Lifestyle-Typen erschwert wird und Probleme hinsichtlich der Zuordnung von Personen zu einer Klassifikation bestehen. Darüber hinaus wird die Verhaltensrelevanz von Lebensstil-Typologien in der Literatur uneinheitlich beurteilt.[673]

Ein detaillierter Vergleich zwischen verschiedenen Möglichkeiten der Marktsegmentierung für den Versicherungsmarkt zeigt, „daß es *das* optimale Merkmal zur Unterteilung des Versicherungsmarktes nicht gibt."[674]

---

[668] Der Sinus-Ansatz basiert auf Befragungen zu folgenden Merkmalen: Grundorientierung, Lebensziel/Lebensstil, Soziale Lage, Arbeit/Beruf/Leistung, Familie/Partnerschaft/Interessen/Freizeit, Geld/Konsum, Gesundheit/Umwelt, Wunsch- und Leitbilder, Alltagsästhetik, Gesellschaftsbild, Rollenbilder. Vgl. Nowak, D., Plöger, W., Lebensweltforschung: ein Ansatz auch für Banken, in: Bank und Markt, 2/97, S. 32-35.

[669] Den Sinus-Ansatz verfeinert die ibi-Finanztypologie um die Merkmale Einstellung zum Geld, Geldverhalten, Einstellung zur Technik im Bankgeschäft. Vgl. Grebe, M., Kreuzer, M., Über eine differenzierte Kundenansprache zum Erfolg, in: Geldinstitute, 10/97, S. 6-11.

[670] Dabei handelt es sich um sog. Lebensstil- oder Lifestyle-Typologien. Vgl. dazu Reeb, M., Lebensstilanalysen in der strategischen Marktforschung, Wiesbaden 1998, S. 71ff.; Drieseberg, T.J., Lebensstil-Forschung. Theoretische Grundlagen und praktische Anwendungen, Heidelberg 1995, S. 5; Michman, R.D., Lifestyle Market Segmentation, New York 1991, S. 60ff.; Plummer, J.T., The Concept and Application of Lifestyle Segmentation, in: Journal of Marketing, January 1974, S. 33-37; Wind, Y., Life Style Analysis: A new Approach, in: Allvine, F.C. (Hrsg.), Relevance in Marketing. Marketing in Motion. Combined Proceedings, Chicago 1972, S. 302-305; Lazer, W., Life Style Concepts and Marketing, in: Greyser, S. (Hrsg.), Toward Scientific Marketing, Chicago 1964, S. 130-139.

[671] Stellvertretend für Verkehrsdienstleistungen übernimmt dies Perrey. Vgl. Perrey, J., a.a.O., S. 26-29.

[672] Vgl. Perrey, J., a.a.O., S. 32.

[673] Vgl. Meffert, H., Marketing. Grundlagen marktorientierter Unternehmensführung. Konzepte – Instrumente – Praxisbeispiele, 8. A., Wiesbaden 1998, S. 196.

[674] Müller, H., Marktsegmentierung im Privatkundengeschäft von Versicherungsunternehmen, Karlsruhe 1994, S. 261. Kritisch ist anzumerken, daß die Nutzensegmentieung in der Arbeit keine Berücksichtigung findet.

Vor diesem Hintergrund ist als zentrale Anforderung an die Segmentierung für Allfinanzdienstleistungen die Gewinnung gleichsam verhaltensbezogener wie erreichbarer Zielgruppen zu formulieren.[675] Der in der vorliegenden Arbeit verwendete Segmentierungsansatz trägt dieser Anforderung Rechnung.[676]

Im Allfinanz-Bereich ist bei der Aufteilung des Gesamtmarktes in Kundengruppen nach deren unterschiedlichen Bedürfnissen davon auszugehen, daß es Kundensegmente gibt, für die Allfinanz-Konzepte attraktiv sind, weil sie z.B. die geforderte Bequemlichkeit bieten. In anderen Kundensegmenten können aber andere Nutzenkomponenten im Vordergrund stehen, die durch Allfinanz-Konzepte nicht abgedeckt werden können. Insbesondere für vermögende Privatkunden stellt sich die Frage, ob die eher breit angelegte und daher zwangsläufig nicht so detaillierte Allfinanz-Beratung ihnen tatsächlich einen höheren Nutzen verspricht als das getrennte Problemlösungspotential mehrerer Spezialisten.[677]

3.1.3 Aussagekraft des Nutzens für das Nachfragerverhalten bei Finanzdienstleistungen

Allfinanz-Strategien im Bankbereich werden mit der Orientierung am Kundennutzen begründet. Die Diskussion dieses Konzepts verläuft hingegen unternehmensorientiert.[678] Die Untersuchung des Kundennutzens ist jedoch deshalb von entscheidender Bedeutung, weil ihr ein zentraler Stellenwert zur Erklärung und Prognose des Nachfragerverhaltens zugesprochen wird.[679] Der Nutzen wird dabei als ein nur nach subjektiven Maßstäben bewertbares und daher intersubjektiv nur schwer überprüfbares Maß an Bedürfnisbefriedigung verstanden.[680] Dabei ist hervorzuheben, daß der konkret von einer Leistung gestiftete Nutzen von Nachfragern nicht beurteilt werden kann. Die Entscheidung beruht vielmehr auf bestimmten Nutzenerwartungen, in denen sich ein antizipiertes Maß an Bedürfnisbefriedigung ausdrückt.[681] Der erwartete Nutzen führt zu einer Präferenz, die als „Ausmaß der Vorziehenswürdigkeit eines Beurteilungsob-

---

[675] Vgl. Bonoma, T.V., Shapiro, B.P., Evaluating Market Segmentation Approaches, in: Industrial Marketing Management, 1984, S. 257-268, hier: S. 259.

[676] Vgl. Kapital C.3.2.

[677] Wittenberg, J.H., a.a.O., S. 27. Diese Vermutung ist naheliegend, da bei vermögenden Kunden wesentlich umfangreichere Kenntnisse in der Anlageberatung erforderlich sind, die z.B. auch steuerliche Aspekte einbeziehen. Da das Vermögen der Kunden in der vorliegenden Untersuchung nicht abgefragt wurde, kann diesbezüglich keine Aussage getroffen werden. Es läßt sich jedoch feststellen, daß Kunden mit höherem Einkommen eher eine Versicherung in der Sparkasse abschließen als Kunden mit geringerem Einkommen.

[678] Vgl. Wittenberg, J.H., a.a.O., S. 26, Boening, D., a.a.O., S. 164, Benölken, H., Greipel, P., Dienstleistungsmanagement. Service als strategische Erfolgsposition, 2. A., Wiesbaden 1994, S. 201.

[679] Vgl. Gutsche, J., Produktpräferenzanalyse. Ein modelltheoretisches und methodisches Konzept zur Marktsimulation mittels Präferenzerfassungsmodellen, Berlin 1995, S. 41.

[680] Vgl. Nieschlag, R., Dichtl, E., Hörschgen, H., Marketing, 18. A., Berlin 1997, S. 7f..

[681] Vgl. Stegmüller, B., Intranationale Marktsegmentierung auf Basis von Nutzenerwartungen, in: Thexis, 2/95, S. 53-58, hier: S. 54.

jektes für eine bestimmte Person während eines bestimmten Zeitraums“[682] bezeichnet wird. Unter der Annahme rationaler Entscheidungen wählt der Mensch von mehreren zur Verfügung stehenden Alternativen diejenige mit der höchsten subjektiven Nutzenerwartung aus.[683] Die Präferenz kann damit als alternativenbezogene Bewertungsgröße aufgefaßt werden, während der erwartete Nutzen den dafür erforderlichen Vergleichsmaßstab bildet und daher als objekt- bzw. angebotsbezogen bezeichnet werden kann.[684] Da somit die Präferenz das Ergebnis des Nutzenvergleichs darstellt, ist die Identifikation nutzenstiftender Merkmale für die Prognose des Nachfragerverhaltens von zentraler Bedeutung.

Die subjektive Nutzenerwartung eines Produkts, der Gesamtnutzen, setzt sich dabei aus den Nutzenbeiträgen der Komponenten des Produkts zusammen.[685] Die einzelnen Komponenten können im einfachsten Fall, d.h. insbesondere unter Beachtung der Unabhängigkeit der Komponenten, additiv in einem Nutzenmodell verknüpft werden:

$$U(X)=\sum_{i=1}^{n} U_i(X_i)$$

mit: U (X) = Nutzen des Produkts X,
i = 1, 2, …, n Nutzenstiftende Komponenten des Produkts X
X_i habe n_i Merkmalsausprägungen, d.h. $X_i=\{X_{i1},\ldots,X_{in}\}$,
wobei X_{ik} = k-te Merkmalsausprägung des Attributs i = 1, 2, …, k, …, n_i
$X \in \tilde{x}$ $\tilde{x}$ ist die Menge der zu vergleichenden Produkte.

Diese Nutzenfunktion kann unter bestimmten Bedingungen die Präferenzordnung des Entscheidungsträgers abbilden. Notwendige Bedingungen für die Abbildung einer Präferenzordnung durch eine Nutzenfunktion sind die Vollständigkeit und Transitivität der Präferenzrelation.[686] Vollständigkeit einer Präferenzrelation ist dann gegeben, wenn der Entscheidungsträger Präferenz oder Indifferenz zwischen jedem Paar von Produkten aus der Menge der zu vergleichenden Produkte feststellen kann. Mit der Transitivität wird gefordert, daß die Bewertung in sich konsistent sein muß.[687] Als hinreichende Bedingung muß insbesondere die Differenzunabhängigkeit hinzutreten.[688]

Die Nutzenkomponenten reduzieren entweder die Kosten des Kunden oder erfüllen

---

682 Böcker, F., Präferenzforschung als Mittel marktorientierter Unternehmensführung, in: ZfbF, 7,8/1986, S. 543-574, hier: S. 556.

683 Vgl. o.V., Die Allfinanzentwicklung steht erst am Anfang, in: BZ, 30.11.89.

684 Vgl. Perrey, J., a.a.O., S.14f..

685 Vgl. Simon, H., Management strategischer Wettbewerbsvorteile, in: Zeitschrift für Betriebswirtschaft, 4/88, S. 461-480, hier: S. 469.

686 Vgl. Bamberg, G., Coenenberg, A.G., a.a.O., S. 32.

687 D.h. für je drei Produkte A,B,C muß gelten: $A \succ B$ und $B \succ C \Rightarrow A \succ C$.

688 Darüber hinaus gelten einige technische Bedingungen. Vgl. Dyer, J.S., Sarin, R.K., Measurable multi-attribute value functions, in: Operations Research, 1979, S. 810-822.

andere, nicht kostenrelevante Bedürfnisse. Der in Geldeinheiten bewertete Kundennutzen entspricht dem maximalen Preis, den der Kunde zu zahlen bereit ist. Der Nettonutzen entspricht dem Gesamtnutzen abzüglich dem Preis des Produkts.[689] Er ist positiv, wenn der Preis unter dem kalkulierten oder subjektiv empfundenen Nutzen des Kunden liegt. In diesem Fall kann i.d.R. von der Auswahl der Alternative ausgegangen werden, womit nun das Nachfrageverhalten zu betrachten ist.

Das Nachfragerverhalten wird in neobehavioristischen Ansätzen als Stimulus-Organismus-Response-Modell dargestellt (S-O-R-Paradigma).[690] Zwischen Stimuli und Response bilden Nutzen und Präferenz die intervenierenden Variablen, die für die Unterschiedlichkeit individueller Bewertungs- und Entscheidungsprozesse verantwortlich sind.

Am Beispiel des Wahlverhaltens im Finanzdienstleistungsbereich läßt sich der Prozeß wie folgt darstellen: Auslöser des Prozesses ist ein interner (z.B. Absicht zum Kauf eines PKW) oder externer (z.B. Werbung für neue Finanzdienstleistungen) Stimulus. Dieser aktiviert ein Bedürfnis (z.B. Finanzierung), welches durch unterschiedliche Alternativen (z.B. Kreditaufnahme oder Leasing) befriedigt werden kann. Zur Bewertung dieser Alternativen werden Informationen gesucht und gesammelt, wobei die Wahrnehmung der Merkmale und Merkmalsausprägungen der relevanten Angebote subjektiv ist und neben offensichtlichen Daten auch innere Signale wie Werte und Emotionen umfaßt. Der Vergleich und die Beurteilung der Alternativen erfolgt anschließend im Rahmen eines Bewertungsprozesses. Dessen Ergebnis ist der erwartete Nutzen, der als Vergleichsmaßstab der alternativen Angebote eingesetzt wird. Der erwartete Gesamtnutzen der Alternativen wird zur Bildung einer Präferenzrangfolge herangezogen. Am Ende des Entscheidungsprozesses steht die Auswahl einer Alternative.[691]

---

689 Vgl. Emans, H., Konzepte zur strategischen Planung, in: Henzler, H.A. (Hrsg.), Handbuch Strategische Führung, Wiesbaden 1988, S. 109-131, hier: S. 124.

690 Vgl. Trommsdorff, V., Bleicker, U., Hildebrandt, L., Nutzen und Einstellung, in: WiSt, 6/80, S. 269-276, hier: S. 273. Das S-O-R-Paradigma stellt ein Prozeßmodell der Kaufentscheidung dar, in dem die das Kaufverhalten beeinflussende Faktoren im Zeitablauf dargestellt werden. Im Gegensatz dazu werden in Strukturmodellen die wesentlichen Bestimmungsfaktoren des Kaufverhaltens abgebildet. Vgl. Manzanec, J., Strukturmodelle des Konsumentenverhaltens, Wien 1978; Schulz, R., Kaufentscheidungsprozesse von Konsumenten, Wiesbaden 1972.

691 Nach der Means-End-Theorie entwickelt ein Individuum im Rahmen eines Informationsprozesses eine Vorstellung über die Eignungsfähigkeit einer Leistung („Means") zur Erfüllung eines bestimmten Wunsches („End"). Vgl. Botschen, G., Mühlbacher, H., a.a.O., S. 686; Hermann, A., Nachfragerorientierte Produktgestaltung. Ein Ansatz auf Basis der „means end"-Theorie, Wiesbaden 1996, S. 7. Die Leistungsmerkmale werden als Mittel zur Zielerreichung angesehen und verschränken die Nutzenwahrnehmungen der Nachfrager mit ihren übergeordneten Zielen und Werten. Insofern wird ein Zusammenhang zwischen den Nutzenerwartungen und den die Wahrnehmung von Leistungen beeinflussenden intrinsischen Antriebskräften wie Emotionen und Motiven geschaffen. Vgl. Hermann, A., Wertorientierte Produkt- und Werbegestaltung, in: Marketing ZFP, 3/96, S. 153-163, hier: S. 153. Das Means-End-Konzept stellte damit erstmals die Zielorientierung individuellen Verhaltens in den Mittelpunkt der Forschungsbemühungen. Vgl. Tolman, E., Purposive Behavior in Animals and Men, New York 1932. Eine ausführliche Darstellung der Means-

Allerdings wird festgestellt, daß die Vorziehenswürdigkeit einer Alternative nicht zwangsläufig auch deren Auswahl nach sich zieht.[692] Diese ist vielmehr davon abhängig, ob und inwieweit Nachfrager vor der Auswahlentscheidung den Nutzen der Alternativen bestimmen können. Dafür ist eine hinreichende Informationssicherheit Voraussetzung.[693] Ausgehend von der Tatsache, daß Dienstleistungen aufgrund ihrer konstitutiven Merkmale generell schwieriger zu beurteilen sind als Konsumgüter,[694] läßt sich die Informationsunsicherheit wie folgt näher bestimmen.

Nach dem Kriterium der Informationssicherheit bzw. –unsicherheit von Leistungsmerkmalen wird im Rahmen der Informationsökonomie eine Unterscheidung zwischen Such-, Erfahrungs- und Vertrauenseigenschaften von Gütern vorgenommen.[695] Eine Sucheigenschaft liegt danach dann vor, wenn ihr Vorhandensein oder ihr Ausmaß von einem Konsumenten vor dem Kauf problemlos festgestellt werden kann.[696] Bei einer Erfahrungseigenschaft erschließt sich dem Konsumenten das Qualitätsmerkmal erst nach dem Kauf durch den Ge- oder Verbrauch. Das Vorhandensein bzw. das Ausmaß einer Vertrauenseigenschaft kann von Konsumenten auch nach dem Kauf nicht oder nur zu prohibitiv hohen Kosten überprüft werden.[697]

End-Theorie liefern Olson, J.C., Theoretical Foundations of Means-End Chains, Working Paper 174, Pennsylvania State University, Pittsburg 1998; Olson, J.C., Reynolds, T.J., Understanding Consumer Cognitive Stuctures: Implications for Advertising Strategy, in: Percy, L., Woodside, A. (Hrsg.), Advertising and Consumer Psychology, Lexington 1983, S. 77-90.

692 Vgl. Hahn, C., Conjoint- und Discrete Choice-Analyse als Verfahren zur Abbildung von Präferenzstrukturen und Produktauswahlentscheidungen. Ein theoretischer und computergestützter empirischer Vergleich, Münster 1997, S. 11; Gierl, H., Der Einfluß von Wertorientierungen und Werten auf das Konsumentenverhalten, in: Der Markt, 4/92, S. 161-171, hier: S. 162.

693 Mit Fragen der Informationssicherheit bzw. –unsicherheit beschäftigt sich die Informationsökonomie, die sich als Forschungszweig der Neuen Institutionenökonomie gebildet hat. Einen ausführlichen Überblick über die Ansätze liefern Richter, R., Furubotn, E., Neue Institutionenökonomik. Eine Einführung und kritische Würdigung, Tübingen 1996. Die Erkenntnisse lassen sich auf Fragestellungen im Marketing übertragen. Diese Aufgabe übernahmen z.B. Kaas, K.P., Marketing und Neue Institutionenlehre, Arbeitspapier Nr. 1 aus dem Forschungsprojekt Marketing und ökonomische Theorie des Lehrstuhl für Betriebswirtschaftslehre, insbesondere Marketing an der Johann-Wolfgang-Goethe-Universität, Frankfurt a.M. 1992.

694 Vgl. Zeithaml, V.A., How Consumer Evaluation Processes Differ between Goods and Services, in: Lovelock, C.H., Services Marketing, Englewood Cliffs 1984, S. 191-199, hier: S. 191.

695 Für die Sucheigenschaft wird in der Literatur synonym der Begriff Inspektionseigenschaft verwendet. Die Unterscheidung zwischen Such- bzw. Inspektionseigenschaften und Erfahrungseigenschaften geht auf Nelson zurück. Vgl. Nelson, P., Information and Consumer Behavior, in: Journal of Political Economy, 2/70, S. 311-329. Diese Kategorien wurden später von Darby und Karni um die Vertrauenseigenschaften ergänzt. Vgl. Darby, M.R., Karni, E., Free Competition and the Optimal Amount of Fraud, in: Journal of Law and Economics, 1973, S. 67-88. Die Eigenschaftsunterscheidung wurde ursprünglich für Produkte getroffen. Eine Übertragung auf Leistungen ist gerechtfertigt, da diese im Kern wie Produkte als Bündel von Eigenschaften zur Erfüllung der Anbieterziele verstanden werden können. Vgl. Brockhoff, K., Produktpolitik, 4. A., Stuttgart 1999, S. 13.

696 Vgl. Kaas, K.P., Busch, A., Inspektions-, Erfahrungs- und Vertrauenseigenschaften von Produkten, in: Marketing ZFP, 4/96, S. 243-252, hier: S. 243.

697 Vgl. Kaas, K.P., Busch, A., Inspektions-, Erfahrungs- und Vertrauenseigenschaften von Produkten, in: Marketing ZFP, 4/96, S. 243-252, hier: S. 244. Das Unvermögen des Nachfragers bei der Be-

Da davon auszugehen ist, daß die meisten Leistungen durch alle drei Eigenschaften gekennzeichnet sind, kommt es bei der Leistungsbeurteilung auf das jeweilige Gewicht einer Eigenschaft an. Die meisten Dienstleistungen können überwiegend dem Bereich der Erfahrungsgüter zugeordnet werden;[698] bei einigen, wie z.B. der Risikolebensversicherung, überwiegen jedoch die Vertrauenseigenschaften.[699] Dagegen werden Bankdienstleistungen meist im Rahmen von Suchkäufen erworben.[700] Insgesamt läßt sich jedoch feststellen, daß die meisten Merkmale von Finanzdienstleistungen einen deutlichen Erfahrungsgutcharakter aufweisen. Somit können sie entweder von den Nachfragern spätestens nach Vollzug der Leistung beurteilt werden[701] oder aber die Beurteilung wird aufgrund der subjektiven Wahrnehmung eines Nachfragers bewußt auf die Erfahrung beim Ge- oder Verbrauch verlagert.[702] Die Voraussetzung der hinreichenden Informationssicherheit ist damit erfüllt, so daß für die weiteren Überlegungen der Handlungsbezug der nutzenstiftenden Merkmale und der daraus gebildeten Präferenzen unterstellt werden kann.

3.1.4 Generierung relevanter Nutzenkomponenten

Zur Identifikation nutzenstiftender Merkmale ist die Quelle des Nutzens zu ermitteln, wobei die Beeinflußbarkeit durch den Anbieter sicherzustellen ist.[703] Ausgangspunkt dafür ist meist eine Analyse von sekundärstatistischem Material. Anhand von Forschungsergebnissen, Veröffentlichungen, Katalogen oder anderen themenspezifischen Unterlagen oder Dokumenten läßt sich bereits eine Grobstrukturierung der Einfluß- und Entscheidungsdimensionen des Nachfragerverhaltens vornehmen.[704] Darüber hinaus kann die Einbeziehung von Expertenurteilen erwogen werden.[705] Schließlich bietet

---

urteilung von Vertrauenseigenschaften ist darauf zurückzuführen, daß er über ein entsprechendes Know-How zur Beurteilung nicht verfügt und dieses auch nicht in einer vertretbaren Zeit bzw. zu vertretbaren Kosten aufbauen kann oder will. Vgl. Weiber, R., Adler, J., Informationsökonomisch begründete Typologisierung von Kaufprozessen, in: ZfbF, 1/95, S. 43-65, hier: S. 54.

698 Vgl. Kaas, K.P., Busch, A., Inspektions-, Erfahrungs- und Vertrauenseigenschaften von Produkten, in: Marketing ZFP, 4/96, S. 243-252, hier: S. 244.

699 Vgl. Meffert, H., Bruhn, M., Dienstleistungsmarketing. Grundlagen – Konzepte – Methoden, 2. A., Wiesbaden 1997, S. 74.

700 Vgl. Weiber, R., Adler, J., Positionierung von Kaufprozessen im informationsökonomischen Dreieck: Operationalisierung und verhaltenswissenschaftliche Prüfung, in: ZfbF, 2/95, S. 99-123, hier: S. 108.

701 Vgl. Kremer, M., a.a.O., S. 294.

702 Vgl. Weiber, R., Adler, J., Informationsökonomisch begründete Typologisierung von Kaufprozessen, in: ZfbF, 1/95, S. 43-65, hier: S. 54.

703 Die Beeinflußbarkeit gewährleistet für einen Anbieter die Möglichkeit, das Angebot so zu gestalten, daß der Entscheidungsprozeß der Nachfrager zur Auswahl seines Produkts führt und somit zur Erfüllung der Anbieterziele beiträgt.

704 Vgl. Oppewal, H., Louviere, J.J., Timmermans, H.J.P., Modeling Hierarchical Conjoint Process with Integrated Choice Experiments, in: Jornal of Marketing Research, 2/94, S. 92-105, hier: S. 95.

705 Vgl. Gensch, D.H., Golob, T.F., Testing the Consistency of Attribute Meaning in Empirical Concept Testing, in: Journal of Marketing Research, 8/75, S. 348-354, hier: S. 350.

sich die Durchführung einer eigenen primärstatistischen Erhebung an.[706]

Welche Methode gewählt wird, um relevante Nutzenkomponenten zu generieren, ist letztlich abhängig davon, wie intensiv der Untersuchungsgegenstand bereits erforscht ist und welche Möglichkeiten daher bestehen, auf sekundärstatistisches Material zurückzugreifen. Für Finanzdienstleistungen liegen umfangreiche Forschungsergebnisse vor, die bei der Generierung relevanter Nutzenkomponenten im Rahmen der Kundenbefragung Verwendung finden.[707] Zur Strukturierung des umfangreichen Spektrums entscheidungsrelevanter Merkmale im Finanzdienstleistungsbereich wird auf die Qualitätsdimensionen zurückgegriffen, die von Parasuraman, Zeithaml und Berry entwickelt wurden:[708]

- Die Annehmlichkeit des tangiblen Umfelds („Tangibles") bezieht sich auf das gesamte physische Umfeld, in dem der Nachfrager die Erstellung einer Dienstleistung erlebt. Sie enthält Komponenten wie die Ausstattung der Räume oder das Erscheinungsbild des Personals.
- Die Zuverlässigkeit („Reliability") bezeichnet die Fähigkeit des Anbieters, die dem Nachfrager zugesagte Leistung auf dem avisierten Niveau zu erbringen.

---

706 Die Conjoint-Analyse hat sich dafür als besonders geeignetes Verfahren erwiesen. Vgl. Theuerkauf, I., Kundennutzenmessung mit Conjoint, in: ZfB, 11/89, S. 1179-1192. Sie findet in den letzten Jahren für verschiedene Fragestellungen im Bankbereich Anwendung: Vgl. Herrmann, A., Vetter, I., Wricke, M., Kundenorientierte Gestaltung von Bankprodukten – am Beispiel des Privatgirokontos, in: Müller, S., Strothmann, H. (Hrsg.), Kundenzufriedenheit und Kundenbindung. Strategien und Instrumente von Finanzdienstleistern, München 1998, S. 323-332; Rolfes, B., Benna, R., Beratung: Die Präferenzen der Kunden, in: Die Bank, 9/98, S. 543-547; Herrmann, A., Jungmann, F., Nutzenorientierte Konzeption eines Privatgirokontos, in: Die Bank, 6/97, S. 378-381; Schwan, I., Conjoint-Analyse im Bankensektor, in: Die Bank, 4/96, S. 236-239; Epple, M.H., Conjoint-Measurement. Neue Wege zur Ergründung von Kaufentscheidungen im Finanzmarkt, in: Österreichisches Bank-Archiv (ÖBA), 3/90, S. 173-181; Teas, R.K., Dellva, W.L., Conjoint Measurement of Consumers' Preferences for Multiattribute Financial Services, in: Journal of Bank Research, 2/85, S. 99-112. Weitere Ansätze zur Generierung von Nutzenkomponenten finden sich bei Weiber, R., Rosendahl, T., Einsatzmöglichkeiten alternativer Untersuchungsansätze der Conjoint-Analyse, in: Czenkowsky, T., Alsen, A. (Hrsg.), Marketing und Marktforschung – Entwicklung, Erweiterungen und Schnittstellen im nationalen und internationalen Kontext, Hamburg 1996, S. 557-584, hier: S. 562ff..

707 Vgl. die grundlegenden empirischen Studien zur Dienstleistungsqualität von Parasuraman, A., Zeithaml, V.A., Berry, L.L., A Conceptual Model of Service Quality and its Implications for Future Research, in: Journal of Marketing, Fall 1985, S. 41-50 sowie dies., SERVQUAL. A Multiple-Item Scale for Measuring Consumer Perceptions of Service Quality, in: Journal of Retailing, 1/88, S. 12-40. Darüber hinaus bietet das Deutsche Kundenbarometer einen Katalog von Nutzenkomponenten für Bank- und Versicherungsdienstleistungen an, die in die vorliegende Arbeit eingeflossen sind. Vgl. Meyer, A., Dornach, F., Das Deutsche Kundenbarometer 1997– Qualität und Zufriedenheit - Jahrbuch der Kundenzufriedenheit in Deutschland 1997, München 1997, S. 93, 119. Kritik am Deutschen Kundenbarometer richtet sich gegen die Relevanz für die Bankpraxis, insbesondere aufgrund geringer Fallzahlen und mangelnder Abbildung von Kundenstrukturen. Vgl. Habig, C., Jasny, R., Zur Relevanz des Deutschen Kundenbarometers für die Bankpraxis, in: Die Bank, 12/98, S. 724-727.

708 Vgl. Kapitel C.2.5.3.

- Die Reaktionsfähigkeit („Responiveness") kennzeichnet die Schnelligkeit und Aufgeschlossenheit des Anbieters bei der Lösung der Kundenprobleme.
- Die Leistungskompetenz („Assurance") umfaßt Know-How, Höflichkeit und Vertrauenswürdigkeit der Mitarbeiter, aber auch die Reputation und den Kontaktstil.
- Das Einfühlungsvermögen („Empathy") kennzeichnet die Bereitschaft und die Fähigkeit des Anbieters, auf individuelle Kundenwünsche einzugehen.

Diese Qualitätsdimensionen sind auf einem hohen Abstraktionsniveau abgegrenzt und daher einer unmittelbaren Messung kaum zugänglich.[709] Es ergibt sich die Notwendigkeit, die Dimensionen zu konkretisieren,[710] wozu auf sekundärstatistisches Material zurückgegriffen wird.[711] Tabelle 21 zeigt Leistungsmerkmale verschiedener empirischer Studien und deren Formulierung in der vorliegenden Untersuchung.

Die rechte Spalte der Tabelle bildet damit das zentrale Variablen- bzw. Merkmalsset ab, welches der Marktsegmentierung zugrunde gelegt wird.

Die als Qualitätsdimensionen von Parasuraman, Zeithaml und Berry identifizierten Items werden in der vorliegenden Arbeit als Allfinanzbezogene Nutzenkomponenten bzw. Leistungsmerkmale interpretiert.[712]

---

[709] Vgl. Benkenstein, M., Dienstleistungsqualität. Ansätze zur Messung und Implikationen für die Steuerung, in: ZfB, 11/93, S. 1095-1116, hier: S. 1099.

[710] Vgl. Stauss, B., Hentschel, B., Dienstleistungsqualität, in: WiSt, 5/91, S. 238-244, hier: S. 240. Es sind verläßliche Indikatoren zu entwickeln, die das Spektrum der nutzenstiftenden Merkmale von Finanzdienstleistungen möglichst vollständig und präzise abbilden, wobei über das Ausmaß der Vollständigkeit in der Literatur Uneinigkeit herrscht. Vgl. Srinivasan, V., A Conjunctive-Compensatory Approach to Self-Explication of Multiattributed Preferences, in: Decision Sciences, 2/88, S. 295-305, hier: S. 295ff..

[711] Diese Vorgehensweise trägt besonders dem Kriterium der Salience von Merkmalen Rechnung. Salient sind Merkmale, wenn sie im Rahmen von Befragungen bevorzugt erwähnt werden. Weitere Kriterien sind die Importance, die die Wichtigkeit eines Merkmals im Hinblick auf seine relative Bedeutung im Rahmen der Auswahlentscheidung beschreibt und die Determinance, mit der Merkmale beschrieben werden, die ebenfalls für die Auswahlentscheidung von Bedeutung sind und zwischen den Untersuchungsobjekten differenzieren. Vgl. Olson, J.C., Kanwar, R., Muderrisoglu, A., Clarifying the Confusion Regarding Salience, Importance, and Determinance Concepts in Multiattribute Research, in: Beckwith, N. et al. (Hrsg.), Educator`s Conference Proceedings, American Marketing Association, Chicago, Ill. 1979, S. 286-290.

[712] Die Qualität als eindimensionales Konstrukt zur Abbildung der Präferenz erlaubt die Verwendung der Begriffe Qualität, Image, Nutzen und Präferenz als verwandte Begriffe. Vgl. Böcker, F., Präferenzforschung als Mittel marktorientierter Unternehmensführung, in: ZfbF, 1986, S. 543-574, hier: S. 555.

Tabelle 21: Entscheidungsrelevante Merkmale von Finanzdienstleistungen

Qualitätsdimensionen nach SERVQUAL	Capital/ Psychonomics[713]	Deutsches Kundenbarometer[714]	Swiss Index of Customer Satisfaction[715]	Vorliegende Untersuchung
Tangibles	Erreichbarkeit, Nähe, Dichte des Filialnetzes	Erreichbarkeit der Filiale	Erreichbarkeit	Gute Erreichbarkeit und kundenfreundliche Öffnungszeiten
	Parkplätze	Parkmöglichkeiten der Filiale	-	
	Öffnungszeiten	Öffnungszeiten der Filiale	-	
	-	-	-	Angenehme Atmosphäre in den Geschäftsräumen
	Diskretion	Diskretion in der Filiale	-	Ruhige, diskrete Umgebung während der Beratung
Reliability	Zinsen, Gebühren	Preis-Leistungs-Verhältnis	Spesen, Gebühren	Günstige Prämien
	-	Korrektheit von Abbuchungen	Korrektheit der Abwicklung	-
	-	-	-	Bekanntes Versicherungsunternehmen mit gutem Ruf
Responsiveness	-	Wartezeiten am Schalter	Wartezeit am Telefon	Prompte und zügige Bedienung
	Schnelligkeit der Abwicklung	Schnelligkeit der Geschäftsabwicklung	Schnelligkeit der Abwicklung	Schnelle Schadenregulierung
Assurance	Kompetenz	Fachliche Beratung	Fachliche Beratung	Gute fachliche Beratung und verständliche Erklärungen
	-	Verständlichkeit schriftlicher Unterlagen	Verständlichkeit der Unterlagen	
	-	-	-	Vertrauter Gesprächspartner
Empathy	Freundlichkeit	Freundlichkeit der Mitarbeiter	Freundlichkeit	Freundliche Mitarbeiter/ Berater
	-	-	-	Persönliche, individuelle Beratung

Quelle: Eigene Erstellung.

Eine Ordnung der Items anhand von Anforderungen der Kunden setzt an den Potential-, Prozeß- oder Ergebnisdimensionen von Dienstleistungen an:[716]

---

[713] Es handelt sich um eine auszugsweise Aufzählung der für den vorliegenden Untersuchungsgegenstand relevanten Kriterien. So wurden z.B. die Items, die sich mit den neuen Zugangswegen Telefon oder PC/Homebanking befassen, nicht aufgeführt. Vgl. Capital, Psychonomics (Hrsg.), Die ideale Bank im Spiegel der Kundenwünsche, o.O. 1995, S. 1.

[714] Vgl. Meyer, A., Dornach, F., Das Deutsche Kundenbarometer 1997– Qualität und Zufriedenheit - Jahrbuch der Kundenzufriedenheit in Deutschland 1997, München 1997, S. 93, 119. Die Auswahl der Leistungsmerkmale besiert auf Expertengesprächen, ungestützten Abfragen in vorangegangenen Studien und weiteren Analysen. Vgl. ebda., S. 23.

[715] Vgl. Bruhn, M., Schweizer Kundenbarometer – Ergebnisse einer Pilotstudie zu Kundenzufriedenheit, Kundendialog und Kundenbindung in Schweizer Unternehmen, Basel 1998, S. 136, 142.

[716] Vgl. Meffert, H., Bruhn, M., a.a.O., S. 202.

1. Kundennutzen aus der Potentialdimension
   Die Potentialdimension beinhaltet grundsätzlich die sachlichen, organisatorischen und persönlichen Leistungsvoraussetzungen des Dienstleistungsanbieters. Da bei Finanzdienstleistungen als Vertrauensgütern den Mitarbeitern eine zentrale Rolle beim Vertrieb zukommt, werden in der vorliegenden Untersuchung nur sachliche und organisatorische Merkmale dieser Dimension zugeordnet. Es handelt sich um:

   - Gute Erreichbarkeit und kundenfreundliche Öffnungszeiten,
   - Prompte und zügige Bedienung,
   - Angenehme Atmosphäre in den Geschäftsräumen.

2. Kundennutzen aus der Prozeßdimension
   Die Prozeßdimension bezieht sich auf alle Prozesse während der Leistungserstellung. Dazu gehören Nutzenkomponenten wie Bequemlichkeit, Service, Sicherheit, Komfort und Flexibilität, die bei Dienstleistungen während ihrer Produktion, d.h. während Beratung und Verkauf, konsumiert werden.[717] Aus den Besonderheiten von Dienstleistungen ergibt sich, daß diese Nutzenkomponenten vor dem Kauf keiner objektiven Prüfung durch den Kunden unterzogen werden können.[718] Daraus resultiert ein erhöhtes Risikoempfinden des Kunden und die Erklärungsbedürftigkeit der Dienstleistung.[719] Vor diesem Hintergrund ist das Vertrauen ein zentraler Faktor beim Absatz von Dienstleistungen. Dieser Vertrauensgutcharakter[720] sorgt dafür, daß bei Dienstleistungen neben den Nutzenkomponenten des Produkts selbst verstärkt solche Nutzenkomponenten in die Gesamtbewertung der Leistung eingehen, die mit der Art und Weise der Überbringung bzw. Durchführung der Dienstleistung zusammenhängen.[721] Diese sind subjektiv, wodurch die Bewertung wiederum erschwert wird. Die objektiv völlig gleiche Behandlung zweier Kunden kann unterschiedlich wahrgenommen werden: Zum Beispiel von einem Kunden als höflich und zuvorkommend, von dem anderen als unfreundlich und arrogant oder von einem Kunden als kompetent und von einem anderen als inkompetent. Dem Mitarbeiter obliegt es, das Vertrauen der Kunden zu erlangen. Damit kommt ihm

---

[717] Vgl. Wagner, P.J., a.a.O., S. 197; Baden, G.-U., Vielfalt aus einer Hand: Herausforderungen und Chance für traditionelle Finanzdienstleister, in: Versicherungswirtschaft, 17/89, S. 1112-1116, hier: S. 1112.

[718] Dienstleistungen sind daher Erfahrungsgüter. Vgl. Kremer, M., a.a.O., S. 294.

[719] Strategien zur Reduzierung des wahrgenommenen Risikos sind Informationsbeschaffung, Markentreue, Imitationsverhalten oder Delegation von Verantwortung. Vgl. Silberer, G., Die Verwendung von Gütertestinformationen im Konsumentenbereich, in: Meffert, H., Steffenhagen, H., Freter, H. (Hrsg.), Konsumentenverhalten und Information, Wiesbaden 1979, S. 85-111, hier: S. 95. Die Delegation von Verantwortung findet im Versicherungsbereich durch Beauftragung eines Mehrfachagenten statt. Vgl. Hannemann, S., a.a.O., S. 213; Schmidt, R., Die Versicherungsvermittler in einem Markt der Dienstleistungsfreiheit, in: Versicherungswirtschaft, 1/82, S. 22-34, hier: S. 23.

[720] Vgl. Meffert, H., Bruhn, M., a.a.O., S. 143f..

[721] Dies gilt bei Konsumgütern nicht in dem Maße, da die Erklärungsbedürftigkeit der Produkte in diesem Bereich nicht so ausgeprägt ist.

eine zentrale Rolle beim Vertrieb von Dienstleistungen zu.[722] Folgende Nutzenkomponenten werden der Prozeßdimension zugerechnet:

- Ruhige, diskrete Umgebung während der Beratung,
- Gute fachliche Beratung und verständliche Erklärungen,
- Vertrauter Gesprächspartner,
- Freundliche Mitarbeiter/Berater,
- Persönliche, individuelle Beratung.

3. Kundennutzen aus der Ergebnisdimension
Die Ergebnisdimension stellt auf die erbrachte Leistung am Ende des Dienstleistungsprozesses ab. Leistungsmerkmale kreditwirtschaftlicher Prozesse sind z.B. Zinssätze, Gebühren oder die Geschwindigkeit des Zahlungsverkehrs. Diese können objektiv bewertet werden: Im Kreditgeschäft präferieren Kunden niedrige Zinsen, im Einlagegeschäft werden hohe Zinsen gewünscht. Niedrige Gebühren und schneller Zahlungsverkehr werden wohl von allen Kunden gegenüber hohen Gebühren und langsamer Abwicklung des Zahlungsverkehrs vorgezogen. Die Bekanntheit und der gute Ruf eines Versicherers ist das Ergebnis aus den erbrachten Leistungen der Vergangenheit und sind daher auch Bestandteil der Ergebnisdimension. Folgende Nutzenkomponenten aus dem Variablenset werden der Ergebnisdimension zugeordnet:

- Schnelle Schadenregulierung,
- Günstige Prämien,
- Bekanntes Versicherungsunternehmen mit gutem Ruf.

3.1.5 Die Bildung Allfinanzbezogener Kerngruppen

Als Ansatzpunkt zu einer zielgruppengerechten Gestaltung des Marketinginstrumentariums von Sparkassen wird im folgenden eine Segmentbeschreibung vorgenommen. Dabei wird die Variable „Wichtigkeit von Allfinanz" als eine Art Brückenvariable[723] im Rahmen eines zweistufigen Segmentierungsansatzes eingesetzt.[724] Die Wichtigkeit von Allfinanz bildet die Präferenz der Kunden bei der gemeinsamen Erledigung von Bank- und Versicherungsgeschäften unter einem Dach ab und konnte bereits in ihrem

[722] Vgl. Platzek, H.-J., Perspektiven des Vertriebs von Finanzdienstleistungen, in: Bank und Markt, 2/96, S. 10-13, hier: 10f..

[723] Brückenvariablen sind theoretische Konstrukte, die als Zwischenglied in die Beziehung zwischen Kundenbedürfnissen und Segmentierungskriterien eingeschoben werden. Vgl. Gröne, A., Marktsegmentierung bei Investitionsgütern, Wiesbaden 1977, S. 30ff..

[724] Vgl. zur Auseinandersetzung mit mehrstufigen Segmentierungsansätzen Bauche, K., Segmentierung von Kundendienstleistungen auf investiven Märkten. Dargestellt am Beispiel von Personal Computern, Frankfurt et al. 1994, S. 33-42 sowie die dort angegebene Literatur.

positiven Einfluß auf das Abschlußverhalten bestätigt werden. Sie bildet im folgenden die Kerndimension der Marktaufteilung, d.h. die Gesamtstichprobe wird anhand der Wichtigkeit von Allfinanz in zwei Gruppen aufgeteilt, für die jeweils eine Segmentierung durchgeführt wird.[725]

Einen Überblick über die Struktur der Untersuchung gibt Abbildung 27. Sie zeigt, daß von den 1396 Kunden 351 als Allfinanzbefürworter und 663 Kunden als Allfinanzskeptiker bezeichnet werden. Die Gruppe der Allfinanzbefürworter wird von allen Kunden gebildet, die die gemeinsame Erledigung von Bank- und Versicherungsgeschäften unter einem Dach als „überwiegend wichtig" oder „sehr wichtig" eingestuft haben. Sie bilden die Kerngruppe „Wichtigkeit". In der Gruppe der Allfinanzskeptiker werden die Kunden zusammengefaßt, für die die gemeinsame Erledigung von Bank- und Versicherungsgeschäften unter einem Dach „gar nicht wichtig" oder „nicht besonders wichtig" ist. Sie bilden die Kerngruppe „Unwichtigkeit". Nur diese beiden Gruppen werden näher untersucht.[726] Die Segmentierung ergibt bei den Allfinanzbefürwortern 6 Cluster, bei den Allfinanzskeptikern 5 Cluster. Da die weitere Marktbearbeitung aller elf Cluster aus wirtschaftlichen Gründen nicht empfehlenswert ist, werden nur Ansätze zur Marktbearbeitung für die fünf größten Cluster empfohlen, die in der Abbildung schwarz hinterlegt sind.

Abbildung 27: Struktur von Gruppenbildung und Segmentierung

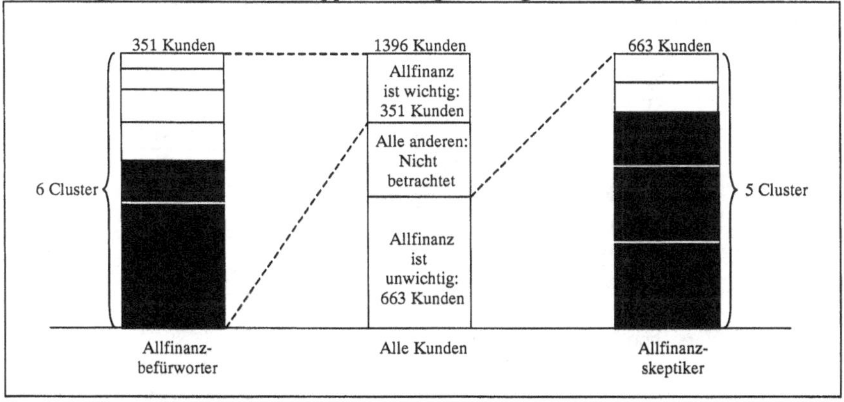

Quelle: Eigene Erstellung.

[725] Diese Vorgehensweise erscheint vorteilhaft, da eine Faktorenanalyse der Gesamtstichprobe nur schwer interpretierbare Ergebnisse erzielte. Darüber hinaus wurden nur ca. 30% der Varianz erklärt. Die rotierte Komponentenmatrix dieser Analyse ist im Anhang angefügt.

[726] Alternativ wurde eine Trennung nach dem Abschlußverhalten geprüft. Diese lieferte jedoch keine ausreichenden Ansatzpunkte für eine segmentspezifische Marktbearbeitung und wurde auch aus inhaltlichen Gründen verworfen: Für die Marktbearbeitung entscheidend ist die Einstellung der Kunden; diese ist der Abschlußentscheidung vorgelagert und kann mit gezielter Segmentbearbeitung beeinflußt werden.

Die wesentlichen Unterschiede der Gruppen werden im folgenden anhand eines Vergleichs der Mittelwerte und der Besetzung der Gruppen beschrieben.[727] Einen zusammenfassenden Überblick bietet Tabelle 22.

Tabelle 22: Beschreibung der Kerndimensionen

Variablen		**Kerndimensionen**	
		Wichtig	**Unwichtig**
		N = 351	N = 663
Wichtigkeit		4,44	1,59
Monatliches Netto-Einkommen		3,16	3,62
Alter		44,00	41,70
Beruf	Arbeiter	27,60%	15,60%
	Angestellte	56,10%	53,80%
	Beamte	4,40%	4,90%
	Beamte höherer Dienst	2,60%	6,50%
	Freiberufler	9,20%	19,10%
Kein Beruf	Arbeitslos	16,80%	21,30%
	Hausfrau	19,60%	24,10%
	In Ruhestand	56,10%	39,70%
	Schüler/Studenten	6,50%	14,20%
	Wehr-/Zivildienst	0,90%	0,70%
Sachkunde Sparkassenmitarbeiter		3,00	2,20
Vertrauen	Versicherungsvertreter	20,10%	46,20%
	Sparkassenmitarbeiter	44,90%	12,30%
Nachteile	SK erfährt zu viel	2,28	3,07
	SK ist nicht so gut informiert	2,48	3,29
	SK kann nicht günstigstes Angebot machen	2,68	3,43
	SK und VR sollten getrennt sein	2,36	3,74
Bestehende Versicherungen	Lebensversicherung	69,40%	66,80%
	Unfallversicherung	56,60%	58,50%
	Private Haftpflicht	70,80%	84,50%
	Hausratversicherung	64,10%	76,20%
Schon in SK Versicherung abgeschlossen		53,80%	31,00%
Häufigkeit der Anwesenheit in der Geschäftsstelle	Täglich	1,70%	1,40%
	1 mal/Woche	25,70%	20,50%
	Mehrmals/Woche	8,70%	6,40%
	1mal/Monat	23,30%	24,70%
	Mehrmals/Monat	19,80%	19,10%
	1mal/Quartal	12,20%	13,10%
	Noch seltener	8,50%	14,80%

Die Kunden der Kerngruppe „Unwichtigkeit" verfügen über ein höheres Einkommen und sind im Schnitt jünger als die Kunden der Kerngruppe „Wichtigkeit". Neben den

[727] Alle Unterschiede zwischen den beiden Gruppen sind hoch signifikant.

Angestellten sind Selbständige/Freiberufler stark vertreten. Bei den nicht Berufstätigen sind Hausfrauen, Arbeitslose und Schüler/Studenten gegenüber der anderen Kerngruppe überrepräsentiert. Dagegen überwiegen in der Kerngruppe „Wichtigkeit“ gegenüber der anderen Kerngruppe die Arbeiter und Angestellten und bei den nicht Berufstätigen die Ruheständler. Die Kunden der Kerngruppe „Unwichtigkeit“ vertrauen eher dem Versicherungsvertreter als dem Sparkassenmitarbeiter und schätzen die Nachteile von Allfinanz deutlich höher ein als Kunden der anderen Kerngruppe. Entsprechend hat erst ein deutlich geringerer Anteil Versicherungen in der Sparkasse abgeschlossen.

Die Abdeckung mit Versicherungen ist höher als in der anderen Kerngruppe, so daß grundsätzlich das Potential für den Abschluß von Versicherungen in der Sparkasse geringer ist. Nur bei den Lebensversicherungen sind Kunden der Kerngruppe „Wichtigkeit“ besser abgedeckt. Diese sind im Durchschnitt auch häufiger in der Geschäftsstelle anzutreffen. In der Kerngruppe „Unwichtigkeit“ sind die Häufigkeitsgruppen „1mal pro Quartal“ und „Noch seltener“ deutlich höher besetzt als in der Kerngruppe „Wichtigkeit“.

Unter Berücksichtigung des höheren Einkommens und geringeren Alters der Kerngruppe „Unwichtigkeit“ und der stärker vertretenen interessanten Berufsgruppen der Angestellten, Beamte im höheren Dienst, Selbständige/Freiberufler läßt sich feststellen, daß die Kerngruppe „Unwichtigkeit“ die attraktivere Gruppe ist. Die Beschreibung der Kerndimensionen gibt somit einen ersten Überblick über Unterschiede zwischen den Gruppen. Um eine weitere Trennung der Kunden in noch aussagekräftigere Segmente zu erhalten, die eine segmentspezifische Marktbearbeitung erlauben, werden die Kerngruppen im folgenden segmentiert.

3.2 Kundensegmente im Sparkassen-Versicherungsmarkt

3.2.1 Grundlagen zur Segmentierung

Die Bildung der Kundensegmente erfolgt anhand der Wichtigkeitseinschätzungen versicherungsbezogener Leistungsmerkmale, die in Kapitel C.3.1.4 charakterisiert wurden. Sie werden als Nutzenkomponenten interpretiert. Zur Segmentbeschreibung werden neben soziodemographischen Merkmalen weitere Variablen herangezogen. Ihre Erhebung dient zur Erhöhung der Identifizierung und Ansprechbarkeit der gebildeten Segmente und zur Abschätzung segmentspezifischer Absatzpotentiale.

3.2.1.1 Segmentierung der Kerngruppe "Wichtigkeit"

Die Unabhängigkeit der Wichtigkeitseinschätzungen der Nutzenkomponenten wurde anhand einer Korrelationsanalyse überprüft.[728] Dabei zeigte sich eine nicht signifikante Korrelation der Stärke 0,075 zwischen der Variablen „Günstige Prämien“ und „Erreichbarkeit/Öffnungszeiten“. Alle anderen Korrelationen bewegen sich im Intervall zwischen 0,11 und 0,52 und unterscheiden sich signifikant von Null.[729] Aus der vorliegenden Korrelationsmatrix geht jedoch nicht hervor, inwieweit die Kunden die einzelnen Nutzenkomponenten tatsächlich isoliert bewerten oder ob sie sie zu wenigen übergeordneten Faktoren verdichten. Um dieser Fragestellung nachgehen zu können, wird auf Basis der 11 Nutzenkomponenten eine explorative Faktorenanalyse durchgeführt.[730] Unter Verwendung des Kaiser-Kriteriums können dabei drei Faktoren extrahiert werden, mit denen die Präferenzen der Kunden im Versicherungsgeschäft charakterisiert werden können.[731] Die rotierte Faktorenstruktur enthält Tabelle 23.

Tabelle 23: Faktoranalytisch verdichtete Leistungsmerkmale des Versicherungsgeschäfts von Sparkassen in der Kerngruppe „Wichtigkeit“

Nutzenkomponenten	Faktor 1	Faktor 2	Faktor 3
Angenehme Atmosphäre in den Geschäftsräumen	0,817	0,123	0,087
Prompte und zügige Bedienung	0,674	0,208	0,248
Gute Erreichbarkeit und kundenfreundliche Öffnungszeiten	0,750	0,186	0,001
Freundliche Mitarbeiter/Berater	0,380	0,622	0,236
Ruhige, diskrete Umgebung während der Beratung	0,393	0,644	0,113
Vertrauter Gesprächspartner	0,214	0,664	0,239
Gute fachliche Beratung und verständliche Erklärungen	0,037	0,771	0,200
Persönliche, individuelle Beratung	0,120	0,819	0,012
Schnelle Schadenregulierung	0,092	0,439	0,565
Günstige Prämien	0,005	0,153	0,822
Bekanntes Versicherungsunternehmen mit gutem Ruf	0,208	0,070	0,694
Erklärter Varianzanteil	19,1%	25,7%	15,6%
Kaiser-Meyer-Olkin-Kriterium 0,855			

[728] Die Berechnung erfolgte durch den für metrische Daten geeigneten Pearson'schen Korrelationskoeffizienten.

[729] Die Korrelationen zwischen der Erreichbarkeit und dem guten Ruf des Versicherers sowie der Atmosphäre in den Geschäftsräumen und der Günstigkeit der Prämien sind nur auf dem 5%-Niveau signifikant. Alle anderen Korrelationen sind hoch signifikant auf dem 1%-Niveau.

[730] Die explorative Faktorenanalyse bietet - anders als die konfirmatorische Faktorenanalyse - die Möglichkeit, Faktorwerte zu berechnen, die als Basisgrößen für weitere multivariate Verfahren, z.B. Cluster- oder Diskriminanzanalyse, eingesetzt werden können. Vgl. Backhaus, K. Erichson, B., Plinke, W., Weiber, R., a.a.O., S. 190, 252.

[731] Das Kaiser-Kriterium extrahiert ausschließlich Faktoren, die einen Eigenwert größer als Eins aufweisen. Der Eigenwert eines Faktors erklärt dessen Anteil an der Varianz aller Einzelvariablen. Als Schätzverfahren wurde die Hauptkomponentenmethode benutzt. Zur besseren Interpretation der extrahierten Faktoren wurde eine Varimax-Rotation durchgeführt. Vgl. Backhaus, K. Erichson, B., Plinke, W., Weiber, R., a.a.O., S. 222f., 226, 228ff.; Meffert, H., Marketingforschung und Käuferverhalten, 2. A., Wiesbaden 1992, S. 264.

Insgesamt ergibt sich ein sehr gut interpretierbares Bild,[732] da keine Doppelladungen auftreten und alle Variablen mit einer Faktorladung von mindestens 0,5 zur Faktorinterpretation herangezogen werden können.

Faktor 1 erklärt 19,1% der Varianz. Er wird hoch geladen von der Atmosphäre in den Geschäftsräumen, der Erreichbarkeit bzw. den Öffnungszeiten und der prompten und zügigen Bedienung. Alle drei Variablen beziehen sich auf das Potential der Dienstleistungserstellung,[733] so daß dieser Faktor als "Potentialorientierung" beim Abschluß von Versicherungen in der Sparkasse interpretiert werden kann.[734]

Der zweite Faktor setzt sich zusammen aus der Präferenz für persönliche, individuelle und gute fachliche Beratung, der Vertrautheit mit dem Berater sowie der Freundlichkeit der Mitarbeiter und der Umgebung während der Beratung. Der Faktor erklärt 25,7% der Gesamtvarianz. Alle in Faktor 2 enthaltenen Variablen kennzeichnen den Prozeß der Dienstleistungserstellung. Demzufolge wird Faktor 2 als "Prozeßorientierung" beim Abschluß von Versicherungen in der Sparkasse definiert.

Faktor 3 erklärt 15,6% der Varianz und wird durch hohe Ladungen bei den Variablen Günstige Prämien, Schnelle Schadenregulierung und Bekanntes Versicherungsunternehmen mit gutem Ruf gekennzeichnet. Es handelt sich dabei um Variablen, die die eigentliche Versicherungsleistung beschreiben, also das Ergebnis der Dienstleistungserstellung.[735] Daher wird Faktor 3 als "Ergebnisorientierung" beim Abschluß von Versicherungen in der Sparkasse bezeichnet.

Insgesamt lassen sich 60,3% der Varianz durch die drei Faktoren erklären. Der implizite Informationsverlust ist zwar relativ hoch, die weitere Verwendung der Faktoren läßt sich jedoch durch die außergewöhnlich hohen Ladungswerte zwischen 0,622 und 0,822 und den hohen inhaltlichen Bezug der Variablen in den Faktoren rechtfertigen. Darüber hinaus liegt der Informationsverlust im Rahmen vergleichbarer Untersuchungen.[736] Die Bedürfnisse der Kunden beim Abschluß von Versicherungen in der Sparkasse lassen sich durch die drei Faktoren damit ausreichend darstellen und charakteri-

---

[732] Die Eignung der Daten wurde anhand des Kaiser-Meyer-Olkin-Kriteriums geprüft. Da ein Wert von ≥ 0,8 als wünschenswert bezeichnet wird, können die Daten als für die Faktorenanalyse geeignet angesehen werden. Vgl. Backhaus, K. Erichson, B., Plinke, W., Weiber, R., a.a.O., S. 206.

[733] Die Zugehörigkeit der Variablen zur Potential-, Prozeß- oder Ergebnisdimension unterliegt der subjektiven Interpretation. So könnte die prompte und zügige Bedienung eher der Prozeßdimension zugerechnet werden. Die Zuordnung zur Potentialdimension ist jedoch gerechtfertigt, wenn die prompte und zügige Bedienung als Fähigkeit und Bereitschaft des Dienstleistungserbringers zur Erbringung einer Dienstleistung interpretiert wird.

[734] Vgl. Kapitel C.3.1.4.

[735] Einerseits ist die Bekanntheit und der gute Ruf eines Unternehmens als von ihm geschaffenes Potential interpretierbar. Dieses Verständnis würde auch die Zuordnung der Variablen zur Potentialdimension rechtfertigen. Im vorliegenden Zusammenhang wird jedoch andererseits der gute Ruf als Ergebnis von in der Vergangenheit erbrachten Leistungen interpretiert. Dieses Verständnis rechtfertigt die Zuordnung der Variablen zur Ergebnisdimension der Dienstleistung.

[736] Vgl. Bauche, K., a.a.O., S. 85.

sieren. Sie bilden den Ausgangspunkt der weiteren Analyse zur Bildung versicherungsbezogener Bedürfnissegmente.

3.2.1.2 Segmentierung der Kerngruppe "Unwichtigkeit"

Auch für die Kerngruppe "Unwichtigkeit" wurde zunächst eine Korrelationsanalyse durchgeführt. Die hoch signifikanten Werte liegen zwischen 0,11 und 0,57. Zur Verdichtung der Variablen wird eine explorative Faktorenanalyse durchgeführt. Dabei konnten drei Faktoren extrahiert werden. Die rotierte Faktorenstruktur geht aus Tabelle 24 hervor.

Auch hier ergibt sich ein sehr gut interpretierbares Bild, da keine Doppelladungen auftreten und alle Variablen mit einer Faktorladung von mindestens 0,5 zur Faktorinterpretation herangezogen werden können. Nicht überraschend ist, daß der inhaltliche Bezug in den Faktoren kein so prägnantes Bild ergibt wie bei der Kerndimension "Wichtigkeit". Dies wird darauf zurückgeführt, daß die Kunden, die angeben, Allfinanz sei wichtig, das Thema bereits reflektiert haben und daher die Variablen genauer bewerten können.

Tabelle 24: Faktoranalytisch verdichtete Servicedimensionen des Versicherungsgeschäfts von Sparkassen in der Kerngruppe "Unwichtigkeit"

Nutzenkomponenten	**Faktor 1**	**Faktor 2**	**Faktor 3**
Angenehme Atmosphäre in den Geschäftsräumen	0,732	0,066	0,368
Prompte und zügige Bedienung	0,558	0,438	-0,238
Gute Erreichbarkeit und kundenfreundliche Öffnungszeiten	0,704	0,069	0,095
Freundliche Mitarbeiter/Berater	0,670	0,385	-0,095
Ruhige, diskrete Umgebung während der Beratung	0,647	0,388	0,056
Vertrauter Gesprächspartner	0,547	0,245	0,327
Gute fachliche Beratung und verständliche Erklärungen	0,310	0,713	0,015
Persönliche, individuelle Beratung	0,411	0,621	0,003
Schnelle Schadenregulierung	0,130	0,787	0,130
Günstige Prämien	0,003	0,730	0,225
Bekanntes Versicherungsunternehmen mit gutem Ruf	0,138	0,185	0,866
Erklärter Varianzanteil	25,6%	24,0%	10,4%
Kaiser-Meyer-Olkin-Kriterium 0,869			

Faktor 1 erklärt 25,6% der Varianz. Er wird hoch geladen von der Atmosphäre in den Geschäftsräumen, der Erreichbarkeit bzw. den Öffnungszeiten und der Umgebung während der Beratung. Darüber hinaus weisen die Freundlichkeit der Berater, die prompte und zügige Bedienung und die Vertrautheit mit dem Berater hohe Ladungen auf. Alle sechs Variablen beziehen sich auf den Service beim Abschluß von Versicherungen in der Sparkasse, so daß dieser Faktor als "Serviceorientierung" interpretiert werden kann.

Der zweite Faktor setzt sich zusammen aus der Präferenz für persönliche, individuelle und gute fachliche Beratung sowie der Günstigkeit der Prämien und einer schnellen Schadenregulierung. Der Faktor erklärt 24,0% der Gesamtvarianz. Die in Faktor 2 enthaltenen Variablen betreffen die Beratungsleistung und die Leistung der Versicherung. Demzufolge wird Faktor 2 als "Leistungsorientierung" definiert.

Faktor 3 erklärt 10,4% der Varianz und wird allein durch die Variable „Bekanntes Versicherungsunternehmen mit gutem Ruf" gebildet. Daher wird Faktor 3 als "Reputationsorientierung" beim Abschluß von Versicherungen in der Sparkasse bezeichnet.

Insgesamt lassen sich 60,0% der Varianz durch die drei Faktoren erklären. Der damit verbundene Informationsverlust entspricht dem der Kerndimension "Wichtigkeit". Die Bedürfnisse der Kunden beim Abschluß von Versicherungen in der Sparkasse lassen sich durch die drei Faktoren damit ausreichend darstellen und charakterisieren. Sie sind Ausgangspunkt der weiteren Analyse zur Bildung versicherungsbezogener Bedürfnissegmente.

3.2.2 Darstellung bedürfnisbezogener Kundensegmente

Die Bildung bedürfnisbezogener Kundensegmente steht im Vordergrund der folgenden Betrachtung. Dabei wird die Trennung in die beiden Kerngruppen "Wichtigkeit" und "Unwichtigkeit" von Allfinanz beibehalten. Die Aufteilung des Gesamtmarktes erfolgt mit Hilfe der Clusteranalyse. Ziel ist es, eine Anzahl von Kunden entsprechend der Ähnlichkeit ihrer Bedürfnisse beim Abschluß von Versicherungen in der Sparkasse in Segmente zu ordnen. Innerhalb der Segmente sollen dabei homogene Bedürfnisstrukturen vorliegen, während die Segmente untereinander möglichst heterogen sein sollen.[737] Als clusterbildende Variablen werden die extrahierten Faktoren in den beiden Kerndimensionen herangezogen.[738] Zur Gruppierung werden agglomerativ-hierarchische Algorithmen verwendet. Dabei wird zunächst eine Clusterbildung anhand des Single-Linkage-Verfahrens vorgenommen, wobei als Distanzmaß die gewichtete euklidische Distanz eingesetzt wird. Nach der Eliminierung der anhand des Dendrogramms sichtbaren Ausreißer wird im Anschluß eine Segmentierung nach dem Ward-Verfahren durchgeführt.[739]

---

[737] Vgl. Backhaus, K. Erichson, B., Plinke, W., Weiber, R., a.a.O., S. 262.

[738] Vgl. Meffert, H., Marketingforschung und Käuferverhalten, 2. A., Wiesbaden 1992, S. 267.

[739] Vgl. Backhaus, K. Erichson, B., Plinke, W., Weiber, R., a.a.O., S. 282, 287ff, 300. Nach einer Untersuchung von Bergs führt das Ward-Verfahren zu sehr guten Gruppierungsergebnissen und ordnet die einzelnen Objekte den Gruppen i.d.R. richtig zu. Vgl. Bergs, S., Optimalität bei Clusteranalysen, Münster 1981, S. 91f..

3.2.2.1 Segmente der Kerngruppe „Wichtigkeit"

Das Elbow-Kriterium und die Fehlerquadratsumme geben als ersten Anhaltspunkt die Bildung von vier Clustern vor (vgl. Abbildung 28).

Abbildung 28: Bestimmung der Clusteranzahl der Kerngruppe "Wichtigkeit" mit der Fehlerquadratsumme und dem Elbow-Kriterium

Zahl der Cluster	FQS	Prozentualer Anstieg der FQS
1	912	
		31,2%
2	695	
		35,0%
3	515	
		38,1%
⇨ 4	373	
		18,8%
5	314	
		17,6%
6	267	
		14,6%
7	233	
		16,5%
8	200	
		14,9%
9	174	
		10,8%
10	157	
		12,1%
11	140	

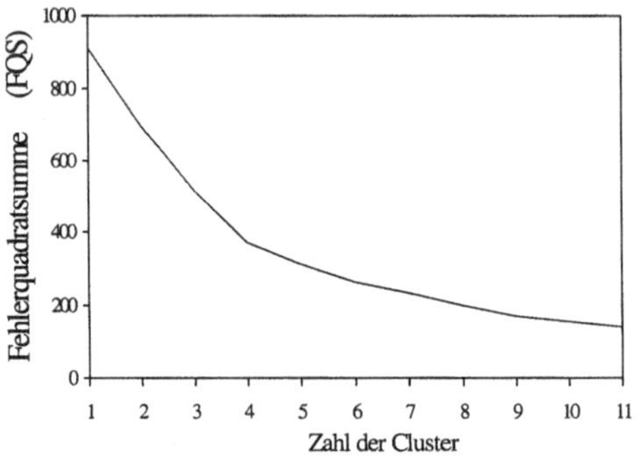

Quelle: Eigene Erstellung.

Unter weiterer Berücksichtigung inhaltlich sinnvoller Interpretationsmöglichkeiten zeigt sich, daß die anhand der F-Werte gemessene Homogenität der Cluster sich erhöht, wenn zwei der vier Cluster weiter aufgeteilt werden.[740] Daher wird in der Kerngruppe „Wichtigkeit" im folgenden eine Sechs-Cluster-Lösung zugrunde gelegt. Das Clusterergebnis führt zu den in Abbildung 29 dargestellten Segmentgrößen.

Abbildung 29: Besetzung der 6-Cluster-Lösung

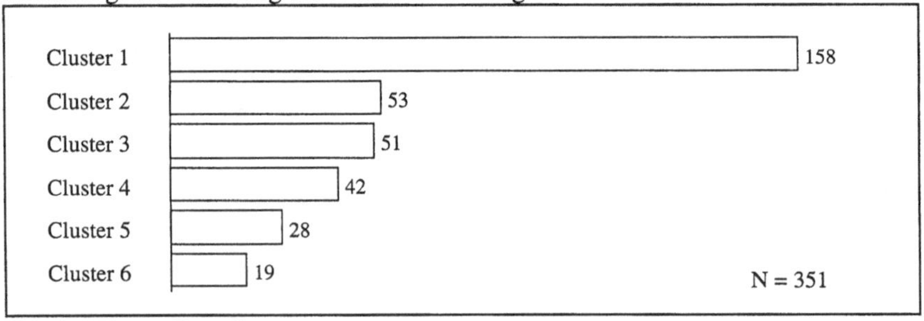

Quelle: Eigene Erstellung.

Die Cluster sind vollkommen homogen, d.h. die Streuungen der Faktoren in den Gruppen sind kleiner als in der Erhebungsgesamtheit. Dies läßt sich anhand der F-

[740] Dies läßt sich anhand der Tabellen der Mittelwerte und Varianzen im Anhang nachvollziehen.

Werte zeigen, die aus der folgenden Tabelle hervorgehen.[741]

Tabelle 25: F-Werte der sechs Cluster

	F-Werte der Orientierung an...		
	Potential	**Prozeß**	**Ergebnis**
Cluster 1	0,05	0,04	0,35
Cluster 2	0,66	0,85	0,44
Cluster 3	0,11	0,03	0,16
Cluster 4	0,97	0,38	0,76
Cluster 5	0,80	0,37	0,38
Cluster 6	0,14	0,11	0,07

Alle gefundenen Segmente weisen servicetypische Strukturen auf, die im folgenden zunächst anhand der t-Werte benannt werden. "Die t-Werte stellen normierte Werte dar, wobei

- negative t-Werte anzeigen, daß eine Variable in der betrachteten Gruppe im Vergleich zur Erhebungsgesamtheit unterrepräsentiert ist;
- positive t-Werte anzeigen, daß eine Variable in der betrachteten Gruppe im Vergleich zur Erhebungsgesamtheit überrepräsentiert ist."[742]

Die t-Werte ergeben sich aus der folgenden Tabelle.

Tabelle 26: t-Werte der sechs Cluster

	t-Werte		
	Potential	**Prozeß**	**Ergebnis**
Cluster 1	0,735	0,325	0,311
Cluster 2	-0,221	-1,557	0,689
Cluster 3	-0,443	0,729	0,308
Cluster 4	-0,356	0,624	-2,027
Cluster 5	-2,431	0,482	0,556
Cluster 6	0,069	-2,413	-1,526

Für alle sechs Cluster der Kerngruppe „Wichtigkeit" wird die Clusterbezeichnung durch den Zusatz „Allfinanzbefürworter" ergänzt. Dies dient der besseren Unterscheidung von den Segmenten der anderen Kerngruppe.

In Cluster 1 weisen alle drei Faktoren positive t-Werte auf, d.h. die Faktoren sind im Vergleich zur Erhebungsgesamtheit in diesem Cluster überrepräsentiert. Für die Kunden in diesem Segment sind sowohl das Potential, als auch der Prozeß und das Ergebnis beim Abschluß von Versicherungen in der Sparkasse wichtig. Dabei entsteht der Eindruck, daß das Antwortverhalten der Kunden durch eine gewisse „Anspruchsinflation" gekennzeichnet ist, d.h. daß durch die Vorgabe von Nutzenkomponenten und die

---

[741] Vgl. Backhaus, K. Erichson, B., Plinke, W., Weiber, R., a.a.O., S. 310.
[742] Backhaus, K. Erichson, B., Plinke, W., Weiber, R., a.a.O., S. 311.

Möglichkeit zur freien Vergabe von Wichtigkeitsurteilen mehr Komponenten für wichtig erachtet werden als es tatsächlich der Fall ist.[743] Das Segment wird daher mit der Bezeichnung "Die unkritischen Allfinanzbefürworter" belegt.

Cluster 2 ist gekennzeichnet durch die Unterrepräsentanz von Potential- und Prozeßorientierung. Dagegen ist die Ergebnisorientierung deutlich überrepräsentiert. Daher läßt sich dieses Segment als "Die ergebnisorientierten Allfinanzbefürworter " bezeichnen. Kunden in diesem Cluster legen beim Abschluß von Versicherungen Wert auf günstige Prämien, schnelle Schadenregulierung und den guten Ruf bzw. die Bekanntheit des Versicherers.

Im dritten Cluster ist die Potentialorientierung unterrepräsentiert, die Prozeß- und die Ergebnisorientierung sind überrepräsentiert. Der Schwerpunkt liegt jedoch auf der Prozeßorientierung, was sich an dem höheren t-Wert zeigt. Das Segment wird daher als "Die prozeß- und ergebnisorientierten Allfinanzbefürworter " bezeichnet. Die Kunden erachten in erster Linie freundliche Mitarbeiter, die ihnen vertraut sind, und eine persönliche, individuelle Beratung für wichtig. Auch die gute fachliche Beratung und die ruhige, diskrete Umgebung während der Beratung sind wichtig. Weniger wichtig sind günstige Prämien, eine schnelle Schadenregulierung und die Bekanntheit des Versicherers.

Das vierte Cluster zeichnet sich durch unterrepräsentierte Potential- und Ergebnisorientierung aus. Im Vordergrund steht hier die Prozeßorientierung. Daher werden die Kunden in diesem Segment als "Die prozeßorientierten Allfinanzbefürworter" definiert. Sie legen Wert auf freundliche Mitarbeiter und vertraute Gesprächspartner. Die Beratung sollte persönlich, individuell und fachlich kompetent sein und in einer ruhigen, diskreten Umgebung stattfinden.

Auch im fünften Cluster ist die Potentialorientierung unterrepräsentiert. Die Prozeß- und Ergebnisorientierung sind überrepräsentiert, wobei im Unterschied zu Cluster 3 hier die Ergebnisorientierung stärker ausgeprägt ist. Das Segment wird daher mit der Bezeichnung "Die ergebnis- und prozeßorientierten Allfinanzbefürworter " belegt. Hier stehen die günstigen Prämien, eine schnelle Schadenregulierung und die Bekanntheit des Versicherers im Vordergrund. Weiter sind die Freundlichkeit der Mitarbeiter, die Vertrautheit der Gesprächspartner, die persönliche, individuelle und fachlich kompetente Beratung in einer ruhigen, diskreten Umgebung wichtig.

Cluster 6 bildet das Spiegelbild zu Cluster 5. Es zeichnet sich durch unterrepräsentierte Ergebnis- und Prozeßorientierung aus, während die Potentialorientierung überrepräsentiert ist. Demnach wird dieses Segment als "Die potentialorientierten Allfinanzbefürworter" beschrieben. Die Kunden in diesem Cluster halten die gute Erreichbarkeit und kundenfreundliche Öffnungszeiten, die angenehme Atmosphäre in den Geschäftsräumen, sowie die prompte und zügige Bedienung für besonders wichtig.

---

[743] Vgl. Dichtl, E., Müller, S., a.a.O., S. 233-236.

3.2.2.2 Segmente der Kerngruppe "Unwichtigkeit"

Das Elbow-Kriterium und die Fehlerquadratsumme geben als ersten Anhaltspunkt die Bildung von vier Clustern vor (vgl. Abbildung 30).

Abbildung 30: Bestimmung der Clusteranzahl der Kerngruppe "Unwichtigkeit" mit der Fehlerquadratsumme und dem Elbow-Kriterium

Zahl der Cluster	FQS	Prozentualer Anstieg der FQS
1	1849	
2	1467	26,0%
3	1198	22,5%
⇨ 4	959	24,9%
5	825	16,2%
6	695	18,7%
7	611	13,7%
8	558	9,5%
9	515	8,3%
10	476	8,2%
11	438	8,7%

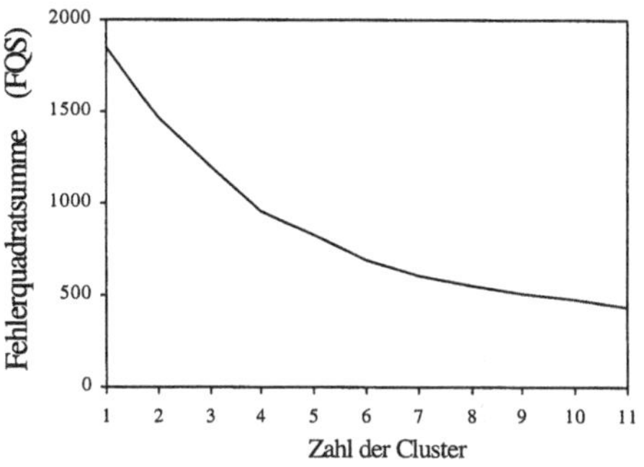

Quelle: Eigene Erstellung.

Unter weiterer Berücksichtigung inhaltlich sinnvoller Interpretationsmöglichkeiten wird eines der vier Cluster weiter aufgeteilt.[744] Daher wird in der Kerngruppe „Wichtigkeit" im folgenden eine Fünf -Cluster-Lösung zugrunde gelegt. Das Clusterergebnis führt zu den in Abbildung 31 dargestellten Segmentgrößen.

Abbildung 31: Besetzung der 5-Cluster-Lösung

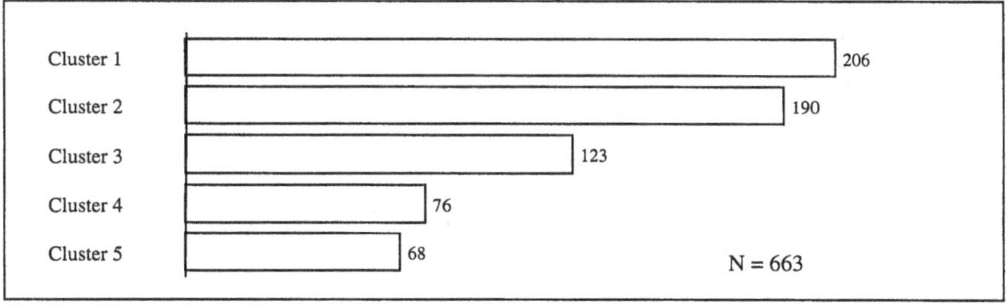

Quelle: Eigene Erstellung.

Bis auf Cluster 4 sind die Cluster vollkommen homogen, d.h. die Streuungen der Faktoren in den Gruppen sind kleiner als in der Erhebungsgesamtheit. Dies läßt sich anhand der F-Werte zeigen, die aus Tabelle 27 hervorgehen.

---

[744] Vgl. dazu die Tabellen der Mittelwerte und Varianzen im Anhang.

Tabelle 27: F-Werte der fünf Cluster

	F-Werte der Orientierung an...		
	Service	**Leistung**	**Reputation**
Cluster 1	0,55	0,28	0,55
Cluster 2	0,15	0,18	0,17
Cluster 3	0,22	0,47	0,23
Cluster 4	0,80	2,24	0,73
Cluster 5	0,69	0,67	0,41

Der Faktor "Leistung" weist in Cluster 4 einen F-Wert größer als Eins auf (Grau hinterlegtes Feld). Das bedeutet, daß dieser Faktor im Segment eine höhere Homogenität aufweist als in der Erhebungsgesamtheit.[745]

Alle gefundenen Segmente weisen servicetypische Strukturen auf, die im folgenden zunächst mit Hilfe der t-Werte, die sich aus der folgenden Tabelle ergeben, benannt werden.

Tabelle 28: t-Werte der fünf Cluster

	t-Werte		
	Service	**Leistung**	**Reputation**
Cluster 1	-0,817	0,452	0,396
Cluster 2	0,852	0,150	0,647
Cluster 3	0,803	-0,057	-0,880
Cluster 4	-0,533	-1,906	0,275
Cluster 5	-0,758	0,547	-1,686

Für alle fünf Cluster der Kerngruppe „Wichtigkeit" wird die Clusterbezeichnung durch den Zusatz „Allfinanzskeptiker" ergänzt.

Cluster 1 ist gekennzeichnet durch die Unterrepräsentanz der Serviceorientierung. Dagegen sind Leistungs- und Reputationsorientierung überrepräsentiert. Daher läßt sich dieses Segment als "Die leistungs- und reputationsorientierten Allfinanzskeptiker" bezeichnen. Die Kunden in diesem Cluster legen besonderen Wert auf gute fachliche sowie persönliche und individuelle Beratung. Die Prämien sollten günstig und die Schadenregulierung schnell sein. Auch die Bekanntheit und der gute Ruf des Versicherers sind wichtig.

In Cluster 2 weisen alle drei Faktoren positive t-Werte auf, d.h. die Faktoren sind im Vergleich zur Erhebungsgesamtheit in diesem Cluster überrepräsentiert. Für die Kunden in diesem Segment sind sowohl der Service, als auch die Leistung und die Reputation beim Abschluß von Versicherungen in der Sparkasse wichtig. Das Segment wird daher mit der Bezeichnung "Die anspruchsvollen Allfinanzskeptiker" belegt.

[745] Vgl. Backhaus, K. Erichson, B., Plinke, W., Weiber, R., a.a.O., S. 311f..

Das dritte Cluster zeichnet sich durch unterrepräsentierte Leistungs- und Reputationsorientierung aus. Im Vordergrund steht hier die Orientierung der Kunden am Service. Daher werden die Kunden in diesem Segment als "Die serviceorientierten Allfinanzskeptiker" definiert. Sie halten die gute Erreichbarkeit und kundenfreundliche Öffnungszeiten für ebenso wichtig wie eine ruhige, diskrete Umgebung während der Beratung. Die Bedienung sollte prompt und zügig erfolgen, die Mitarbeiter sollten freundlich und vertraut sein.

Im vierten Cluster sind Service- und Leistungsorientierung unterrepräsentiert, den Kunden sind allein die Bekanntheit und Reputation des Versicherers wichtig. Das Segment wird daher als "Die reputationsorientierten Allfinanzskeptiker" bezeichnet.

Auch im fünften Cluster ist die Serviceorientierung unterrepräsentiert. Doch weist auch die Reputationsorientierung negative t-Werte auf. Die Leistungsorientierung ist überrepräsentiert. Das Segment wird daher mit der Bezeichnung "Die leistungsorientierten Allfinanzskeptiker" belegt. Die Leistungsorientierung äußert sich in der Wertschätzung einer guten fachlichen sowie persönlichen und individuellen Beratung Darüber hinaus legen die Kunden in diesem Cluster Wert auf günstige Prämien und eine schnelle Schadenregulierung.

3.2.3 Trennschärfe der Segmente

Die bisherigen Analyseschritte haben gezeigt, daß sich Kundentypen identifizieren lassen, die sich untereinander deutlich hinsichtlich ihrer Präferenz für bestimmte Nutzenkomponenten im Versicherungsgeschäft der Sparkassen unterscheiden. Die Stabilität und Signifikanz der Clusterlösung ist jedoch zu prüfen. Die Analyse der Trennschärfe erfolgt mit Hilfe der Diskriminanzanalyse, indem die identifizierten Cluster als Gruppen vorgegeben werden und die clusterbildenden Faktoren als unabhängige Variablen betrachtet werden.[746]

In der Diskriminanzanalyse für die Kerngruppe „Wichtigkeit" konnten 3 Diskriminanzfunktionen ermittelt werden, die jeweils hoch signifikant sind ($\alpha \leq 0,01$). Die ermittelten Wilks Lambda-Werte liegen zwischen 0,054 und 0,706 und damit im Rahmen vergleichbarer Untersuchungen.[747] Sie dokumentieren somit eine befriedigende Trennkraft der ermittelten Diskriminanzfunktionen.

Die Wahrscheinlichkeit einer korrekten Klassifikation beträgt kreuzvalidiert 79,1%. Das heißt, daß die auf Grundlage der Diskriminanzwerte prognostizierte Zugehörigkeit der befragten Kunden zu einem bestimmten Kundensegment zu 79,1% mit der tatsächlichen Gruppenstruktur übereinstimmt. Gegenüber einer zufälligen Einordnung,

---

[746] Vgl. zur Vorgehensweise Backhaus, K. Erichson, B., Plinke, W., Weiber, R., a.a.O., S. 312.
[747] Vgl. Bauche, K., a.a.O., S. 119ff..

bei der die Trefferquote bei 25% liegt, ist dies ein ausreichend gutes Ergebnis.

In der Diskriminanzanalyse für die Kerngruppe „Unwichtigkeit" wurden ebenfalls 3 jeweils hoch signifikante Diskriminanzfunktionen ermittelt. Die Wilks Lambda-Werte liegen zwischen 0,084 und 0,569. Sie dokumentieren somit eine gute Trennkraft der ermittelten Diskriminanzfunktionen. Die Wahrscheinlichkeit einer korrekten Klassifikation beträgt kreuzvalidiert 85,7%, was gegenüber der zufälligen Einordnung wiederum eine gute Trefferquote ist.

In der weiteren Analyse stellt sich die Frage nach der spezifischen Differenzierungsfähigkeit der einzelnen Faktoren. Hierbei ist herauszufinden, auf welche Faktoren die Gruppenunterschiede in erster Linie zurückzuführen sind. Dazu werden die mit den Eigenwertanteilen gewichteten absoluten Werte der standardisierten Diskriminanzkoeffizienten eines Faktors addiert. Die gewonnene Ergebnisgröße wird als mittlerer Diskriminanzkoeffizient bezeichnet und repräsentiert die relative Bedeutung einer Komponente über alle Diskriminanzfunktionen (vgl. Tabelle 29).[748]

Tabelle 29: Diskriminatorische Bedeutung segmentbildender Faktoren in der Kerngruppe "Wichtigkeit"

Diskriminierende Faktoren	**Mittlere Diskriminanzfunktionskoeffizienten**	**Relative Bedeutung der mittleren Diskriminanzfunktionskoeffizienten**
Potentialorientierung	2,2317	80,74%
Prozeßorientierung	0,4194	15,17%
Ergebnisorientierung	0,1129	4,09%
Σ	2,7640	100%

Das wichtigste Trennungskriterium stellt mit 80,74% der erklärten Varianz die Potentialorientierung dar. Dieser Faktor wurde durch die Variablen

- Angenehme Atmosphäre in den Geschäftsräumen,
- Prompte und zügige Bedienung und
- Gute Erreichbarkeit und kundenfreundliche Öffnungszeiten

gebildet. Diese Variablen bilden den wichtigsten Indikator für den Differenzierungsgrad von Kundensegmenten und dokumentieren somit erneut deren Bedeutung für den Abschluß von Versicherungen in der Sparkasse. Auch der Faktor „Prozeßorientierung" weist mit 15,17% noch eine relativ hohe, wenn auch gegenüber der Potentialorientierung deutlich abfallende, diskriminatorische Relevanz auf. Die Prozeßorientierung setzt sich aus folgenden Variablen zusammen:

- Freundliche Mitarbeiter/Berater,
- Ruhige, diskrete Umgebung während der Beratung,

---

[748] Vgl. Backhaus, K. Erichson, B., Plinke, W., Weiber, R., a.a.O., S. 123.

- Vertrauter Gesprächspartner,
- Gute fachliche Beratung und verständliche Erklärungen,
- Persönliche, individuelle Beratung.

Die relativ geringste diskriminatorische Relevanz in der Kerndimension „Wichtigkeit" weist mit 4,08% der Faktor „Ergebnisorientierung" auf. Die Variablen

- Schnelle Schadenregulierung,
- Günstige Prämien und
- Bekanntes Versicherungsunternehmen mit gutem Ruf

liefern somit nur geringe Beiträge zur Segmentdifferenzierung in der Kerngruppe „Wichtigkeit". Die große Bandbreite der Bedeutung zeigt, daß die diskriminierenden Faktoren einen äußerst heterogenen Unterscheidungsbeitrag für die Kundensegmente leisten.

Homogener stellt sich das Bild in der Kerngruppe „Unwichtigkeit" dar (vgl. Tabelle 30). Hier schwankt die Bedeutung der diskriminierenden Faktoren nur zwischen 20,00% beim Faktor Reputationsorientierung und 50,85% beim Faktor Serviceorientierung.

Tabelle 30: Diskriminatorische Bedeutung segmentbildender Faktoren in der Kerngruppe "Unwichtigkeit"

Diskriminierende Faktoren	**Mittlere Diskriminanzfunktionskoeffizienten**	**Relative Bedeutung der mittleren Diskriminanzfunktionskoeffizienten**
Serviceorientierung	0,70363	50,85%
Leistungsorientierung	0,40333	29,15%
Reputations-orientierung	0,27664	20,00%
Σ	1,3836	100%

Die Serviceorientierung setzt sich aus folgenden Variablen zusammen:

- Angenehme Atmosphäre in den Geschäftsräumen,
- Prompte und zügige Bedienung,
- Gute Erreichbarkeit und kundenfreundliche Öffnungszeiten,
- Freundliche Mitarbeiter/Berater,
- Ruhige, diskrete Umgebung während der Beratung und
- Vertrauter Gesprächspartner.

Die ersten drei Variablen stimmen mit der Kerndimension „Wichtigkeit" überein, hier werden jedoch noch zusätzliche Variablen berücksichtigt. Einen mittleren Beitrag zur Differenzierung zwischen den Segmenten liefert der Faktor „Leistungsorientierung" mit 29,15%. Er enthält folgende Variablen:

- Gute fachliche Beratung und verständliche Erklärungen,
- Persönliche, individuelle Beratung,
- Schnelle Schadenregulierung und
- Günstige Prämien.

Die Reputationsorientierung, die allein aus der Variablen „Bekanntes Versicherungsunternehmen mit gutem Ruf“ gebildet wird, weist eine diskriminatorische Relevanz von 20,00% auf.

Insgesamt läßt sich aus den Diskriminanzanalysen der Schluß ziehen, daß die identifizierten Kundencluster sich hinsichtlich der Wichtigkeitseinschätzung von verschiedenen Nutzenkomponenten beim Abschluß von Versicherungen in der Sparkasse deutlich voneinander unterscheiden.

3.2.4 Beschreibung der Cluster

Aus wirtschaftlichen Gründen ist eine segmentspezifische Bearbeitung aller 11 Kundencluster nicht empfehlenswert, insbesondere vor dem Hintergrund der teilweise geringen Besetzung der Cluster. Daher ergibt sich die Notwendigkeit, die Zahl der zu bearbeitenden Cluster einzuschränken. Als Selektionskriterium bietet sich der prognostizierte Segmentgewinn an, der die Residualgröße von Umsätzen und Bearbeitungskosten innerhalb eines Segments darstellt.[749] Da diese Daten nicht vorliegen, wird im folgenden hilfsweise davon ausgegangen, daß die fünf größten Cluster auch die wirtschaftlich erfolgreichste Segmentbearbeitung erwarten lassen.[750] Nur diese werden in den folgenden Abschnitten weiter charakterisiert. Einen Gesamtüberblick über die zu beschreibenden Cluster liefert Tabelle 31.

Dabei werden zunächst die Variablen betrachtet, die sich in der Logistischen Regression als abschlußrelevant herausgestellt haben. Um Ansatzpunkte für die weitere Marktbearbeitung zu gewinnen, wird diese Betrachtung ergänzt durch die Untersuchung der Abdeckung mit Versicherungen und der Häufigkeit der Anwesenheit der Kunden in der Geschäftsstelle. Es werden jeweils die Mittelwerte der Variablen bzw. die prozentualen Verteilungen betrachtet. Diese werden mit den Mittelwerten bzw. Verteilungen der Variablen in der Gesamtstichprobe verglichen.[751]

---

[749] Vgl. Freter, H., a.a.O., S. 98.

[750] Die fünf größten Cluster repräsentieren zusammen 52% der Kunden. Das kleinste Cluster besteht aus 53 Kunden, das nächstgrößere enthält bereits 123 Kunden. Insgesamt ist somit eine ausreichende Gruppengröße erreicht.

[751] Der Vergleich mit den Werten der Gesamtstichprobe statt denen der Kerngruppen beruht auf der Annahme, daß eine Einordnung der Kunden in die Gruppen „Wichtigkeit“ oder „Unwichtigkeit“ für den Kundenberater der Sparkasse nicht ohne weiteres möglich ist.

Tabelle 31: Beschreibung ausgewählter Cluster im Vergleich zum Gesamtmittel

Variablen		**Allfinanzbefürworter**		**Allfinanzskeptiker**			Gesamtmittel
		Unkritische	Ergebnisorientierte	Leistungs- und Reputationsorientierte	Anspruchsvolle	Service-Orientierte	
		N = 158	N = 53	N = 206	N = 190	N = 123	N=1396
Monatliches Netto-Einkommen		3,15	3,17	3,74	3,41	3,57	3,43
Alter		45,7	44,3	42,7	43,7	36,9	41,57
Beruf (%)	Arbeiter	13,3	14,3	14,4	8,8	12,8	13,7
	Angestellte	39,4	30,6	42,4	37,4	60,5	43,3
	Beamte	3,9	4,1	4,3	4,8	2,3	4,0
	Beamte h.D.	1,1	6,1	6,5	5,4	2,3	4,0
	Freiberufler	5,0	4,1	17,3	15,0	11,6	11,1
	Arbeitslos	8,9	12,2	3,6	6,8	1,2	6,1
	Hausfrau	7,2	4,1	2,9	4,1	2,3	4,8
	In Ruhestand	20,0	20,4	6,5	13,6	2,3	9,5
	Schüler/Studenten	1,1	4,0	2,2	4,1	3,5	2,9
	Wehr-/Zivildienst	-	-	-	-	1,2	0,7
Sachkunde SKMA (Ø)		3,1	2,7	2,1	2,1	2,2	2,5
Vertrauen (%)	VV	20,9	20,8	42,0	51,6	48,8	36,2
	SKMA	47,5	39,6	13,2	13,2	9,4	25,6
Nachteile	SK erfährt zu viel	2,07	2,47	3,17	3,18	2,94	2,75
	SK ist nicht so gut informiert	2,28	2,92	3,15	3,24	3,49	2,99
	SK kann nicht günstigstes Angebot machen	2,48	3,02	3,40	3,39	3,43	3,15
	SK und VR sollten getrennt sein	2,25	2,55	3,73	3,73	3,84	3,11
Bestehende Versicherungen (%)	Lebensversicherung	65,2	66,0	69,8	64,2	65,4	68,2
	Unfallversicherung	55,7	52,8	60,5	60,5	57,5	58,1
	Private Haftpflicht	64,6	69,8	84,9	84,7	85,8	78,5
	Hausratversicherung	62,7	62,3	79,0	78,4	68,5	70,4
Schon in SK Versicherung abgeschlossen (%)		56,1	49,1	35,8	23,3	38,1	41,8
Häufigkeit der Anwesenheit in der Geschäftsstelle[752] (Ø)		3,76	3,62	3,45	3,65	3,40	3,78

3.2.4.1 Die unkritischen Allfinanzbefürworter

Entsprechend der Bezeichnung als „unkritische" Kunden ist die Bewertung wahrgenommener Nachteile von Allfinanz in diesem Cluster am geringsten. Gleichzeitig sind das Vertrauen zum Sparkassenmitarbeiter und die Einschätzung dessen Sachkunde gegenüber allen anderen Clustern am höchsten ausgeprägt. Gegenüber der Grundge-

[752] Zur Berechnung dieses Durchschnittswertes wurden die Häufigkeiten der Klassen mit Gewichten multipliziert und die erhaltenen Werte addiert. Die Gewichtung erfolgt entsprechend der Anwesenheitshäufigkeit, d.h. für tägliche Anwesenheit wurde der Wert Sieben als Gewicht gewählt, für „seltener als einmal pro Quartal" der Wert Eins. Hohe durchschnittliche Anwesenheitswerte stehen also für häufige Besuche in der Geschäftsstelle.

samtheit vertrauen fast doppelt so viele Kunden dem Sparkassenmitarbeiter. Die Abdeckung mit Versicherungen ist gering, bei der Privathaftpflichtversicherung ist es sogar der geringste Wert aller Cluster. Es ergeben sich also gute Abschlußchancen, wenn Kunden dieses Clusters von Sparkassenmitarbeitern auf Versicherungen angesprochen werden. Die guten Abschlußchancen werden durch die positive Einstellung gegenüber Allfinanz-Angeboten der Sparkasse und die gute Meinung der Kunden in bezug auf Vertrauen und Sachkunde der Sparkassenmitarbeiter unterstützt. Da die Kunden auch sehr häufig in der Geschäftsstelle sind, bieten sich auch ausreichende Kontaktmöglichkeiten. Diese Tatsachen wurden von den Sparkassen offensichtlich bereits erkannt: Die Abschlußquote[753] für eine Versicherung in der Sparkasse liegt mit 56% knapp ein Drittel über dem Gesamtmittel, das Cluster wird also anscheinend bereits gezielt von den Sparkassen bearbeitet. Kritisch ist dazu anzumerken, daß es sich bei diesem Cluster um dasjenige mit dem niedrigsten Einkommen und dem höchsten Durchschnittsalter handelt. Zudem sind Arbeitslose, Hausfrauen und Ruheständler deutlich überrepräsentiert. In bezug auf das ökonomische Potential ist dieses Cluster als wenig attraktiv zu bezeichnen.

Die Sparkassen sind in diesem Cluster bereits gut positioniert. Wegen der geringen Attraktivität des Clusters sollte die Marktbearbeitung gezielter in anderen Clustern vorgenommen werden. Die Erträge aus dem Cluster der unkritischen Allfinanzbefürworter könnten als Mitnahmegeschäfte im Rahmen standardisierter Beratungskonzepte realisiert werden.

3.2.4.2 Die ergebnisorientierten Allfinanzbefürworter

Auch in diesem Cluster ist eine sehr geringe Bewertung wahrgenommener Nachteile festzustellen, was die Zuordnung zur Gruppe der „Allfinanz-Befürworter" begründet. Die Mittelwerte deuten jedoch auf eine skeptischere Einschätzung als im ersten Cluster hin. Dafür spricht auch, daß im Kompositbereich in den drei Sparten Unfall-, Haftpflicht- und Hausratversicherungen die geringsten Abdeckungen aller Cluster erreicht werden. Auch mit Lebensversicherungen sind Kunden dieses Clusters unterdurchschnittlich versorgt. Das Vertrauen in den Sparkassenmitarbeiter ist geringer als im Cluster der unkritischen Allfinanz-Befürworter, jedoch mit mehr als 50% über dem Gesamtmittel noch sehr stark ausgeprägt. Das Vertrauen in den Versicherungsvertreter ist gegenüber allen anderen Clustern dagegen am niedrigsten ausgeprägt. So entsteht der Eindruck, als seien Kunden dieses Clusters Versicherungen und ihren Vertretern gegenüber generell abgeneigt. Das Cluster der ergebnisorientierten Allfinanzbefürworter ist in Hinblick auf den Abschluß von Versicherungen von der Sparkassenseite bereits ebenfalls erkennbar bearbeitet worden, die Abschlußquote liegt mit 49% immer noch deutlich über dem Gesamtmittelwert. Dies wird dadurch erleichtert, daß die

---

[753] Mit Abschlußquote wird im folgenden der prozentuale Wert bezeichnet, der sich durch positive Beantwortung der Frage „Haben Sie in der Sparkasse schon einmal eine Versicherung abgeschlossen?" ergibt (Frage 19).

Kunden im Vergleich zu allen anderen Clustern relativ häufig in der Geschäftsstelle sind. Der insoweit positive Eindruck dieses Clusters wird ebenso wie beim ersten Cluster durch demographische Daten relativiert, die geringe wirtschaftliche Attraktivität signalisieren. Die ergebnisorientierten Allfinanzbefürworter verfügen über ein sehr geringes, deutlich unterdurchschnittliches Einkommen. Das Alter der Kunden liegt 6,5% über dem Durchschnitt. Über alle Cluster sind hier am meisten Arbeitslose und Ruheständler vorhanden, während Angestellte und Freiberufler am wenigsten vertreten sind.

Auch in diesem Cluster sind die Sparkassen bereits gut positioniert. Das Ausschöpfungspotential ist ebenso hoch wie im ersten Cluster, da die Abdeckung mit Versicherungen insgesamt gering ist. Jedoch ist auch dieses Cluster aufgrund des geringen Einkommens, hohen Alters und ungünstigen Berufsverteilung ökonomisch nicht besonders interessant. Daher empfiehlt sich die Marktbearbeitung auch in diesem Cluster als Mitnahmegeschäft unter Verwendung standardisierter Beratungskonzepte.

3.2.4.3 Die leistungs- und reputationsorientierten Allfinanzskeptiker

Dieses größte Cluster zeichnet sich entsprechend seiner Zuordnung zu der Gruppe der Allfinanzskeptiker durch eine hohe Bewertung der Nachteile von Allfinanz aus. Die Einschätzung der Sachkunde und das Vertrauen in den Sparkassenmitarbeiter sind deutlich unterdurchschnittlich ausgeprägt. Für Kunden dieses Clusters steht die Versicherungsleistung im Vordergrund, was sich anhand der Überrepräsentanz der leistungs- und reputationsorientierten Servicedimensionen zeigt. Darüber hinaus werden überdurchschnittlichen Abdeckungsquoten in allen Versicherungssparten festgestellt. Auf den Abschluß dieser Versicherungsleistung in der Sparkasse wird hingegen nicht viel Wert gelegt: Die Zahl der Kunden, die bereits eine Versicherung in der Sparkasse abgeschlossen haben, liegt mit 36% deutlich unter dem Durchschnittswert. Auch sind Kunden dieses Clusters eher selten persönlich in der Geschäftsstelle anzutreffen.

Insgesamt läßt sich folgern, daß die Sparkassen die Kunden dieses Clusters bisher nicht zum verstärkten Abschluß von Versicherungen bewegen konnten. Eine gezieltere Marktbearbeitung scheint hier jedoch lohnend, denn in diesem Cluster wird das höchste durchschnittliche Einkommen erzielt, während das Alter nur geringfügig über dem Durchschnitt liegt. Mit der höchsten Rate an Beamten im höheren Dienst und Selbständigen/Freiberuflern verfügt das Cluster über zwei sehr attraktive Berufsgruppen. Die Sparkassenposition wäre durch „Gute fachliche Beratung und verständliche Erklärungen" und „Persönliche, individuelle Beratung" unmittelbar von der Sparkasse beeinflußbar. Andere Serviceelemente wie günstige Prämien, die Geschwindigkeit der Schadenregulierung und die Bekanntheit bzw. der gute Ruf des Versicherers unterliegen nur mittelbar dem Einfluß der Sparkasse.

3.2.4.4 Die anspruchsvollen Allfinanzskeptiker

In diesem zweitgrößten Cluster werden die Nachteile von Allfinanz hoch bewertet. Verbreitet ist die Angst, daß die Sparkasse durch die zusätzlichen Informationen, die für den Abschluß von Versicherungen benötigt werden, zu viel über die Kunden erfährt. Kunden dieses Clusters vertrauen beim Abschluß von Versicherungen überwiegend dem Versicherungsvertreter. Nur jeder neunte Kunde vertraut dem Sparkassenmitarbeiter, dessen Sachkunde ebenfalls deutlich unterdurchschnittlich eingeschätzt wird. Die Abdeckung mit Lebensversicherungen ist gegenüber den anderen Clustern am geringsten, während im Kompositbereich eine stark überdurchschnittliche Versorgung festzustellen ist. Die Versicherungen wurden jedoch nicht in der Sparkasse abgeschlossen: Die Abschlußquote dort zeigt mit nur 23% den geringsten Wert aller Cluster, d.h. die Position der Sparkasse ist in diesem Cluster am schwächsten. Dies erscheint ökonomisch nicht sinnvoll, denn mit vielen Selbständigen/Freiberuflern und wenig Arbeitern zeigt das Cluster ein attraktives und mit vielen Studenten ein perspektivenreiches Berufsbild. Trotz eines nur durchschnittlichen Einkommens und eines leicht überdurchschnittlichen Alters könnte die verstärkte Bearbeitung dieses Clusters für die Sparkassen erfolgversprechend sein. Ein erster Fokus könnte dabei auf dem Lebensversicherungsgeschäft liegen, da in dieser Sparte die Abdeckung noch am geringsten ist. Allerdings sind über alle Servicedimensionen Anstrengungen zu unternehmen, um die Kunden zu gewinnen, da alle Servicedimensionen für wichtig erachtet werden.

3.2.4.5 Die serviceorientierten Allfinanzskeptiker

Dieses Cluster ist gekennzeichnet durch die nachteiligste Bewertung von Allfinanz. Dabei wird der Aussage, die Sparkasse sei nicht so gut über Versicherungen informiert, am stärksten zugestimmt. Entsprechend liegt die Einschätzung der Sachkunde des Sparkassenmitarbeiters deutlich unter dem Durchschnitt. Nicht einmal jeder zehnte Kunde vertraut dem Sparkassenmitarbeiter, während fast 50% dem Versicherungsvertreter vertrauen. Als einziges Cluster unter den Allfinanzskeptikern ist die Abdeckung mit Versicherungen hier unterdurchschnittlich. Die Abschlußquote für Versicherungen in der Sparkasse ist jedoch im Vergleich zu den anderen Allfinanzskeptikern mit 38% relativ hoch, d.h. die Sparkassen haben das hier liegende Potential bereits erkannt, konnten aber die volle Ausschöpfung noch nicht realisieren. Das zeigt sich an der insgesamt noch unterdurchschnittlichen Abdeckung mit Versicherungen, die ein hohes Potential signalisiert. Die serviceorientierten Allfinanzskeptiker bilden das jüngste Cluster mit dem bereits zweithöchsten Einkommen aller Cluster. Angestellte und Studenten sowie Wehrpflichtige sind überdurchschnittlich vertreten, während Hausfrauen, Arbeitslose und Ruheständler kaum vorkommen. Insgesamt wird dieses Cluster als dasjenige mit dem höchsten Potential identifiziert, das verglichen mit den anderen Clustern der Allfinanzskeptiker bereits am besten bearbeitet ist. Es wird empfohlen, dieses Engagement weiter auszubauen. Erschwert werden könnte dies dadurch, daß die Kunden am seltensten persönlich in der Geschäftsstelle anzutreffen sind. Bei der Bearbeitung dieses Clusters ist die Serviceorientierung in den Vordergrund zu stellen, die folgende Items besonders betont: Angenehme Atmosphäre in den Geschäftsräumen, prompte und zügige Bedienung, gute Erreichbarkeit und kundenfreundliche Öffnungszeiten, Freundlichkeit der Mitarbeiter/Berater, ruhige, diskrete Umgebung während der Beratung und Vertrautheit mit dem Gesprächspartner. Aus diesen Anforderungen lassen sich unmittelbar folgende Maßnahmen ableiten: Überprüfung der Öffnungszeiten und der räumlichen Gestaltung der Geschäftsstellen, Schulung der Sozialkompetenz der Mitarbeiter und Einrichtung eigener Beratungsräume, die eine diskrete Beratung gewährleisten. Da jedoch aus der geringen Abdekkung mit Versicherungen sowie den schlechten Beurteilungen von Sachkunde und Vertrauen eine tiefe Skepsis gegenüber Sparkassen-Allfinanzangeboten abzuleiten ist, empfiehlt sich gleichzeitig eine kommunikationspolitische Marktbearbeitung, die die Fachkompetenz der Sparkassenmitarbeiter für Versicherungsfragen betont.

3.3 Ansatzpunkte einer zielgruppenspezifischen Marktbearbeitung im Allfinanz-Marketing regionaler Kreditinstitute

Die Markterfassung und -analyse führte zunächst nur zu einer Zusammenfassung von Sparkassenkunden in homogenen Segmenten, die sich sowohl in ihren Bedürfnissen bezüglich der Servicedimensionen beim Abschluß von Versicherungen als auch in ihren soziodemographischen Daten deutlich voneinander unterscheiden. Um Empfehlungen über die zukünftige Fokussierung der Allfinanz-Strategie der Sparkassen fundiert treffen zu können, ist eine Entscheidung darüber erforderlich, welche und wieviele Zielgruppen in welcher Intensität und mit welchen segmentspezifischen Marketingprogrammen bearbeitet werden sollen.[754]

Für die Zielgruppenauswahl wird eine Variante der Portfoliomethode zugrundegelegt.[755] Im vorliegenden Kontext findet sie in ihrer Eignung als vereinfachte heuristische Bewertung von Analyseobjekten in einem zweidimensionalen Raum Anwendung.[756]

Im Rahmen der Portfolio-Analyse erfolgt die Objektbewertung auf der Basis markt- und wettbewerbsbezogener Kriterien. Daher bietet es sich an, die durch die Sparkassen nicht beeinflußbare Segmentattraktivität der jeweiligen Kundencluster als marktbezogenes Kriterium und die von den Sparkassen beeinflußbare Wettbewerbsstärke als zweites Kriterium heranzuziehen. Die Einordnung der Kundencluster in das zwei-

[754] Vgl. Bauer, E., Markt-Segmentierung als Marketing-Strategie, Berlin 1976, S. 119ff..

[755] Vgl. zur ausführlichen Darstellung der Portfolio-Theorie Meffert, H., Marketing. Grundlagen marktorientierter Unternehmensführung. Konzepte – Instrumente – Praxisbeispiele, 8. A., Wiesbaden 1998, S. 238ff.. Da in der vorliegenden Untersuchung nicht die Bestimmung eines optimalen Zielgruppenclusters gefragt ist, handelt es sich bei dem hier modifizierten Portfolio um eine zweidimensionale Darstellung von z.T. mit Hilfe von Punktbewertungsverfahren ermittelten Beurteilungskriterien.

[756] Vgl. Meffert, H., Althans, J., Internationales Marketing, Stuttgart et al. 1982, S. 85.

dimensionale Beurteilungsraster gibt anschaulich Aufschluß darüber, welche Cluster für ein gezieltes Allfinanz-Marketing von Sparkassen besonders geeignet sind.

Die Wettbewerbsstärke der Sparkasse in dem jeweiligen Cluster wird anhand der Abschlußquote gemessen. Sie geht aus Tabelle 31 hervor. Von einer hohen Wettbewerbsstärke ist dann auszugehen, wenn die Abschlußquote, d.h. der Anteil der Kunden, die bereits eine Versicherung in der Sparkasse abgeschlossen haben, hoch ist.

Die Segmentattraktivität wird anhand eines Scoring-Modells abgebildet.[757] Die Variablen Alter, Einkommen, Beruf und Abdeckung mit Versicherungen werden zur Bildung eines Gesamtwerts „Segmentattraktivität" herangezogen. Dazu werden die jeweiligen Prozentwerte in eine ordinale Rangfolge transformiert. Der vergebene Punktwert entspricht der Rangfolge der Ausprägung der Variablen in einem Cluster.

So werden zum Beispiel bei der Variablen Alter für das niedrigste Durchschnittsalter 5 Punkte vergeben, weil ein niedriges Alter ein höheres Potential beim Abschluß von Versicherungen vermuten läßt. Für das zweitniedrigste Durchschnittsalter werden vier Punkte vergeben und so fort. Bei der Variablen Einkommen werden für das höchste Einkommen fünf Punkte angerechnet, für das geringste Einkommen entsprechend nur ein Punkt.

Bei der Variablen Beruf werden für Versicherungsabschlüsse attraktive, unattraktive und neutrale Berufsgruppen unterschieden. Für attraktive Berufsgruppen wird ein hoher Punktwert bei häufigem Auftreten in einem Cluster vergeben und ein niedriger Wert bei geringer Repräsentanz. Bei unattraktiven Berufsgruppen erfolgt die Punktvergabe umgekehrt, d.h. bei häufigem Auftreten unattraktiver Berufsgruppen werden geringe Punktwerte vergeben, bei geringer Repräsentanz unattraktiver Berufsgruppen werden hohe Punktwerte vergeben. Neutrale Berufsgruppen werden bei der Punktvergabe nicht berücksichtigt, da davon ausgegangen wird, daß sie die Segmentattraktivität nicht besonders stark beeinflussen.

Zum Beispiel werden jeweils für das höchste Auftreten von Beamten in höheren Dienst, Selbständigen/Freiberuflern und Schülern/Studenten in einem Cluster fünf Punkte vergeben, die weitere Bewertung erfolgt nach der o.a. Vorgehensweise.[758] Für Arbeiter, Arbeitslose und Ruheständler wird der höchste Punktwert vergeben, wenn in

---

[757] Die Verwendung eines Punktbewertungsverfahren bietet sich im vorliegenden Fall an, um die Kriterien der Segmentattraktivität zu einem Wert zu verdichten. Vgl. allgemein zu Scoring-Modellen Eisenführ, F., Weber, M., Rationales Entscheiden, Berlin et al. 1993, S. 113f.. Die Kritik an Scoring-Modellen richtet sich insbesondere gegen deren Subjektivität bei der Vergabe der Punkte bzw. bei der Bildung von Bedeutungsgewichten. Vgl. Meffert, H., Althans, J., a.a.O., S. 75. Bei geeigneter Folgeuntersuchung kann aber auch diese Kritik durch Einsatz angemessener Verfahren entkräftet werden.

[758] Eine objektive Punktvergabe für Berufsgruppen ist kaum möglich. Hier erfolgt die Punktvergabe anhand von Plausibilitätsüberlegungen, die das Potential der Kunden berücksichtigen, d.h. die Möglichkeit, heute oder in Zukunft Geld für Versicherungen ausgeben zu können.

einem Cluster der niedrigste Wert dieser Berufsgruppen vorliegt. Der höchste Punktwert von fünf Punkten wird für das geringste Auftreten dieser Berufsgruppen in einem Cluster vergeben, entsprechend wird demjenigen Cluster, welches jeweils den höchsten Anteil einer dieser Berufsgruppen aufweist, der niedrigste Punktwert von Eins zugeordnet. Angestellte, Beamte, Hausfrauen und Wehr-/Zivildienstleistende werden bei der Vergabe von Punkten nicht berücksichtigt. Ihnen wird somit eine neutrale Position zugewiesen. Die sechs Einzelbeurteilungen des Berufs werden durch sechs dividiert, um einen Mittelwert zu erhalten.

Die Abdeckung mit Versicherungen wird ebenfalls für jede Sparte getrennt erhoben. Der addierte Punktwert wird anschließend durch vier dividiert. Der Gesamt-Punktwert ergibt sich aus einer Addition der Punktwerte für Alter, Einkommen, Beruf und Abdeckung mit Versicherungen. Einen Überblick über die Punktwerte und damit die Segmentattraktivität liefert Tabelle 32.

Es zeigt sich, daß die Segmente der „Allfinanzskeptiker" höhere Gesamt-Punktwerte erzielen und damit wirtschaftlich attraktiver sind als die Segmente der Allfinanzbefürworter. Die serviceorientierten Allfinanzskeptiker bilden das attraktivste Segment, gefolgt von den leistungs- und reputationsorientierten Allfinanzskeptikern. Die Cluster der Allfinanzbefürworter weisen einen deutlichen Punktabstand zu den Allfinanzskeptikern auf. Das wirtschaftlich unattraktivste Segment ist das der unkritischen Allfinanzbefürworter.

Tabelle 32: Punktwert-Berechnung der Portfolio-Variablen "Segmentattraktivität"

Variablen		Allfinanzbefürworter		Allfinanzskeptiker		
		Unkritsche	Ergebnis-orientierte	Leistungs und Reputations-orientierte	An-spruchs-volle	Service-orientierte
Alter		1	2	4	3	5
Einkommen		1	2	5	3	4
Beruf	Arbeiter	3	2	1	5	4
	Beamte h.D.	1	4	5	3	2
	Freiberufler	2	1	5	4	3
	Arbeitslose	2	1	4	3	5
	In Ruhestand	2	1	4	3	5
	Schüler/Studenten	1	4	2	5	3
∅ Punktwert „Beruf"		1,9	2,4	3,6	4,0	3,3
Abdekkung	Lebensversicherung	4	2	1	5	3
	Unfallversicherung	4	5	2	2	3
	Private Haftpflicht	5	4	2	3	1
	Hausratversicherung	4	5	1	2	3
∅ Punktwert „Abdeckung"		4,3	4,0	1,5	3,0	2,5
Gesamt-Punktwert Σ		**8,2**	**10,4**	**14,1**	**13,0**	**14,8**

Unter Berücksichtigung der Dimensionen „Segmentattraktivität" und „Wettbewerbsstärke" wird im folgenden ein Zielgruppen-Portfolio erstellt, auf dessen Grundlage die Zielgruppenprioritäten abgeleitet werden (vgl. Abbildung 32). Die unterschiedliche

Größe der Cluster wird dabei durch unterschiedlich große Datenpunkte dargestellt.

Abbildung 32: Zielgruppen-Portfolio als heuristisches Modell zur Zielgruppenbewertung

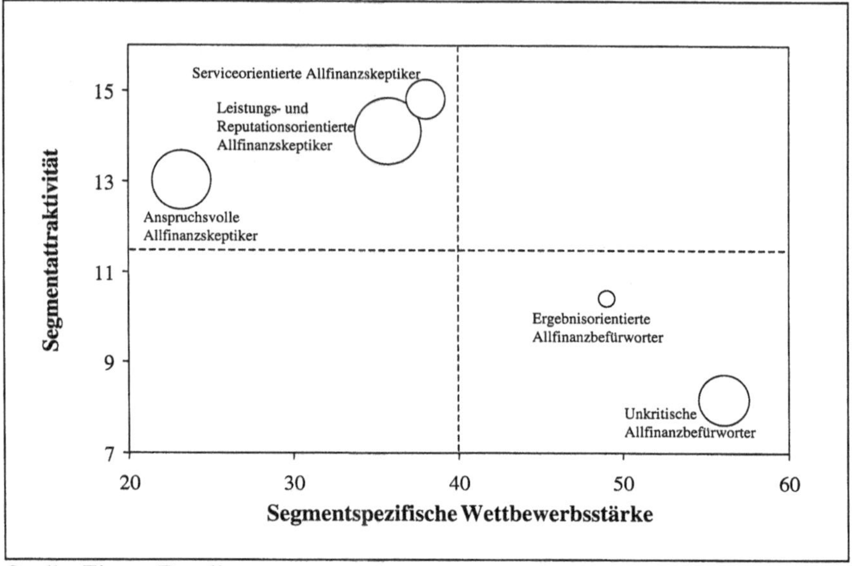

Quelle: Eigene Erstellung.

Abbildung 32 zeigt, daß nur zwei der vier Quadranten besetzt sind. Dabei läßt sich eine Gruppe von Clustern identifizieren, bei denen die Segmentattraktivität hoch, die Wettbewerbsstärke der Sparkassen jedoch nur gering ist. Dies ist die Kerngruppe „Unwichtigkeit" mit den Clustern der „Allfinanzskeptiker". Die andere Gruppe wird von den Clustern gebildet, die nur eine geringe Segmentattraktivität aufweisen. In den Clustern dieser Gruppe verfügen die Sparkassen über eine hohe Wettbewerbsstärke. Es handelt sich um die Kerngruppe „Wichtigkeit" mit den Clustern der „Allfinanzbefürworter".

Wie bereits die erste Analyse der Cluster in Kapitel C.3.2.4 gezeigt hat, liegt die Stärke der Sparkassen bei jenen Kundenclustern, die nur eine geringe Segmentattraktivität aufweisen. Hingegen liegt die Abschlußquote für Versicherungen in der Sparkasse in den Kundenclustern mit hoher Segmentattraktivität lediglich bei unter vierzig Prozent. Die höheren Werte der Abschlußquote, z.B. im Cluster der unkritischen Allfinanzbefürworter, zeigen, daß eine Verdichtung der Marktbearbeitung grundsätzlich möglich, allerdings bisher auf eine ungünstige Zielgruppe ausgerichtet ist.

Für die Sparkassen kommt es darauf an, hohe Versicherungs-Abschlußquoten in Clustern mit hoher Segmentattraktivität zu erzielen, also eine „Rechts-oben"-Position zu erreichen. Dies kann grundsätzlich auf zwei Wegen geschehen: Durch Steigerung der Segmentattraktivität bei den Allfinanzbefürwortern oder durch eine verbesserte Stärke der Sparkasse in den Clustern der Allfinanzskeptiker.

Da Sparkassen keinen Einfluß auf die Segmentattraktivität haben, sollte das in der Gruppe der Allfinanzbefürworter anfallende Geschäft als Mitnahmegeschäft erfolgen. Die geringe Segmentattraktivität bietet auch in Zukunft nur wenig Umsatzpotential, und es sind nur geringe Deckungsbeiträge zu erwarten. Zur Senkung der Kosten der Segmentbearbeitung empfiehlt sich daher eine äußerst schlanke Vertriebsstruktur. Im Extremfall wäre es denkbar, für beratungsarme Produkte wie die Privathaftpflichtversicherung einen Automatenvertrieb in der Sparkasse zu installieren oder eine Call-Center-gestützte Direktvertriebs-Einheit zu etablieren. Allerdings ist es fraglich, ob diese Vorgehensweise für die Sparkassenkunden dann noch einen Mehrwert bietet. Darüber hinaus sind Konflikte mit dem Außendienst der Versicherung zu erwarten. Daher sollte der Fokus einer gezielten Marktbearbeitung eher auf die attraktiveren Allfinanzskeptiker gerichtet sein. Sie sollte zur Ansprache der Allfinanzskeptiker deutlich verbessert werden und eine qualitativ hochwertige Beratung gewährleisten.

Mit den Allfinanzskeptikern kann bei höherem Umsatzpotential ein höherer Dekkungsbeitrag realisiert werden. Sie bilden daher eine attraktive Kundengruppe für den Versicherungsvertrieb der Sparkassen. Um die Wettbewerbsstärke der Sparkasse in dieser Kundengruppe zu verbessern, ist jedoch zunächst die grundsätzlich vorhandene Skepsis der Kunden bzw. deren Ablehnung von Versicherungen oder Allfinanz-Angeboten in der Sparkasse zu überwinden. Dafür bieten sich kommunikationspolitische Maßnahmen an. Wie die vorliegende Untersuchung gezeigt hat, sollten sich diese auf mehrere Inhalte richten. Zunächst sind die Vorteile von Allfinanz-Angeboten darzustellen, um die Wichtigkeits-Einschätzung der gemeinsamen Erledigung von Bank- und Versicherungsgeschäften unter einem Dach zu verbessern. Da jedoch gezeigt werden konnte, daß zwischen der Wichtigkeitseinschätzung von Allfinanz und dem Abschlußverhalten der Kunden eine gewisse Diskrepanz besteht, sollte darüber hinaus auf weitere, eher abschlußfördernde Aspekte abgestellt werden. Hier bietet sich die Sachkunde der Sparkassenmitarbeiter an, deren zentrale Bedeutung für das Abschlußverhalten der Kunden identifiziert werden konnte. Darüber hinaus ist - wie bei allen kontaktintensiven Finanzdienstleistungen - die Vertrauenskomponente zu stärken und das Image der Sparkasse als Allfinanz-Anbieter zu verbessern.

In diesem Zusammenhang stellt sich die generelle Frage, wie hoch die Chancen sind, einen Allfinanzskeptiker zum Abschluß einer Versicherung in der Sparkasse zu bewegen. Die Beantwortung dieser Frage erfordert eine Betrachtung der Motive der Kunden, die der Wahl seiner Bankverbindung zugrunde liegen.[759] Besteht die Bankverbindung zur Sparkasse ausschließlich aufgrund mangelnder Alternativen und ist der Kunde von der Kompetenz der Sparkassenmitarbeiter nicht überzeugt, wird es sehr

---

[759] Einen ersten Ansatz dazu liefert Fest, A., Motive der Bankloyalität von Privatkunden, in: Sparkasse, 3/99, S. 106-115.

schwierig sein, ihn zum Abschluß zu bewegen. Ist jedoch ein Allfinanzskeptiker von der Leistung und Kompetenz der Sparkassenmitarbeiter überzeugt und liegt diese Überzeugung seiner Loyalität zugrunde, so dürfte es der Sparkasse leichter fallen, diesem Kunden eine Versicherung zu verkaufen. Die endgültige Beantwortung der Frage nach der Chance, daß ein Allfinanzskeptiker dennoch eine Versicherung in der Sparkasse abschließt, kann daher hier nicht erfolgen. Sie erfordert eine detaillierte Analyse der Motive der Kunden beim Eingehen einer Bankverbindung mit der Sparkasse.

Die Auswahl der Zielgruppen kann anhand der soziodemographischen Kriterien Alter, Einkommen und Beruf erfolgen. Sie ermöglichen eine Identifikation der Kunden über die Kundensystematik der Sparkassen.

Nachdem eine Kundenauswahl getroffen wurde, stellt sich die Frage, welche Schwerpunkte zur weiteren Segmentbearbeitung im Marketing zielführend sind, d.h. durch welche Maßnahmen es am ehesten zum Abschluß von Versicherungen in der Sparkasse kommt. Grundsätzlich stehen hierfür Preis-, Produkt- und Distributionspolitik zur Verfügung. Auf die Preis- und Produktpolitik haben die Sparkassen mittelbar Einfluß, indem Allfinanz-Produkte gemeinsam mit dem Öffentlichen Versicherer entwickelt werden. Die Distributionspolitik ist für regionale Finanzdienstleistungsunternehmen generell von besonderer Bedeutung.

Aus der segmentspezifischen Analyse ging das Cluster der serviceorientierten Allfinanzskeptiker als besonders attraktives Cluster hervor, das vorrangig zu bearbeiten ist. Die Serviceorientierung des Clusters betont besonders folgende Items: Angenehme Atmosphäre in den Geschäftsräumen, prompte und zügige Bedienung, gute Erreichbarkeit und kundenfreundliche Öffnungszeiten, Freundlichkeit der Mitarbeiter/Berater, ruhige, diskrete Umgebung während der Beratung und Vertrautheit mit dem Gesprächspartner. Hieraus ergibt sich, daß neben den Aspekten „Prompte und zügige Bedienung" und „Freundlichkeit der Mitarbeiter", die durch gezielte Schulungen verbessert werden können, fast ausschließlich distributionspolitische Aspekte im Vordergrund stehen. Dem Erfordernis der ruhigen und diskreten Beratung kann dabei durch spezielle Beratungsräume Rechnung getragen werden. Angesichts der regionalen Verbreitung der Geschäftsstellen von Sparkassen überrascht es nicht, daß die Kunden auf distributionspolitische Aspekte besonderes Gewicht legen.

Als weiteres attraktives Cluster konnten die leistungs- und reputationsorientierten Allfinanzskeptiker identifiziert werden. Die Reputationsorientierung, die auf günstige Prämien, schnelle Schadenregulierung und einen guten Ruf des Versicherers abzielt, zeigt, daß es für Sparkassen wichtig ist, ihren Einfluß auf die öffentlichen Versicherer geltend zu machen, um den Bedürfnissen ihrer Kunden gerecht zu werden. Für das Allfinanz-Marketing der Sparkasse selbst lassen sich daraus keine Empfehlungen ableiten. Bei der Leistungsorientierung stehen „Gute fachliche Beratung und verständliche Erklärungen" und „Persönliche, individuelle Beratung" im Vordergrund. Beide Aspekte lassen sich durch Schulungen der Mitarbeiter verbessern. Gleichzeitig empfiehlt sich eine Kombination mit kommunikationspolitischen Maßnahmen, um die verbesserte fachliche und menschliche Kompetenz der Mitarbeiter für Kunden wahrnehmbar zu machen.

Begegnen die Sparkassen den spezifischen Bedürfnissen der beiden Segmente, so sind ebenfalls die Bedürfnisse der Kunden im dritten attraktiven Cluster, dem der anspruchsvollen Allfinanzskeptiker, erfüllt. Die Bearbeitung dieses Clusters kann dann ohne besonderen Mehraufwand für das Allfinanz-Marketing erfolgen.

D. Zusammenfassung und Implikationen

1. Zusammenfassende Würdigung der Untersuchungsergebnisse

Ausgangspunkt der Arbeit war der wenig befriedigende Forschungsstand zu Allfinanz-Angeboten, der in krassem Gegensatz zu der umfangreichen Forschung auf dem Gebiet der Finanzdienstleistungen steht. Das Thema Allfinanz wird überwiegend aus Anbietersicht behandelt, dabei stehen institutionelle Aspekte im Mittelpunkt der Betrachtung. Arbeiten über Allfinanz-Konzepte aus Kundensicht liegen kaum vor. Vor diesem Hintergrund verfolgt die vorliegende Arbeit das Ziel, die Erkenntnisdefizite in der wissenschaftlichen Forschung zu verringern.

Neben einem Beitrag zur theoretischen Fundierung stehen empirische Analysen der Anbieter- und Kundenseite im Vordergrund der Betrachtung. Als Anwendungsbeispiel diente die kooperative Marktbearbeitung von Sparkassen und öffentlichen Versicherern in Schleswig-Holstein. Dabei sind als institutionelle Rahmenbedingungen die im öffentlichen Auftrag festgeschriebene Dezentralität und die Realisierung der Allfinanz-Angebote durch Verbundkonzepte zu berücksichtigen.

Der Beitrag zur theoretischen Fundierung liegt zum einen in der Anwendung der Kooperationsforschung auf die hier vorliegende Problemstellung. Zum anderen wird in der Arbeit ein weiteres Anwendungsbeispiel für die Lösung dichotomer Fragestellungen anhand der Logistischen Regression geliefert. Darüber hinaus wird ein Ansatz zur Benefit-Segmentierung vorgestellt, der bisher in finanzwirtschaftlichen Problemstellungen kaum Anwendung gefunden hat.

Ausgehend von der These, daß Allfinanz-Angebote in Deutschland zwar mittlerweile von fast allen Instituten des Finanzdienstleistungssektors realisiert sind, eine gezielte Marktbearbeitung unter Effizienzgesichtspunkten jedoch meist nicht stattfindet und auch eine Ausrichtung an den Bedürfnissen der Kunden fehlt, wurden zwei empirische Untersuchungen durchgeführt. Die Untersuchung der Anbieterseite wurde durch 27 schleswig-holsteinische Sparkassen repräsentiert, für die Analyse der Kundenseite wurde eine schriftliche Kundenbefragung bei drei Sparkassen durchgeführt, die zu einer repräsentativen Datenbasis von 1.396 Kunden führte.

Die Untersuchung der **Anbieterseite** erhärtet die aus der Literatur übernommene Vermutung, daß das Versicherungsgeschäft zum Zeitpunkt der Untersuchung für die Sparkassen nach wie vor als Mitnahmegeschäft gilt und noch keine Kernkompetenz darstellt, obwohl zweifellos ein hohes Ertragspotential vorhanden ist.

Von den theoretisch abgeleiteten Bestimmungsfaktoren für den Allfinanz-Erfolg konnte allein die Außendienstdichte als strategischer Erfolgsfaktor empirisch identifiziert werden. Daraus läßt sich schließen, daß intensiver Wettbewerb zwischen der Sparkasse und dem Außendienst des Versicherers den Erfolg auf Sparkassenseite fördert. Der Erfolg einer Sparkasse im Versicherungsgeschäft ist somit höher, wenn bei der Marktbearbeitung keine Rücksicht auf das vermeintlich nachlassende Geschäft des Bezirkskommissars genommen wird. Eine größere Anzahl von Bezirkskommissaren im Geschäftsgebiet der Sparkasse fördert über verstärkte Vertriebsanstrengungen der Sparkassenmitarbeiter deren Provisionsergebnisse.

Im Ergebnis wird für die Anbieterseite festgestellt, daß das Versicherungsgeschäft bei den Sparkassen noch nicht zielgerichtet betrieben wird. Für die Zusammenarbeit mit dem Außendienst des Versicherers gilt, daß unter Wettbewerbsbedingungen die besten Ergebnisse erzielt werden.

Die Untersuchung der **Kundenseite** verfolgt zwei Zielsetzungen: Neben der Identifikation von Einflußfaktoren, die das Abschlußverhalten der Kunden bestimmen, steht eine Kundensegmentierung anhand von versicherungsbezogenen Nutzenkomponenten im Mittelpunkt der Betrachtung.

Der Abschluß von Versicherungen in der Sparkasse hängt von sechs Einflußgrößen ab. Den stärksten Einfluß übt das Einkommen aus: Je höher das Einkommen ist, desto wahrscheinlicher ist der Abschluß einer Versicherung in der Sparkasse. Allerdings wirkt das Alter dieser Entwicklung entgegen: Mit steigendem Alter sinkt die Abschlußwahrscheinlichkeit. Am wahrscheinlichsten ist der Abschluß von Versicherungen in der Sparkasse demnach bei jungen Kunden mit hohem Einkommen. Diese Tatsache erleichtert es dem Sparkassenmitarbeiter, die Kunden herauszufinden, bei denen es nach Ansprache am wahrscheinlichsten zum Abschluß einer Versicherung kommt. Ebenfalls unterstützt wird der Abschluß durch eine positive Meinung der Kunden über die Sachkunde des Sparkassenmitarbeiters und ein gutes Vertrauensverhältnis zu diesem. Weiter unterstützend wirkt darüber hinaus die Einstellung zu Allfinanz-Angeboten: Je wichtiger die gemeinsame Erledigung von Bank- und Versicherungsgeschäften unter einem Dach für die Kunden ist und je weniger die Nachteile von Allfinanz wahrgenommen werden, desto wahrscheinlicher ist der Abschluß einer Versicherung in der Sparkasse.

Erstaunlicherweise konnte weder ein signifikanter Einfluß der generellen Zufriedenheit mit der Sparkasse oder der Zufriedenheit mit den Leistungsmerkmalen beim Abschluß von Versicherungen noch der Bankloyalität auf den Abschluß von Versicherungen in der Sparkasse festgestellt werden. Auch die Einschätzung der Neutralität des Sparkassenmitarbeiters fördert einen Versicherungsabschluß nicht. Dafür werden jedoch weniger inhaltliche Gründe vermutet als methodische. So ist es denkbar, daß durch die direkte Abfrage der Zufriedenheit oder durch die verwendeten Rating-Skalen die von der Forschung abweichenden Ergebnisse entstanden.

Die Zielgruppenabgrenzung konnte auf der Basis versicherungsbezogener Bedürfniskategorien insgesamt elf verschiedene Kundensegmente ermitteln. Eine inhaltliche Analyse dieser Cluster zeigt, daß knapp die Hälfte der Befragten Allfinanz-Angeboten skeptisch gegenübersteht, während nur ein Viertel der Kunden Allfinanz-Angebote befürwortet. Die restlichen Kunden stehen dem Thema Allfinanz neutral gegenüber.

Da eine differenzierte Bearbeitung aller elf Cluster aus wirtschaftlichen Gründen nicht empfehlenswert ist, werden die fünf größten Cluster exemplarisch untersucht. Dabei zeigt sich, daß zur Diskriminierung zwischen den Kundenclustern bei den Allfinanzbefürwortern die Atmosphäre in den Geschäftsräumen, die prompte und zügige Bedienung und die gute Erreichbarkeit sowie kundenfreundliche Öffnungszeiten geeignet sind. Bei den Allfinanzskeptikern tragen darüber hinaus die ruhige, diskrete Umgebung während der Beratung sowie die Freundlichkeit der Mitarbeiter und die Vertrautheit mit dem Gesprächspartner zur Diskriminierung zwischen den Clustern bei.

Weiter ist festzustellen, daß die Allfinanzbefürworter aufgrund ihres im Vergleich zum Gesamtmittel relativ hohen Alters, geringen Einkommens und weniger attraktiven Berufskategorien wirtschaftlich nicht so interessant sind wie die Allfinanzskeptiker, die im Vergleich zum Gesamtmittel jünger sind, über ein höheres Einkommen verfügen und attraktivere Berufskategorien aufweisen. Vor einer gezielten Bearbeitung der wirtschaftlich interessanten Segmente ist also zunächst die generelle Skepsis dieser Kunden gegenüber Allfinanz-Angeboten zu überwinden. In diesem Zusammenhang werden die Schwierigkeiten einer gezielten Segmentbearbeitung durch die Tatsache erhöht, daß die Identifikation der Kunden allein aufgrund der soziodemographischen Merkmale Alter, Einkommen und Beruf erfolgen muß, da die anderen abschlußfördernden Einflußfaktoren aus den der Bank zugänglichen Daten nicht hervorgehen und bei neuen Kunden nicht unmittelbar erkannt werden können.

Die besonders attraktiven Kundengruppen der serviceorientierten Allfinanzskeptiker sowie der leistungs- und reputationsorientierten Allfinanzskeptiker fordern die Serviceorientierung der Sparkasse in allen Dimensionen. Die serviceorientierten Allfinanzskeptiker schließen Versicherungen in der Sparkasse ab, wenn die Servicebedingungen in der Geschäftsstelle ihrem Anforderungsprofil entsprechen. Dazu gehört zunächst das Umfeld, wobei auf gute Erreichbarkeit und kundenfreundliche Öffnungszeiten sowie eine angenehme Atmosphäre in den Geschäftsräumen und eine ruhige, diskrete Umgebung während der Beratung Wert gelegt wird. Im direkten Kontakt mit dem Gesprächspartner präferieren die serviceorientierten Allfinanzskeptiker eine prompte und zügige Bedienung, freundliche Mitarbeiter und vertraute Berater. Bei den leistungs- und reputationsorientierten Allfinanzskeptikern stehen die unmittelbar mit dem Produkt Versicherung verbundenen Faktoren im Vordergrund. Wichtig sind eine gute fachliche Beratung und verständliche Erklärungen sowie eine persönliche, individuelle Beratung in Versicherungsfragen. Darüber hinaus legen die Kunden dieses Clusters Wert auf günstige Versicherungsprämien, schnelle Schadenregulierung und eine hohe Bekanntheit und guten Ruf der Versicherungsgesellschaft.

Die Anbieter- und Kundenbefragung lassen sich als ergänzende Untersuchungen bezeichnen. Während die Anbieterbefragung Anhaltspunkte dafür geliefert hat, daß die bis dato durchgeführte Marktbearbeitung kaum systematisch und zielgerichtet erfolgt, hat die Kundenbefragung erste Ansatzpunkte für eine stärker zielgerichtete Marktbearbeitung der Sparkassen im Versicherungsgeschäft geliefert.

Zusammenfassend ist festzustellen, daß der in dieser Arbeit verfolgte zweiseitige Forschungsansatz über die bisher auf diesem Gebiet vorgelegten Arbeiten hinausgeht. Die beiden sich z.T. ergänzenden Befragungen der Anbieter- und der Kundenseite stellen eine erste empirische Bestandsaufnahme der kooperativen Marktbearbeitung von regionalen Kreditinstituten und Versicherungen dar, wobei durch die Repräsentativität beiden Befragungen ein besonderes Gewicht zukommt. Die empirischen Befunde liefern zahlreiche Aufschlüsse über Einflußfaktoren von Allfinanzdienstleistungen und Kundensegmente regionaler Allfinanzinstitute. Die Übertragbarkeit der Ergebnisse ist daher grundsätzlich gegeben. Eine vergleichbare Bedingungskonstellation der Kooperation zwischen einer flächendeckend arbeitenden Universalbank und einem flächendeckend arbeitenden Versicherer ist jedoch zu beachten.

2. Implikationen für das Management von regionalen Allfinanz-Dienstleistern

Angesichts der generellen Entscheidung der Sparkassenorganisation, die Trägerschaften für die öffentlichen Versicherer zu übernehmen, lassen sich aus der vorliegenden Untersuchung folgende Implikationen für das Allfinanz-Marketing der Sparkassen ableiten:

- Grundsätzlich ist festzustellen, daß bei den Sparkassen ein hohes Potential für das Versicherungsgeschäft existiert. Durch die starke Präsenz in der Fläche sind die Sparkassen Markführer im Privatkundengeschäft von Kreditinstituten. Jeder Sparkassenkunde ist damit grundsätzlich ein potentieller Versicherungskunde. Tatsächlich hat aber erst ein sehr geringer Prozentsatz der Sparkassenkunden auch Versicherungen bei der Provinzial abgeschlossen. Die Verknüpfung der Kundenstämme von Sparkasse und Versicherung ist zum Zeitpunkt der Untersuchung noch nicht vollzogen. Die Aufnahme des Versicherungsgeschäfts als Kernkompetenz der Sparkassen läßt also gute Erfolgsaussichten vermuten, wenn es gelingt, dieses Potential durch ein systematisches Allfinanz-Marketing auszuschöpfen.

- Der Aufbau eines Allfinanz-Marketing erfordert zunächst die Integration von Allfinanz in das Zielsystem der Sparkassen. Die generelle Formulierung des Versicherungsgeschäfts als Kernkompetenz muß mit der konkreten Benennung von Versicherungszielen in jeder Sparkasse verankert werden. Dies ist in vielen Fällen bereits geschehen und muß in allen Fällen konsequent vervollkommnet werden.

- Dabei ist die inhaltliche Ausformulierung der Zieldimensionen allerdings bis heute noch sehr unterschiedlich. So war zum Zeitpunkt der Untersuchung das Hauptziel, für das Versicherungsgeschäft von den einzelnen Sparkassen betrieben wurde, die Erzielung zusätzlicher Provisionseinnahmen zur Kompensation der schwindenden Margen des Zinsgeschäfts. Diese Tatsache zeigt, daß Allfinanz als Marketing-

Philosophie zur Stärkung der langfristigen Wettbewerbsposition noch nicht überall erkannt wurde. Um langfristige Wettbewerbsvorteile zu erzielen, reicht die kurzfristig provisionsorientierte Sichtweise nicht aus. Denn bei einer solchen Konzentration auf reine Anbieterziele steht die Vorteilhaftigkeit für den Kunden zumeist weniger im Mittelpunkt der Betrachtung. Langfristigen Erfolg kann ein Allfinanz-Konzept aber nur haben, wenn die Kunden in dem neuen Angebot für sich einen Mehrwert bzw. einen höheren Nutzen erkennen. Die konsequente Ausrichtung des Zielsystems auf die Kundenbedürfnisse ist somit erste Voraussetzung für die weitere Ausformulierung von Marketingmaßnahmen. Dabei gilt es, den Aspekt der Bindung der Kunden an den öffentlichen Finanzdienstleister stärker zu betonen. Die koordinierte Marktbearbeitung von Sparkasse und öffentlichem Versicherer muß das Ziel haben, den gesamten Finanzdienstleistungsbedarf der Kunden aus einer Hand zu befriedigen, um die immer geringer werdende Kundenloyalität zu stärken und Abwanderungen zu verhindern.

- Die Untersuchung der Kundenbedürfnisse beim Abschluß von Versicherungen in der Sparkasse hat ergeben, daß die Faktoren „Sachkunde des Sparkassenmitarbeiters", „Vertrauen in die Sparkasse als Versicherungsanbieter" und „Kundeneinstellung zu Allfinanz" einen besonders hohen Einfluß auf die Abschlußentscheidung der Kunden besitzen. Hieraus ergeben sich verschiedene Ansatzpunkte für das Allfinanz-Marketing. Zunächst ist die fachliche Kompetenz durch Schulungen der Mitarbeiter zu stärken. Daran anschließend sind diese Anstrengungen auch zu kommunizieren, um die Wahrnehmung der Kunden zu beeinflussen. In der direkten Wahrnehmung von Versicherungskompetenz in der Sparkasse könnte z.B. eine räumlich auffällige Versicherungsberatung auf diese Kompetenz der Sparkasse aufmerksam machen. Die Mitarbeiter der Sparkasse, die für das Versicherungsgeschäft zuständig sind, könnten sich durch das Tragen von Buttons mit entsprechender Aufschrift als kompetente Berater im Versicherungsgeschäft ausweisen.

- Die Kundeneinschätzung der Sachkunde des Sparkassenmitarbeiters läßt sich sowohl durch nach innen als auch durch nach außen gerichtete Maßnahmen beeinflussen. Zum einen muß die Ausbildung der Sparkassenmitarbeiter konsequent an den Bedürfnissen dieser neuen Kernkompetenz ausgerichtet werden. Jeder Sparkassen-Kundenbetreuer muß die Grundbedürfnisse der Kunden in Bezug auf das Versicherungen erkennen können. Die im Umgang mit den Kunden geäußerten Bedürfnisse muß der Mitarbeiter immer sowohl auf Sparkassen- wie auch auf Versicherungsbedarf überprüfen. Der auftretende gleichzeitige Bedarf nach Sparkassen- und Versicherungsprodukten muß konsequent genutzt werden. Die konsequente Erkennung und Ansprache von Themen im täglichen Geschäft zur ganzheitlichen Kundenpenetration verlangt aber ein umso besser geschultes Personal. Durch eine solche zielgerichtete und bedürfnisorientierte Kundenansprache wird sich das Bild des Beraters langfristig von einem reinen Sparkassenberater zu einem Allfinanzpartner entwickeln. Dies läßt sich durch gezielte kommunikationspolitische Schritte entscheidend unterstützen.

- Auch zur Stärkung des Vertrauens in die Sparkasse als Versicherungsanbieter bieten sich kommunikationspolitische Maßnahmen an. Diese sollten sowohl von der Sparkasse selbst als auch von der Provinzial unterstützt werden. Hierfür gilt es, durch detaillierte Kundenbefragungen die entscheidenden Aspekte der Vertrauensbildung zu identifizieren und diese im Rahmen eines Kommunikationskonzeptes anzusprechen.

- Die generelle Einstellung der Kunden zu Allfinanz ist heute geprägt durch eine nicht eindeutige Erkennung der Vorteile, die die Nutzung des Allfinanz-Angebots der Sparkassen für den Kunden liefert. Es gilt, auf die im Rahmen dieser Untersuchung identifizierten Gründe im einzelnen einzugehen. Die Einschätzung der Wichtigkeit von Allfinanz-Angeboten kann nur durch eine nachhaltige Verbesserung des Kundennutzens erhöht werden. Hierfür gilt es, sowohl durch preispolitische (Preis-Bündelung), als auch durch produktpolitische (Entwicklung von integrierten Produkten) und weitere distributionspolitische Instrumente eine Erhöhung des Kundennutzens und somit eine gesteigerte Wahrnehmung der Wichtigkeit von Sparkassen-Allfinanzprodukten zu erreichen. Diese Wahrnehmung der Wichtigkeit ist wiederum durch kommunikationspolitische Maßnahmen zu begleiten.

- Im Rahmen der Distributionspolitik ist eine koordinierte Kundenansprache der beiden Vertriebsschienen - Sparkasseninnendienst und Versicherungsaußendienst - sicherzustellen. Es hat sich gezeigt, daß die gleichzeitige Bearbeitung eines geographischen Gebiets keinen negativen Einfluß auf das Ergebnis hat. Im Gegenteil scheint die mit dem zusätzlichen Sparkassenvertrieb einsetzende „interne Konkurrenz" das Gesamtgeschäft eher zu stimulieren als zu behindern. Demnach ist dem häufig verwendeten Argument der „internen Kannibalisierung" durch die „zusätzlichen" Vertriebsaktivitäten der Sparkassen zu widersprechen.

- Aus der Kundensegmentierung läßt sich die Empfehlung ableiten, die Marktbearbeitung auf junge Kunden mit hohem Einkommen zu richten. Hierbei ist eine spezifische Profilierung gegenüber anderen Anbietern anzustreben, da es sich bei diesem Segment aufgrund des hohen ökonomischen Potentials um einen generell stark umworbenen Kundenkreis handelt. Eine generelle Aussage über die Chancen, Allfinanzskeptiker zum Abschluß von Versicherungen in der Sparkasse zu bewegen, kann jedoch ohne tiefergehende Analysen nicht getroffen werden.

- Die Untersuchung der Anbieterseite hat ergeben, daß bessere Ergebnisse regelmäßig dann zustande kommen, wenn die Qualität der Zusammenarbeit mit dem Bezirkskommissar von den Sparkassen als wenig vorteilhaft wahrgenommen wird. Die Verfolgung einer Konfrontationsstrategie kann jedoch langfristig sicherlich nicht als zielführend angesehen werden. Daher könnte zur Förderung der kooperativen Marktbearbeitung die Einführung eines professionellen Schnittstellenmanagements in den Sparkassen hilfreich sein. Dabei ist über das fachliche Know-How wie bei den heutigen „Verbundkoordinatoren" hinaus ein Schwerpunkt bei prozessualen Fragen und in der Verbesserung der Zusammenarbeit vor Ort zu setzen.

- Die besseren Ergebnisse im Versicherungsgeschäft bei den Sparkassen, die die wahrgenommene Qualität der Zusammenarbeit mit dem Außendienst der Provinzial als weniger vorteilhaft beurteilen, lassen sich auf ein grundsätzliches Mißtrauen beider Seiten zurückführen. Dieses tritt naturgemäß aufgrund der starken Dezentralität und der dadurch geographisch eng begrenzten Märkte auf. Um so mehr kommt es darauf an, das Verständnis füreinander zu fördern. Dazu ist in erster Linie Abstand zu nehmen von der Vorstellung, das Geschäft in dem regional begrenzten Markt sei ebenso begrenzt. Die Praxis zeigt, daß bei konsequenter Nutzung der jeweils eigenen Vertriebsstärke durch die intensivere Marktbearbeitung sowohl der Außendienst des Versicherers als auch die Sparkasse bessere Ergebnisse erzielen.

- Der grundsätzliche Charakter von Bankgeschäften als „Hol"-Geschäfte sorgt dafür, daß die Kunden zur Abwicklung ihrer kreditwirtschaftlichen Bedürfnisse die Geschäftsstellen relativ häufig aufsuchen. Daher ist es für Sparkassenmitarbeiter ungleich leichter, Kunden auf Versicherungen anzusprechen als es umgekehrt für Versicherungsvertreter ist, Kunden auf den Abschluß von Sparkassenprodukten anzusprechen. Dennoch gilt es, über Wege nachzudenken, wie auch der Kundenpool des Versicherers intensiver für Sparkassenprodukte erschlossen werden kann. Anknüpfungspunkte liegen im Versicherungsgeschäft selbst, z.B. bei Fälligkeit einer Lebensversicherung, die die Möglichkeit bietet, Anlageprodukte zu verkaufen.

- Der Anteil der Sparkassen am gesamten Neugeschäft des Provinzial Lebensversicherers in Schleswig-Holstein beträgt mittlerweile 40% und konnte damit den eigenen Außendienst des Versicherers im letzten Jahr erstmals übertreffen. Da der Außendienst eines Versicherers zur Neukundenakquisition unerläßlich ist, andererseits aber die Sparkassen mit ihren Kunden höhere Ergebnisse erzielen, könnte langfristig eine stärkere Einbindung des Außendienstes in die Vertriebssteuerung der Sparkassen erwogen werden. Die damit verbundenen vertraglichen und rechtlichen Probleme sind dabei jedoch zu beachten.

3. Implikationen für die Forschung

Aus der vorliegenden Bestandsaufnahme der Einflußfaktoren auf den Erfolg von Allfinanz-Konzepten aus Anbieter- und Kundensicht sowie der versicherungsbezogenen Marktsegmente ergeben sich interessante Ansatzpunkte für die zukünftige Forschung. Die Weiterentwicklung der Allfinanz-Forschung kann sich dabei sowohl in inhaltlicher als auch in methodischer Hinsicht vollziehen.

- Ausgehend von dem hier zugrundeliegenden Untersuchungsgegenstand „Kooperative Marktbearbeitung von Sparkassen und öffentlichen Versicherern" erscheint es wünschenswert, eine Vergleichbarkeit der für den öffentlichen Sektor des deutschen Kreditwesens erzielten Ergebnisse mit weiteren Rechtsformen herzustellen. Dabei ist auf der Anbieterseite die Frage von Interesse, ob die Rahmenbedingung der Dezentralität im Vergleich zu anderen Rahmenbedingungen abweichende Erfolgsfaktoren für den Allfinanz-Erfolg hervorbringt. Weiter wäre zu erforschen, ob sich für Kunden von Banken mit anderer Rechtsform ähnliche auf den Abschluß wirkende Determinanten und ähnliche Kundensegmente identifizieren lassen.

- Insbesondere in Hinblick auf die Analyse der Kundenzufriedenheit sowie des Vertrauens und der Einschätzung der Sachkunde der Sparkassenmitarbeiter besteht in der Durchführung von Längsschnittuntersuchungen eine interessante Erweiterung der vorliegenden Arbeit. Im Rahmen einer eventuellen Replizierung der Untersuchung wäre damit auch die Möglichkeit der Überprüfung der Wirkung bereits durchgeführter kommunikativer Maßnahmen und Schulungen der Mitarbeiter gegeben.

- Ein in der vorliegenden Untersuchung vernachlässigter Bereich ist das Incentivesystem für in der Sparkasse vermittelte Versicherungsverträge. Für die Bestimmung von weiteren Einflußfaktoren auf den Allfinanz-Erfolg von Sparkassen sind verschiedene Möglichkeiten der Vertriebssteuerung durch ein Anreizsystem, das als sog. „Cafeteria"-System gestaltet werden kann und dabei auch eine anreizbietende Provisionsregelung umfassen könnte, zu untersuchen.

- Durch die Fokussierung der vorliegenden Arbeit auf service- und distributionspolitische Aspekte der kooperativen Marktbearbeitung konnten andere Aspekte nicht berücksichtigt werden. Da aber auch darin Kooperationsmöglichkeiten zur Verbesserung des Angebots bestehen, wäre es zur weiteren grundsätzlichen Betrachtung interessant, auch preis- und produktpolitische Aspekte in weitergehenden Untersuchungen zu analysieren.

- Im Rahmen einer Erweiterung der Untersuchung der kooperativen Marktbearbeitung von Sparkassen und öffentlichen Versicherern bietet es sich an, den Außendienst des Versicherers und dessen Marktbearbeitung einzubeziehen.

- Wenngleich die bestehenden Kooperationsmodelle bereits erste Erfolge in der gemeinsamen Marktbearbeitung erkennen lassen, sollte im Rahmen weiterer Forschungsbemühungen die Weiter- oder Neuentwicklung der Modelle vorangetrieben werden. Insbesondere die Ansätze der Spieltheorie bieten auf theoretischer Ebene ein interessantes Forschungsfeld für den vorliegenden Problemhintergrund.

- Nachdem in der vorliegenden Untersuchung attraktive Kundensegmente für die Marktbearbeitung identifiziert werden konnten, stellt sich für die weitere Forschung die Aufgabe, operationale Variablen zur Erkennung der Zugehörigkeit der Kunden zu den Segmenten zu entwickeln, die eine direkte Erkennung beim ersten Kontakt mit den Kunden ermöglichen.

- Während in anderen Forschungsarbeiten der Einfluß der Zufriedenheit und der Kundenbindung auf das Kaufverhalten nachgewiesen werden konnte, bietet die vorliegende Arbeit dafür nur geringe Anhaltspunkte. Daher stellt sich die Frage, ob durch eine veränderte methodische Vorgehensweise bei der Abfrage der Variablen oder durch eine veränderte Operationalisierung Ergebnisse erzielt werden können, die die Forschung der anderen Bereichen unterstützt. Darüber hinaus könnten die bei der Befragung verwendeten Rating-Skalen und deren Interpretation als metrische Skalen Ursache für die nicht konformen Ergebnisse sein. Interessante Impulse für die weitere Erforschung der Zufriedenheit mit Finanzdienstleistungen könnten durch eine Phasenbetrachtung erreicht werden. Dabei müßte bei Finanzdienstleistungen auf die Phasen des ersten Kontakts, den Abschluß, d.h. den Leistungserstellungsprozeß selbst sowie die Betreuung der Kunden nach dem Abschluß abgestellt werden.

Insgesamt wird deutlich, daß die Erforschung der kooperativen Marktbearbeitung im Allfinanz-Bereich im allgemeinen und im Bereich des öffentlichen Kreditwesens im besonderen noch umfangreiche Forschungsmöglichkeiten bietet. Angesichts der strategischen Bedeutung ist die empirische Forschung auf diesem Feld daher von großer Relevanz.

Anhang

Inhaltsverzeichnis

Die Zusammenarbeit zwischen Sparkassen und öffentlichen Versicherern

<u>Fragebogen</u>

Oktober 1996

Für Fragen stehe ich Ihnen vom 4. bis 10. Oktober zwischen $8^{\underline{00}}$ und $17^{\underline{00}}$ Uhr gern zur Verfügung: A. Brockhoff, Tel.: 0431/5335-508.

Absender:

____________________ Ansprechpartner:

Rücksende-Termin: 22. Oktober 1996

1. Seit wann werden in Ihrer Sparkasse Produkte der Provinzial vertrieben?

   _____________ (Jahr)

2. Wie hoch sind seitdem die in der Gewinn- und Verlustrechnung ausgewiesenen Provisionserträge und Bilanzsummen?
   (ggf. auf der Rückseite fortsetzen)

Jahr	Provisionserträge	Bilanzsumme	Jahr	Provisionserträge	Bilanzsumme
19_	DM	DM	19_	DM	DM
19_	DM	DM	19_	DM	DM
19_	DM	DM	19_	DM	DM
19_	DM	DM	19_	DM	DM
19_	DM	DM	19_	DM	DM
19_	DM	DM	19_	DM	DM
19_	DM	DM	19_	DM	DM
19_	DM	DM	19_	DM	DM
19_	DM	DM	19_	DM	DM
19_	DM	DM	19_	DM	DM

3. Wurde das Versicherungsgeschäft anfänglich als "Mitnahmegeschäft" gesehen?

[Mitnahmegeschäft: Sparkassenmitarbeiter sprechen die Kunden nicht von sich aus auf Versicherungen an, sondern werden nur tätig, wenn der Kunde seinerseits den Wunsch äußert, eine Versicherung abzuschließen]

☐ Ja ☐ Nein

4. Werden heute Versicherungen gezielt vermittelt?

☐ Ja ☐ Nein (weiter mit Frage 6)

5. Wenn ja: Seit wann wird dies gezielt versucht?

_____________ (Jahr)

6. Welches Ziel verfolgen Sie hauptsächlich durch die Vermittlung von Versicherungen an Ihre Kunden? (auch wenn das Geschäft nicht zielgerichtet forciert wird)

☐ Kundenbindung
☐ Erhöhung des Provisionsertrags
☐ Image-Gewinn für die Sparkasse
☐ Gewinnung von Neukunden
☐ Bewahrung von Kunden vor Abwanderung
☐ Andere, nämlich:

7. Haben Sie aufgrund der Kooperation mit den Provinzial Versicherungen neue Kunden gewonnen?

☐ Ja, viele
☐ Ja, einige
☐ Nein

8. Haben Sie aufgrund der Kooperation Kunden vor Abwanderung bewahrt?

☐ Ja, viele
☐ Ja, einige
☐ Nein

9. Wie würden Sie die Zusammenarbeit mit den Bezirkskommissaren der Provinzial in Ihrem Geschäftsgebiet bezeichnen?

Die Zusammenarbeit läuft

☐	☐	☐	☐	☐
sehr schlecht	schlecht	durchschnittlich	gut	sehr gut

☐ Mit einer/einigen Ausnahme/n

Sparkassen- und Giroverband
für Schleswig-Holstein
z.Hd. Frau Brockhoff
Faluner Weg 6
24109 Kiel

Herzlichen Dank für Ihre Mitarbeit!

Sparkasse XXX

Kundenbefragung

Sie sind gefragt!

Vielen Dank, daß Sie sich an unserer Umfrage beteiligen. Der Fragebogen ist schnell ausgefüllt - in wenigen Minuten sind Sie fertig. Sie geben uns damit wertvolle Information, wie wir unseren Service verbessern können.

Ganz wichtig: Die Befragung ist strikt anonym. Nennen Sie bitte im Fragebogen keine Namen, weder Ihren eigenen, noch die von Mitarbeitern Ihrer Sparkasse. Schreiben Sie bitte nicht Ihren Absender auf den beiliegenden Rückumschlag.

Bitte kreuzen Sie bei jeder Frage ganz einfach die für Sie zutreffende Antwort an ☒. Bei einigen Fragen können Sie in Stichworten antworten.

Bitte füllen Sie den Fragebogen möglichst schnell aus. Stecken Sie den ausgefüllten Fragebogen einfach in den Umschlag, kleben ihn zu und werfen ihn in den nächsten Briefkasten. Das Porto übernehmen natürlich wir.

Vielen Dank für Ihre Mitarbeit!

Ihre Sparkasse

1. In der Presse wird in letzter Zeit zunehmend über verstärkte Zusammenarbeit von Banken und Versicherungen berichtet. Welcher Aussage würden Sie in diesem Zusammenhang zustimmen?

- ☐ Für den Kunden ist die Zusammenarbeit vorteilhaft.
- ☐ Für den Kunden hat die Zusammenarbeit keine Auswirkungen.
- ☐ Für den Kunden ist die Zusammenarbeit nachteilig.

2. Haben Sie mehrere Bankverbindungen? ☐ Ja ☐ Nein

3. Seit wievielen Jahren besteht Ihre derzeitige Hauptbankverbindung ungefähr? ____ Jahre

4. Ist die Sparkasse Ihre Hauptbankverbindung, d.h. die Bank, mit der Sie am engsten zusammenarbeiten? ☐ Ja ☐ Nein

5. Ganz generell: Wie zufrieden sind Sie mit Ihrer Sparkasse?

gar nicht zufrieden	nicht besonders zufrieden	mittel zufrieden	überwiegend zufrieden	sehr zufrieden
☐	☐	☐	☐	☐

6. Ist Ihnen bekannt, daß Sie in Ihrer Sparkasse auch Versicherungen abschließen können? ☐ Ja ☐ Nein

7. Haben Sie eine ...

... Lebensversicherung?	☐ Ja	☐ Nein
... Unfallversicherung?	☐ Ja	☐ Nein
... Private Haftpflichtversicherung?	☐ Ja	☐ Nein
... Hausratversicherung?	☐ Ja	☐ Nein

Falls Sie mindestens einmal mit ja geantwortet haben: Bitte weiter mit Frage 8
Falls Sie nur mit nein geantwortet haben: Bitte weiter mit Frage 9

8. Sind Sie vor dem Abschluß beraten worden? ☐ Nein

Ja, ich bin beraten worden. Die Beratung erfolgte durch:

- ☐ Bekannte oder Verwandte, die nicht Bank- oder Versicherungsmitarbeiter sind
- ☐ Versicherungsvertreter
- ☐ Steuerberater/Rechtsanwalt
- ☐ Sparkassen- oder Bankmitarbeiter
- ☐ Versicherungsmakler
- ☐ Sonstige, nämlich: ____________________

9. Wie wichtig ist für Sie die Erledigung von Bank- und Versicherungsgeschäften unter einem Dach?

gar nicht wichtig	nicht besonders wichtig	mittel wichtig	überwiegend wichtig	sehr wichtig
☐	☐	☐	☐	☐

Stellen Sie sich vor, Sie wollen sich in Versicherungsfragen beraten lassen oder planen bereits ganz konkret den Abschluß einer Versicherung. Für diesen Fall geht es um Ihre generelle Einschätzung von Versicherungsvertretern und Sparkassenmitarbeitern bei der Beratung und beim Abschluß von Versicherungen, aber auch bei der laufenden Betreuung Ihrer Versicherung. Bitte geben Sie Ihre Meinung an, auch wenn Sie bisher keine Erfahrung mit der einen oder anderen Personengruppe gemacht haben.

10. Vergleich von Versicherungsvertretern und Sparkassenmitarbeitern

	Versicherungs-vertreter/in	Sparkassen-mitarbeiter/in	weiß nicht
Wem vertrauen Sie mehr			
• bei der Beratung in Versicherungsfragen?	☐	☐	☐
• beim Abschluß von Versicherungen?	☐	☐	☐
Wer bietet Ihrer Ansicht nach			
• die sachkundigere Beratung?	☐	☐	☐
• die neutralere, unabhängigere Beratung?	☐	☐	☐
• die günstigsten Prämien?	☐	☐	☐
• die bessere Betreuung, z.B. im Versicherungsfall?	☐	☐	☐

11. Für wie sachkundig halten Sie die Beratung in Versicherungsfragen durch folgende Personen?

	gar nicht sachkundig	nicht besonders sachkundig	mittel sachkundig	überwiegend sachkundig	sehr sachkundig	weiß nicht
Versicherungsvertreter	☐	☐	☐	☐	☐	☐
Sparkassenmitarbeiter	☐	☐	☐	☐	☐	☐
Bekannte/Verwandte, die nicht Versicherungsvertreter sind	☐	☐	☐	☐	☐	☐

12. Für wie neutral und unabhängig halten Sie die Beratung in Versicherungsfragen durch folgende Personen?

	gar nicht neutral	nicht besonders neutral	mittel neutral	überwiegend neutral	sehr neutral	weiß nicht
Versicherungsvertreter	☐	☐	☐	☐	☐	☐
Sparkassenmitarbeiter	☐	☐	☐	☐	☐	☐
Bekannte/Verwandte, die nicht Versicherungsvertreter sind	☐	☐	☐	☐	☐	☐

13. Generell: Für wie vorteilhaft halten Sie den Abschluß einer Lebensversicherung bei folgenden Personen?

	gar nicht vorteilhaft	nicht besonders vorteilhaft	mittel vorteilhaft	überwiegend vorteilhaft	sehr vorteilhaft	weiß nicht
Versicherungsvertreter	☐	☐	☐	☐	☐	☐
Sparkassenmitarbeiter	☐	☐	☐	☐	☐	☐
Bekannte/Verwandte, die nicht Versicherungsvertreter sind	☐	☐	☐	☐	☐	☐

14. Wie wichtig sind Ihnen beim Abschluß von Versicherungen folgende Punkte?

	gar nicht wichtig	nicht besonders wichtig	mittel wichtig	überwiegend wichtig	sehr wichtig
Gute Erreichbarkeit und kundenfreundliche Öffnungszeiten	☐	☐	☐	☐	☐
Angenehme Atmosphäre in den Geschäftsräumen	☐	☐	☐	☐	☐
Prompte und zügige Bedienung	☐	☐	☐	☐	☐
Freundliche Mitarbeiter/Berater	☐	☐	☐	☐	☐
Ruhige, diskrete Umgebung während der Beratung	☐	☐	☐	☐	☐
Vertrauter Gesprächspartner	☐	☐	☐	☐	☐
Persönliche, individuelle Beratung	☐	☐	☐	☐	☐
Gute fachliche Beratung und verständliche Erklärungen	☐	☐	☐	☐	☐
Günstige Prämien	☐	☐	☐	☐	☐
Schnelle Schadenregulierung	☐	☐	☐	☐	☐
Bekanntes Versicherungsunternehmen mit gutem Ruf	☐	☐	☐	☐	☐

Im folgenden sind jeweils Listen mit Argumenten aufgeführt. Trifft eine Aussage für Sie voll zu, kreuzen Sie bitte das Kästchen unter der Ziffer 5 an. Je weniger eine Aussage ihrer Ansicht nach zutrifft, desto weiter links müssen Sie Ihr Kreuz setzen. Bitte geben Sie Ihre Einschätzung auch dann an, wenn Sie bisher noch keine Versicherungsgeschäfte in der Sparkasse getätigt haben.

15. Welche Vorteile hat die Erledigung von Versicherungsgeschäften in der Sparkasse Ihrer Ansicht nach?

	trifft überhaupt nicht zu 1	2	unent-schieden 3	4	trifft voll zu 5
Ich habe alles in einer Hand	☐	☐	☐	☐	☐
Ich spare Zeit, habe weniger Aufwand	☐	☐	☐	☐	☐
Sparkassenmitarbeiter sind vertrauenswürdig und mir bekannt	☐	☐	☐	☐	☐
Ich werde besser bedient, da Sparkassenmitarbeiter mich und meine finanziellen Bedürfnisse kennen	☐	☐	☐	☐	☐

Sonstige Vorteile: ______________________________

____

☐ Ich sehe keine Vorteile.

16. Was stört Sie bei der Erledigung von Versicherungsgeschäften in der Sparkasse:

	trifft überhaupt nicht zu 1	2	unent-schieden 3	4	trifft voll zu 5
Die Sparkasse erfährt zu viel über mich	☐	☐	☐	☐	☐
Die Sparkasse ist nicht so gut informiert über Versicherungen	☐	☐	☐	☐	☐
Die Sparkasse kann mir nicht das günstigste Angebot machen	☐	☐	☐	☐	☐
Sparkassen und Versicherungen sollten getrennte Institute sein	☐	☐	☐	☐	☐

Sonstiges: ____________________
____

☐ Ich sehe keine Nachteile.

17. Sind Sie schon einmal von der Sparkasse auf ihr Versicherungsangebot <u>aufmerksam gemacht</u> worden?

☐ Ja
↓ **Wenn ja: In welcher Form?**
☐ Werbebrief
☐ Anzeige in der Zeitung
☐ Plakat, Handzettel oder Prospekte in der Geschäftsstelle
☐ Ich bin in der Sparkasse angesprochen worden.
☐ Sonstiges: ____________________
____
____

☐ Nein
↘
☐ Es würde mich aber interessieren
☐ Das interessiert mich auch nicht
↓
Warum nicht?
____
____
____

18. Haben Sie sich schon einmal in der Sparkasse in Versicherungsfragen <u>beraten</u> lassen?

☐ Ja
↓
☐ Ich war sehr zufrieden.
☐ Ich war aber nicht zufrieden.
↓
Was könnte die Sparkasse hier verbessern?
☐ Die Atmosphäre in den Geschäftsräumen
☐ Die Umgebung während der Beratung
☐ Die Qualität der Beratung
☐ Die prompte und zügige Bedienung
☐ Die Freundlichkeit der Mitarbeiter
☐ Die Individualität der Beratung
☐ Die Erreichbarkeit und die Öffnungszeiten
☐ Sonstiges: ____________________
____
____

☐ Nein
↘
☐ Das kann ich mir aber vorstellen.
☐ Das kommt für mich nicht in Frage.
↓
Warum nicht?
____
____
____

19. Haben Sie in der Sparkasse schon einmal eine Versicherung abgeschlossen?

☐ Ja

↓

☐ Ich war sehr zufrieden.
☐ Ich war aber nicht zufrieden.

↓

Was könnte die Sparkasse hier verbessern?

☐ Die Atmosphäre in den Geschäftsräumen
☐ Die Umgebung während der Beratung
☐ Die Qualität der Beratung
☐ Die prompte und zügige Bedienung
☐ Die Freundlichkeit der Mitarbeiter
☐ Die Individualität der Beratung
☐ Die Erreichbarkeit und die Öffnungszeiten
☐ Sonstiges: ______________________________

____

☐ Nein

↘

☐ Das kann ich mir aber vorstellen.
☐ Das kommt für mich nicht in Frage.

↓

Warum nicht?

____

____

____

20. Wie zufrieden sind Sie mit dem Versicherungsgeschäft in Ihrer Sparkasse? Falls Sie bisher noch keine Versicherungsgeschäfte in der Sparkasse getätigt haben: Wie gut könnte die Sparkasse Ihrer Meinung nach folgende Anforderungen beim Versicherungsgeschäft erfüllen?

	gar nicht	nicht besonders	mittel	gut	sehr gut
Gute Erreichbarkeit und kundenfreundliche Öffnungszeiten	☐	☐	☐	☐	☐
Angenehme Atmosphäre in den Geschäftsräumen	☐	☐	☐	☐	☐
Prompte und zügige Bedienung	☐	☐	☐	☐	☐
Freundliche Mitarbeiter/Berater	☐	☐	☐	☐	☐
Ruhige, diskrete Umgebung während der Beratung	☐	☐	☐	☐	☐
Vertrauter Gesprächspartner	☐	☐	☐	☐	☐
Persönliche, individuelle Beratung	☐	☐	☐	☐	☐
Gute fachliche Beratung und verständliche Erklärungen	☐	☐	☐	☐	☐
Günstige Prämien	☐	☐	☐	☐	☐
Schnelle Schadenregulierung	☐	☐	☐	☐	☐
Bekanntes Versicherungsunternehmen mit gutem Ruf	☐	☐	☐	☐	☐

Vielen Dank für Ihre Geduld! Sie haben es - fast - geschafft. Helfen Sie uns bitte abschließend noch mit einigen statistischen Angaben. Ihre Anonymität bleibt natürlich - das wollen wir nochmals betonen - voll gewahrt.

Zu Ihrer Person

21. Ihr Alter? __________ Jahre

22. Sind Sie berufstätig?

☐ Ja ⇨ Sind Sie ....?
- ☐ Auszubildender
- ☐ teilweise berufstätig
- ☐ voll berufstätig

Welchen Beruf üben Sie aus?
- ☐ Freiberufler(in) / Selbständige(r)
- ☐ Angestellte(r)
- ☐ Beamter/Beamtin im höheren Dienst
- ☐ sonstige(r) Beamter/Beamtin
- ☐ Arbeiter(in)

☐ Nein ⇨ Sind Sie....?
- ☐ Schüler(in)/ Student(in)
- ☐ Wehrpflichtiger/ Zivildienstleistender
- ☐ in Ruhestand
- ☐ Hausfrau/Hausmann
- ☐ z.Zt. arbeitslos

23. Für unsere Statistik wäre es jetzt noch wichtig, in welche der sieben Einkommensgruppen Ihr monatliches Netto-Einkommen fällt:

- ☐ unter 1.000,- DM
- ☐ 1.000 bis unter 2.000 DM
- ☐ 2.000 bis unter 3.000,- DM
- ☐ 3.000 bis unter 4.000,- DM
- ☐ 4.000 bis unter 5.000,- DM
- ☐ 5.000 bis unter 7.000,- DM
- ☐ 7.000,- DM und mehr

24. Wie oft betreten Sie die Geschäftsstelle Ihrer Sparkasse, um dort Bankgeschäfte zu erledigen?

(Bitte Besuche am Geldautomaten nicht mitzählen)

- ☐ Täglich
- ☐ Einmal in der Woche
- ☐ Einmal im Monat
- ☐ Einmal im Vierteljahr
- ☐ Mehrmals in der Woche
- ☐ Mehrmals im Monat
- ☐ Noch seltener

Jetzt sind Sie fertig! Herzlichen Dank für Ihre Beteiligung!

Faktorenanalyse der Gesamtstichprobe

Rotierte Komponentenmatrix

	Faktor 1	Faktor 2
Gute Erreichbarkeit und kundenfreundliche Öffnungszeiten	,697	,103
Angenehme Atmosphäre in den Geschäftsräumen	,822	-0,004
Prompte und zügige Bedienung	,412	,482
Freundlichkeit der Mitarbeiter/Berater	,623	,405
Ruhige, diskrete Umgebung während der Beratung	,626	,410
Vertrauter Gesprächspartner	,592	,330
Persönliche, individuelle Beratung	,379	,632
Gute fachliche Beratung und verständliche Erklärungen	,727	,261
Günstige Prämien	0,005	,700
Schnelle Schadenregulierung	,758	,122
Bekanntes Versicherungsunternehmen mit gutem Ruf	,467	,140
Erklärter Varianzanteil	23,6%	14,9%
Kaiser-Meyer-Olkin-Kriterium 0,634		

Extraktionsmethode: Hauptkomponentenanalyse.
Rotationsmethode: Varimax mit Kaiser-Normalisierung.
a Die Rotation ist in 3 Iterationen konvergiert.

Korrelationsmatrix der unabhängigen Variablen der Gesamtanalyse des Abschlußverhaltens

	Alter	Sachkunde	Neutralität	Einkommen	Zufriedenheit mit Sparkasse	Zufriedenheit mit Leistungsmerkmalen	Wichtigkeit von Allfinanz	Loyalität	Vorteile	Nachteile
Alter	1									
Sachkunde	0,135	1								
Neutralität	0,064	0,537	1							
Einkommen	0,299	0,018	0,024	1						
Zufriedenheit mit Sparkasse	0,104	0,160	0,230	0,034	1					
Zufriedenheit mit Leistungsmerkmalen	0,114	0,212	0,257	0,065	0,502	1				
Wichtigkeit von Allfinanz	0,037	0,252	0,295	0,131	0,260	0,371	1			
Loyalität	0,664	0,115	0,053	0,208	0,034	0,077	0,019	1		
Vorteile	0,122	0,257	0,315	0,130	0,410	0,566	0,516	0,052	1	
Nachteile	0,021	0,288	0,358	0,118	0,334	0,468	0,456	0,061	0,497	1

Korrelationskoeffzizient nach Pearson

Grau hinterlegte Felder: Nicht signifikante Korrelation

Kerngruppe „Wichtigkeit“: Mittelwerte und Varianzen

4-Cluster-Lösung

Cluster	N		Faktor "Potential"	Faktor "Prozeß"	Faktor "Ergebnis"
1	209	μ σ^2	0,440 0,260	0,404 0,055	0,305 0,182
2	72	μ σ^2	-0,080 0,471	-1,505 0,742	0,129 0,999
3	42	μ σ^2	-0,270 0,856	0,577 0,330	-1,700 0,648
4	28	μ σ^2	-2,100 0,709	0,454 0,323	0,515 0,330
Gesamt	351	μ σ^2	0,044 0,882	0,037 0,865	0,039 0,858

Bei der 4-Cluster-Lösung zeigen sich zwei Probleme: Das undifferenzierte erste Cluster, in dem alle drei Faktoren überrepräsentiert sind und das inhomogene zweite Cluster mit dem kritischen Varianz-Wert von 0,999. Beide Cluster wurden weiter aufgeteilt, so daß sich die besser interpretierbare 6-Cluster-Lösung ergibt.

6-Cluster-Lösung

Cluster	N		Faktor "Potential"	Faktor "Prozeß"	Faktor "Ergebnis"
1	158	μ σ^2	0,692 0,047	0,318 0,033	0,306 0,298
2	53	μ σ^2	-0,151 0,583	-1,310 0,834	0,630 0,375
3	51	μ σ^2	-0,347 0,098	0,668 0,028	0,303 0,136
4	42	μ σ^2	-0,270 0,856	0,577 0,330	-1,700 0,648
5	28	μ σ^2	-2,100 0,709	0,454 0,323	0,515 0,330
6	19	μ σ^2	0,105 0,124	-2,050 0,092	-1,270 0,060
Gesamt	351	μ σ^2	0,044 0,882	0,037 0,865	0,039 0,858

Kerngruppe „Unwichtigkeit“: Mittelwerte und Varianzen

4-Cluster-Lösung

Cluster	N		Faktor "Service"	Faktor "Leistung"	Faktor "Reputation"
1	206	μ	-0,747	0,417	0,394
		σ^2	0,511	0,245	0,544
2	191	μ	0,246	0,131	-1,160
		σ^2	0,848	0,543	0,432
3	190	μ	0,811	0,154	0,643
		σ^2	0,143	0,159	0,169
4	76	μ	-0,482	-1,637	0,275
		σ^2	0,750	1,951	0,725
Gesamt	663	μ	0,016	0,023	0,003
		σ^2	0,934	0,871	0,988

Das zweite, service- und leistungsorientierte Cluster wird durch die Fünf-Cluster-Lösung zu jeweils einem service- und einem leistungsorientierten Cluster, wodurch sich die Interpretierbarkeit verbessert.

5-Cluster-Lösung

Cluster	N		Faktor "Service"	Faktor "Leistung"	Faktor "Reputation"
1	206	μ	-0,747	0,417	0,394
		σ^2	0,511	0,245	0,544
2	190	μ	0,811	0,154	0,643
		σ^2	0,143	0,159	0,169
3	123	μ	0,765	-0,027	-0,866
		σ^2	0,204	0,409	0,231
4	76	μ	-0,482	-1,637	0,275
		σ^2	0,750	1,951	0,725
5	68	μ	-0,692	0,499	-1,662
		σ^2	0,647	0,580	0,410
Gesamt	663	μ	0,016	0,023	0,003
		σ^2	0,934	0,871	0,988

Literaturverzeichnis

Albers, S., Eggert, K., Kundennähe – Strategie oder Schlagwort, in: Marketing ZFP, 1/88, S. 5-16.

Aldrich, J.H., Nelson, F.D., Linear Probability, Logit and Probit Models, Beverly Hills, London 1984.

Amely, T., Allfinanz-Konzerne als Problem der Bank- und Versicherungsaufsicht. Vorschläge zu einer integrativen Behandlung der Erfolgsrisiken, Köln 1994.

Anders, U., Sczesny, A., Prognose von Insolvenzwahrscheinlichkeiten mit Hilfe logistischer neuronaler Netzwerke, in: Zeitschrift für betriebswirtschaftliche Forschung, 10/98, S. 892-915.

Anderson, E.W., Fornell, C., Rational and Adaptive Performance in a Customer Satisfaction Framework, in: Journal of Consumer Research, 1995, S. 695-707.

Anderson, E.W., Fornell, C., Lehmann, D., Customer Satisfaction, Market Share and Profitability: Findings from Sweden, Working Paper, National Quality Research Center, University of Michigan, School of Business Administration, Ann Arbor 1993.

Ansoff, I.O., A model for diversification, in: Management Science, 1958, S. 392-414.

Arheit, G., Öffentliche Versicherer und Sparkassen im Verbund - produkt- und vertriebspolitische Konsequenzen aus der Öffnung des EU-Binnenmarktes, in: Deutscher Sparkassenverlag (Hrsg.), Marketing-Tagung 1994, Stuttgart 1995, S. 72-94.

Bacher, M., Wichmann, R., Sparkassen und ihre Identität, 2., überarb. u. erw. Aufl., Stuttgart 1997.

Backhaus, K., Erichson, B., Plinke, W., Weiber, R., Multivariate Analysemethoden. Eine anwendungsorientierte Einführung, 8. A., Berlin et al. 1996.

Backhaus, K., Industriegütermarketing, 5. A., München 1997.

Backhaus, K., Piltz, K., Strategische Allianzen – eine neue Form kooperativen Wettbewerbs?, in: ZfbF- Sonderheft Nr. 27, 1989, S. 1-10.

Baden, G.-U., Vielfalt aus einer Hand: Herausforderungen und Chance für traditionelle Finanzdienstleister, in: Versicherungswirtschaft, 17/89, S. 1112-1116.

Bamberg, G., Coenenberg, A.G., Betriebswirtschaftliche Entscheidungslehre, 7.A., München 1992.

Barnard, C.I., Die Führung großer Organisationen, Essen 1970.

Barnard, C.I., The Functions of the Executive, Cambridge 1964.

Bauche, K., Segmentierung von Kundendienstleistungen auf investiven Märkten. Dargestellt am Beispiel von Personal Computern, Frankfurt et al. 1994.

Bauer, E., Markt-Segmentierung als Marketing-Strategie, Berlin 1976.

Bauer, E., Marktsegmentierung, Stuttgart 1977.

Bauer, H.H., Diller, H. (Hrsg.), Wege des Marketing, Berlin 1995.

Bauer, H.H., Huber, F., Schaul, T., Value-Added-Services im Bankbereich: Erfolgsgrößen zur nutzenmaximalen Gestaltung einer Kreditkarte, Arbeitspapier Nr. 124 der Universität Mannheim, Lehrstuhl für Allgemeine Betriebswirtschaftslehre und Marketing II, Mannheim 1998.

Bauer, H.H., Marktabgrenzung, in: Dichtl, E., Issing, O. (Hrsg.), Vahlens Großes Wirtschaftslexikon, Bd. 3, 2. A., München 1994, S. 1395-1396.

Bauer, R. A., Consumer Behavior as Risk Taking, in: Specht, K.G., Wiswede, G. (Hrsg.), Marketingsoziologie. Soziale Interaktionen als Determinanten des Marktverhaltens, Berlin 1976, S. 207-217.

Becker, H.P., Herges, P., Steitz, M., Was erwarten Kunden von der Bank?, in: Bank und Markt, 2/91, S. 23-25.

Benkenstein, M., Dienstleistungsqualität. Ansätze zur Messung und Implikationen für die Steuerung, in: ZfB, 11/93, S. 1095-1116.

Benkenstein, M., Qualitätsverbundbeziehungen zwischen unabhängigen Dienstleistungsanbietern, in: DBW, 6/96, S. 777-789.

Benkenstein, M., Strategisches Marketing: ein wettbewerbsorientierter Ansatz, Stuttgart, Berlin, Köln 1997.

Benölken, H., Greipel, P., Dienstleistungsmanagement. Service als strategische Erfolgsposition, 2. A., Wiesbaden 1994.

Berg, H., Relevanter Markt, in: Dichtl, E., Issing, O. (Hrsg.), Vahlens Großes Wirtschaftslexikon, Bd. 3, 2. A., München 1994, S. 1804.

Bergmann, K., Angewandtes Kundenbindungs-Management, Frankfurt a.M. 1998.

Bergmann, M., Qualitätsmanagement in Kreditinstituten. Verfahren zur Messung und Steuerung der Dienstleistungsqualität und deren Implementierung, Frankfurt a.M. 1996.

Bergs, S., Optimalität bei Clusteranalysen, Münster 1981.

Bernhardt, P., Strategisches Marketing bei Banken, in: Töpfer, A., Wieselhuber, N. (Hrsg.), Strategisches Marketing, Landsberg a. Lech 1984, S. 552-568.

Berry, L.L., Parasuraman, A., Marketing Services: Competing through Time, New York 1991.

Berry, L.L., Thompson, T.W., Relationship Banking: The Art of turning Customers into Clients, in: Journal of Retailing, 6/82, S. 64-73.

Betsch, O., Allfinanz eine (un)mögliche Chance, in: Bank und Markt, 11/92, S. 15-21.

Betsch, O., Irrtümer und Wahrheiten zum Retailbanking, in: Bank und Markt, 4/99, S. 18-24.

Bidlingmaier, J., Kooperation macht stärker – Der Formenreichtum gestattet individuelle Gestaltung, in: Der Volkswirt, 59/68, S. 54-57.

Bitner, M.J., Evaluating Service Encounters: The Effects of Physical Surroundings and Employee Responses, in: Journal of Marketing, April 1990, S. 69-82.

Blohm, H., Kooperation, in: Grochla, E. (Hrsg.), Handwörterbuch der Organisation, 2. A., Stuttgart 1980, Sp. 1112-1117.

Blümelhuber, C., Oevermann, D., Betriebsformendynamik im Bankbereich, in: Meyer, A. et al. (Hrsg.), Grundsatzfragen und Herausforderungen des Dienstleistungs-Marketing, Wiesbaden 1996.

Böcker, F., Die Bestimmung der Kaufverbundenheit von Produkten, in: Dichtl, E., Böcker, F. (Hrsg.), Schriften zum Marketing, Bd. 7, Berlin 1978, S. 543-574.

Böcker, F., Präferenzforschung als Mittel marktorientierter Unternehmensführung, in: ZfbF, 7,8/1986, S. 543-574.

Boening, D., Zukunftsfragen des Vertriebs von Finanzdienstleistungen, in: Boening, D., Hockmann, H.J. (Hrsg.), Bank- und Finanzmanagement. Marketing-Rechnungswesen-Finanzierung; Reflexionen aus der Praxis, Wiesbaden 1993, S. 157-174.

Böhler, H., Methoden und Modelle der Marktsegmentierung, Stuttgart 1977.

Bohm, R., Werner, H., König, T., Segmentierung von Privatkunden: nicht nach Geschäftsvolumen, in: Bank und Markt, 11/98, S. 24-27.

Bonoma, T.V., Shapiro, B.P., Evaluating Market Segmentation Approaches, in: Industrial Marketing Management, 1984, S. 257-268.

Bortz, J., Lehrbuch der empirischen Forschung, Berlin et al. 1984.

Botschen, G., Mühlbacher, H., Zielgruppenprogramm – Zielgruppenorientierung durch Nutzensegmentierung, in: Meyer, A. (Hrsg.), Handbuch Dienstleistungs-Maketing, Stuttgart 1998, S. 681-692.

Bowers, M.R., The new product development process: A suggested model for banks, in: Journal of Retail Banking, 1/86, S. 19-24.

Brandt, H.-D., Wem gehören die Sparkassen?, in: Sparkasse, 2/93, S. 54f..

Breyer, M., Analyse des Nachkaufverhaltens als Folge der Zufriedenheit mit Finanzdienstleistungen, Frankfurt a.M. et al. 1998.

Brinkmann, T., Servicepolitik als Mittel zur Erhöhung der Kundenzufriedenheit und -bindung in Banken, Frankfurt a.M. et al. 1998.

Brockhoff, K., Produktpolitik, 4. A., Stuttgart 1999.

Bruhn, M., Georgi, D., Wirtschaftlichkeit des Kundenbindungsmanagements, in: Bruhn, M., Homburg, C. (Hrsg.), Handbuch Kundenbindungsmanagement. Grundlagen – Konzepte - Erfahrungen, Wiesbaden 1998, S. 411-439.

Bruhn, M., Marketing und Konsumentenzufriedenheit, in: WISU, 6/85, S. 300-307.

Bruhn, M., Schweizer Kundenbarometer – Ergebnisse einer Pilotstudie zu Kundenzufriedenheit, Kundendialog und Kundenbindung in Schweizer Unternehmen, Basel 1998.

Bühl, A., Zöfel, P., SPSS für Windows Version 6.1. Praxisorientierte Einführung in die moderne Datenanalyse, 3.A., Bonn et al. 1996.

Bühler, W., Qualitätsdifferenzierung durch Value-added-Services, in: Die Bank, 1/99, S. 25-31.

Bülow, S., Netzwerk-Organisation für Allfinanzanbieter. Ein organisationstheoretischer Vorschlag auf Grundlage der Neuen Institutionenökonomie, Wiesbaden 1995.

Burchard, U., Kompetenz-Netzwerk versus Universalbank, in: Die Bank, 1/97, S. 4-7.

Burmann, C., Konsumentenzufriedenheit als Determinante der Marken- und Händlerloyalität, in: Marketing ZFP, 4/91, S. 249-258.

Büschgen, A., Allfinanz als Marktbearbeitungskonzept privater Geschäftsbanken, Wiesbaden 1992.

Büschgen, H. E., Bankbetriebslehre. Bankgeschäfte und Bankmanagement, 5., A., Wiesbaden 1998.

Büschgen, H. E., Bankmarketing, in: Tietz , B. (Hrsg.), Handwörterbuch des Marketing, 2. A., Stuttgart 1995, Sp. 167-179.

Büschgen, H.E., Bank-Unternehmungsführung, Frankfurt a.M. 1981.

Büschgen, H.E., Finanz-Verbund und Finanz-Konzern in der Diskussion, in: Bank und Markt, 6/89, S. 5-16.

Cannie, J.K., Keeping customers for life, New York 1991.

Capital, Psychonomics (Hrsg.), Die ideale Bank im Spiegel der Kundenwünsche, o.O. 1995.

Capon, N., Farley, J.U., Hoenig, S., Determinants of Financial Performance: A Meta-Analysis, in: Management Science, October 1990, S. 1143-1159.

Carman, J.M., Consumer perception of service quality. An Asessment of the SERVQUAL dimensions, in: Journal of Retailing, 1/90, S. 33-57.

Coase, R.H., The Nature of the firm, Economica, 1937, S. 386-405.

Cooper, R.G., de Brentani, U., New industrial financial services: what distinguishes the winners, in: Journal of product innovation management, 2/91, S. 75-90.

Cooper, R.G., Easingwood, C.J., Edgett, S., Kleinschmidt, E.J., Storey, C., What distinguishes the top performing new products in financial services?, in: Journal of product innovation management, 1994, S. 281-299.

Copeland, M., Relation of Consumer`s buying habit to Marketing Methods, in: Harvard Business Review, 4/23, S. 282-289.

Cramer, J.-E., Die Bank und ihr Markt, in: Bank und Markt, 2/93, S. 5-9.

Cramer, J.-E., Die Marktforschung als Basis für den Einsatz des Marketing-Mix, in: Süchting, J., van Hooven, E. (Hrsg.), Handbuch des Bankmarketing, Wiesbaden 1987, S. 109-122.

Cramer, J.-E., Die Marktforschung als Basis für den zielgruppengerechten Einsatz des Marketing-Mix, in: Süchting, J., Heitmüller, H.-M. (Hrsg.), Handbuch des Bankmarketing, 3. A., Wiesbaden 1998, S. 103-118.

Cramer, J.-E., Vom Allround-Institut zum Marktspezialisten, in: Bank und Markt, 3/81, S. 5-10.

Cyert, R.M., March, J.G., A behavioral theory of the firm, Englewood Cliffs 1963.

Darby, M.R., Karni, E., Free Competition and the Optimal Amount of Fraud, in: Journal of Law and Economics, 1973, S. 67-88.

Dawkins, P.M., Reichheld, F.F., Customer retention as a competitive weapon, in: Directors & Boards, 4/90, S. 42-47.

Dehe, H.G., Öffentlicher Auftrag, in: Deutscher Sparkassenverlag (Hrsg.), Handwörterbuch der Sparkassen, Bd. 3, Stuttgart 1982, S. 210-218.

Delisle, E., Marketing in der Versicherungswirtschaft, 2. A., Karlsruhe 1981.

Deutsch, M., Kotik, P, Altruism and Bargaining, in: Sauermann, H. (Hrsg.), Bargaining Behavior, Tübingen 1978, S. 20-40.

Deutsche Bundesbank, Monatsbericht Mai 1998, S. 33.

Deutsche Bundesbank, Vermögensbildung, S. 21.

Dichtl, E., Müller, S., Anspruchsinflation und Nivellierungstendenzen als meßtechnische Probleme in der Absatzforschung, in: Marketing ZFP, 4/86, S. 233-236.

Dick, A., Basu, K., Customer Loyalty: Toward an integrated conceptual framework, in: Journal of the Academy of Marketing Science, 2/94, S. 99-113.

Diller, H. Kundenbindung als Marketingziel, in: Marketing ZFP, 2/96, S. 81-94.

Diller, H., Kusterer, M., Beziehungsmanagement, in: Marketing ZFP, 3/88, S. 211-220.

Dolle-Helms, E., Alptraum Allfinanz, in: Die Zeit, 12.7.1996.

Döring, K., Zur Theorie der Strukturierung einer optimalen Absatzorganisation, München 1973.

Dorner, M., Allfinanz: Chancen, Risiken und Defizite, in: Finanzierung, Leasing, Factoring, 1/90, S. 23-26.

Dorner, M., Direct Banking – Konsequenzen für das lokale Bankgeschäft, in: Rolfes, B., Schierenbeck, H., Schüller, S. (Hrsg.), Das Privatkundengeschäft – Die Achillesferse deutscher Kreditinstitute. Beiträge zum Münsteraner Top-Management-Seminar, Frankfurt a.M. 1997, S. 43-58.

Drieseberg, T.J., Lebensstil-Forschung. Theoretische Grundlagen und praktische Anwendungen, Heidelberg 1995.

DSGV-Jahresbericht 1997.

Dyer, J.S., Sarin, R.K., Measurable multi-attribute value functions, in: Operations Research, 1979, S. 810-822.

Easingwood, C.J., Storey, C., Success factors for new consumer financial services, in: International Journal of Bank Marketing, 1/91, S. 3-10.

Ebers, M., Gotsch, W., Institutionenökonomische Theorien der Organisation, in: Kieser, A. (Hrsg.), Organisationstheorien, Stuttgart 1993, S. 193-242.

Eckert, S., Rentabilitätssteigerung durch Kundenbindung am Beispiel des Bertelsmann Buchclubs, Bamberg 1994.

Eggers, F., Pfingsten, A., Produktmanager und die Gefahren bankinterner Konkurrenz, in: Die Bank, 7/97, S. 414-418.

Eichhorn, P., Zur Zukunft der öffentlichen Versicherer, in: Versicherungswirtschaft 21/88, S. 1410-1415.

Eilenberger, G., Bankbetriebswirtschaftslehre: Grundlagen – Internationale Bankleistungen – Bank-Management, 6. A., München, Wien 1996.

Eisenführ, F., Weber, M., Rationales Entscheiden, Berlin et al. 1993.

Ellgering, I., Produkte des Allfinanzangebotes der S-Finanzgruppe und ihr Vertrieb, in: Sparkasse, 10/90, S. 442-445.

Emans, H., Konzepte zur strategischen Planung, in: Henzler, H.A. (Hrsg.), Handbuch Strategische Führung, Wiesbaden 1988, S. 109-131.

Epple, M.H., Conjoint-Measurement. Neue Wege zur Ergründung von Kaufentscheidungen im Finanzmarkt, in: Österreichisches Bank-Archiv (ÖBA), 3/90, S. 173-181.

Epple, M.H., Die Kundenbindung wird schwächer, in: Die Bank, 12/91, S. 544-550.

Ermann, P., Kundenbetreuer: Fachberater oder nur Relationship-Manager?, in: Die Bank, 6/89, S. 31-32.

Farny, D. Versicherungsbetriebslehre, Karlsruhe 1989.

Farny, D., Allfinanz - Das betriebswirtschaftliche Konzept, in: Krümmel, H.-J., Rehm, H., Simmert, D. B. (Hrsg.), Allfinanz - Strukturwandel an den Märkten für Finanzdienstleistungen, Berlin 1991, S. 161-176.

Fest, A., Motive der Bankloyalität von Privatkunden, in: Sparkasse, 3/99, S. 106-115.

Finanzmarktdatenservice (FMDS) der Infratest-Wirtschaftsforschung, Spezialteil Banken, o.O., 1980.

Finzel, F., Thuy, P., Privatisierung der Sparkassen – Tagespolitische Modeerscheinung oder ordnungspolitische Notwendigkeit?, in: Lenel, H.O. et al. (Hrsg.), Ordo. Jahrbuch für die Ordnung von Wirtschaft und Gesellschaft, Bd. 47, Stuttgart 1996, S. 241-261.

Fischer, R., Rechtsnatur öffentlicher Sparkassen, in: Deutscher Sparkassenverlag (Hrsg.), Handwörterbuch der Sparkassen, Bd. 3, Stuttgart 1982, S. 416-428.

Fornell, C., A national customer satisfaction barometer: The swedish experience, in: Journal of Marketing, 1/92, S. 6-21.

Franck, H., Privatkundenbefragung, in: Betriebswirtschaftliche Blätter, 1990, S. 66-68.

Frank, R.E., Massy, W.F., Wind, Y., Market Segmentation, Englewood Cliffs 1972.

Frese, E., Organisationstheorie: historische Entwicklung, Ansätze, Perspektiven, 2.A., Wiesbaden 1992.

Freter, H., Marktsegmentierung, Stuttgart et al. 1983.

Fuchs, H., Mit ausgefeilten Anreizsystemen soll das Verkaufsinteresse des Agenten geweckt werden, in: Allfinanz. Finanzdienstleistungen aus einer Hand, HB-Beilage vom 28.2.1989, S. B3.

Gälweiler, A., Synergiepotentiale, in: Szyperski, N. (Hrsg.), Handwörterbuch der Planung, Stuttgart 1989, Sp. 1935-1943.

Garvin, D.A., What does Product Quality Really Mean, in: Sloan Management Review, 3/84, S. 25-43.

GDV (Hrsg.), Die Versicherungen aus Sicht der Bürger. Ergebnisse repräsentativer Umfragen, Karlsruhe 1982.

Geise, W., Sparkassen-Finanzgruppe und Allfinanz, in: Sparkasse 2/93, S. 56-63.

Gensch, D.H., Golob, T.F., Testing the Consistency of Attribute Meaning in Empirical Concept Testing, in: Journal of Marketing Research, 8/75, S. 348-354.

Gerling, R. Ein Marketing-Konzept für Industrieversicherer, Bern 1986.

Geyer, G., Das Beratungs- und Verkaufsgespräch in Banken, Wiesbaden 1983.

Gierl, H., Der Einfluß von Wertorientierungen und Werten auf das Konsumentenverhalten, in: Der Markt, 4/92, S. 161-171.

Giertz, J., Nicht kaufen, sondern leasen, in: Die Welt, 8.10.1996.

Goß, H., Maßzahlen zur Erfassung des Umfangs und der Struktur von Allfinanz, in: Die Bank, 4/90, S. 188-191.

Grebe, M., Kreuzer, M., Über eine differenzierte Kundenansprache zum Erfolg, in: Geldinstitute, 10/97, S. 6-11.

Grimm, U., Analyse strategischer Faktoren, Wiesbaden 1983.

Grochla, E., Grundlagen der organisatorischen Gestaltung, Stuttgart 1982.

Gröne, A., Marktsegmentierung bei Investitionsgütern, Wiesbaden 1977.

Grönross, C., The marketing strategy continuum: Towards a marketing concept for the 1990s, in: Management Decision, 1/91, S. 7-13.

Gröschel, U., Wettbewerbspolitische Aspekte einer Privatisierung von Sparkassen, in: Sparkasse, 11/92, S. 519-526.

Güde, U., Geschäftspolitik der Sparkassen. Grundlagen und aktuelle Probleme, 6. A., Stuttgart 1995.

Gutsche, J., Produktpräferenzanalyse. Ein modelltheoretisches und methodisches Konzept zur Marktsimulation mittels Präferenzerfassungsmodellen, Berlin 1995.

Habig, C., Jasny, R., Zur Relevanz des Deutschen Kundenbarometers für die Bankpraxis, in: Die Bank, 12/98, S. 724-727.

Hahn, C., Conjoint- und Discrete Choice-Analyse als Verfahren zur Abbildung von Präferenzstrukturen und Produktauswahlentscheidungen. Ein theoretischer und computergestützter empirischer Vergleich, Münster 1997.

Hahn, O., Der Markt für Finanzdienstleistungen im Zeitvergleich, in: Versicherungswirtschaft, 3/88, S. 190-196.

Haley, R.I., Benefit Segmentation: A Decision-Oriented Research Tool, in: Journal of Marketing, July 1968, S. 30-35

Haley, R.I., Beyond Benefit Segmentation, in: Journal of Advertising Research, 4/71, S. 3-8.

Hamel, G., The concept of core competence, in: Hamel, G., Heene, A. (Hrsg.), Competence-based competition, Chichester et al. 1994, S. 11-33.

Hammann, P., Erichson, B., Marktforschung, 2. A., Stuttgart 1990.

Händel, W., Patterson, A., Strukturwandel im Markt für Finanzdienstleistungen, in: Die Betriebswirtschaft, 2/90, S. 157-169.

Hannemann, S., Vertrieb von Finanzdienstleistungen. Einsatz von Maklern, Handelsvertretern und Franchise-Systemen, Wiesbaden 1993.

Hansen, U., Jeschke, K., Nachkaufmarketing. Ein neuer Trend im Konsumgütermarketing?, in: Marketing, 2/92, S. 88-97.

Hartmann-Wendels, T., Pfingsten, A., Weber, M., Bankbetriebslehre, Berlin et al. 1998.

Hauschildt, J., Entscheidungsziele, Tübingen 1977.

Hauschildt, J., Unterschiede in der Zielkonzeption privatwirtschaftlicher, genossenschaftlicher und öffentlicher Banken?, in: Zeitschrift für öffentliche und gemeinwirtschaftliche Unternehmen, 4/78, S. 26-44.

Hauschildt, J., Zielsysteme, in: Grochla, E. (Hrsg.), Handwörterbuch der Organisation, 2. A., Stuttgart 1980, Sp. 2419-2430.

Heidenreich, K., Allfinanz in der Bewährungsprobe, in: Bank und Markt, 1/92, S. 16-18.

Heinen, E., Das Zielsystem der Unternehmung, 3. A., Wiesbaden 1976.

Heinen, E., Einführung in die Betriebswirtschaftslehre, 8. A., Wiesbaden 1982.

Heitmüller, H.-M., Strategien der 90iger Jahre, in: Betriebswirtschaftliche Blätter, 1990, S. 480-486.

Heitmüller, H.-M., Privatkundengeschäft: Mehr als Steckdosen-Banking, in: Bank und Markt, 4/97, S. 18-22.

Heitmüller, H.-M., Sparkassenwerbung: Das Gemeinschafts-„S“ gibt den Ton an, in: Bank und Markt, 9/97, S. 19-22.

Heitmüller, H.-M., Marktstrategie und Kundenbindung im Zeitalter der Globalisierung, in: Sparkasse, 10/97, S. 457-464.

Heitmüller, H.-M., Verbundgeschäfte – Reiz oder Reizthema?, in: Sparkasse, 2/98, S. 82-85.

Helten, E., Synergieeffekte durch Kooperation von Banken und Versicherungen?, in: Versicherungsbetriebe, 5/89, S. 2-16.

Hentschel, B., Dienstleistungsqualität aus Kundensicht. Vom merkmals- zum ereignisorientierten Ansatz, Wiesbaden 1992.

Herrmann, A., Produktqualität, Kundenzufriedenheit und Unternehmensrentabilität, in: Bauer, H.H., Diller, H. (Hrsg.), Wege des Marketing, Berlin 1995, S. 237-247.

Herrmann, A., Nachfragerorientierte Produktgestaltung. Ein Ansatz auf Basis der „means end“-Theorie, Wiesbaden 1996.

Herrmann, A., Wertorientierte Produkt- und Werbegestaltung, in: Marketing ZFP, 3/96, S. 153-163.

Herrmann, A., Jungmann, F., Nutzenorientierte Konzeption eines Privatgirokontos, in: Die Bank, 6/97, S. 378-381.

Herrmann, A., Vetter, I., Wricke, M., Kundenorientierte Gestaltung von Bankprodukten – am Beispiel des Privatgirokontos, in: Müller, S., Strothmann, H.

(Hrsg.), Kundenzufriedenheit und Kundenbindung. Strategien und Instrumente von Finanzdienstleistern, München 1998, S. 323-332.

Hermann, C., Allfinanz ist meistens eine Einbahnstraße, in: Börsenzeitung, 31.12.1996.

Heskett, J.L., Jones, T.O., Loveman, G.W., Sasser, W.E., Schlesinger, L.A., Putting the Service-Profit Chain to Work, in: Harvard Business Review, 2/94, S. 164-174.

Heskett, J.L., Sasser, W.E., Hart, C.W., Service Breakthroughs: Changing the Rules of the Game, New York 1990.

Hey, H., S-Finanzgruppe – ein Weg ohne Alternative, in: Sparkasse, 1/91, S. 8-12.

Hilke, W., Dienstleistungsmarketing aus Sicht der Wissenschaft, Diskussionsbeiträge des Betriebswirtschaftlichen Seminars der Universität Freiburg, Freiburg 1984.

Hilke, W., Grundprobleme und Entwicklungstendenzen des Dienstleistungs-Marketing, in: Hilke, W., (Hrsg.), Dienstleistungs-Marketing, Wiesbaden 1989, S. 5-44.

Hinterhuber, H.H., Pechlaner, H.P., Strategische Allianzen im grenzüberschreitenden Bankensektor, in: Bank und Markt, 5/92, S. 22-26.

Hinterhuber, H.H., Pechlaner, H.P., Strategische Allianzen im grenzüberschreitenden Bankensektor (Fortsetzung), in: Bank und Markt, 6/92, S. 17-20.

Hintze, J.L., Number Cruncher Statistical System. Product 5.3. Advanced Statistics, Kaysville 1992.

Hirschman, A.O., Abwanderung und Widerspruch, Tübingen 1974.

Hoffmann, J., Die jüngste Etappe der deutschen Sparkassenentwicklung, in: Ders., Der Weg der Sparkassenpolitik, Stuttgart 1966, S. 111-124.

Höhmann, K., Venohr, B., Wouterse, A., Versicherungsverkauf durch Banken – ein pragmatischer Ansatz, in: Die Bank, 9/97, S. 516-521.

Homburg, C., Kundennähe von Industriegüterunternehmen – Konzeption – Erfolgsauswirkungen - Determinanten, Wiesbaden 1995.

Homburg, C., Bruhn, M., Kundenbindungsmanagement – eine Einführung, in: Bruhn, M., Homburg, C. (Hrsg.), Handbuch Kundenbindungsmanagement, Wiesbaden 1998, S. 3-35.

Homburg, C., Faßnacht, M., Kundennähe, Kundenzufriedenheit und Kundenbindung bei Dienstleistungsunternehmen, in: Bruhn, M., Meffert, H., Dienstleistungsmanagement. Grundlagen-Konzepte-Erfahrungen, Wiesbaden 1998, S. 405-428.

Homburg, C., Faßnacht, M., Werner, H., Operationalisierung von Kundenzufriedenheit und Kundenbindung, in: Bruhn, M., Homburg, C. (Hrsg.), Handbuch

Kundenbindungsmanagement. Grundlagen – Konzepte – Erfahrungen, Wiesbaden 1998, S. 389-410.

Homburg, C., Giering, A., Hentschel, F., Der Zusammenhang zwischen Kundenzufriedenheit und Kundenbindung, in: Bruhn, M., Homburg, C. (Hrsg.), Handbuch Kundenbindungsmanagement. Grundlagen – Konzepte – Erfahrungen, Wiesbaden 1998, S. 81-112.

Homburg, C., Rudolph, B., Theoretische Perspektiven der Kundenzufriedenheit, in: Simon, H., Homburg, C., (Hrsg.), Kundenzufriedenheit. Konzepte – Methoden – Erfahrungen, 2. A., Wiesbaden 1997, S. 31-51.

Homburg, C., Werner, H., Messung und Management von Kundenzufriedenheit und Kundenbindung im Finanzdienstleistungsbereich, in: Müller, S., Strothmann, H., Kundenzufriedenheit und Kundenbindung. Strategien und Instrumente von Finanzdienstleistern, München 1998, S. 163-178.

Hoppenstedt, D.H., Aktuelle Fragen und Ziele der Sparkassenorganisation, in: Sparkasse, 1/99, S. 16-20.

Hosmer, J., Lemeshow, D., Applied Logistic Regression, New York et al. 1989.

Informationsdienst der Deutschen Wirtschaft, 16/90, Nr. 41.

Jacobs, S., Strategische Erfolgsfaktoren der Diversifikation, Wiesbaden 1991.

Jacoby, J., Chestnut, R., Brand loyalty, Measurement and Management, New York 1978.

Jänsch, N., Mikrogeographische Marktsegmentierung in der Versicherungswirtschaft. Ein Instrument zur Analyse und Steuerung, Wiesbaden 1995.

Jeschke, K., Nachkaufmarketing: Kundenzufriedenheit und Kundenbindung auf Konsumgütermärkten, Frankfurt a.M. 1995.

Johnson, M.D., Anderson, E.W., Fornell, C., Rational and Adaptive Performance in a Customer Satisfaction Framework, in: Journal of Consumer Research, 1995, S. 695-707.

Joho, C., Ein Ansatz zum Kundenbindungsmanagement für Versicherer, Bern Stuttgart Wien 1996.

Judt, E., Markenpolitik für Finanzdienstleistungen?, in: Betsch, O., Wiechers, R. (Hrsg.), Handbuch Finanzvertrieb. Vertriebsstrategien – Vertriebswege – Vertriebsmanagement, Frankfurt a.M. 1995, S. 86-96.

Jung, H., Grundlagen zur Messung von Kundenzufriedenheit, in: Simon, H., Homburg, C., (Hrsg.), Kundenzufriedenheit. Konzepte – Methoden – Erfahrungen, 2. A., Wiesbaden 1997, S.141-161.

Kaas, K.P., Marketing und Neue Institutionenlehre, Arbeitspapier Nr. 1 aus dem Forschungsprojekt Marketing und ökonomische Theorie des Lehrstuhl für Betriebswirtschaftslehre, insbesondere Marketing an der Johann-Wolfgang-Goethe-Universität, Frankfurt a.M. 1992.

Kaas, K.-P., Marketing für Finanzdienstleistungen – Probleme und Entwicklungstendenzen, in: Bruhn, M., Steffenhagen, H. (Hrsg.), Marktorientierte Unternehmensführung. Reflexionen – Denkanstösse – Perspektiven, Wiesbaden 1997, S. 455-469.

Kaas, K.P., Busch, A., Inspektions-, Erfahrungs- und Vertrauenseigenschaften von Produkten, in: Marketing ZFP, 4/96, S. 243-252.

Kaas, K.P., Fischer, M., Der Transaktionskostenansatz, in: Das Wirtschaftsstudium, 8/93, S. 683-693.

Kaas, K.P., Runow, H., Wie befriedigend sind die Ergebnisse der Forschung zur Verbraucherzufriedenheit?, in: DBW, 3/84, S. 451-460.

Kallmann, A., Skalierung in der empirischen Forschung: Das Problem ordinaler Skalen, München 1979.

Keßler, H., Verbünde – ihr Erfordernis, ihre Chancen, in: Bank und Markt, 5/89, S. 14-19, hier: S. 14.

Ketzel, E., Kreditinstitutsgruppen und deren unterschiedliche Zielsetzungen im Vergleich, in: Geldprofi, 3/96, S. 17-22.

Kim, O., Multivariate Analysis of Ordinal Variables, in: American Journal of Sociology, 1975, S. 261-298.

Kim, O., Multivariate Analysis of Ordinal Variables Revisited, in: American Journal of Sociology, 1978, S. 448-456.

Klein, A.W., Entwicklung der Finanzdienstleistung im europäischen Markt, in: Versicherungswirtschaft, 1/91, S. 25-29.

Klein, W., Konzentration oder Kooperation – was bringt das strategische Vertriebskonzept eines Allfinanzverbunds?, in: Versicherungswirtschaft, 12/88, S. 826-831.

Kleiner, H., Verbundmodelle im Vertrieb, in: Betsch, O., Wiechers, R. (Hrsg.), Handbuch Finanzvertrieb. Vertriebsstrategien – Vertriebswege – Vertriebsmanagement, Frankfurt a.M. 1995, S. 364-375.

Knoblich, H., Zwischenbetriebliche Kooperation – Wesen, Formen, Ziele, in: ZfB, 8/69, S. 497-514.

Köcher, R., Partner von morgen – Mentalität, Absicherungsorientierung und Branchenbild der jungen Generation, in: Zeitschrift für die gesamte Versicherungswirtschaft, 1987, S. 281-300.

Kolbeck, R., Bankbetriebliche Planung, Wiesbaden 1971.

Köllhofer, D., Preispolitik im Zahlungsverkehr, in: Süchting, J., van Hooven, E. (Hrsg.), Handbuch des Bankmarketing, 2. A., Wiesbaden 1991, S. 169-188.

Korff, U., Dorner, M., Allfinanz durch Kooperation, in: Bank und Markt, 6/91, S. 16-20.

Korte, C., Customer Satisfaction Measurement: Zufriedenheitsmessung als Informationsgrundlage des Hersteller- und Handelsmarketing am Beispiel der Automobilwirtschaft, Frankfurt 1996.

Kotler, P., Bliemel, F., Marketing-Management. Analyse, Planung, Umsetzung und Steuerung, 7. A., Stuttgart 1992.

Kracht, A., Irrweg Allfinanz? – Zum Verhältnis von Banken und Versicherungen, in: Scholle, M. (Hrsg.), Den Wandel gestalten, Stuttgart 1995, S. 203-218.

Krafft, M., Der Ansatz der Logistischen Regression und seine Interpretation, Arbeitspapier Nr. 402 des Lehrstuhls für Marketing an der Christian-Albrechts-Universität zu Kiel, Kiel 1996.

Kremer, M., Das Nachfrageverhalten von Versicherungs- und Bankkunden aus ganzheitlicher Sicht – Konsequenzen für den Finanzdienstleistungsgedanken, St. Gallen 1994.

Kroeber-Riel, W., Weinberg, P., Konsumentenverhalten, 6. A., München 1996.

Krönung, M.D., Auf der Suche nach der wettbewerbsfähigen Bankorganisation, in: Süchting, J., Heitmüller, H.-M. (Hrsg.), Handbuch der Bankorganisation, 3. A., Wiesbaden 1998, S. 53-68.

Krüger, U., Kundenorientierung und Kundenbindung aus Sicht einer Sparkasse, in: Müller, S., Strothmann, H. (Hrsg.), Kundenzufriedenheit und Kundenbindung. Strategien und Instrumente von Finanzdienstleistern, München 1998, S. 115-130.

Krupp, G., Versicherungsgesellschaft bei der Deutschen Bank, in: Versicherungsbetriebe, 1/90, S. 2-8.

Krupp, G., Anmerkungen zur Zukunft des Privatkundengeschäfts, in: Bank und Markt, 12/92, S. 7-14.

Krupp, G., Allfinanzpolitik, in: Gerke, W., Steiner, M. (Hrsg.), Handwörterbuch des Bank- und Finanzwesens,. 2., überarb. u. erw. Aufl., Stuttgart 1995, Sp.55-67.

Kruse, V., Allfinanz-Strategien deutscher Großbanken im europäischen Binnenmarkt, Wiesbaden 1992.

Kühn, R., Methodische Überlegungen zum Umgang mit Kundenorientierung im Marketing-Management, in: Marketing ZFP, 2/91, S. 97-107.

Kuhn, W., Transparenz contra Vielfalt – Einige Gedanken zur Bedingungsfreigabe auch im Massengeschäft, in: Wilhelm, F., Mehl, G. (Hrsg.), Versicherungen in Europa heute und morgen: Geburtstags-Schrift für Georg Büchner, Karlsruhe 1991, S. 311-315.

Kunze, K., Kundenbindung und Marktwachstum. Konzeptionelle Ansätze und empirische Analysen zum Kundenbindungsmanagement in verschiedenen Marktphasen, Diss. Universität Rostock, erscheint demnächst.

Kuß, A., Käuferverhalten, Berlin 1991.

Laakmann, K., Value Added Services als Profilierungsinstrument im Wettbewerb: Analyse Generierung und Bewertung, Frankfurt a.M. et al. 1995.

Labovitz, S., The Assignment of Numbers to Rank Order Categories, in: American Sociological Review, June 1970, S. 515-524.

Lafferty, M., Die weltweit zunehmende Bedeutung des Privatkundengeschäfts der Banken, in: Betriebswirtschaftliche Blätter, 1984, S. 137-140.

Lange, H.J., Kundenbindung im Bankbereich: Das Beispiel der Deutschen Bank AG, in: Bruhn, M., Homburg, C. (Hrsg.), Handbuch Kundenbindungsmanagement. Grundlagen – Konzepte – Erfahrungen, Wiesbaden 1998, S. 443-459.

Lazer, W., Life Style Concepts and Marketing, in: Greyser, S. (Hrsg.), Toward Scientific Marketing, Chicago 1964, S. 130-139.

Leeb, A., Kooperationen und Verbundsysteme zwischen Banken und Versicherungen - Möglichkeiten der Institutionalisierung eines Absatzverbundes, Dissertation, Wien 1989.

Leker, J., Schewe, G., Beurteilung des Kreditausfallrisikos im Firmenkundengeschäft der Banken, in: Zeitschrift für betriebswirtschaftliche Forschung, 10/98, S. 877-891.

Leonard-Barton, D., Core capabilities and core rigidities: A paradox in managing new product development, in: Strategic Management Journal, 13/92, S. 111-125.

Leupold, E.W., Die Planung der Formalzielkonzeption in Universalbanken, Köln o.J.

Link, J., Welche Kunden rechnen sich?, in: Absatzwirtschaft, 10/95, S. 108-110.

Locke, E.A., Relationship of Success and Expectation to Affect on Goal Seeking Tasks, in: Journal of Personality and Social Psychology, 2/67, S. 125-134.

Lohmann, F., Ursachen von Kundenloyalität: Ein umfassendes Erklärungsmodell, in: Müller, S., Strothmann, H., Kundenzufriedenheit und Kundenbindung. Strategien und Instrumente von Finanzdienstleistern, München 1998, S. 179-196.

Lütke-Bornefeld, P., Allfinanz-Strategien in Deutschland und der Vertrieb von Lebensversicherungen, in: Versicherungswirtschaft, 16/90, S. 970-975.

Mählmann, P., Freie Sparkassen, in: Deutscher Sparkassenverlag (Hrsg.), Handwörterbuch der Sparkassen, Bd. 2, Stuttgart 1982, S. 141-144.

Maier, M., Finanzdienstleistungen im Privatkundengeschäft: Dynamik im Markt und Marketing, in: Meyer, A. (Hrsg.), Handbuch Dienstleistungs-Marketing, Bd. 2, Stuttgart 1998, S. 1667-1685.

Manzanec, J., Strukturmodelle des Konsumentenverhaltens, Wien 1978.

map-fax Nr. 13/97, 27.3.1997.

March, J.G., Simon, H.A., Organizations, New York et al. 1958.

Matell, M.S., Jacoby, J., Is there an optimal number of alternatives for Likert scale items? Study I: Reliability and Validity, in: Educational and Psychological Measurement, 1971, S. 657-674.

Matthes, D., Die Markentreue, eine Analyse ihres Wesens und dessen Bestimmungsfaktoren, Erlangen-Nürnberg 1967.

Mattner, U., Attraktive Zinsen und schnelle Kreditzusage, in: Die Welt, 18.9.1996.

Matzler, K., Hinterhuber, H.H., Handlbaur, G., Erfolgspotential Kundenzufriedenheit (1), in: WISU, 7/97, S. 645-650.

Mauerer, A., Die Partnerschaft zwischen Sparkassen und Kunden, in: Sparkasse, 6/96, S. 275-278.

May, K., Kommunalkredite, in: Deutscher Sparkassenverlag (Hrsg.), Handwörterbuch der Sparkassen, Bd. 2, Stuttgart 1982, S. 477-490.

Mayer, A., Mayer, R.U., Imagetransfer, Hamburg 1987.

McKenna, R., Relationship Marketing: Successful Strategies for the Age of the customer, New York 1991.

Meffert, H., Kundendienstpolitik. Eine Bestandsaufnahme zu einem komplexen Wettbewerbsinstrument, in: Marketing ZFP, 2/87, S. 93-102.

Meffert, H., Markenstrategien als Waffe im Wettbewerb, in: Henzler, H.A. (Hrsg.), Handbuch Strategische Führung, Wiesbaden 1988, S. 581-610.

Meffert, H., Marketingforschung und Käuferverhalten, 2. A., Wiesbaden 1992.

Meffert, H., Marktorientierte Führung von Dienstleistungsunternehmen. Neuere Entwicklungen in Theorie und Praxis, in: Meffert, H., Wagner, H. (Hrsg.), Arbeitspapier Nr. 87 der Wissenschaftlichen Gesellschaft für Marketing und Unternehmensführung e.V., Münster 1993.

Meffert, H., Marketing-Management. Analyse - Strategie - Implementierung, Wiesbaden 1994.

Meffert, H., Finanzmarketing, in: Handwörterbuch des Bank- und Finanzwesens, 2. A., Stuttgart 1995, Sp. 735-747.

Meffert, H., Marketing. Grundlagen marktorientierter Unternehmensführung, 8. A., Wiesbaden 1998.

Meffert, H., Kundenbindung als Element moderner Wettbewerbsstrategien, in: Bruhn, M., Homburg, C. (Hrsg.), Handbuch Kundenbindungsmanagement. Grundlagen – Konzepte – Erfahrungen, Wiesbaden 1998, S. 115-133.

Meffert, H., Althans, J., Internationales Marketing, Stuttgart et al. 1982.

Meffert, H., Bruhn, M., Dienstleistungsmarketing. Grundlagen, Konzepte, Methoden, 2. A., Wiesbaden 1997.

Meffert, H., Burmann, C., Value-Added-Services im Bankbereich, in: Bank und Markt, 4/96, S. 26-29.

Meffert, H., Burmann, C., Value-Added-Services im Privatkundengeschäft der Banken, in: Betsch, O., van Hooven, E., Krupp, G., Handbuch Privatkundengeschäft, Frankfurt a.M. 1998, S. 387-396.

Meffert, H., Heinemann, G., Operationalisierung des Imagetransfers, in: Marketing ZFP, 1/90, S. 5-10.

Meffert, H., Perrey, J., Nutzensegmentierung im Verkehrsdienstleistungsbereich – theoretische Grundlagen und empirische Erkenntnisse am Beispiel des Schienenpersonenverkehrs, in: Tourismus Journal, 1/97, S. 13-40.

Meffert, H., Schwetje, T., Meßprobleme der Kundenzufriedenheit – Erfahrungen aus einem Marktforschungsprojekt, in: Meffert, H., Backhaus, K. (Hrsg.), Arbeitspapier Nr. 114 der Wissenschaftlichen Gesellschaft für Unternehmensführung e.V., Münster 1998.

Meyer, A., Dienstleistungs-Marketing, in: DBW, 2/91, S. 195-209.

Meyer, A., Dornach, F., Das Deutsche Kundenbarometer 1997 – Qualität und Zufriedenheit – Jahrbuch der Kundenzufriedenheit in Deutschland 1997, München 1997.

Meyer, G., Roos, U., Kundenorientierung und Kundenbindung aus Sicht einer Versicherung, in: dies., S. 131-143.

Michman, R.D., Lifestyle Market Segmentation, New York 1991.

Miethke, J., Der Verbund nutzt der gesamten Sparkassenorganisation, in: HB, 10.5.1995.

Moll, H.-W., Vertrieb von Finanzdienstleistungen – Kundenbindung und Kundenzufriedenheit, in: Bankinformation, 5/97, S. 14-21.

Montoya-Weiss, M.M., Calantone, R., Determinants of new product performance: A review and meta-analysis, in: Journal of product innovation management, 1994, S. 397-417.

Morrison, D.G., On the Interpretation of Discriminant Analysis, in: Journal of Marketing Research, 1969, S. 156-163.

Möschel, W., Privatisierung der Sparkassen – zu den jüngsten Vorschlägen der Monopolkommission, in: Wertpapier Mitteilungen. Zeitschrift für Wirtschafts- und Bankrecht, 3/93, S. 93-98.

Mühlbacher, H., Botschen, G., Benefit-Segmentierung von Dienstleistungsmärkten, in: Marketing ZFP, 3/90, S. 159-168.

Müller, F., Kooperationsbeziehungen zwischen Banken und Versicherungen: Determinanten, Management und Wirkungen, Stuttgart 1997.

Müller, H., Marktsegmentierung im Privatkundengeschäft von Versicherungsunternehmen, Karlsruhe 1994.

Müller, S., Die Unzufriedenheit der „eher zufriedenen" Kunden, in: Müller, S., Strothmann, H. (Hrsg.), Kundenzufriedenheit und Kundenbindung. Strategien und Instrumente von Finanzdienstleistern, München 1998, S. 197-218.

Müller, W., Kundenzufriedenheit als oberstes Ziel – Loyales Kundenpotential als strategischer Wettbewerbsfaktor, Teil 1, in: Gablers Magazin, 9/90, S. 41-46.

Müller, W., Riesenbeck, H.J., Wie aus zufriedenen auch abhängige Kunden werden, in: Harvard Manager, 3/91, S. 67-79.

Müller-Böling, D., Qualitätsmanagement, in: Handwörterbuch der Betriebswirtschaft, Bd. 2, 5. A., Stuttgart 1993, Sp. 3626-3638.

Müller-Lutz, H.-L., Allfinanz - Pro und Kontra, in: Verlag Versicherungswirtschaft e.V. (Hrsg.), Frankfurter Vorträge zum Versicherungswesen, Nr. 24, Karlsruhe 1992.

Müller-Lutz, H.-L., Begründungen, Möglichkeiten und Grenzen von Allfinanz, in: Verein zur Förderung der Versicherungswissenschaft in München e.V. (Hrsg.), Schriftenreihe des Vereins zur Förderung der Versicherungswissenschaft in München e.V., Heft 55/154, o.O., o.J..

Mura, J., Entwicklungslinien der deutschen Sparkassengeschichte, 2. A., Stuttgart 1994.

Mustersatzung für öffentlich-rechtliche Sparkassen, in: Amtsbl. Schl.-H. 1996, S. 834 geändert: 1988, S. 353.

Nader, G., Die Qualität von Bankdienstleistungen, in: Österreichisches Bank Archiv, 6/93, S. 454-463.

Nader, G., Zufriedenheit mit Finanzdienstleistungen. Erfolgswirksamkeit, Messung und Modellierung, Wien, New York 1995.

Nelson, P., Information and Consumer Behavior, in: Journal of Political Economy, 2/70, S. 311-329.

Nieschlag, R., Dichtl, E., Hörschgen, H., Marketing, 17. A., Berlin 1994.

Nieschlag, R., Dichtl, E., Hörschgen, H., Marketing, 18. A., Berlin 1997.

Nolte, H., Die Markentreue im Konsumgüterbereich, Bochum 1976.

Norušis, M.J., SPSS Advanced Statistics 6.1, Chicago 1994.

Norušis, M.J., SPSS für Windows. Anwenderhandbuch für das Base System Version 6.0, München 1994.

Norušis, M.J., SPSS Professional Statistics 6.1, Chicago 1994.

Nowak, D., Plöger, W., Lebensweltforschung: ein Ansatz auch für Banken, in: Bank und Markt, 2/97, S. 32-35.

o.V., Allianz mit Allfinanz, in: FAZ, 11.7.1997.

o.V., Bankenkonkurrenz macht Versicherern zu schaffen, in: Die Welt, 4.4.1997.

o.V., Bei Spargeldern über 30% Marktanteil, in: Handelsblatt, 17.7.1997

o.V., Credit Suisse schmiedet großen Allfinanz-Konzern, FAZ, 12.8.1997.

o.V., DGZ-DekaBank – "Fusion der besonderen Art", in: BZ, 12.12.1998.

o.V., Die Allfinanzentwicklung steht erst am Anfang, in: BZ, 30.11.1989.

o.V., Die Deutschen kaufen zwei von drei Autos auf Pump, in: Die Welt, 8.2.1999.

o.V., Die zwei "Schwestern" Münchner Rück - Allianz, in: NZZ, 19./20. Juli 1997.

o.V., Fondsgebundene Lebensversicherung fristet noch ein Schattendasein, in: FAZ, 14.6.1997.

o.V., Ins Blaue, in: Der Spiegel, 52/90, S. 89.

o.V., Sparbuch vom Autohaus, in: Hamburger Abendblatt, 17.2.1997.

o.V., Synergie, in: Diller, H. (Hrsg.), Vahlens Großes Marketing Lexikon, München 1994, S. 1125.

o.V., Vermögende Privatkunden, in: Bank und Markt, 4/94, S. 34.

o.V., Versicherungsspekulationen, in: BZ, 5.8.1997.

o.V., Votum für ein starkes Institut, in: BZ, 14.12.1998.

Oehler, A., Betreuung durch Relationship-Management, in: Die Bank, 3/95, S. 137-142.

Oehler, A., Kundenorientierte Organisationsstrukturen in Filialbanken: Grundlegende Realisierungsvoraussetzungen und Implementierungsprobleme, in: Müller, S., Strothmann, H., Kundenzufriedenheit und Kundenbindung. Strategien und Instrumente von Finanzdienstleistern, München 1998, S. 255-287.

Oevermann, D., Kundenbindungsmanagement von Kreditinstituten, München 1996.

Ohlwein, M, Schiele, T.P., Co-Branding, in: WiSt, 11/94, S. 577-578.

Oliver, R.L., A Cognitive Model of the Antecedents and Consequences of Satisfaction Decisions, in: Journal of Marketing Research, 4/80, S. 460-469.

Olson, J.C., Theoretical Foundations of Means-End Chains, Working Paper 174, Pennsylvania State University, Pittsburg 1998.

Olson, J.C., Kanwar, R., Muderrisoglu, A., Clarifying the Confusion Regarding Salience, Importance, and Determinance Concepts in Multiattribute Research, in: Beckwith, N. et al. (Hrsg.), Educator`s Conference Proceedings, American Marketing Association, Chicago, III. 1979, S. 286-290.

Olson, J.C., Reynolds, T.J., Understanding Consumer Cognitive Stuctures: Implications for Advertising Strategy, in: Percy, L., Woodside, A. (Hrsg.), Advertising and Consumer Psychology, Lexington 1983, S. 77-90.

Oppewal, H., Louviere, J.J., Timmermans, H.J.P., Modeling Hierarchical Conjoint Process with Integrated Choice Experiments, in: Jornal of Marketing Research, 2/94, S. 92-105.

Parasuraman, A., Zeithaml, V.A., Berry, L.L., A Conceptual Model of Service Quality and its indications for future research, in: Journal of Marketing, 1/85, S. 41-50.

Parasuraman, A., Zeithaml, V.A., Berry, L.L., SERVQUAL. A multiple-item scale for measuring consumer perceptions of service quality, in: Journal of Retailing, 1/88, S. 12-40.

Pauluhn, B., Allfinanz und mobiler Vertrieb, in: Betsch, O., Wiechers, R. (Hrsg.), Handbuch Finanzvertrieb. Vertriebsstrategien – Vertriebswege – Vertriebsmanagement, Frankfurt a.M. 1995, S. 338-354.

Pepels, W., Handbuch moderner Marketingpraxis, Bd. 1, Düsseldorf 1993.

Perrey, J., Nutzenorientierte Marktsegmentierung. Ein integrativer Ansatz zum Zielgruppenmarketing im Verkehrsdienstleistungsbereich, Wiesbaden 1998.

Peterson, R.A., Wilson, W.R., Measuring Customer Satisfaction: Fact and Artifact, in: Journal of the Academy of Marketing Science, 1/92, S. 61-71.

Pfingsten, A., Automat und Couch: wo Bankleistungen verkauft werden, in: Bankenfachverband (Hrsg.), Jahresbericht 1992.

Pfingsten, A., Der Aufbau neuer und die Intensivierung bestehender Kundenbeziehungen: Problematik und Optimierungsansätze, in: Hansmann, K.-W. et.al. (Hrsg.), Operations Research Proceedings 1992, Berlin et al. 1993, S. 66-74.

Pfingsten, A., Lineare Bezahlsysteme: eine weitere Begründung, in: ZfB, 6/95, S. 517-532.

Picot, A., Transaktionskostenansatz in der Organisationstheorie – Stand der Diskussion und Aussagewert, in: DBW, 2/82, S. 267-284.

Platzek, H.-J., Perspektiven des Vertriebs von Finanzdienstleistungen, in: Bank und Markt, 2/96, S. 10-13.

Plinke, W., Fallgruben der Kundenorientierung überspringen, in: Absatzwirtschaft, 3/92, S. 97-101.

Plinke, W., Söllner, A., Kundenbindung und Abhängigkeitsbeziehungen, in: Bruhn, M., Homburg, C. (Hrsg.), Handbuch Kundenbindungsmanagement, Wiesbaden 1998, S. 55-79.

Plummer, J.T., The Concept and Application of Lifestyle Segmentation, in: Journal of Marketing, January 1974, S. 33-37.

Pohl, A., Dahlhoff, D., Auch zufriedene Kunden werden untreu, in: FAZ, 14.9.1998.

Polan, R., Ein Meßkonzept für die Bankloyalität. Investitionen in Bank/Kunde-Beziehungen unter Risikoaspekten, Wiesbaden 1995.

Porter, M.E., Competitive advantage. Creating and sustaining superior performance, New York et al. 1985.

Porter, M.E., Wettbewerbsvorteile (Competitive Advantage, dt. Übersetzung von A. Jaeger), Frankfurt a.M. 1986.

Porter, M.E., Wettbewerbsvorteile: Spitzenleistungen erreichen und behaupten, 3. A., Frankfurt, New York 1992.

Prahalad, C.K., Hamel, G., The core competence of the corporation, in: Harvard business review, May-June 1990, S. 79-91.

Praxmarer, M.A., Allfinanz-Strategien aus Sicht der Banken. Rahmenbedingungen und Gestaltungsansätze unter besonderer Berücksichtigung der Universalbanken in der Schweiz, Bern, Stuttgart, Wien 1993.

Press, S.J., Wilson, S., Choosing between Logistic Regression and Discriminant Analysis, in: Journal of the American Statistical Association, 1978, S. 699-705.

Pümpin, C. Management Strategischer Erfolgspositionen – Das SEP-Konzept als Grundlage wirkungsvoller Unternehmensführung, 3. A., Bern/Stuttgart 1986, S. 34.

Rapp, A., Bankpreise und Kundenverhalten, Frankfurt 1992.

Reeb, M., Lebensstilanalysen in der strategischen Marktforschung, Wiesbaden 1998.

Rehm, H., Diskussion über Sparkassenprivatisierung – eine Herausforderung, in: Sparkasse, 4/93, S. 173-178.

Rehm, H., Öffentlich-rechtliche Sparkassen: Privatisierung, weil erfolgreich im Wettbewerb?, in: Wertpapier Mitteilungen. Zeitschrift für Wirtschafts- und Bankrecht, 4/93, S. 133-139.

Reichardt, I., Beziehungsmarketing: Die Organisation der Kundenorientierung, in: Absatzwirtschaft, 3/96, S.64-68.

Reichheld, F.F., Treue Kunden müssen auch rentabel sein, Harvard Business Manager, 3/93, S. 106-114.

Reichheld, F.F., Lernen von abtrünnigen Kunden, was Sie falsch machen, in: Harvard Business Manager, 2/97, S. 57-68.

Reichheld, F.F., Aspinall, K., Building High-Loyalty Business Systems, in: Journal of Retail Banking, 1994, S. 21-29.

Reichheld, F.F., Sasser, W.E. Zero Defections: Quality Comes to Services, in: Harvard Business Review, 5/90, S. 105-111.

Reichheld, F.F., Sasser, W.E., Zero-Migration: Dienstleister im Sog der Qualitätsrevolution, in: Harvard Manager, 4/91, S. 108-116.

Reime, R., Provisionen auf neuen Wegen, in: Zeitschrift für Versicherungswesen, 15-16/96, S. 414-417.

Remsperger, H., Erscheinungsformen, Ursachen und Implikationen von Allfinanz-Strategien, in: Die Bank, 6/89, S. 299-309.

Richter, R., Furubotn, E., Neue Institutionenökonomik. Eine Einführung und kritische Würdigung, Tübingen 1996.

Riehm, H.-J., Entwicklung und Zukunftsposition der Universalbanken in Deutschland, in: Geldprofi, 3/91, S. 3-7.

Rolfes, B., Benna, R., Beratung: Die Präferenzen der Kunden, in: Die Bank, 9/98, S. 543-547

Rolfes, B., Die Ertragszukunft im Privatkundengeschäft, in: Rolfes, B., Schierenbeck, H., Schüller, S. (Hrsg.), Das Privatkundengeschäft – Die Achillesferse deutscher Kreditinstitute. Beiträge zum Münsteraner Top-Management-Seminar, Frankfurt a.M. 1997, S. 1-14.

Rotering, J., Zwischenbetriebliche Koordination als alternative Organisationsform – Ein transaktionskostentheoretischer Erklärungsansatz, Stuttgart 1993.

Rottenbacher, A., Strategische Neuausrichtung des Privatkundengeschäfts in den neunziger Jahren, Stuttgart 1994.

Rüdiger, M., Theoretische Grundmodelle zur Erklärung von FuE-Kooperationen, in: ZfB, 1/98, S. 25-47.

Rüdiger, W., „Servicequalität" – ein Schlüsselkriterium für Geldinstitute, in: Österreichisches Bank Archiv, 4/86, S. 142-145.

Rudolph, B., Sollten Banken am Versicherungsmarkt tätig sein?, in: Die Bank, 12/87, S. 655-661.

Rühl, B., Kommunale Bindung, in: Deutscher Sparkassenverlag (Hrsg.), Handwörterbuch der Sparkassen, Bd. 2, Stuttgart 1982, S. 469–476.

Rumpold, K., Haiss, P., Schicklgruber, W., Allfinanz versus Universalbank, in: Die Versicherungsrundschau, 3/92, S. 65-71.

Schäfer, H., Beziehungsmanagement durch Dialogmarketing. Bankloyalität aus institutionenökonomischer Sicht, in: ZfbF Sonderheft 35, 1995, S. 119-137.

Scharioth, J., Wie sie Kunden durch Kommunikation binden, Gablers Magazin, 1/93, S. 22-24.

Scheele, M., Zusammenschluß von Banken und Versicherungen. Analyse des Privatkundengeschäfts anhand industrieökonomischer Modelle, Wiesbaden 1994.

Schieren, W., Finanzdienstleistungen: Möglichkeiten und Grenzen, in: Versicherungswirtschaft, 1/91, S. 4-9.

Schierenbeck, H., Hölscher, R., BankAssurance. Institutionelle Grundlagen der Bank- und Versicherungsbetriebslehre, 4. A., Stuttgart 1998.

Schiller, B., Full Financial Service – Erweiterungen des Leistungsangebotes der Kreditinstitute mit risikopolitischen und rechtlichen Konsequenzen?, in: Gerke, J. (Hrsg.), Bankrisiken und Bankrecht, Wiesbaden 1988, S. 127-152.

Schlenzka, P. F., Marktentwicklung und Ertragspotentiale der Anbieter von Finanzdienstleistungen, in: Engels, W. (Hrsg.), Wettbewerb am Markt für Finanzdienstleistungen, Frankfurt 1987, S. 35-50.

Schmalenbach, E., Großbankorganisation, in: Zeitschrift für handelswissenschaftliche Forschung, 1910/11, S. 372-379.

Schmidhuber, H., Der öffentliche Auftrag der Sparkassen würde mit einer Privatisierung aufgegeben, in: Sparkasse, 8/93, S. 348f.

Schmidhuber, H., Die bewährte Sparkassenstruktur erhalten, in: BZ, 6.6.1998.

Schmidt, R., Bestandspflege, in: Ders., Versicherungsalphabet, 8. A., Karlsruhe 1991, S. 53.

Schmidt, R., Die Versicherungsvermittler in einem Markt der Dienstleistungsfreiheit, in: Versicherungswirtschaft, 1/82, S. 22-34.

Schmidt, R., Provision, in: Ders., Versicherungsalphabet, 8. A., Karlsruhe 1991, S. 262.

Schmitz, G., Qualitätsmanagement im Privatkundengeschäft von Banken. Konzeption und aufbauorganisatorische Verankerung, Wiesbaden 1996.

Schneider, D.J.G., Unternehmungsziele und Unternehmungskooperation – Ein Beitrag zur Erklärung kooperativ bedingter Zielvariationen, Wiesbaden 1973.

Schreiber, H., Aktuelle Probleme des Versicherungs-Marketing, in: Versicherungswirtschaft, 14/87, S. 911-912.

Schröder, G.A., Der Sparkassenverbund im Wettbewerb, in: Sparkasse, 12/97, S. 572-577.

Schröder, G.A., Zukunftsfähigkeit des Verbundes sichern, in: Betriebswirtschaftliche Blätter, 1998, S. 509-514.

Schröder, G.A., Zukunftsperspektiven des Privatkundengeschäftes, in: Güde, U., Priewasser, E. (Hrsg.), Banken, Sparkassen und Genossenschaften 2000, Frankfurt 1988, S. 54-66.

Schrumpf, H., Müller, B., Regionale Kreditinstitute und Wirtschaftsentwicklung, Stuttgart 1998.

Schüller, S., Beratungsintensive Produkte – Rettungsanker für das Filialsystem?, in: Rolfes, B., Schierenbeck, H., Schüller, S. (Hrsg.), Das Privatkundengeschäft – Die Achillesferse deutscher Kreditinstitute. Beiträge zum Münsteraner Top-Management-Seminar, Frankfurt a.M. 1997, S. 59-71.

Schulz, H., Vertrieb von Lebensversicherungen über die Banken, in: Die Bank, 11/93, S. 630-633.

Schwan, I., Conjoint-Analyse im Bankensektor, in: Die Bank, 4/96, S. 236-239.

Schwebler, R., Banken und Versicherungen: Im Zweifel für die Kooperation, in: Bank und Markt, 8/93, S. 5-9.

Schwebler, R., Kampf der Giganten oder neues Stadium in der Kooperation von Banken und Versicherungen?, in: Versicherungswirtschaft, 1/86, S. 6-11.

Schweiger, G., Image und Imagetransfer, in: Tietz, B. (Hrsg.), Handwörterbuch des Marketing, 2. A., Stuttgart 1995, Sp. 915-928.

Seitz, J., Die Determinanten der Bankwahl und der Bankloyalität, Diss. Münster 1976.

Seuferle, W., Viele Bürger hegen eine große Vorliebe für die persönliche Beratung in den eigenen vier Wänden, in: Allfinanz. Finanzdienstleistungen aus einer Hand, HB-Beilage vom 28.2.1989, S. B 5.

Shostack, G.L., Banks Sell Service – Not Things, in: The Bankers Magazine, 1976, S. 40-45.

Siefke, A., Zufriedenheit mit Dienstleistungen, Frankfurt 1998.

Sieweck, J., Vertriebswege von Finanzdienstleistungen, in: Sparkasse 5/96, S. 229-232.

Silberer, G., Die Verwendung von Gütertestinformationen im Konsumentenbereich, in: Meffert, H., Steffenhagen, H., Freter, H. (Hrsg.), Konsumentenverhalten und Information, Wiesbaden 1979, S. 85-111.

Simon, H., Management strategischer Wettbewerbsvorteile, in: Zeitschrift für Betriebswirtschaft, 4/88, S. 461-480.

Simon, H., Kundennähe als Wettbewerbsstrategie und Führungsherausforderung, in: Kistner, K.-P., Schmidt, R. (Hrsg.): Unternehmensdynamik, Wiesbaden 1991, S. 253-273.

Simon, H., Homburg, C., Kundenzufriedenheit als strategischer Erfolgsfaktor – Einführende Überlegungen, in: Simon, H., Homburg, C. (Hrsg): Kundenzufriedenheit – Konzepte-Methoden-Erfahrungen, 2. A., Wiesbaden 1997, S. 17-30.

Slywotzky, A.J., Shapiro, B.P., Neues Marketingdenken: Der loyale Kunde zählt, nicht die schnelle Mark, in: Harvard Business Manager, 2/94, S. 85-94.

Smith, W.R., Product Differentiation and Market Segmentation as Alternative Marketing Strategies, in: Journal of Marketing, 7/56, S. 3-8.

Sondhof, H.W., Finanzdienstleistungsmärkte im Wandel: eine industrieökonomische Branchenanalyse für strategische Zwecke, Frankfurt a.M., Bern, New York 1990.

Sparkassengesetz für das Land Schleswig-Holstein i.d.F. vom 3. Mai 1994, GVOBl. Schl.-H. 1994 S. 231, geändert: 1988 S. 210.

Spiegel Verlag (Hrsg.), Soll und Haben 4, Hamburg 1996.

Spiegel-Verlag (Hrsg.), Soll und Haben 3, Hamburg 1989.

Spreng, R.A., Singh, A.K., An Empirical Assessment of the SERVQUAL Scale and the Relationship between Service Quality and Satisfaction, American Marketing Association, Summer 1993, S. 1-6.

SPSS Inc., SPSS 6.1 Base Anwenderhandbuch, Statistische Prozeduren, Chicago 1996.

Srinivasan, V., A Conjunctive-Compensatory Approach to Self-Explication of Multiattributed Preferences, in: Decision Sciences, 2/88, S. 295-305.

Srinivasan,V., Basu, A.K., The Metric Quality of Ordered Categorical Data, in: Marketing Science, 3/89, S. 205-230.

Statistisches Landesamt Schleswig-Holstein (Hrsg.), Statistisches Taschenbuch Schleswig-Holstein 1997, Kiel 1997.

Stauss, B., Hentschel, B., Dienstleistungsqualität, in: WiSt, 5/91, S. 238-244.

Stegmüller, B., Intranationale Marktsegmentierung auf Basis von Nutzenerwartungen, in: Thexis, 2/95, S. 53-58.

Steiner, G.A., Strategic factors in business success, New York 1969.

Steiner, J., Allfinanz-Konzepte von Banken, in: Brunner, W. L., Vollath, J., (Hrsg.), Handbuch Finanzdienstleistungen, Stuttgart 1993, S. 559-572.

Steiner, J., Bankenmarkt und Wirtschaftsordnung. Sparkassen und Landesbanken in der Privatisierungsdiskussion, Frankfurt 1994.

Steltzner, H., Die deutsche Finanzgemeinde wird kräftig durcheinandergewirbelt, in: FAZ, 12.7.1997.

Storck, L., Das BHW als Finanzdienstleister: Wieviel aus einer Hand?, in: Bank und Markt, 7/89, S. 13-21.

Stracke, G., Financial Services in Deutschland (V): Markstrategien der Banken, in: Die Bank, 11/88, S. 590-599.

Stracke, G., Geitner, D., Finanzdienstleistungen. Handbuch über den Markt und die Anbieter, Heidelberg 1992.

Strategic Planning Institute (Hrsg.), The PIMS Program - Selected Findings, Cambridge 1977.

Strategic Planning Institute (Hrsg.), The PIMS Program, Cambridge 1976.

Süchting, J., Die Bankloyalität als Grundlage zum Verständnis der Absatzbeziehungen von Kreditinstituten, in: Kredit und Kapital, 1972, S. 269-300.

Süchting, J., Die Theorie der Bankloyalität – (noch) eine Basis zum Verständnis der Absatzbeziehungen von Kreditinstituten?, in: Süchting, J., van Hooven, E. (Hrsg.), Handbuch des Bankmarketing, Wiesbaden 1987, S. 23-36.

Süchting, J., Überlegungen zur Attraktivität eines Allfinanzangebotes, in: Bank und Markt, 12/87, S. 7-13.

Süchting, J., Strategische Allianzen in der Kreditwirtschaft, in: ZfbF- Sonderheft Nr. 27, 1989, S. 85-90.

Süchting, J., Die Allfinanz ist kein Allheilmittel, in: FAZ, 9.5.89.

Süchting, J., Wachsen die preispolitischen Spielräume? Anmerkungen zu Banktreue und Beziehungsmanagement, in: Bank und Markt, 5/91, S. 16-20.

Süchting, J., Zur Organisation von Allfinanz-Angeboten, in: Krümmel, H.J. (Hrsg.), Allfinanz – Strukturwandel an den Märkten für Finanzdienstleistungen, Berlin 1991, S. 177-192.

Süchting, J., Bank-Management, 3. A., Stuttgart 1992.

Süchting, J., Vertrieb von Finanzdienstleistungen auf dem Markt für Privatkunden, in: Die Bank, 8/94, S. 449-457.

Süchting, J., Strategische Positionierung von privaten Banken: Relationship-Banking als Marketingansatz, in: Zeitschrift für das gesamte Kreditwesen, 6/96, S. 25-29.

Süchting, J., Die Theorie der Bankloyalität – *(immer noch)* eine Basis zum Verständnis der Absatzbeziehungen von Kreditinstituten?, in: Süchting, J., Heitmüller, H.-M. (Hrsg.), Handbuch des Bankmarketing, 3. A., Wiesbaden 1998, S. 1-25.

Sydow, J., Strategische Netzwerke – Evolution und Organisation, Wiesbaden 1992.

Sydow, J., Finanzdienstleistungsnetzwerke. Zur Organisation einer ökonomischen Institution des Kontraktgütermarketings, in: ZfbF Sonderheft 35, 1995, S. 139-157.

Teas, R.K., Dellva, W.L., Conjoint Measurement of Consumers‘ Preferences for Multiattribute Financial Services, in: Journal of Bank Research, 2/85, S. 99-112.

Terrahe, J., Marktstrukturen für das Angebot von Finanzdienstleistungen, in: Versicherungsbetriebe, 5/88, S. 328-338.

Theuerkauf, I., Kundennutzenmessung mit Conjoint, in: ZfB, 11/89, S. 1179-1192.

Thies, S., Stracke, G., Finanzdienstleistungen im Zeichen gesellschaftlichen Wertewandels, in: Die Bank, 1/87, S. 19-24.

Thiesing, E.-O., Strategische Marketingplanung in filialisierten Universalbanken: integrierte Filial- und Kundengruppenstrategien auf der Grundlage erfolgsbeeinflussender Schlüsselfaktoren, Frankfurt am Main, Bern, New York 1986.

Tolman, E., Purposive Behavior in Animals and Men, New York 1932.

Trommsdorff, V., Bleicker, U., Hildebrandt, L., Nutzen und Einstellung, in: WiSt, 6/80, S. 269-276.

Trommsdorff, V., Konsumentenverhalten, 2. A., Stuttgart et al. 1993.

Ullmann, H., Peill, E., Servicequalität und Kundenzufriedenheit als Schlüssel zum Markterfolg (I) – Empirische Ergebnisse aus der Versicherungsbranche, in: Versicherungswirtschaft, 1994, S. 1266-1271.

Urban, D., Logit-Analyse: Statistische Verfahren zur Analyse von Modellen mit qualitativen Response-Variablen, Stuttgart et al. 1993.

Uttitz, P., Von den vertikalen Spannungslinien zu den horizontalen Gegensätzen: Wandel des Freizeitverhaltens als Indikator, Köln 1984.

van Hooven, E., Standortbestimmung und künftige Entwicklungslinien im Bankmarketing, in: Süchting, J., van Hooven, E. (Hrsg.), Handbuch des Bankmarketing, 2. A., Wiesbaden 1991, S. 497-515.

Verband der Deutschen Freien Öffentlichen Sparkassen e.V., Jahresbericht 1997.

Verband öffentlicher Versicherer (Hrsg.), Die öffentlichen Versicherer. Jahrbuch 1996.

Verband öffentlicher Versicherer (Hrsg.), Verbundstatistik, diverse Jahränge.

Vogels, R., Lemmink, J., Kasper, H., Some Methodological Remarks on the SERVQUAL Model, in: Avlonitis, G.J., Papavasiliou, N.K., Kouremenos, A.G. (Hrsg.), Marketing Thought and Practise in the 1990s. Conference Proceedings, Athens 1989, S. 789-800.

Von der Ropp, N., Sparkassen im Fadenkreuz von Brüssel und Stuttgart, in: HB, 7.4.1995.

Von der Ropp, N., Sparkassen und Landesbanken müssen nicht öffentlich-rechtlich sein, in: HB, 29.4.1998.

Von Neumann, J., Morgenstern, O., Theory of games and economic behavior, Princeton 1944.

Wagner, P.J., Die Bildung von Allfinanzkonzernen. Grundlagen und Ansatzpunkte der Integration von Bank und Versicherung in einem Allfinanzkonzern, Bern et al. 1991.

Wardenbach, H., Autobanken erweitern Angebot, in: Die Welt 29.2.1996.

Warth, W.P., Bancassurance – Potentiale der Banken, in: Die Bank, 5/1997, S. 280-286.

Weiber, R., Adler, J., Informationsökonomisch begründete Typologisierung von Kaufprozessen, in: ZfbF, 1/95, S. 43-65.

Weiber, R., Adler, J., Positionierung von Kaufprozessen im informationsökonomischen Dreieck: Operationalisierung und verhaltenswissenschaftliche Prüfung, in: ZfbF, 2/95, S. 99-123.

Weiber, R., Rosendahl, T., Einsatzmöglichkeiten alternativer Untersuchungsansätze der Conjoint-Analyse, in: Czenkowsky, T., Alsen, A. (Hrsg.), Marketing und Marktforschung – Entwicklung, Erweiterungen und Schnittstellen im nationalen und internationalen Kontext, Hamburg 1996, S. 557-584.

Weinke, K., Lieferantenmanagement als Voraussetzung für Kundenzufriedenheit, in: Simon, H., Homburg, C. (Hrsg): Kundenzufriedenheit – Konzepte-Methoden-Erfahrungen, Wiesbaden 1995, S. 75-89.

Weiss, U., Betrachtung des "Privatkunden" in der Zeit nach 1959, in: Bankhistorisches Archiv, Beiheft 16, Frankfurt 1990, S. 22-31.

Weiss, W., Financial Services – Sind Finanzdienstleistungen eine versicherungswirtschaftliche Perspektive?, in: Zeitschrift für Versicherungswesen, 9/89, S. 226-233.

Weißenberger, B.E., Zur Bedeutung von Vertrauensstrategien für den Aufbau und den Erhalt von Kundenbindung im Konsumgüterbereich, in: ZfbF, 1998, S. 614-639.

Weitz, B.A., Effectiveness in Sales Interactions: A Contingency Framework, in: Journal of Marketing, Winter 1981, S. 85-103.

Wesseling, S., Öffentliche Unternehmen im Allfinanzverbund. Zur Kooperation von Sparkassen, Bausparkassen und Versicherungen, Baden-Baden 1997.

Westbrook, R.A., Reilly, M.D., Value-Percept Disparity: An Alternative to the Disconfirmation of Expectations Theory of Consumer Satisfaction, in: Bagozzi, R.P., Tybout, A.M. (Hrsg.), Advances in Consumer Research, Ann Arbor 1983, S. 256-261.

Wiebe, F., Der neue Trend zu Allfinanz, in: HB, 10.2.1998.

Wiechers, R., Banken und Bausparkassen: Perspektiven aus Marketingsicht, in: Der langfristige Kredit, 19/95, S. 646-649.

Wiedemann, A., Verbundstrategie für Kreditgenossenschaften, Bern/Stuttgart 1992.

Wienecke, H., Prätsch, J., Beckröge, L., Wertewandel und strukturelle Veränderungen im Privatkundengeschäft der Sparkassen, in: Sparkasse, 5/99, S. 217-225.

Wieneke, H., Prätsch, J., Beckröge, L., Kundenbindung als strategisches Ziel einer integrierten Privatkundenkonzeption, in: Sparkasse, 8/97, S. 352-366.

Wilhelm, F., Mehl, G. (Hrsg.), Versicherungen in Europa heute und morgen: Geburtstags-Schrift für Georg Büchner, Karlsruhe 1991.

Will, A., Die Erstellung von Allfinanzprodukten. Produktgestaltung und verteiltes Problemlösen, Wiesbaden 1995.

Williamson, O.E., The Economic Institutions of Capitalism. Firms, Markets, Relational Contracting, New York, London 1985.

Williamson, O.E., The governance of contractual relations, in: The Journal of Law and Economics, 1979, S. 233-261.

Wilson, D.T., Mummalaneni, V., Modeling and Measuring Buyer-Seller-Relationships, ISBM-Report, 3/88.

Wind, Y., Life Style Analysis: A new Approach, in: Allvine, F.C. (Hrsg.), Relevance in Marketing. Marketing in Motion. Combined Proceedings, Chicago 1972, S. 302-305.

Wittenberg, J. H., Allfinanz - Gedanken aus Sicht der Kunden, in: Bank und Markt, 11/90, S. 26-28.

Woodruff, H., Services Marketing, London 1995.

Yankelovich, D., New Criteria for Market Segmentation, in: Harvard Business Review, 3,4/64, S. 83-90.

Zeithaml, V., Parasuraman, A., Berry, L.L., Delivering Quality Service Balancing Customer Perceptions and Expectations, New York 1990.

Zeithaml, V.A., Berry, L.L., Parasuraman, A., The Behavioral Consequences of Service Quality, in: Journal of Marketing, 4/96, S. 31-46.

Zeithaml, V.A., How Consumer Evaluation Processes Differ between Goods and Services, in: Lovelock, C.H., Services Marketing, Englewood Cliffs 1984, S. 191-199.

Zeyer, F., Die fondsgebundene Lebensversicherung rückt vor, in: FAZ, 27.7.1998.

Heinz Bolsenkötter

Rechnungslegung nach der Elektrizitätsbinnenmarkt-Richtlinie und nach § 9 EnWG

Unter Mitarbeit von Torsten Hauert, Michael Poullie und Klaus Windloff
2. Auflage

Frankfurt/M., Berlin, Bern, Bruxelles, New York, Wien, 2000. 92 S.
Kommunalwirtschaftliche Forschung und Praxis.
Herausgegeben von Prof. Dr. Wolf Gottschalk. Bd. 2
ISBN 3-631-36347-8 · br. DM 34.–*

Europäisches Recht zwingt in der Elektrizitätswirtschaft zur Segmentrechnungslegung für Erzeugung, Übertragung, Verteilung und sonstige Aktivitäten. Die Segmentabschlüsse sind prüfungspflichtig und publizitätspflichtig. Die Schrift stellt die rechtlichen Anforderungen, das Vorgehen der Segmentierung – insbesondere die Abgrenzung der Aktivitäten, die Anforderungen an das Rechnungswesen sowie wesentliche Einzelfragen dar; sie ist zugleich systematischer Grundriß und Leitfaden für die Praxis.

Aus dem Inhalt: Rechtliche Anforderungen · Verfahren der Segmentierung · Abgrenzung der Aktivitäten · Möglichkeiten der Zuordnung · Anforderungen an das Rechnungswesen · Behandlung von Eigen- und Fremdkapital · Steuern

Frankfurt/M · Berlin · Bern · Bruxelles · New York · Oxford · Wien
Auslieferung: Verlag Peter Lang AG
Jupiterstr. 15, CH-3000 Bern 15
Telefax (004131) 9402131
*inklusive Mehrwertsteuer
Preisänderungen vorbehalten

FSC
www.fsc.org
MIX
Papier | Fördert gute Waldnutzung
FSC® C083411

Kolibri 360 GmbH
Ferdinand-Jühlke-Straße 7
99095 Erfurt, Deutschland
produktsicherheit@kolibri360.de

Druck:
CPI Druckdienstleistungen GmbH
im Auftrag der
Kolibri 360 GmbH
Ferdinand-Jühlke-Str. 7
99095 Erfurt